Maximum Achievement

잠들어 있는 성공시스템을 깨워라

브라이언 트레이시 지음 · 홍성화 옮김 · 김동수 감수

 황금부엉이

저자 서문

지금부터 소개하는 시스템은 우리 인생 전체를 바꿀 수 있다. 역사상 처음으로 성공에 관한 모든 아이디어와 방법, 기술이 하나의 시스템으로 통합된 것이다. 그러나 미리 이야기해두고 싶은 것은 이 시스템을 구성하는 요소들은 전혀 새롭지 않다는 점이다. 그것은 오랜 역사에 걸쳐서 많은 사람이 배우고 또 새롭게 다듬은 것이다. 거기에 담긴 원리와 방법은 수백만 명이 증명한 것이며, 모든 위대한 성공은 이를 바탕으로 만들어졌다.

이 책에 담긴 아이디어와 방법을 일상생활에 적용하면 지금보다 훨씬 행복하고 건강하며 자신감 있게 살아갈 수 있다. 분명한 목적과 방향감각으로 활기차게 살아갈 수 있고, 긍정적인 자세로 살아가기 때문에 훨씬 빨리 목표에 도달하며, 더 많은 성과도 얻을 수 있다. 그뿐 아니라 내 인생에 정말 중요한 사람들과 더 좋은 관계를 맺으며 살 수 있고, 지금보다 더 성공적인 직장생활을 하며 자신에게 커다란 자부심과 기쁨도 느끼게 될 것이다.

동시에 우리 내면 깊숙이 숨어 있는 엄청난 잠재력도 발휘할 수 있다. 각 장의 마지막에 실려 있는 '성공시스템의 실천방법'을 연습하고 실천하면 자신이 한 노력만큼 성과를 얻을 수 있을 것이다. 또 이 책의 내용을 열심히 공부하고 실천하면 지금까지 경험하지 못했던 더 높은 차원의 성공과 성취, 행복감을 맛볼 수 있다고 보증한다.

인생이란 비밀번호를 맞춰서 여는 자물쇠와 같다. 단지 맞춰야 할 비밀번호가 많을 뿐이다. 정확한 비밀번호를 올바른 순서대로 돌리기만 하면 자물쇠는 반드시 열린다. 그것은 기적도 아니고 행운도 아니다. 그저 숫자를 정확하게 돌리면 되는 것이다.

여기서 비밀번호는 인생을 성공적으로 사는 데 필요한 올바른 사고방식과 행동양식의 조합이다. 한 가지 다행스러운 사실은 그 비밀번호는 찾고자 노력하면 누구나 찾을 수 있다는 것이다.

건강과 부, 행복, 성공, 마음의 평화는 모두 동일한 원칙에 뿌리를 두고 있다. 우리가 올바른 일을 마음의 법칙으로 실천한다면 얼마든지 원하는 결과를 얻을 수 있다. 자신이 진정으로 원하는 것이 무엇인지 이해하면 다른 사람이 과거에 어떤 방식으로 그것을 성취했는지 알아낼 수 있다. 마찬가지로 그들이 한 방식대로 노력하면 그들이 성취한 것도 얻을 수 있다.

이런 성공의 비결은 너무나 단순하고 쉽기 때문에 대부분은 이를 쉽게 간과한다. 자신이 원하는 것이 무엇이든 관계없다. 간절하게 원하고 이미 성공한 다른 사람이 과거에 그것을 얻으려고 했던 방법대로 꾸준히 노력한다면 반드시 그것을 성취할 수 있다.

나이가 많든 적든 남성이든 여성이든 피부색이 희든 검든 부잣집에서 태어났든 가난한 집에서 태어났든 자연법칙은 그것에 구애받지 않으며, 또 아무 관계도 없다. 자연법칙은 지위고하를 가리지 않으며 특별히 한 사람만 편애하지도 않는다. 우리가 노력한 만큼 더도 덜도 아닌 딱 그만큼만 돌려줄 뿐이다. 얼마큼 노력할지 결정하는 것은 타인이 아닌 바로 우리 자신이다.

괴테는 이렇게 말했다. "자연은 농담하지 않는다. 자연은 항상 진실하고 진지하며 엄하다. 자연은 언제나 옳다. 잘못과 실수를 범하는 것은 언제나 사람이다. 자연은 자기를 이해하지 못하는 사람을 경멸한다. 자연은 지혜롭고 순수하며 진실한 사람에게만 자신의 비밀을 공개한다."

성공하지 못한 사람들은 이 말의 의미를 이해하지 못한다. 그들은 자신이 성공하지 못한 이유를 외부에서 찾기 때문이다. 그러나 이유는 외부에 있지 않다. 고개를 들고 주위를 둘러보라. 온 사방에서 증거를 발견할 수 있을 것이다. 노인과 젊은이, 백인과 흑인, 교육받은 사람과 교육받지 못한 사람 등 각기 다른 환경에서 자란 사람들이 엄청난 일을 성취하면서 우리 사회에 커다란 공헌을 하고 있다.

오히려 훌륭한 환경에서 성장하고 고등 교육을 받은 사람들이 더 어렵게 살아가는 것을 볼 수 있다. 그들은 좋아하지도 않는 일을 하거나 불편한 인간관계를 견디며 살아간다. 잠재력을 충분히 발휘하지 못하고 자아성취감도 낮으며, 행복감도 느끼지 못한 채 그럭저럭 사는 경우이다.

행복해지고, 성공적인 삶을 살고, 인생에서 더 많은 것을 성취하고 싶다면 성공과 행복의 문을 열 수 있는 정확한 비밀번호를 알아내야 한다. 도박을 할 때처럼 요행을 바라며 자물쇠가 열리기를 기다려서는 안 된다. 대신 우리가 바라는 것을 이미 성취한 사람들이 어떻게 했는지 공부하고

2003년 『성취심리』
2007년 『성공시스템』 양장본, 보급판
2010년 『잠들어 있는 성공 시스템을 깨워라』 양장본, 동영상 CD 세트
성공을 꿈꾸는 사람들의 교과서가 된 스테디셀러
'완역 개정판' 출간

목표를 성취하려면 잠재의식 속 성공시스템을 풀가동하라!

Maximum Achievement
잠들어 있는 성공시스템을 깨워라

Maximum Achievement :

Strategies and Skills That Will Unlock Your Hidden Powers to Succeed

Copyright © 1993 by Brian Tracy
Published by Simon & Schuster, Inc.
All right reserved.

Korean Translation Copyright © 2010 by Goldenowl Publishing Co.
Korean translation rights arranged with Simon & Schuster,
through Conant Media Co, Ltd., Pheonix Leadership Center Co, Ltd.

그들을 닮으려 노력해야 한다.

이 책에는 바로 이런 것이 담겨 있다. 정확한 비밀번호만 입력하면 성공과 성취를 불러일으키는 문이 열리는 시스템을 이해하기 쉽게 설명해놓았으며, 언제 어디서나 즉각 활용할 수 있도록 한곳에 담아놓았다. 이 성공시스템만 익히면 우리는 인생의 어떤 문도 열 수 있다.

나는 이미 이 책에 담긴 아이디어가 아주 효율적임을 알고 있다. 여기에는 두 가지 확실한 근거가 있다. 첫째, 이 아이디어는 나 자신이 오랫동안 직접 시험해보고 시행착오를 거쳐 검증한 것이다. 둘째, 나는 이 시스템을 100만 명이 넘는 사람에게 가르쳤고, 그것을 받아들여 진지하게 실생활에 적용한 사람은 분명히 효과를 보았다.

어떤 이는 법을 공부하고 어떤 이는 공학을 공부한다. 어떤 이는 스포츠를 공부하여 축구나 야구, 농구의 전문가가 된다. 또 어떤 이는 요리, 역사, 우표수집, 컴퓨터 등 수천 가지 분야를 공부하는 데 자신의 시간을 투자한다. 나는 대신에 성공이라는 분야를 넓고 깊게 공부했다.

나는 어릴 때부터 왜 어떤 사람은 다른 사람보다 더 성공하는지 알고 싶었다. 주위에서 볼 수 있는 부와 행복, 영향력의 불균형이 이해되지 않았다. 이런 불균형에는 반드시 이유가 있다는 것을 직관적으로 느꼈다. 그리고 그 이유를 찾아내기로 결심했다.

나는 가난한 가정에서 태어난 게 싫었다. 일정한 직업이 없는 아버지 때문에 우리 가족은 하루하루를 근근이 살아왔다. 항상 돈이 없어 쩔쩔맸으며, 열 살까지 자선단체에서 받은 옷을 입고 지냈다.

또한 어린 시절의 나는 문제아였다. 뭔가 분명치는 않지만 세상 돌아가는 모습이 늘 못마땅했다. 속에서 화가 부글부글 끓어올라 견딜 수 없었다. 계속 문제를 일으켰고 정학도 여러 번 받았다. 고등학교 때는 두 번이나 퇴학을 당하기도 했다. 중학교 1학년 때부터 고등학교 3학년 때까지 다녔던 모든 학교에서 나는 가장 많은 처벌을 받은 학생이었다. 결국 나는 고등학교를 제때 졸업하지 못했다. 3학년 때 총 일곱 과목 중 여섯 과목에서 낙제를 했기 때문이다. 고등학교를 중퇴한 뒤 작은 호텔에 취직했는데, 그곳 주방에서 접시를 닦았다. 이후 일용직 일을 전전하면서 여인숙, 낡은 여관, 원룸 등에서 살았다. 가끔씩은 차 안이나 맨땅에서 자기도 했다.

한때는 제재소에서 통나무를 운반하기도 했고 벌목꾼으로 일하기도 했다. 잠시 동안이지만 우물 파는 일을 하기도 했고, 건설노동자로 일하기도 했으며, 공장의 조립라인에서도 일했다. 스물한 살에는 노르웨이 화물선의 주방장 보조로 취직하여 세상을 구경했다. 그 뒤 몇 년 동안은 여행을 다녔다. 여행 중에 돈이 떨어지면 취직해서 돈을 벌고, 돈이 모이면 다시 여행을 떠나곤 했다.

스물세 살에도 여전히 나는 떠돌이 일꾼으로 살아가고 있었다. 낮에는 농장에서 일하고 밤에는 외양간에서 잤다. 일용직 일을 더 이상 구할 수 없자 나는 외판원 일을 시작했다. 외판원이라고 해도 정규직으로 취직된 것은 아니었다. 낮에는 물건을 팔고 저녁에는 그날 판매액에 따라 수당을 받아 숙식비로 썼다. 한마디로 하루 벌어 하루 먹고사는 식이었다. 이런 다양한 경험을 겪으며 나는 인생에서 많은 것을 배울 수 있었다. 그리고 '왜 어떤 사람은 다른 사람보다 더 성공하는가?'라는 물음에 해답을 찾고자 노력했다.

나는 독서광이었다. 무언가를 알고 싶고 이해하고 싶었다. 주위에서 일어나는 현상을 이해하는데 도움이 될 만한 것은 모두 닥치는 대로 읽었다.

풍차를 향해 돌진하는 돈키호테처럼 한 방향으로 몰입했다. 그러나 돈키호테와 나 사이에는 한 가지 커다란 차이점이 있었다. 그것은 내가 무척 현실적인 사람이라는 것이다. 나는 바로 적용해서 좋은 결과를 얻을 수 있는 구체적인 방법을 찾고 싶었다. 대단한 이론이나 막연한 원칙은 절대 사절이었다. 새로운 아이디어를 얻을 때마다 내가 던진 유일한 질문은 이것이었다. '이게 실제로 도움이 될까?'

몇 개월을 외판원으로 정신없이 보낸 뒤 나는 이런 질문을 던지기 시작했다. '왜 어떤 세일즈맨은 다른 세일즈맨보다 더 성공하는 것일까?' 그리고 해답을 찾는 데 전력을 다했다. 판매와 관련된 자료는 모두 찾아 읽었고, 구할 수 있는 오디오 강좌는 모두 들었으며, 유명한 세미나에도 모두 참석했다. 나는 최고의 세일즈맨에게 어떤 방법으로 판매하는지, 판매원이 자주 직면하는 문제에 어떻게 대처하는지 물었다.

좋다고 생각되는 방법은 전부 시험해보고 개선해나갔다. 그러자 판매액이 조금씩 증가했다. 6개월 뒤 나는 최고 판매실적을 올렸고, 함께 일하는 판매원들에게 내가 사용한 방법을 가르쳐주었다. 내 도움을 받은 사람 중 여러 명이 차례로 판매왕이 되었다.

관리자가 되자, 나는 직원들을 잘 이끌어 좋은 실적을 내는 방법을 알려주는 책을 닥치는 대로 읽었다. 그리고 그것을 활용해 6개국에 걸쳐 95명으로 구성된 판매조직을 만들었다. 그 결과 매달 수백만 달러에 이르는 매출을 달성할 수 있었다.

그 뒤 나는 부동산업에 진출하기로 결심했다. 부동산 중개 자격증을 따자마자 부동산에 관한 책을 모두 읽었다. 첫 번째 거래는 쇼핑센터 분양이었다. 그 분야에서 경험이 전혀 없었음에도 옵션과 파이낸싱, 리스 등 여러 기법을 활용하여 300만 달러짜리 쇼핑센터를 건축하고 성공적으로 분양했다. 다른 유능한 부동산 개발 사업자들을 연구하고 그들에게 질문함으로써 필요한 모든 것을 배울 수 있었기 때문이다. 그 뒤 5년 동안 수백만 달러 규모의 상업용·공업용·주거용 부동산을 구입하여 증축·기획·개발·건축·리스·분양하는 책임자로 일했다.

나는 싸구려 임대가구로 채워진 방 한 칸짜리 원룸에서 작은 아파트로 옮겼다. 거기서 다시 단독주택으로, 또 다시 수영장과 차 세 대를 주차할 수 있는 커다란 주차장이 딸린 호화빌라로 이사했다.

나는 판매와 경영, 비즈니스를 공부했고 통신강좌를 들으며 야간 고등학교를 졸업했다. 다양한 인생경험과 대학수학능력시험에서 얻은 고득점 덕택에 MBA과정에 입학하여 3년 동안 비즈니스 이론을 공부했다. 전공은 전략기획과 마케팅이었다. 졸업한 뒤에는 경영컨설턴트가 되어 내 지식과 경험을 활용하여 고객들에게 수백만 달러를 벌어주거나 절약해주었다.

성공과 함께 나는 항상 행복이라는 주제에 깊은 매력을 느꼈다. 왜 어떤 사람은 다른 사람에 비해 더 행복하고 충실하게 살아가는 것일까? 해답을 찾으려고 심리학, 철학, 종교, 형이상학, 동기부여 이론과 성취 이론을 연구했다.

내 성격의 문제를 해결하려고 인간관계와 심리과학, 커뮤니케이션, 성격 유형을 공부했다. 결혼한 뒤에는 부모역할과 자녀양육에 관해 듣고 배웠다. 인간관계를 발전시키려고 내가 왜 이렇게 느끼고 행동하는지 이해하는데 도움이 되는 책을 읽었다. 또 과거와 현재를 이해하고, 왜 어떤 나라는 다른 나라보다 더 풍요롭게 사는지 이해하고자 역사, 경제학, 정치를 공부했다.

이 시간을 모두 합쳐보면 내가 공부한 시간은 25년 동안 총 2만 시간이 넘는다. 한 주제를 공부한 뒤 다른 주제를 공부한 것이 아니라 병행해서 공부했다. 몇몇 주제는 2~3년간 완전히 몰입했다. 내가 한 공부에는 한 가지 공통점이 있다. 그것은 추상적이거나 교과서적인 것이 아니라 아주 실용적이라는 것이다. 사용만 하면 즉시 더 좋은 결과를 낼 수 있는 검증된 분야, 즉 현실에서 확인된 아이디어와 통찰, 방법을 추구했다.

드디어 삶의 지혜를 발견하는 데 성공했다. 진정으로 원하는 것이 무엇이든 간에 그것을 얻는 데 필요한 모든 것을 배울 수 있다는 것이다. 모든 것을 가능케 하는 결정적인 포인트는 지식이었다. 즉, 지혜가 있으면 모든 것이 가능했다.

나는 지긋지긋한 가난과 돈 걱정에서 벗어나는데 꼬박 20년이 걸렸다. 그 뒤 내가 내린 결론은 이것이다. 내가 배운 성공과 관련된 모든 정보와 지식을 누구나 사용할 수 있는 하나의 성공시스템으로 만든다면 다른 사람의 돈과 시간을 절약하는 데 도움을 줄 수 있고, 오랜 고생에서 벗어날 수 있는 도구도 제공할 수 있다고 생각했다.

1981년 드디어 다른 사람들이 사용할 수 있는 '성공시스템Success System'을 만들어냈다. 나는 그것을 이틀짜리 세미나로 설계해서 '성공을 향한 마음 게임Inner Game of Success'이라고 이름 붙였다. 그리고 우편물과 신문광고를 이용해 세미나를 알리기 시작했다.

나는 세미나에 온 열정을 쏟아 부었다. 그동안 배우고 익힌 성공과 행복의 비결을 다른 사람과 나누고 싶었다. 내가 소개하는 아이디어들이 엄청난 효과를 가져올 거라는 확신이 있었다. 시스템 전부가 아닌 아주 작은 일부라도 적용하기만 하면 삶에 긍정적인 변화가 즉시 생긴다는 믿음이 있었다.

가치 있는 모든 일에는 시간이 필요하다. 세미나가 자리를 잡는데 3년이 걸렸다. 그 사이 나는 세미나의 내용과 운영방법을 개선하는 데 모든 것을 바쳤다. 세미나의 문제점을 개선해가는 동안 세미나의 인기는 점점 올라갔다. 그에 따라 참가자 수도 갈수록 늘어났다.

세미나 초기부터 참가자들은 '새로운 인생의 기회를 잡았다' 또는 '이 세미나는 마치 미래에 백지수표를 주는 것과 같다'는 등 찬사를 보내주었다. 결국 세미나 이름을 혁신과 새로운 삶의 상징인 불사조를 따서 '피닉스 세미나'로 바꾸었다.

1984년 당시 세계 최대 오디오 · 비디오 학습 전문 유통회사인 '나이팅게일 코난사Nightingale-Conant Corporation'가 이 세미나를 '성취 심리The Psychology of Achievement'라는 제목으로 오디오에 담아서 판매하기 시작했다. 상품은 곧 베스트셀러가 되었고 지금까지 거의 100만 개 이상이 팔렸다. 1985년에는 세미나 요청이 너무 많아져 도저히 나 혼자서는 모든 세미나를 소화할 수 없게 되었다. 그래서 세미나를 비디오에 녹화하고 강사를 양성하여 그들이 비디오와 교재를 활용하여 세미나를 진행하게 했다. 그리고 코스의 이름을 '성취 심리에 관한 피닉스 세미나Phoenix Seminar on the Psychology of Achievement'라고 불렀다.

이 세미나는 선풍적인 인기를 끌어서 지금까지 18개국 언어로 번역되어 50여 개국에서 열리고 있다. 이것은 개인과 회사 차원의 혁신을 위한 핵심코스로도 활용된다. 세미나에 참가한 사람들은 남녀를 불문하고 자기 자신, 가족, 일 그 밖의 모든 삶의 영역에서 더 긍정적이고 낙관적으로 사고하게 되었다. 참가자들은 자신감과 능력이 향상되었고 자신의 삶에서 통제력이 강화되어 원하는 것을 더욱 효과적으로 이룰 수 있게 되었다. 기업들은 피닉스 세미나를 생산성과 성과, 매출을 향상시키는 데 활용했고, 팀워크와 전사적 품질관리의 기초과정으로 사용하기도 했다. 세미나로 키운 최고의 직원이 최고의 회사를 만들기 때문이다.

이 책은 세미나에 참가했던 수천 명의 참가자가 세미나 내용을 글로 정리해주었으면 좋겠다고 해서 만든 것이다. 이 책에서 제시하는 시스템은 피닉스 세미나에서 참가자들을 가르치는 방식과 동일하다. 이 시스템은 행복과 조화, 균형, 건강, 진정한 부를 누리면서 성공적으로 인생을 살아간다는 쉽지 않은 과제를 해결할 수 있는 완전하고 통합적인 방법이다.

시스템을 본격적으로 설명하기 전에 마지막으로 꼭 하고 싶은 말이 있다. 세미나에 참여했던 수천 명의 사람이, 심지어 세미나가 끝나고 채 몇 시간도 지나지 않아 내게 찾아와서 이렇게 말했다. "내게 일어났던 일을 도저히 믿지 못하실 겁니다." 그들은 세미나에서 배운 아이디어를 실생활에 적용하고 나서 직장과 가정에서 일어났던 일을 열정적으로 이야기하곤 했다.

따라서 나는 독자들이 이 책을 읽고 나서 겪는 그 어떤 놀라운 경험도 전혀 의심하지 않을 것이다. 이 책에 실린 원칙을 실생활에 적용하기 시작하면 예전에는 도저히 불가능하다고 생각했던 엄청난 성공과 행복을 이룰 것이며, 자주 사용할수록 더 좋은 결과를 낼 것이라고 확신한다. 우리 미래는 무한하다. 스스로 상상력에 제한을 가하지 않는 한 말이다.

브라이언 트레이시

누구나 한번뿐인 인생을 잘 살고 싶
어 한다. 빠르게 변화하는 시대를 살아가는 우리는 더 많은 것을 성취하려
하고, 좋은 인간관계를 맺으며, 더 건강하게 오래 살고 싶은 욕구가 있다.
나아가 조직에서 인정받고 싶고, 행복한 가정생활도 누리고 싶어 한다.

세상에는 성공을 이루고 행복을 누리는데 도움이 되는 책이 수없이 많
다. 서점에 가보면 이미 출간된 건강, 행복, 성공, 판매, 협상, 소송, 인간
관계 등의 기술과 방법을 알려주는 책이 그득하다. 그럼에도 하루가 멀다
하고 이 분야의 책이 계속 쏟아져 나온다.

『Maximum Achievement 잠들어 있는 성공시스템을 깨워라』도 그런
기술과 방법을 알려주는 책이나, 다른 책과 가장 구별되는 특징은 최고급
'인생 매뉴얼'이라는 점이다. 한마디로 삶에 필요한 모든 것이 시스템처럼
잘 정리된 성공과 행복에 관한 지침서라고 할 수 있다. 새로 컴퓨터를 사
면 사용자 기본 매뉴얼도 같이 준다. 그 기본 매뉴얼을 활용하여 초보자도

컴퓨터를 효과적으로 다룰 수 있다. 그런데 컴퓨터를 전혀 모르는 사람이 산 컴퓨터 상자 안에 사용방법을 알려주는 기본 매뉴얼이 들어 있지 않다면 사용방법을 알아낼 때까지 얼마나 많은 시행착오를 겪어야 할까?

인간은 최신형 컴퓨터보다 훨씬 더 정교하고 민감함에도 사용방법을 알려주는 삶의 매뉴얼 없이 태어난다. 그 결과 우리는 수많은 시행착오와 실패, 좌절을 경험하며 잘 사는 방법을 스스로 터득하든지, 아니면 우연히 만나서 인연이 닿는 사람들에게서 가르침을 받아야 했다. 그런데 그 결과는 어떤가? 많은 사람이 인생의 황혼에 이르러서야 세상을 사는 올바른 방법을 알게 된다. 그러면서 "지금 아는 것을 그때도 알았더라면 얼마나 좋았을까?"라고 스스로를 탓한다.

이 책은 한번뿐인 인생에서 제대로 사는 방법을 단편적인 지식이 아닌 하나의 시스템으로 종합해놓은 지혜서이자, 우리 삶에서 많은 것을 성취하고 마음의 평화를 누리고 따뜻한 인간관계를 맺으며 살아가는 방법을 알려주는 종합안내서다.

이 책은 지금까지 소개된 삶의 기본 매뉴얼 중 단연 최고의 매뉴얼이다. 매뉴얼은 누가 쓰느냐에 따라 그 질이 달라진다. 저자 브라이언 트레이시는 인생 성공학 분야의 세계적인 권위자 중 한 사람이다. 이 책에는 해당 영역에서 가장 핵심이 되는 내용만 들어 있다.

나는 우연한 기회에 이 책의 기반이 되는 '피닉스 세미나' 프로그램을 접했고, 내가 배운 것을 다른 사람들에게도 알려주고자 그것을 가르치는 강사가 되었다. 그리고 그것이 인연이 되어 이 책까지 번역하게 되었다. 이렇게 좋은 책을 번역할 수 있었던 것은 내 삶의 커다란 축복이다.

이 책을 번역하는 과정은 창작만큼이나 고되고 힘들었지만, 책 내용을 다시 정독할 수 있어 결국은 좋은 기회였지 않나 싶다. 이 책을 번역하면서 많은 것을 새롭게 생각해보고 공부할 수 있는 계기를 가질 수 있었다. 번역을 마치면서 나는 이 책의 가치를 새롭게 발견했고, 이 안에 담긴 내용들은 우리가 살아가는데 꼭 필요한 것임을 다시 한 번 확신하게 되었다. 이 책을 읽는 여러분도 마지막 페이지를 덮는 순간 나와 같은 희열과 인생의 비밀을 터득한 것 같은 느낌을 맛보게 될 것이다.

　　인연의 소중함과 삶의 행복함을 다시금 깨닫게 해준 피닉스리더십센터와 코난미디어, 황금부엉이 출판사 여러분께 고마움을 전한다. 또 이 세상에서 가장 사랑하는 두 딸 정연이와 승연이, 아내에게도 고마운 마음을 가득 담아 보낸다.

홍성화

브라이언 트레이시는 자기계발 분야의 세계적인 권위자다. 피닉스리더십센터에서는 그를 2003년과 2007년 초청해 국내 팬들과 성공하는 방법을 알고자 하는 대중에게 훌륭한 메시지를 직접 들을 수 있는 기회를 마련했다. '피닉스 세미나'를 열심히 교육해온 사람으로서 이번에 그의 역작 중 하나인『Maximum Achievement』를 번역해 출간할 수 있게 되어 진심으로 기쁘고, 관련 분들께도 감사의 마음을 전한다.

『Maximum Achievement 잠들어 있는 성공시스템을 깨워라』는 브라이언 트레이시가 30여 년 동안 공들여 연구하고 몸소 실천하여 얻은 최상의 성공 노하우를 담은 책이다. 이 책은 미국에서 출간과 동시에 베스트셀러가 되어 수많은 독자의 삶을 변화시켰고, 지금도 여전히 미국 전역의 서점에서 사랑을 받고 있다.

그의 글은 정직하고 소박하다. '어떻게 해야 행복하고 성취감 있는 삶을 살아갈 수 있을까?'라는 가장 중요한 질문에 진지한 연구와 폭넓은 체험, 다양한 경험으로 터득한 명료한 해답을 제시한다. 그가 알려주는 방법들이 복잡하고 혼돈스러운 가치관을 강요하는 시대를 살아가는 우리에게 최상의 해결책임을 여러분도 곧 알게 될 것이다.

누구나 행복하길 원하고, 부자가 되어 자유로운 삶을 살기 원하며, 훌륭한 리더가 되길 원한다. 하지만 어떻게 해야 하는지 방법은 잘 알지 못하며, 안다 해도 노력하지 않는다.

이 책을 진지하게 인생을 살아가려는 마음자세로 독자들이 기쁘게 읽어주면 좋겠다. 인연이 닿는 모든 분의 삶이 매일매일 행복하기를 기원하며, 이 책의 내용을 좀 더 심도 있게 체험하고 싶은 분은 피닉스리더십센터가 운영하는 '피닉스 세미나'의 문을 두드려 보시라.

피닉스리더십센터 대표이사 김동수

차례

Chapter 1.
삶의 위대한 업적

나의 어린 시절 | 일곱 가지 성공 요소 | 1.성공시스템의 실천방법

Chapter 2.
마음을 다스리는 일곱 가지 법칙

행복한 삶을 영위하는 실행 원칙 세 가지 | 자연법칙 이해하기 | 2.성공시스템의 실천방법

Chapter 3.
인간을 움직이는 마스터 프로그램

인간의 잠재력 공식 | 자아의식을 움직이는 자아개념 | 자아개념의 형성 | 집단에서 보이는 자아개념의 형태 세 가지 | 두려움이라는 장애물 극복하기 | 마음속 프로그램을 바꾸는 방법 | 자아개념을 계발하는 조건 세 가지 | 습관을 바꾸는 21일 PMA 프로그램 | 마음을 통제하는 일곱 가지 방법 | 3.성공시스템의 실천방법

CHAPTER 01

Make Your Life
a Masterpiece

삶의
위대한 업적

내면에 잠재되어 있는 엄청난 능력을 발휘하고 싶다면
먼저 자신이 진정 무엇을 원하는지 명확하게 알아야 한다.

내면에 잠재되어 있는 엄청난 능력을 발휘하고 싶다면
먼저 자신이 진정 무엇을 원하는지 명확하게 알아야 한다.

현대는 성취의 시대이다. 과거 어느 때보다 많은 사람이 넓은 영역에서 커다란 성취를 이룬다. 그리고 어느 때보다 더 빠른 속도로 성공하고 있다. 꿈을 현실로 바꿀 수 있는 기회는 그 어느 때보다 많다.

세계적인 미래학자와 저명한 경제인들은 인류가 위기 상황을 극복하고 황금시대로 진입할 것이라고 예언했다. 민주주의와 개인의 자유, 자유로운 기업활동이라는 서양의 이념이 전 세계를 휩쓸고 있다. 그리고 그 이념을 충실하게 따르는 곳은 번영과 성장, 자유를 구가한다. 성공과 자유, 행복, 경제적 독립을 달성하기에는 지금이 바로 적기이다.

이 책은 삶을 향상시키고 목표를 달성하고 성공과 행복을 성취하는 데 필요한 우리의 잠재력을 최고로 발휘하는 방법을 알려줄 것이다. 우리가 누구든 어떤 상황에 처해 있든지 상관없이 우리 안에는 지금보다 더 많은 것을 달성할 수 있는 잠재능력이 존재한다. 지금까지 우리가 이루어낸 성취를 훌쩍 뛰어넘을 수 있는 잠재력이 있는 것이다. 우리는 과거에는 감히 상상하지 못했던 멋진 사람이 될 수 있고, 상상하지도 못했던 것을 가질 수 있으며, 상상하지도 못했던 것을 할 수도 있다. 여기서 말하는 방법을 배우고 그것을 실천에 옮기면 모든 것이 가능하다.

이 책에 나오는 것은 단순한 이론이 아니다. 실생활에서 가혹한 시험을 거쳐 검증한 것들이다. 내 자신이 시험대상이 되었고 나의 젊은 시절이 시험장이 되었다. 시험장을 다시 내 마음대로 설계한다고 해도 아마 이보다 더 좋은 것을 만들 수는 없을 것이다. 나는 너무 힘들게 출발했고 늦게 시작했다. 내 인생이 지금보다 더 형편없어도 아무도 나를 비난할 수 없을 만큼 어려운 시절을 지나왔다.

나의/어린/시절

나는 1944년 캐나다에서 태어났다. 부모님은 좋은 분들이고 열심히 일했으나 항상 돈에 쪼들렸다. 나는 지금까지도 어린 시절 부모님이 수없이 되풀이했던 "돈이 없는데 어떡해!"라는 말을 생생하게 기억한다. 하고 싶은 것, 갖고 싶은 것이 많았지만 우리 집에는 돈이 없었다. 부모님은 대공황을 겪었고 그 뒤론 단 한번도 돈 걱정에서 벗어나지 못했다.

10대가 되자 나는 다른 집들이 우리보다 훨씬 더 잘 산다는 것을 알게 되었다. 그들에게는 더 좋은 집, 더 좋은 옷, 더 좋은 차가 있었다. 그들은 우리와 달리 돈 걱정을 하지 않는 것 같았고, 우리가 꿈도 꾸지 못할 비싼 물건들을 마음대로 샀다. 이때부터 나는 '왜 어떤 사람은 다른 사람보다 더 성공하는 것일까?'라는 의문을 갖게 되었다.

왜 어떤 사람은 다른 사람보다 더 많은 돈을 벌고 더 좋은 인간관계를 맺고 더 화목한 가정생활을 하는지, 더 좋은 집에 살고 더 행복하게 사는지 생각하기 시작했다. 당시 나는 주로 혼자서 놀았기 때문에 이런 생각을 할 시간이 많았다.

소위 '문제아'였던 나는 교실에서는 농땡이를 쳤고 학교 밖에서는 나쁜 친구들과 어울려 다녔다. 사람들의 관심을 끌려고 항상 떠벌리고 다녀서 그런지 사람들은 나를 피했고, 결국 외톨이가 되었다. 누구나 한 가지 재주는 타고난다고 한다. 비록 그것이 다른 사람에게 도움을 주는 것이 아니라 해를 끼치는 것이라 할지라도 말이다. 바로 내가 그랬다. 친구의 부모님과 선생님은 나를 가리키면서 "지금 똑바로 행동하지 않으면 너도 브라이언처럼 될 거다."라고 빈정대곤 했다.

열여섯 살에 나는 인생의 진로를 바꿀 만큼 결정적인 깨달음을 얻게 되었다. 어느 날 문득 내 모습이 지금보다 나아지기 바란다면 그 변화를 이룰 사람은 바로 나라는 생각이 들었다. 내가 불행하고 인기 없고 항상 문제만 일으키는 사람이 되지 않으려면 결국 변해야 하는 것은 나 자신이 아니겠는가? 이 생각이 내가 평생 '왜 어떤 사람은 다른 사람보다 성공하는가?'라는 질문에 대답을 구하는 시발점이 되었다.

학교를 중퇴하고 몇 년간 노동자로 일하면서 약간의 돈이 모이자 나는 일을 그만두고 세상을 구경하려고 여행을 떠났다. 그때 이후 나는 6개 대륙에 걸쳐서 80개국 이상의 나라를 여행하면서 일했다. 또한 그 과정에서 많은 어려움을 겪기도 했다. 머나먼 타국에서 무일푼 신세가 되어 밥도 못

먹고 노숙한 적이 셀 수 없이 많았다. 물론 그 뒤에 세계 각지에 있는 최고의 호텔에서 머물기도 했고, 유명한 레스토랑에서 식사도 했다. 세월이 흘러 지금 나는 2억 6500만 달러짜리 회사의 최고 경영자가 되었으며, 나는 대통령 네 명과 수상 세 명을 만났다. 나와 집사람은 대통령과 식사를 하겠다는 목표를 세운 지 6개월 만에 그것을 달성했다.

돌이켜보면 항상 시간이 지난 뒤에야 여러 가지 교훈을 얻을 수 있었다. 내가 얻은 가장 중요한 교훈은 '목표를 세우지 않으면 목표를 정확하게 맞출 수 없다'는 것이다. 목표를 세우지 않으면 인생에서 달성할 수 있는 정말 멋진 일을 해낼 수 없다. 내면에 잠재된 엄청난 능력을 발휘하고 싶다면 먼저 자신이 진정 무엇을 원하는지 명확하게 알아야 한다.

내 경험에 비춰보면 모든 성취에는 반드시 선행하는 절차가 있었다. 목표를 달성한 뒤 내 모습이 어떨지 시간을 두고 구체화했던 것이다. 지금까지 나는 성공한 사람을 많이 만났다. 그들에게는 공통적으로 한 가지 특징이 있었다. 바로 자신이 원하는 것이 무엇인지 분명히 알고 있었다는 점이다. 그들은 자신이 진정으로 원하는 삶이 무엇인지, 원하는 것을 달성했을 때의 자기 모습을 명확하게 머릿속에 그리고 있었다. 자신이 창조하고 싶은 미래의 비전이 그들을 그 방향으로 강력하게 끌어당기고 있었다. 목표 달성은 머릿속에 자신의 미래 모습을 그리는 데서부터 시작한다.

목표 설정은 성공시스템의 중요한 요소이다. 목표 설정은 5장에서 자세히 다룰 것이다. 그러나 목표를 설정하기 전에 먼저 해야 할 일이 있다. 사람들 대부분은 하지 않지만 내 시스템에서는 필수불가결한 것이다. 바로 우리에게 있어서 '성공'이 무엇인지, 즉 성공의 의미를 분명히 정의하는 것이다. 인생을 걸작품으로 만들었을 때 우리가 어떤 모습일지 결정해야 한다.

이렇게 시작하면 된다. '제로베이스Zero Base' 사고를 활용하는 것이다. 모든 문제를 대할 때마다 우리가 문제의 처음으로 되돌아가 새로 시작할 수 있다고 생각해보자. 액자를 손에 들고 인생의 여러 부분과 인간관계를 액자에 담아보면서 이렇게 질문해보라. '지금 있는 지식과 정보를 바탕으로 그날로 되돌아가 다시 결정한다면 나는 어떻게 할 것인가?'

질문에 답을 구할 때까지 자신과 타협하지 않도록 주의하라. 자신에게 100퍼센트 정직해야 한다. 왜 그것이 불가능한지 온갖 이유를 찾아내는 데 에너지를 낭비하기 전에 먼저 자신이 바라는 최고의 모습이 무엇인지 정의해야 한다. 모든 위대한 성취는 자신이 진정 원하는 것이 무엇인지 결정한 뒤 그것을 위해 모든 것을 바치는 과정을 거치면서 이루어졌다.

일곱／가지／성공／요소

우리가 성공하고 행복해지는 데 필요한 모든 것은 앞으로 이야기할 일곱 가지 요소에 모두 들어 있다. 이 일곱 가지 요소는 지금까지 발견한 성공이나 행복의 요소와 일치하는데, 그 이유는 이것이 높은 성취를 이룬 사람들의 공통된 특징이기 때문이다. 여기에는 우리가 원하는 모든 것이 포함되어 있다.

우리가 이상적으로 살아가는 방법은 자신이 가장 행복하다고 느낄 수 있도록 상황에 따라 일곱 가지 성공 요소를 적절하게 결합하는 것이다. 먼저 자신이 원하는 성공과 행복을 이 일곱 가지 요소의 하나나 그 이상에 따라 분명히 정의해야 한다. 그러면 우리는 지향해야 할 분명한 목표가 생기고 자신이 얼마나 인생을 잘 살아가는지 스스로 측정할 수 있다. 삶을 개선하고 싶다면 개선이 필요한 영역이 어디인지 찾아낼 수도 있다.

먼저 자신이 원하는 이상적인 삶이 무엇인지 그려보자. 현실에 묶여 있는 좁은 눈을 들어서 마치 모든 면에서 완벽한 삶을 이룬 것처럼 미래를 명확하게 그려보자. 그러면 우리 내면에 잠재된 힘이 발휘되기 시작할 것이다. 가장 먼저 자신이 어디로 갈 것인지, 거기에 도달하면 어떤 모습이 될 것인지 분명한 청사진을 그리자. 일단 청사진이 그려지면 그것은 행동을 측정하고 비교하는 원칙과 지침, 벤치마킹할 수 있는 대상이 될 것이다.

마음의 평화

일곱 가지 성공 요소 중에서 가장 중요한 것이 마음의 평화이다. 그것은 인간이 지향하는 것 중에 가장 상위의 목표이다. 마음의 평화가 없다면 나머지 여섯 가지 요소도 큰 의미를 지니지 못한다. 이 때문에 사람들은 평생 마음의 평화를 찾으려 노력한다. 대부분의 사람은 자신이 얼마나 행복한지 알고 싶어 미음의 평화로움 정노를 측정한다. 마음의 평화는 우리 내부에 있는 삶의 평형 유지 장치다. 자신의 가치관이나 신념과 일치하는 삶을 살아가고 있다면, 즉 삶이 완벽한 균형을 유지하고 있다면 우리는 마음의 평화를 느낀다. 반대로 자신의 가치관이나 신념과 어긋나는 삶을 살면 가장 먼저 마음의 평화가 깨진다.

마음의 평화나 조화로운 마음의 상태는 인간관계에서 필수적인 요소이다. 이것은 친구관계, 가족관계, 비즈니스 관계 등 모든 관계에 적용된다. 사람과의 교류는 조화로운 인간관계에 바탕을 둘 때 활발하게 이루어진다. 모든 예의범절과 에티켓, 외교는 다른 사람들의 마음의 평화를 해치지 않으면서 자기 마음의 평화를 추구하는 욕망을 중심으로 이루어진다.

회사에서 느끼는 마음의 평화는 동료들과 얼마나 조화롭게 생활하는지에 따라 달라진다. 생산적이고 많은 이익을 내는 회사들을 보면 직원끼리 서로를 매우 좋아한다. 그런 회사 직원들은 안정감과 행복을 느낀다. 업무 때문에 너무 바빠 정신을 차릴 수 없다고 느낄 때도 있지만 그들의 내면은 늘 평화롭다.

놀라운 사실은 마음의 평화를 누리는 것이 정상적이고 자연스러운 상태라는 점이다. 행복은 사람이 태어나면서부터 자동으로 획득하는 권리이다. 행복은 바로 우리 것으로 운이 좋을 때만 가끔 경험하는 것이 아니다. 마음의 평화는 우리 존재의 중심이다. 그것은 사람들이 살아가면서 즐기는 모든 기쁨의 전제조건인 셈이다.

마음의 평화는 인생의 핵심원칙이 되어야 한다. 마음의 평화는 다른 모든 목표가 따라야 할 상위 목표이다. 사실 성공의 정도는 우리가 느끼는 행복, 만족감, 풍요로움, 즉 마음의 평화 수준과 동일하다.

한때 나는 종교적 이유로 자신의 행복을 추구한다는 것에 큰 혼란과 불안을 느꼈다. 나의 행복이 내 선택과 행동을 결정하는 기준이 되는 것이 올바르지 않다는 생각을 오랫동안 해왔다. 종교에서는 나의 행복은 곧 다른 사람의 행복을 추구하는 과정에서 나오는 부산물이라고 가르친다. 내가 행복하다면 그것은 운이 좋아서고, 불행한 것은 운명이라 어쩔 수 없다고 믿었다. 행복을 나 자신의 목표로 세우는 것은 이기적이고 다른 사람을 배려하지 않는 것이라고 배웠다.

그러다 두 가지 사실을 깨달으면서 내 생각은 결정적인 전환점을 맞았다. 첫 번째는 내가 스스로의 행복을 추구하지 않는다면 아무도 나를 위해 무언가를 해주지 않는다는 점이다. 다른 사람을 행복하게 해주는 것을 인생의 목표로 삼는다면 나의 행복은 항상 타인의 감정에 좌우될 수밖에 없다. 나는 다른 사람을 행복하게 하려고 하면 항상 답답함과 실망만 느끼게 된다는 것을 경험으로 배웠다. 모든 사람을 항상 행복하게 해주는 것은 불가능한 일이다.

두 번째는 내게 없는 것을 다른 사람에게도 줄 수 없다는 사실이다. 내가 행복하지 않으면서 다른 사람을 행복하게 해줄 수는 없다. 언젠가 링컨은 "가난한 사람을 돕겠다고 우리 모두가 가난해질 필요는 없다."라고 말했다. 내가 행복하지 않은데 다른 사람을 행복하게 해줄 수는 없는 법이다.

마음의 평화는 우리가 성취하는 다른 모든 것에도 커다란 영향을 미치기 때문에 철저하게 분석해야 한다. 마음의 평화는 어디에서 오는가? 어떤 조건에서 오는가? 어떻게 하면 더 큰 마음의 평화를 얻을 수 있는가?

단순하게 말해서 우리는 파괴적 감정인 두려움과 분노, 의심, 죄의식, 불만, 걱정에서 완전히 자유로울 때 마음의 평화를 느낀다. 그렇다면 행복으로 가는 열쇠는 부정적인 감정과 스트레스를 주는 부분을 체계적으로 제거하거나 최소화하는 것이라고 할 수 있다.

이 생각이 처음 떠올랐을 때 나는 깜짝 놀랐다. 생각해보라. 행복하고 생산적인 인생을 사는 방법이 자신을 불행하게 만드는 부정적인 사람, 부정적인 상황, 부정적인 감정을 체계적으로 제거하여 마음의 평화를 획득하는 것이라니, 세상에! 행복하게 사는 길이 이렇게 단순할 수 있단 말인가? 문제는 바로 거기에 있다. 행복을 방해하는 부정적인 감정을 제거하는 것을 막는 장애물은 그런 부정적인 감정을 일으키는 부정적인 사람과 상황에 보이는 강한 집착이다. 우리의 좋은 머리는 변화를 일으키지 않으면서 부정적인 상황을 지속해야 하는 온갖 이유를 만들어낸다. 또한 문제를 해결할 수 있는 방법을 제시하는 대신에 우리가 진흙탕에서 벗어나지 못하게 필사적으로 막는다.

나는 이 책 뒷장에서 부정적인 감정을 통제하고 제거할 수 있는 여러 가지 방법을 소개할 예정이다. 또한 분노와 걱정을 순식간에 없앨 수 있는 강력한 방법도 알려줄 것이다. 동시에 자신의 감정을 완벽하게 통제하고 항상 긍정적으로 유지하는 방법도 알려줄 것이다.

우선 집중해야 할 것은 '이상적인 미래'이다. 앞날을 미리 내다보고 자신이 바라는 이상적인 삶을 상상하는 것이다. 완벽한 행복을 느끼려면 어떤 성공 요소가 필요할까? 이때, 먼저 바라는 것이 가능한지 불가능한지는 생각할 필요가 없다. 마음속에 있는 모든 제약을 벗어버리고 완벽하게 자신이 바라는 것만 생각해야 한다. 우리 삶이 어떤 모습일 때 마음이 가장 평화로운지만 정의하면 된다.

어떤 일을 하고 있을까? 어디에서 살고 있을까? 누구와 함께 있을까? 매일 어떻게 시간을 보내고 있을까? '목표를 세우지 않으면 목표를 정확하게 맞출 수 없다'는 말을 기억하자. 목표를 머릿속에 분명하게 그리면 그것을 성취할 가능성은 더욱 높아진다.

이것을 일에 적용해보자. 우리가 현재 하는 일이나 사업이 모든 면에서 탁월하다면 이상적인 미래의 모습은 어떠할까? 지금의 업무환경에서 좀 더 높은 수준의 협조와 조화를 이루려면 무엇을 더하거나 덜해야 할까?

가정생활은 어떨까? 나와 내 가족이 완벽한 평화와 만족의 상태에서 살고 있다면 그 삶은 어떤 모습일까? 나의 행복을 추구하는 과정에서 다른 사람도 행복하게 살 수 있도록 도울 수는 없을까?

지금 하는 일이 마음의 평화에 도움이 되는지 방해가 되는지를 기준으로 모든 일을 판단하고 계획한다면 과거에 범했던 잘못을 반복하지 않을 것이다. 올바른 일만 하고 올바른 말만 할 것이다. 과거보다 더 높은 원칙에 따라 살아갈 것이다. 자신에게 더 많이 만족할 것이다. 마음의 평화가 바로 모든 것의 열쇠이다.

건강과 에너지

두 번째 성공 요소는 건강과 에너지이다. 마음의 평화가 정상적이고 자연스러운 마음의 상태인 것처럼 건강과 에너지도 정상적이고 자연스러운 신체적 상태이다. 우리 몸은 원래 건강을 지향하도록 만들어져 있다. 정신적·신체적으로 방해만 없다면 대단히 쉽게 충분한 에너지를 만들어낸다. 건강이란 고통과 질병이 없는 상태를 말한다. 놀랍게도 우리 몸은 해로운 일을 멈추면 저절로 건강과 에너지를 회복한다. 아무리 세상의 모든 물질적인 욕구를 충족시켰다 해도 선강이나 마음의 평화를 잃어버린다면 기쁨을 얻지 못할 것이다.

자신이 완벽하게 건강하다고 상상해보자. 자신이 바라는 이상적인 몸이란 어떨지 생각해보라. 어떤 모습을 하고 있을까? 어떤 느낌일까? 몸무게는 얼마나 될까? 어떤 음식을 먹고 어떤 운동을 할까? 어떤 일을 지금보다 더하거나 덜하게 될까?

세미나에 참석한 어떤 사업가는 자신의 이상적인 모습을 생각해보고 나서 자신이 완벽하게 건강하다면 마라톤을 완주할 것이라고 말했다. 그의 나이는 이미 마흔 살이었고 몸무게는 정상 체중보다 10킬로그램이 더 나갔으며 체력도 좋지 않았다. 그러나 마라톤을 완주하겠다는 생각은 이미 그의 머릿속에 심어졌다. 이상적인 자신의 모습을 떠올릴수록 마라톤을 완주하려면 훈련이 필요하다는 생각이 머릿속을 가득 채웠다. 그는 단단하면서도 잘빠진 자기 몸을 상상하기 시작했고, 실제로도 마라톤을 완주할 수 있다고 확신했다.

그는 조깅에 관한 책을 사서 읽고 매일 조금씩 달리기 시작했다. 운동복과 조깅화를 착용하고 매주 조금씩 뛰는 거리를 늘려갔다. 얼마 뒤 5킬로미터와 10킬로미터를 완주했고 하프마라톤에도 참가했다. 그러다 채 1년도 안 되어 마라톤 풀코스를 완주했다. 그는 목표를 달성했고 자신이 이상적으로 그리던 사람이 되었다. 가장 중요한 것은 그가 더 건강하고 늘씬한 신체와 활력 넘치는 자신의 모습에 만족하게 되었다는 점이다.

사랑과 인간관계

세 번째 성공 요소는 아끼고 사랑하는 사람과의 관계이다. 사랑의 관계는 인간으로서 얼마나 잘 살아가는지를 진단할 수 있는 척도이다. 우리가 살아가면서 느끼는 행복과 불행은 다른 사람과의 관계에서 나온다.

우리를 온전하게 살아가게 만드는 핵심적인 자질 중 하나는 다른 사람과 오랫동안 친밀한 관계를 맺고 유지하는 능력이다. 인간의 성격은 다른 사람과 어울려 지내는 방식에서 드러난다.

우리가 좋은 인간관계를 맺고 있는지 확인해볼 수 있는 가장 단순한 방법은 바로 웃음이다. 사람들과 함께 있을 때 자주 웃는다면 주변 사람들과 원만한 인간관계를 유지하고 있는 것이다. 관계가 좋은 사람들은 함께 있을 때 자주 웃는다. 그리고 관계가 나빠지면 웃음이 없어진다. 이것은 회사생활에도 그대로 적용된다. 높은 성과와 이윤을 내는 조직은 직원들끼리 자주 웃는다. 다른 조직에 비해 그들은 함께 일하는 것을 즐기며 조화롭고 행복하게 일한다. 그들은 낙관적이고 개방적이며, 유연한 사고와 창조적 아이디어가 많다.

나는 모든 사업에서 사람이 가장 중요한 부분이라고 생각해왔다. 그러나 이후 내가 깨달은 커다란 진실은 사람은 사업의 중요한 부분이 아니라 사업 그 자체라는 것이다. 가구나 비품은 바꿀 수 있다. 상품과 서비스, 고객도 시간이 지나면 바뀐다. 하지만 사람은 대체가 불가능하다. 훌륭한 인재가 많은 회사는 계속해서 발전한다. 경영자의 가장 중요한 책임 중 하나는 직원들이 항상 조화롭고 행복하게 일하도록 하는 것이며, 긍정과 열정, 사기가 충만한 조직문화를 만드는 것이다. 이런 공동체 정신이 바로 세계 일류기업을 만드는 핵심적인 요소이다.

이상적인 인간관계란 무엇일까? 어떤 사람들과 어떻게 지내야 할까? 인간관계의 세밀한 부분까지 설계할 수 있다면 무엇을 늘리고 무엇을 줄이겠는가? 자신이 원하는 인간관계를 만들려면 오늘 당장 어떤 일부터 해야 할까?

인간관계에서 자신이 원하는 것이 무엇인지 분명하게 알지 못하면 원치 않는 상황에 처하게 될 것이다. 우리가 살아가면서 부딪치는 모든 문제는 대부분 '사람 문제'이다. 사람 문제는 다른 어떤 문제보다도 더 크게 마음의 평화를 깨뜨리고 건강을 해친다. 따라서 인생의 가장 주된 목표 중 하나는 우리가 행복하고 만족감을 느끼며 살아갈 수 있는 주위환경을 만드는 것이다. 우리의 인간관계를 하나하나 검토하고 그들 모두가 즐겁고 만족감을 느끼며 지낼 수 있도록 계획을 세워야 한다. 대인관계를 효과적으로 제어하여 조화로운 인간관계를 만든 뒤에야 우리는 진정한 잠재력을 발휘할 수 있다.

여유와 경제적 자유

네 번째 성공 요소는 경제적인 자유이다. 경제적으로 여유롭다는 것은 돈이 풍족하여 더 이상 그것을 걱정할 필요가 없는 것을 의미한다. 돈은 악의 뿌리가 아니다. 오히려 악의 뿌리는 돈이 없는 것이다. 경제적 자유를 성취한다는 것은 인생에서 가장 중요한 목표 중 하나이자 책임이다. 운에 맡겨 두기에는 너무 중요한 성공 요소이다.

인구의 80퍼센트가 돈 문제 때문에 고통을 받는다. 새벽에 일어나면서, 아침을 먹으면서, 낮에 일하는 동안에도 온종일 계속 돈을 생각하고 걱정한다. 저녁에도 마찬가지로 돈을 이야기하고 생각한다. 이것은 행복하고 건강하게 살아가는 방법이 아니다. 최고의 인생을 살아가는 방식은 더더욱 아니다.

돈은 중요하다. 성공 요소 중에서 네 번째로 꼽았지만 사실 돈은 앞서 말한 세 가지 성공 요소를 달성하는 데도 필수적인 것이다. 많은 사람이 걱정하고 근심하고 스트레스를 받고 마음의 평화를 잃는 이유가 바로 돈 때문이다. 심지어 돈 때문에 건강까지 잃기도 한다.

인간관계의 많은 문제가 돈 때문에 생기고, 돈 때문에 생긴 부부싸움으로 많은 부부가 이혼한다. 우리는 돈 걱정을 하지 않도록 충분한 돈을 벌수 있는 자질과 능력을 계발해야 할 책임이 있다.

목표를 달성하는 데 있어서 자유롭다는 느낌은 중요하다. 그리고 돈 걱정을 하지 않아도 될 만큼 돈이 충분하지 않는 한 우리는 결코 경제적으로 여유롭지 못하다. 따라서 인생의 주된 목표 중 하나로 경제적인 자유를 염두에 두어야 하는 것이다. 돈이 없으면서 스스로 부자라고 생각하거나, 돈벌 능력도 없으면서 나중에 부자가 될 거라고 헛된 꿈만 꾸며 복권 당첨과 같은 막연한 행운에 기대서는 안 된다.

지금 자신에게 마술지팡이가 있어 그것을 한번 흔들기만 하면 꿈꿨던 모든 이상적인 삶을 설계할 수 있다고 상상해보자. 자신의 경제적 목표를 모두 달성했다면 어떤 모습일까? 일상생활에는 어떤 변화가 있을까? 어떤 일을 더 많이 하고 더 적게 할까?

지금부터 1년, 5년, 10년 뒤에 얼마를 벌고 싶은가? 어떤 라이프스타일을 즐기고 싶은가? 은행 예금은 얼마 정도 갖고 싶은가? 은퇴할 때 총 재산은 어느 정도였으면 좋겠는가? 이것은 대단히 중요한 질문이다. 많은 사람이 평생 이런 질문을 스스로에게 하지 않는다.

우리가 경제석으로 어떤 상태가 되었으면 좋겠다는 명확한 상을 세워야 그것을 성취하는데 알아야 할 것과 해야 할 것을 배울 수 있다. 내 세미나에 참가한 많은 사람은 이것을 배워 생활에 적용했고, 가난에서 벗어나 부를 얻었다. 많은 사람이 대기업 사장이 되었고 어떤 사람들은 백만장자가 되었다. 많은 사람이 사업을 시작해서 성공하거나 회사에서 고속 승진을 했다. 중요한 것은 자신이 원하는 것을 결정하고 나서 이런 성공을 이루어냈다는 점이다.

자신이 원하는 경제적인 모습을 결정하면 이 책에서 소개하는 시스템을 사용하여 빠른 속도로 목표를 달성할 수 있다. 가장 중요한 것은 자신의 경제적 미래를 분명하게 정의하고 그것을 실현할 수 있는 계획을 세우는 것이다. 모든 것은 거기에서 비롯된다. 앞으로 우리가 배울 것도 이것이다.

가치 있는 목표와 이상 실현

다섯 번째 성공 요소는 가치 있는 목표와 이상이다. 『삶의 의미를 찾아서 Man's Search for Meaning』의 저자 빅터 프랭클Viktor E. Frankl 박사는 인간 내면에 가장 깊이 잠재해 있는 동기motive가 삶의 의미와 목적이라고 했다. 진정으로 행복하려면 분명한 방향 감각이 필요하다. 자신의 울타리를 벗어나서 더 크고 중요한 것에 인생을 바쳐야만 한다. 자신의 삶이 무엇을 대표하고 있다는 느낌, 우리가 몸담고 살아가는 세상에 무언가 공헌하고 있다는 느낌이 들어야 한다.

행복은 '가치 있는 이상의 점진적인 실현'으로 정의할 수 있다. 진정으로 중요한 것을 향하여 한발씩 나아갈 때 비로소 행복할 수 있다. 자신이 가장 좋아하는 활동이나 자랑스럽게 생각하는 성취는 어떤 것인가? 무엇을 할 때 가장 행복했는가? 어떤 활동을 할 때 삶의 의미와 목적을 가장 크게 느꼈는가?

자신을 아는 것과 이해하는 것

여섯 번째 성공 요소는 자신을 아는 것과 이해하는 것이다. 역사를 돌아보면 내적인 행복과 외적인 성취는 자기 자신을 아는 데서 비롯되었다. "너자신을 알라."라는 말은 고대 그리스에서부터 있었다. 최고의 성취를 이루려면 내가 누구이고 왜 그렇게 생각하고 느끼는지 알아야 한다. 어린 시절부터 자신의 성격을 만들어온 힘과 영향력을 이해해야 한다. 자신이 주변사람들과 상황에 지금처럼 반응하고 대응하는 이유를 이해할 필요가 있다. 이렇게 자신을 이해하고 수용한 다음에야 비로소 삶의 다른 영역으로전진해나갈 수 있다.

성취감과 자아실현

마지막 일곱 번째 성공 요소는 개인적인 성취감이다. 이것은 능력을 충분히 발휘하여 자신이 원하는 모습에 점점 가까워지고 있다는 느낌이다. 이것은 자신이 인간으로서 모든 잠재력을 발휘하고 있다는 확실한 인식이다. 심리학자인 매슬로Abraham Maslow는 이것을 '자아실현'이라고 불렀다. 매슬로는 자아실현을 우리 사회에서 가장 건강하고 행복하고 성공한 사람들의 일차적인 특징으로 보았다.

이 책을 읽으면 스스로의 심리치료사가 될 수 있을 것이다. 모든 상황에서 긍정적이고 낙관적이며 즐거운 태도를 지니고, 이를 유지할 수 있는방법을 배울 것이다. 또한 원활하게 소통하는 성숙한 인격을 계발하는 방법도 배울 것이다.

일곱 가지 성공 요소는 우리가 지향해야 할 일련의 목표를 제시해준다. 자신이 꿈꾸던 이상적인 삶의 모습을 규정하고 원하는 바를 명확하게 정의할 용기가 있으면, 우리는 잠재된 능력을 발휘하여 성공에 이르는 과정을 시작할 수 있다. 앞으로 소개하는 11개의 장에서 목표를 성취하는 데 필요한 생각과 행동에 관한 검증된 시스템을 배울 것이다. 그러나 가장 먼저 자신의 최종 목표가 무엇인지 알아야 한다. 이것은 시스템의 첫 번째 단계이자 가장 중요한 단계이다.

2장에서는 일곱 가지 마음의 법칙과 자신이 원하는 인생을 만들어가는 방법을 배운다.

3장에서는 인간을 움직이는 핵심 소프트웨어이자 마스터 프로그램인 자아개념과 그것이 어떻게 생각과 느낌을 통제하는지 배운다. 동시에 그 것을 새롭게 프로그래밍하는 방법과 우리가 진정으로 원하는 삶 안에 그것을 배치하는 방법을 배운다.

4장에서는 마스터 마인드, 즉 자신의 정신능력을 모아서 최고의 성취를 이룰 수 있는 방법을 배운다. 그와 함께 우리 시대에 가장 성공한 사람들이 목표를 달성하려고 사용한 방법과 기술도 배운다.

5장에서는 성공의 최고 기술을 배운다. 이 장에서 당신은 목표 설정과 목표 성취를 통합적으로 제시하는 가장 강력한 프로세스를 배울 것이다. 이 방법을 사용하면 많은 사람이 평생에 이룬 것보다 더 많은 것을 1~2년 안에 성취할 수 있다.

6장에서는 최고의 힘, 즉 언제든지 필요하면 항상 사용할 수 있는 슈퍼의식을 배운다. 이 슈퍼의식을 올바르게 사용하면 자신이 세운 목표를 모두 성취할 수 있다. 인간이 이룬 모든 위대한 성공의 바탕에는 슈퍼의식의 발견과 적용이 있다. 우리는 숨을 들이쉬고 내쉬는 것처럼 자연스럽게 그것을 사용하는 방법을 배우게 된다.

7장에서는 고차원적인 힘을 발휘하여 개인적·사업적으로 성공하려면 꼭 해야 하는 최고의 의사결정 방법을 배운다. 그뿐만 아니라 높은 수준의 성취를 이루는 사람과 낮은 수준의 성취를 이루는 사람의 핵심적인 차이와 자신이 경험하는 모든 것을 완벽하게 통제하는 방법과 멋진 삶을 만드는 방법을 배운다.

8장에서는 최고의 목표, 즉 내면의 평화와 모든 사람에게 행복을 가져다 줄 수 있도록 삶을 개선하는 방법을 배운다. 어떤 상황에서든 좀 더 긍정적이고 낙관적일 수 있는 방법도 배울 것이다.

9장에서는 지금까지 배운 모든 것을 종합하여 중요한 사람들과 최상의 관계를 맺는 방법을 배운다. 심리과학의 기초가 되는 원칙들과 어떤 상황에서든 다른 사람과 잘 어울리는 방법을 배운다.

10장에서는 남편과 아내가 더 행복해질 수 있는 방법과 부부관계에서 성공과 실패의 원인을 배운다. 어떤 것을 새로 시작하거나 잘못된 습관을 없애 며칠 사이에 또는 그보다 더 빨리 부부관계를 혁신적으로 개선할 수 있는 간단하고 쉬운 몇 가지 방법을 배운다.

11장에서는 뛰어난 부모가 되는 방법을 배운다. 자녀의 나이에 관계없이 그들이 행복하고 건강하고 자신감 있게 성장할 수 있도록 상호 교류하는 방법을 배운다. 과거에 자신이 범했던 잘못된 말이나 행동으로 야기한 나쁜 영향을 줄이고 사랑의 관계를 지속할 수 있는 방법도 배운다.

마지막으로 12장에서는 '인간 역사의 가장 중대한 비밀'을 배운다. 이것은 세상에서 가장 강력한 힘이자 사람들의 성품과 운명을 결정하는 동시에 진정으로 가치 있는 유일한 것이다. 이것은 우리가 진정한 인간이 되고 자신의 잠재력을 충분하게 발휘할 수 있는 유일한 방법이기도 하다. 여기에서는 모든 일과 역할에 사랑의 원칙을 적용하는 방법을 제시한다.

이 책에서 배운 것을 생활에 적용하면 우리는 보다 큰 마음의 평화, 건강과 에너지, 넓고 깊은 사랑의 관계, 경제적 자유를 누릴 것이다. 동시에 가진 것 모두를 던져 몰입할 수 있는 목표와 이상을 설정하게 되고, 보다 높은 수준에서 자기 자신을 알고 이해하면서 자아실현의 성취감과 만족감을 맛보게 될 것이다.

더불어 이 책에서 소개한 아이디어와 통찰력, 현실 적용 지침을 배운다면 지금까지 경험하지 못한 건강과 행복, 물질적 풍요를 누릴 수 있을 것이다. 이 원칙을 삶에 적용하면 자신의 삶과 주변 상황, 주위 사람에게 놀랍고도 긍정적인 변화가 일어나는 것을 경험할 것이다. 우리 앞에 새로운 길이 펼쳐지면서 지금까지 스스로가 정해 놓은 한계를 뛰어넘어 '최고의 성취Maximum Achievement'라는 멋진 곳으로 안내할 것이다.

1. 성공시스템의 실천방법

이 책에서 제시하는 시스템은 상당히 실용적이다. 책에 담긴 내용을 직접 실행하는데 도움이 되도록 각 장마다 '성공시스템의 실천방법'을 정리해 두었다. 이것으로 자신의 삶을 완전히 통제하는 데 필요한 도구를 습득할 수 있다. 이 도구가 제대로 효과를 발휘하려면 생활 속에서 직접 활용해야 한다. '성공시스템의 실천방법'은 반드시 순서에 따라 실행해야 확실한 효과를 얻을 수 있다. 그래야만 단계적으로 효과가 누적되어 더 큰 효과를 볼 수 있는 것이다.

'성공시스템의 실천방법'은 이 장 전체에 걸쳐서 제시되어 있다. 그것은 상상력이라는 붓으로 인생이라는 캔버스에 그림을 그리기 시작하는 것이자 자신을 가장 행복하게 만드는 것이 무엇인지 명확하게 결정하는 것이다.

그것이 가능한지 여부를 판단하기 전에 먼저 자신에게 올바른 답이 무엇인지 결정하라. 자신이 생각하는 이상적인 삶의 모습을 세세한 부분까지 그려라. 현재의 모습에서 자신이 바라는 곳으로 가는 과정은 걱정하지 마라. 지금은 우선 자신이 생각하는 완벽한 미래의 모습을 그리는 데 집중하라. 자신이 세운 목표를 어떻게 구현할 것인지는 앞으로 차차 배우게 될 것이다.

CHAPTER 02

The Seven Laws
of Mental Mastery

마음을 다스리는
일곱 가지 법칙

이 모든 혁명은 우리 생각에서 시작된다.
생각을 바꾸면 인생도 달라진다.

이 모든 혁명은 우리 생각에서 시작된다.

생각을 바꾸면 인생도 달라진다.

지금처럼 성공하는 방법을 알려주는 실용적인 정보가 넘칠 때도 없었다. 그런데도 단지 인구의 5퍼센트만이 정년퇴직할 때가 되어서야 비로소 경제적 자유를 누린다. 일을 하는 사람들의 80퍼센트는 지금 하는 일이 아닌 다른 일을 하고 싶어 하며, 85퍼센트는 자신의 능력에 비해서 더 낮은 수준의 일을 한다고 느낀다. 다시 말해, 겨우 5퍼센트만이 자신의 능력을 충분히 발휘한다고 느끼는 셈이다.

많은 나라에서 과거보다 더 많은 세금을 국민의 건강관리에 쓰고 있으며, 그 비용은 점점 더 증가한다. 그럼에도 지금처럼 비만하거나 건강하지 못한 사람이 많았던 적도 없다. 왜 그럴까? 온갖 부정적인 마음가짐과 감정이 원인이다. 생각해보면 스스로를 병들게 하고 사람들과의 관계를 오염시키는 것은 바로 우리 생각이다.

대부분의 나라가 개인의 자유를 보장하며, 모든 결정권은 개인에게 있다. 사람은 무엇이든 할 수 있고 무엇이든 될 수 있으며 어디든 갈 수 있고 언제든지 자신의 삶을 향상시키는 데 필요한 것을 바꿀 수 있다. 사람은 누구나 자신이 원하는 대로 생각할 자유가 있는 것이다. 그런데도 왜 수많은 사람이 자신에게 해로운 부정적인 태도와 비관적인 마음을 계속 가지는 것일까? 왜 자신의 잠재력을 최대한 발휘하며 살아가는 사람이 이토록 적은 것일까?

행복한 / 삶을 / 영위하는 / 실행 / 원칙 / 세 / 가지

어린 시절 나는 무언가를 잘하고 싶으면 열심히 공부하고 연습해야 한다는 사실을 몰랐다. 건강과 행복, 평화, 부, 높은 성취는 운이 좋으면 그냥 이루어진다고 생각했다.

이런 생각은 우리를 '우연의 법칙Law of Accident'에 빠뜨린다. 이것은 별다른 생각 없이 살아가는 대부분의 사람을 지배하는 원칙이다. 하지만 계획을 세우지 않으면 실패하기 마련이다.

의사가 되고 싶으면 의학을 공부하고 의료활동을 해야 한다. 뛰어난 요리사가 되고 싶으면 요리책을 읽고 요리법을 배우고 직접 요리를 해봐야 한다. 기쁨, 행복, 성취감이 가득한 인생을 살고 싶으면 가장 행복하고 성공한 사람들을 찾아서 그들과 똑같은 결과를 얻을 때까지 그들처럼 일을 해야 한다.

내게는 이것이 엄청난 아이디어였다. 너무 쉽고 간단했다. 세상에 이렇게 간단할 수가 있을까? 그러나 자세히 살펴보면 결코 쉽지만은 않다는 것을 알 수 있다. 이미 알고 있겠지만 진정으로 중요하고 가치 있는 일 중 쉬운 일은 단 하나도 없다. 올바르고 좋으려면 쉽고 단순해야 한다는 것은 잘못된 생각이다. 노력해야 얻을 수 있는 것이라면 거기에는 무엇인가 문제가 있다고 말하는 사람들이 있다. 그러나 그런 생각은 행복을 추구하는 데 치명적이다.

행복한 삶을 찾는 성스러운 작업을 시작하려고 나는 다음 세 가지 기본 실행 원칙을 만들었다.

첫째, 인생은 어려운 것이다. 인생은 항상 어려웠고 앞으로도 그러할 것이다. 이 사실 앞에서는 누구도 예외일 수 없다. 다행스럽게도 가장 기본이 되는 이 진실을 받아들이기만 하면 묘하게도 삶이 한결 쉬워진다는 것이다. 이 진실을 받아들이면 불만스럽고 불공평하다는 느낌이 점점 사라진다.

둘째, 나의 현재 모습과 미래 모습은 자신에게 달려 있다는 것이다. 현재 모습은 과거에 내가 내린 선택의 결과물이다. 인간은 누구나 행동을 선택할 자유가 있으며 과거에 내렸던 모든 결정의 결과가 모여 현재 우리 삶의 좋고 나쁨을 결정한다. 미래가 현재보다 나아지기를 바란다면 지금부터라도 더 나은 선택을 해야 한다.

셋째, 우리가 어떤 사람이 되고 싶거나 무엇을 성취하고 싶다면 그것을 이루는 데 필요한 것을 모두 배울 수 있다. 이 원칙이 가장 중요하다. 배움을 가로막는 장애는 거의 없으며 설사 있다 할지라도 그것은 우리 외부가 아닌 내부에 있다.

필요가 발명의 어머니라면 고통은 배움의 아버지이다. 인간은 불만과 어려움이라는 자극이 있어야만 새로운 아이디어와 방식에 마음의 문을 연다. 최소한 20대 초반의 나는 그랬다.

더 나아지기 원한다면 어떤 것은 새로 배워야 하며, 이미 배운 것 중 어떤 것은 버려야 한다. 그렇지 않으면 지금 있는 지식과 기술에 갇혀버린다. 그러나 이미 알고 있는 것만으로는 더 이상 발전할 수 없다. 미래는 지금부터 우리가 무엇을 새로 배우고 실행하는지에 달려 있다.

나는 이 세 가지 원칙에 기초하여 성공과 행복, 성취를 공부하기 시작했다. 이 원칙들은 앞으로 설명할 시스템의 기본 골격이 된다. 이 책의 각 부분은 다른 부분과 상호보완적인 관계를 맺고 있는데, 그것은 마치 건축에서 작은 부분이 모여 하나의 멋진 빌딩을 완성하는 것과 같다.

새로운 생각이나 행동을 배워나가면서 우리는 인생을 걸작품으로 만들 수 있다. 이런 노력으로 우리는 진정한 아름다움을 창조하는 방법과 운명을 100퍼센트 통제하는 방법을 배우게 된다. 그리고 지금껏 꿈꾸지 못했던 것들을 성취하는 방법도 배우게 될 것이다. 미리 말하지만 이 모든 것이 결코 쉽지만은 않을 것이다.

성공시스템을 적용하라

성취에 대한 사람들의 심리를 연구하면서 내가 배운 내용이 얼마나 현실적인지 확인하려고 나 자신과 주변환경을 실험대상으로 활용했다. 여러분도 나처럼 해야 한다. 내면의 목소리를 들어야 한다. 과거에 무엇을 배웠든 지금까지 어떻게 생각해왔든 우선은 스스로에게 이렇게 질문해보라. '이것이 옳다고 생각하는가?'

6장에서 자세히 소개하겠지만 뛰어난 사람들은 마음속 깊은 곳에서 자신을 신뢰한다. 그들은 자신이 어떻게 느끼는지 중요하게 생각한다. 우리도 그들처럼 해야 한다. 이 책에 실린 이야기에 자신이 얼마나 공감하는지 확인해보아야 한다. 그렇지 않다면 억지로 받아들이려고 하지 말고 그냥 지나쳤다가 나중에 이해될 때 다시 보는 것이 낫다.

루스벨트 대통령이 말했듯이 "지금 우리가 있는 곳에서, 지금 우리에게 있는 것으로, 우리가 할 수 있는 것부터 하자." 이것이 내가 한 일이다. 어떤 사람이 다른 사람보다 더 성공하는 이유를 공부하면서 나는 여기에 완전히 몰입했다. 비록 가난한 학생이었지만 나는 지식과 정보에 굶주린 독서가였고 힘든 일을 두려워하지 않았다. 주위 사람들이 데이트를 하고 춤을 추러 다닐 때 나는 잃어버린 시간을 만회하려고 공부했다.

책과 아이디어만으로도 멋진 인생을 살 수 있다면 이미 모두 부자가 되었거나 행복해져 있을 것이다. 지금은 과거 어느 때보다 성공하는 방법을 알려주는 좋은 책, 오디오, 비디오, 인터넷을 쉽게 접할 수 있다. 지금까지 내가 읽고 보고 들은 것은 모두 저마다 나름대로 가치가 있다. 그러나 그 모든 것을 단순히 합쳐 놓는 것만으로는 충분하지 않다.

우리에게 필요한 것은 바로 시스템이다. 우리가 배운 아이디어를 통합할 수 있는 시스템이 없다는 것은 한번에 전체 그림을 보여주지 않고 퍼즐 게임을 하는 것과 같다. 비록 좋지 않은 시스템이라도 없는 것보다는 낫다. 중요한 것은 배운 시스템을 원하는 결과가 나올 때까지 계속해서 생활에 적용해야 한다는 점이다.

어렵고 복잡한 것을 배워서 완전히 자기 것으로 만들고 싶다면 나보다 먼저 그것을 통달한 사람에게서 모든 것을 배워야 한다. 이것은 법률이든 의학이든 공학이든 비즈니스든 마찬가지다. 인간관계, 행복, 건강, 부, 마음의 평화도 마찬가지다. 되고 싶은 것, 갖고 싶은 것, 하고 싶은 것은 모두 꾸준히 배우고 노력함으로써 성취할 수 있다. 그렇게 하려면 시스템이 있어야 하고, 그 시스템을 꾸준히 적용해야 한다.

삶의 매뉴얼에 충실하라

성취감의 결여와 불만의 주된 이유는 한마디로 자신의 능력을 최대한 발휘하는 방법을 모른다는 데 있다. 기본적인 실행 원칙을 모르기 때문에 자신의 잠재력보다 훨씬 낮은 성과를 내면서 시간을 낭비하는 것이다. 심지어 평생을 낭비하면서 살아가는 경우도 종종 있다.

예를 들어, 비싸고 정교한 컴퓨터를 선물 받았다고 상상해보자. 배달된 박스를 뜯어 컴퓨터 부품을 모두 꺼냈는데, 컴퓨터의 사용방법을 알려주는 사용자 매뉴얼만 없다. 그가 컴퓨터나 컴퓨터 언어를 전혀 모르는 사람이라고 가정해보자. 그래서 스스로 작동원리와 조립방법, 사용방법을 알아내어 원하는 결과물을 만들어내야 한다고 가정해보자. 다른 사람의 도움이나 지도 없이 이런 상태에서 컴퓨터 사용방법을 배우는 데 어느 정도의 시간이 걸릴까?

아무리 배우고자 하는 각오가 강하다고 해도 그가 컴퓨터 사용방법을 배우는 데는 아마도 족히 몇 년은 걸릴 것이다. 단언하건데 그는 중간에 포기하고 예전의 낡고 느린 방식으로 되돌아갈 것이다.

반대로 똑같은 컴퓨터를 선물 받았는데 이번에는 사용자 매뉴얼이 포함된 완벽한 물건이 도착했다고 가정해보자. 게다가 컴퓨터 전문가가 찾아와 차근차근 설치방법과 사용방법은 물론 작동원리와 가장 효율적으로 사용하는 방법까지 모두 알려준다고 가정해보자.

사용자 매뉴얼과 전문가의 도움을 받아 아마 반나절이면 컴퓨터를 모두 설치하고 사용할 수 있을 것이다. 그때부터 컴퓨터를 자주 사용하면서 점점 더 실력이 늘고 업무의 양과 질은 빠르게 증가할 것이다.

여기에 핵심 포인트가 있다. 우리는 이 세상에 매뉴얼 없이 태어난다. 우리 뇌는 너무도 정교하고 가능성이 무한해서 현대과학도 아직 그 가능성을 제대로 파악하지 못했다. 이 놀라운 1.25~1.4킬로그램 무게의 인체 조직에는 무려 1000억 개에 달하는 세포가 있으며 시간당 1억 비트의 정보를 처리해낸다. 뇌는 자동 조절되는 신경시스템으로 인체 모든 부분에 있는 수십억에 달하는 세포의 화학적인 균형을 유지한다. 뇌를 효과적으로 사용하기만 하면 우리는 가난에서 풍요로움으로, 혼자 지내는 외로움에서 사람들과의 따뜻한 교류로, 질병에서 건강으로, 우울함에서 행복함으로 나아갈 것이다. 단, 그렇게 하려면 올바른 사용방법을 배워야 한다.

이 책은 우리가 타고난 능력을 최대한 발휘하며 살아가도록 도와주는 사용자 매뉴얼이라고 할 수 있다. 앞으로 원하는 모든 것을 이룰 수 있도록 정신의 놀라운 힘을 모으는 방법을 알려줄 것이다.

자신의 인생과 미래를 통제하라

인간의 정신세계는 어마어마한 컴퓨터 네트워크의 중앙처리장치라고 할 수 있다. 따라서 얼마든지 여러 명의 오퍼레이터와 소스로 접속되고 영향을 받으며 프로그램화될 수 있다. 입력되는 모든 데이터는 다른 데이터에 영향을 준다. 모든 정보는 입력되자마자 처리 중인 데이터에 영향을 미친다. 새로운 정보는 그것이 진실이든 거짓이든 즉시 다른 모든 영역을 변화시킬 수 있다.

인간의 잠재의식은 중앙처리장치이다. 목표를 달성하려면 이 중앙처리장치를 새롭게 프로그래밍해서 자신이 생각하고 느끼고 믿는 것이 경험하고 즐기기를 원하는 것과 정확하게 일치하도록 만들어야 한다.

잠재의식에 접속하는 포트는 내부에도 있고 외부에도 있다. 내부적으로 우리는 생각과 마음의 그림, 상상력과 감정에 영향을 받으며, 외부적으로는 여러 가지를 연상시키는 환경과 의식에 포착되는 모든 것에 영향을 받는다. 또 보고 듣고 읽고 행동하는 모든 것에도 영향을 받는데, 그중에서도 특히 함께 어울리는 사람들과 자신이 참여하는 대화에서 가장 큰 영향을 받는다. 이런 자극은 또 다른 자극을 만들어낸다. 사실 지금 우리와 삶의 모든 영역은 이런 외부 영향들이 조합된 것이며 지금 이 순간에도 계속 만들어진다.

어떤 이유에서든 한번 생각을 하면 그 생각은 또 다른 생각을 만들어내고, 때에 따라서는 생각의 흐름을 만들어 나중에는 처음에 했던 생각과 전혀 다른 엉뚱한 생각을 하는 것을 겪어봤을 것이다. 인간의 생각은 마치 거센 물살 같아서 통제 여부에 따라 목표를 향하게 할 수도 있고 목표에서 벗어나게 할 수도 있다.

생각은 그것과 일치하는 이미지나 그림을 만들어내고 그것은 또 다른 그림을 만들어낸다. 이런 과정을 거쳐 최초의 생각에서 벗어날 수도 있고 원래 생각으로 되돌아갈 수도 있다.

생각이나 이미지는 온갖 감정을 만들어낸다. 감정은 다시 생각과 이미지를 만들고 그 생각과 이미지는 또 다른 감정을 만들어낸다. 이것은 그것과 일치하는 말과 행동을 유발한다. 항상 자신의 목표와 목표를 이룬 모습을 머릿속으로 그리고 있다고 해보자. 그리고 이 생각이 긍정적이고 열정적인 느낌을 준다면 우리는 하루하루 살아가면서 긍정적으로 말하고 행동하게 될 것이다.

우리가 읽는 것은 우리의 생각, 이미지, 느낌, 말과 행동에 영향을 미치고, 그것은 다시 다음에 무엇을 읽을 것인지에 영향을 미친다. 주위 사람들과 나누는 대화는 우리가 말하고 걷고 행동하는 것에 영향을 미친다. 차안에서 듣는 라디오, 텔레비전에서 보는 드라마, 참가하는 세미나, 매일하는 행동들은 우리에게 영향을 미치고, 그것은 다시 다른 자극들과 이미 저장된 정보에 영향을 미쳐 어떤 것을 강화시키거나 감소시키거나 변경시킬 것이다. 이런 모든 요소에 추가해서 우리가 겪은 과거 경험은 좋든 나쁘든 자신과 주위에 일어나는 모든 일에 보이는 태도와 인식에 영향을 미친다.

이 말이 너무 복잡하게 느껴질지도 모르겠다. 실제로도 복잡하다. 인간의 정신세계와 삶은 여러 연주자가 한곳에 모여 각기 다른 악기로 다른 음악을 연주하면서 우리의 관심을 사려고 하는 것과 같다. 이런 혼란 속에서 대부분이 자신의 인생을 스스로 통제하지 못한다고 느끼는 것은 어쩌면 당연하다. 또한 대부분이 지금 하는 일이 아닌 다른 일을 하고 싶고, 다른 곳에 있고 싶고, 다른 사람과 함께 있고 싶다고 느끼는 것은 자연스러운 일이다. 사람들이 지금보다 훨씬 더 잘할 수 있다고 생각하면서도 변화를 꺼리는 것도 이해할 만하다. 그러나 이런 문제의식은 인생의 도전이자 커다란 기회이다.

이제부터라도 우리는 인생과 미래에 통제력을 가져 인생이라는 교향악

단의 연주자가 되어야 한다. 삶의 내부와 외부에서 통제력을 갖고, 모든 요소를 우리가 선택하는 악보에 따라 연주하도록 유도해야 한다. 우리가 할 일은 인생을 아름다운 선율이 흐르는 최고로 멋진 연주회로 만드는 것이다.

자연법칙/이해하기

세상에는 두 종류의 법칙이 있다. 인간이 만든 법칙과 자생적으로 생긴 법칙, 즉 자연법칙이 그것이다. 교통법규처럼 인간이 만든 여러 가지 법칙을 어기면 우리는 처벌을 받을 수도 있고 운 좋게 처벌을 받지 않을 수도 있다. 그러나 자연법칙을 어기면 예외 없이 벌을 받는다.

자연법칙은 물리적인 법칙과 정신적인 법칙, 두 종류로 구분할 수 있다. 물리적인 법칙은 통제된 실험실에서 증명할 수 있고 주변에서 쉽게 경험할 수 있다. 그러나 정신적인 법칙은 경험과 직관을 동원해야 하고 그것이 실제로 매순간 삶에 영향을 끼친다는 것을 보여줘야 한다.

기록에 따르면 몇 가지 정신법칙은 기원전 2000년경에 등장했다. 고대에서는 이런 법칙이나 원칙을 소위 '신비학교'라는 곳에서 가르쳤다. 학생들은 이 학교에서 여러 해 동안 훈련을 받으며 이런 원칙들을 한 번에 한 가지씩 점진적으로 배웠다. 당시 이 원칙은 일반 사람들에게는 공개되지 않았다. 이 학교의 책임자는 이런 법칙을 평범한 사람은 제대로 이해하지 못한다고 생각했다. 그리고 실제로 그랬을지도 모른다.

오늘날에는 이런 법칙을 공개적으로 토의하고 기록한다. 그럼에도 이런 법칙이 있다는 것을 인식하는 사람들은 아직도 극소수이다. 성공한 사람들의 인생과 이야기를 공부하면서 나는 그들 대다수가 이 법칙을 의식적이거나 무의식적으로 사용했음을 알게 되었고, 그 결과 보통 사람들이 일생에 걸쳐서 이룩한 것을 2~3년 안에 이루어냈다는 사실을 알게 되었다. 사실 모든 진정한 성공은 이 보편적인 원칙과 우리 삶을 조화시키는 것에서 이루어진다.

중요한 포인트는 이것이다. 정신적인 법칙은 물리적인 법칙처럼 언제 어디서나 항상 작용한다. 예를 들어, 중력의 법칙은 24시간 내내 지구의 모든 곳에서 작용한다. 누군가 10층 건물에서 뛰어내린다면 그 건물이 뉴욕에 있든 서울에 있든 같은 힘으로 바닥에 떨어질 것이다.

중력을 알든 모르든, 중력의 작용에 동의하든 하지 않든, 중력 이야기를 들었든 못 들었든 간에 이 법칙에는 예외가 없다. 우리가 어디에 있든지, 우리가 알든지 모르든지, 중력이 도움이 되든지 안 되든지 관계없이 항상 작용한다.

정신적인 법칙도 비록 실제적인 효과는 그렇게 쉽게 드러나지 않지만 물리법칙과 마찬가지로 항상 작용한다. 인생이 순조롭게 흘러간다면 그것은 우리 생각과 행동이 눈에 보이지 않는 정신적인 법칙과 조화를 이루고 있다는 것을 의미한다. 우리에게 어떤 문제가 있다면 틀림없이 이 법칙을 어기고 있을 것이다. 이 법칙이 행복의 중심에 있기 때문에 이것을 이해하여 우리가 하는 모든 일에 통합시켜야 한다.

통제의 법칙

통제의 법칙The Law of Control은 '자신의 삶을 통제한다고 생각하면 스스로에게 그만큼 긍정적인 느낌을 갖게 되고, 통제하지 못하거나 외부의 힘이나 사람에게 통제받는다고 생각하면 그만큼 스스로에게 부정적인 느낌을 갖게 된다'는 것이다.

이 법칙은 심리학에서 널리 인정받는 '통제의 원천Locus of Control'과 같은 이론이다. 일반적으로 거의 모든 스트레스, 걱정과 불안, 긴장으로 발생한 질병은 자신이 삶의 중요한 영역을 제어할 수 없다고 느끼거나 실제로 제어하지 못할 때 초래되는 결과라고 알려져 있다.

예를 들어, 빚이나 직장상사, 질병, 껄끄러운 대인관계나 타인의 행동 때문에 자신이 통제받는다고 느끼면 스트레스를 받게 된다. 이것은 짜증이나 분노 같은 형태로 표출된다. 이것을 그대로 방치하면 불면증과 우울증 등 여러 가지 형태의 질병으로 발전할 수 있다.

우리에게는 내적·외적 통제의 원천이 있다. 내가 인생의 주인이라고 생각하면 행복, 긍정, 자신감을 느낄 수도 있고, 반대로 다른 사람이 통제한다고 생각하면 덫에 걸린 사냥감처럼 무력감을 느낄 수도 있다. 삶에 대한 통제는 유일하게 자신만이 완벽한 통제력을 지녔다는 생각에서 비롯된다. 특정 상황을 생각하는 방식이 우리 느낌을 결정하고 그것은 다시 우리 행동을 결정한다.

자기규율, 자기극복, 자기통제는 모두 자신의 생각을 통제함으로써 시작된다. 누구도 어떤 상황도 우리가 어떻게 느끼도록 강요할 수 없다. 느낌은 특정 상황에 대한 생각에서 비롯되며 인간은 생각하는 방식을 통제할 수 있다. 엘리노어 루스벨트Eleanor Roosevelt는 "스스로 동의하지 않는 한 누구도 우리에게 열등감을 느끼게 할 수 없다."라고 말했다.

스트레스나 불행하다는 느낌을 일으키는 상황을 통제하는데는 기본적으로 두 가지 방법이 있다. 첫째는 행동하는 것이다. 멈추지 않고 전진해서 무엇인가를 하면 상황을 변화시킬 수 있다. 주어진 상황에서 자신의 의지를 관철시킴으로써 상황을 변화시키는 것이다. 둘째는 그 상황에서 멀어지는 것이다. 우리는 종종 사람을 떠나보내거나 상황을 지켜보거나 분주하게 다른 일에 몰두함으로써 통제력을 회복한다.

때로는 그냥 떠나는 것이 통제력을 발휘할 수 없는 상황에서 최선의 방법일 수 있다. 불행한 관계를 끝내거나 싫어하는 직업을 그만두었을 때 얼마나 속 시원했는지 기억할 것이다. 더 이상 저항하지 않기로 결정하여 스스로를 통제하고 있다는 느낌을 회복하자.

통제의 법칙은 무엇인가를 결정해야 할 때 미루지 않고 결정을 내리는 것이 왜 그렇게 중요한지 알려준다. 또한 이것은 우리가 명확히 무엇을 원하는지 아는 것이 왜 그렇게 중요한지 설명해준다. 분명한 목적과 계획이 있는 사람이 그렇지 못한 사람에 비해 더 좋은 결과를 얻는 이유는 자신이 삶을 제어하고 있다는 느낌에서 오는 자신감 때문이다.

마음속에 삶을 구성하는 여러 영역에 대한 체크리스트를 만들어 검토해보고, 어떤 영역에서는 자기통제력과 자신감을 갖고, 어떤 영역에서는 그렇지 못한지 판단해보자. 그리고 스트레스를 일으키는 영역에서 통제력을 회복하려면 구체적으로 어떤 일을 해야 하는지 생각해보자. 거기에서 벗어나 더 좋은 결과를 가져올 수 있는 상황도 생각해보자. 우리의 중요한 책임 중 하나는 자신의 삶에 통제력을 갖고 그것을 끝까지 유지하는 것이다. 이것은 미래의 삶에 더욱 큰 행복과 성공을 만들어가는 기초가 된다.

인과의 법칙

인과의 법칙The Law of Cause and Effect은 '이 세상에 일어나는 일에는 모두 분명한 이유가 있다'는 법칙이다. 이것은 너무나 중요해서 '우주의 철칙'이라고도 한다. 이 법칙에 따르면 우리가 알든 모르든, 모든 일은 이유가 있어서 일어난다. 이 세상에 우연한 일이란 없다. 우리가 살고 있는 우주는 엄격한 법칙과 질서에 따라 움직이며, 이것은 다른 모든 법칙이나 원칙의 중심이 된다.

인과의 법칙에 따르면 모든 성공에는 분명한 원인이 있으며, 또한 모든 실패에도 분명한 원인이 있다. 건강과 질병에도 분명한 원인이 있으며, 행복과 불행에도 분명한 원인이 있다. 우리가 원하는 결과가 이미 삶에 있다면, 단지 그 원인을 추적해서 되풀이하면 된다. 그러나 원치 않는 결과가 있다면, 그 원인을 찾아내 반드시 제거해야 한다. 이 법칙은 너무 단순하기 때문에 오히려 사람들은 대부분 이해하지 못한다. 사람들은 자신에게 불행과 불만족을 주는 행동을 반복하면서 오히려 다른 사람이나 사회를 탓한다.

정신이상은 '같은 방식으로 같은 일을 반복하면서 다른 결과를 기대하는 것'이다. 우리 중 대부분은 어느 정도 이 범주에 속한다. 우리는 자신이 갖고 있는 이런 경향에 정면으로 대응해서 정직하게 해결해나가야 한다.

스코틀랜드에는 이런 속담이 있다. "어둠을 원망하기보다는 작은 촛불 하나를 밝혀라." 자신이 처한 어려움 때문에 울분을 토하고 화내는 것보다는 조용히 그 이유를 분석하는 편이 훨씬 낫다는 말이다.

또한 성경에는 "뿌린 대로 거둔다."라는 말이 있다. 이것은 수확의 법칙에 기인한다. 수확의 법칙에 따르면 우리는 뿌린 대로 그 결과를 수확하게 된다. 그러므로 지금 수확하는 것은 과거에 뿌린 씨의 결과이다. 내일 다른 결과를 수확하고 싶다면 오늘 다른 씨를 뿌려야 한다.

인과의 법칙이나 수확의 법칙을 우리 삶에 적용해보자. 바로 '생각이 씨 앗이라면 상황은 결과다.' 결국 지금 겪고 있는 현재 상황의 일차적인 원인은 우리의 생각 때문이다. 우리가 경험하는 모든 것은 자신이나 다른 누군가의 생각에서 시작되었다.

현재나 미래의 우리는 스스로의 생각이 만들어낸 결과물이다. 생각의 질을 바꾸면 삶의 질도 바뀐다. 외부 변화는 우리 내면의 변화에 따라 일어난다. 우리는 자기가 뿌린 대로 거둘 것이며 지금 스스로가 뿌린 대로 거두는 중이다.

불변하는 이 법칙이 아름다운 이유는 그것을 받아들임으로써 우리의 생각과 느낌, 결과를 통제할 수 있기 때문이다. 우리는 이 인과의 법칙을 받아들여 자신을 통제의 법칙과 조화시킬 수 있다. 그리고 그 즉시 자신을 더 기분 좋게, 더 행복하게 느낀다.

사업에서 성공하거나 실패하는 것은 모두 이 법칙에 따라 설명할 수 있다. 올바른 원인을 뿌리면 원하는 결과를 수확할 수 있다. 소비자들이 원하고, 기꺼이 값을 지불하고자 하는 좋은 품질의 상품이나 서비스를 생산하고 열심히 홍보한다면 많이 파는데 성공할 것이다. 질 높은 업무로 회사가 원하는 결과를 성취해낸다면 우리는 직장에서 성공적인 커리어를 쌓을 수 있다. 다른 사람을 잘 대해주면 다른 사람도 우리를 잘 대해줄 것이다.

우리는 항상 삶에 투입한 대로 얻는다. 무엇을 투입할지 결정하는 것은 바로 우리 자신이다.

신념의 법칙

신념의 법칙The Law of Belief은 '우리가 무엇을 믿든지 진심으로 믿으면 그것은 현실이 된다'는 법칙이다. 무엇을 사실이라고 강하게 믿으면 믿을수록 그것이 실제로 일어날 가능성은 커진다. 우리가 무엇을 사실이라고 확실하게 믿으면 반대의 생각은 사라진다. 신념은 우리에게 일종의 터널 비전을 제공한다. 그 신념은 우리가 믿기로 결정한 것과 일치하지 않는 정보는 지우거나 무시해버린다.

하버드 대학교의 윌리엄 제임스William James 교수는 "믿음이 현실을 만든다."라고 말했다. 성경은 "자신이 믿는 대로 이루어진다."라고 이야기한다. 달리 말해, 우리는 보는 대로 믿는 것이 아니고 믿는 대로 보는 것이다.

예를 들어, 인생에서 커다란 성공을 거둘 거라고 완벽하게 믿는다면 우리는 무슨 일이 있더라도 좌절하지 않고 목표를 향해 계속 전진할 것이다. 반대로 운이나 우연에 따라 성공과 실패가 결정된다고 믿는다면 무슨 일이 생겼을 때 쉽게 좌절하거나 실망할 것이다. 우리 믿음이 성공과 실패를 결정한다.

사람들은 보통 두 가지 방식으로 세상을 바라본다. 첫 번째는 소위 선의의 세계관으로, 이 세계관을 지닌 사람은 세상이 대체로 살기 좋은 곳이라고 믿는다. 또 사람이나 상황에서 좋은 점을 보려 하고 주위에는 많은 기회가 있으며 자신이 그것을 잘 활용할 수 있다고 믿는다. 비록 완벽하지는 않지만 전체적으로 자기 자신을 꽤 괜찮은 사람이라고 생각한다. 미래와 자신과 타인을 믿으며, 낙관적이다.

두 번째는 악의의 세계관이다. 이 세계관을 지닌 사람은 일반적으로 자신과 인생을 부정적이고 비관적으로 바라본다. '정부에는 대항할 수 없다', '부자는 더 부자가 되고 가난한 사람은 더 가난해진다', '자신은 조건이 너무 나쁘기 때문에 아무리 노력해도 개선할 수 없다'고 믿는다. 이런 사람의 눈에 비친 세상은 불의와 압박, 불행으로 가득하다. 이들은 일이 잘 풀리지 않으면 나쁜 운과 다른 사람을 탓하며 자신은 단지 희생양일 뿐이라고 생각한다. 이런 태도 때문에 이들은 자신을 좋아하지도 존중하지도 않는다.

그러나 세상은 낙관적인 신념과 열정으로 가득 찬 사람들이 움직이며, 또 다가오는 미래도 그들이 만든다. 그들은 매사 긍정적이고 쾌활하며, 세상을 밝고 살기 좋은 곳으로 생각한다. 그들은 쾌활한 태도를 지녔기에 일상생활에서 겪는 여러 가지 일에 긍정적이고 건설적으로 대응한다. 성공으로 향하는 여정의 핵심은 이런 선의의 긍정적인 세계관을 계발하고 유지하는 것이다.

우리가 극복해야 할 가장 큰 정신적인 장애물은 '자기 제약적인 믿음self-limiting belief'이다. 이것은 우리가 지닌 여러 가지 믿음 중에서 어떤 방식으로든 자신의 능력을 제대로 발휘하지 못하도록 스스로를 제약하는 것을 말한다. 이것은 새로운 것을 시도하지 못하도록 우리를 뒤로 잡아당긴다. 또 진실이 아닌 것을 진실이라고 믿게 만든다. 어떤 사람은 학교 성적이 보통이거나 낮다는 이유로 자신은 머리가 좋지 않다고 생각한다. 어떤 사람은 창의력이나 학습능력, 기억력이 떨어진다고 생각한다. 어떤 사람은 몸무게를 줄이거나 금연에 성공하는 것이 불가능하며, 자신은 이성에게 매력적으로 보이지 않는다고 믿기도 한다. 자신의 신념이 무엇이든지 간에 강하게 믿으면 그것은 현실로 이루어진다. 우리는 자신의 내적인 신념에 일치하도록 말하고 행동하며 다른 사람과 상호 교류한다. 비록 그 믿음이 객관적인 사실과 전혀 다르더라도 믿는 사람에게는 진실이 된다.

나는 여러 해 동안 다른 사람과 마찬가지로 스스로의 한계를 인정하며 낮은 보수로 일하는 것을 감수했다. 고등학교도 제대로 졸업하지 못했기 때문에 나는 대졸자에게 심한 열등감을 느꼈다. 무의식적으로 내 미래가 제한되어 있다고 생각했다. 이 믿음 때문에 목표를 아주 낮게 세웠고 이를 달성하지 못해도 그다지 놀라지 않았다. 생각해보라. 학교 성적조차 나빴던 내게 무엇을 기대할 수 있었겠는가?

어느 날 나는 재미있는 이야기를 들었다. 고등학교 전 과목을 A로 졸업한 시골마을 출신 젊은이가 주립대학교에 지원했다. 그는 입학 절차에 따라 다른 학생들과 마찬가지로 전국적으로 시행되는 대학수학능력시험을 봤다. 몇 주 뒤, 그는 입학 담당자에게서 편지를 받았다. 편지에는 그의 시험 성적이 백분위점수로 99이니 가을 학기에 등록하라고 적혀 있었다.

그는 합격한 것은 기뻤지만 한 가지 문제 때문에 근심이 생겼다. 백분위점수가 무엇인지 잘 몰랐던 그는 99를 자신의 IQ로 오해한 것이다. 평균 IQ 점수인 100에도 미치지 못하는 자신의 지능으로는 대학 공부를 제대로 해내지 못할 것이라고 생각했다. 가을 학기 내내 그는 모든 과목에서 낙제를 하거나 낙제를 겨우 면하는 성적을 거두었다. 결국 담당 교수가 그를 불러 이유를 물어보았고, 그는 이렇게 대답했다.

"글쎄요, 교수님. 저를 탓하지 말아주세요. IQ가 99밖에 안 되는 제가 어떻게 좋은 성적을 낼 수 있겠습니까?"

교수는 앞에 놓인 그의 파일을 보며 이렇게 되물었다.

"왜 그런 말을 하지?"

"왜라니요? 입학 허가 편지에 그렇게 적혀 있었는데요."

그제야 이유를 안 교수는 IQ와 백분위점수의 차이를 설명해주었다.

"백분위점수 99는 자네 시험점수가 전국 학생 99퍼센트보다 더 높다는 의미일세. 자네는 이 대학에서 가장 뛰어난 1퍼센트 안에 드는 학생 중 한 명일세."

그때서야 그는 자신의 지능에 대한 오해를 풀고 스스로를 믿게 되었다. 교실로 돌아가 자신감과 확신을 갖고 공부하기 시작한 그는 이제까지와는 전혀 다른 사람으로 바뀌었다. 그리고 학기가 끝날 즈음엔 우등생 명단에 이름을 올렸으며, 결국 졸업할 때는 상위 10위 안에 드는 좋은 성적을 거뒀다. 이 실화는 내게 귀중한 교훈을 가르쳐주었는데, 이것을 전해들은 우리 모두에게도 그럴 것이다. 우리는 자신의 부족함을 너무 쉽게 받아들인다. 일단 받아들이면 자신이 내린 결론 외에 다른 모든 증거는 무시하거나 거부해버린다.

한 선생님이 어린 학생에게 이렇게 물었다.

"어떤 악기를 연주할 수 있니?"

학생이 대답했다.

"모르겠어요. 아직 시도해보지 않았거든요."

어떤 의미에서 우리는 이 어린 학생과 비슷하다. 우리가 무엇을 할 수 있는지는 아직 모른다. 그러니 자신을 너무 쉽게, 너무 빨리 평가절하하지 말고, 자신의 잠재력도 제한하지 마라. 그러면 우리는 지금보다 훨씬 커다란 성과를 거둘 수 있을 것이다.

자기제약적인 믿음은 대부분 사실이 아닐 때가 많다. 그것은 우리가 사실이라고 수용했던 부정적인 정보에 기초한다. 일단 사실로 받아들이면 내적 신념은 그것을 사실로 만들어버린다. 헨리 포드Henry Ford가 말한 바와 같이 '자신이 할 수 있다고 믿는 것도, 할 수 없다고 믿는 것도 다 맞다.'

3장에서는 어떻게 하면 우리가 원하는 것과 일치하는 강하고 자신감 넘치는 믿음 체계를 세울 수 있는지 배울 것이다. 그 전에 자신을 가로막는 자기제약적인 믿음이 무엇인지부터 찾아야 한다. 종종 배우자나 친한 친구들이 도움을 줄 것이다. 자신이 믿는 자기 제약적인 믿음이 무엇인지 모르는 것도 잘못된 믿음 못지않게 해를 끼친다.

기대의 법칙

기대의 법칙The Law of Expectation은 '확신을 갖고 기대하면 그대로 된다'는 법칙이다. 달리 말해, 현재 모습은 우리가 원한 것이 아니라 기대한 것이다. 기대는 눈에 보이지 않지만 강력한 영향을 미쳐 다른 사람을 우리가 기대하는 대로 움직이고 상황을 선개시킨다.

우리는 앞으로 어떤 일이 일어날 것 같다고 말하면서 스스로의 삶에서 예언자 역할을 즐기는지도 모르겠다. 성공한 사람들은 자신감을 보이며 긍정적인 자기 기대감을 갖는 경향이 있다. 앞으로도 계속해서 행복할 거라고 기대하며 스스로에게 실망하는 일이 거의 없다. 반면 성공하지 못하는 사람들은 부정적이고 냉소적이며 비관적인 태도를 보이는데, 묘하게도 상황은 그들이 기대한 대로 흘러간다.

『교실 속의 피그말리온Pygmalion in the Classroom』의 저자인 하버드 대학교 심리학자 로버트 로젠탈Robert Rosenthal 박사는 교사의 기대가 학생의 성적에 엄청난 영향을 미친다고 말한다. 로젠탈 박사에 따르면 교사가 어떤 학생이 잘해낼 것이라고 기대하면 그 학생은 그렇지 않은 학생에 비해 훨씬 좋은 결과를 낸다고 한다.

1990년대 말 로젠탈 박사는 샌프란시스코에서 유명한 실험을 했다. 새 학기가 시작될 때 교장이 교사 세 명을 호출하여 그들에게 이렇게 말했다. "그동안 선생님들의 교수법을 관찰해왔는데 세 분이 이 학교에서 가장 뛰어난 선생님으로 선발되셨습니다. 여러분의 뛰어난 교수법에 보답하는 의미로 학교에서는 세 분에게 이 학교에서 가장 뛰어난 학생들로 구성된 반을 맡기겠습니다. 학생들은 최근의 IQ 테스트 결과를 토대로 선발되었습니다. 저는 앞으로 1년 안에 학생들의 점수가 20~30퍼센트 정도 향상되리라 기대합니다. 이해하시겠지만 이 일은 비밀로 해주셨으면 합니다. 학생들을 차별한다는 비난을 받고 싶지는 않으니까요. 특별한 우수반에 선발되었다는 것을 해당 학생의 학부모님께도 비밀로 할 생각입니다. 선생님들도 이 일을 학생들에게 말하지 않으셨으면 좋겠습니다."

교사들의 꿈은 재능이 뛰어난 학생들로 가득한 반의 담임선생이 되는 것이었다. 교사들은 대단히 기뻐하며 각자의 교실로 돌아가 정성껏 학생들을 지도했다.

그해 내내 그들을 관찰한 결과 교사들은 예전보다 더 헌신적으로 학생들을 가르쳤고, 새로운 개념을 잘 이해하지 못하는 학생들에게도 인내심을 갖고 대했다. 학교 수업이 끝난 뒤에도 일대일 지도에 더 많은 시간을 할애했다. 학생이 개념을 잘 이해하지 못하면 교사들은 학생을 탓하기보다는 자신의 지도방법에 문제가 있다고 생각했다.

학기가 끝났을 때 세 학급의 학생들은 표준 학력테스트에서 지역 최고의 성적을 거두었다. 학교에서 기대한 대로 세 학급 학생들의 성적은 전년도에 비해 20~30퍼센트 향상되었다.

교장은 세 교사를 교장실로 불렀다. 교장은 그들이 학생들과 함께 한 해 동안 거둔 놀라운 성과를 축하했다. 그러자 교사들은 이구동성으로 뛰어난 학생들을 가르칠 기회를 주어서 고맙다고 얘기했다. 또한 이렇게 우수한 학생들을 가르치는 것은 전혀 어렵지 않았으며 그 어느 때보다 즐거웠다고 대답했다. 교장은 교사들에게 이 모든 것이 사실은 일종의 실험이었고, 그들에게 배정된 학생들은 무작위로 선발된 평범한 학생들이었다고 말했다. 교사들은 깜짝 놀랐다. 그렇다면 학생들은 어떻게 뛰어난 성적을 거둘 수 있었단 말인가? 곰곰이 생각하던 그들은 처음에 교장이 자신들에게 했던 말을 기억해냈다. 자신들이 가장 뛰어난 교사로 선발되었다고 한 말. 그래서 자신들의 능력이 뛰어나 이런 훌륭한 성과를 냈다고 생각했다. 그러나 교장은 그들 역시 무작위로 선정되었다고 말했다. 학기 초에 모든 교사의 이름을 쪽지에 적어 모자에 넣은 뒤 뽑았다고 말이다.

이것은 소위 '이중맹 실험double-blind experiment'으로, 이 실험에서 유일한 변수는 '기대'뿐이다. 교장이 세 교사에게 준 기대는 분명했다. 그는 "선생님들은 우수하다. 학교는 선발된 학생들이 좋은 성적을 낼 수 있도록 선생님들이 훌륭하게 지도해주길 기대한다."라고 말했다. 교사가 학생들에게 건 기대는 표현되지는 않지만 암묵적이었다. 교사는 단지 대단히 머리가 좋은 학생들이므로 당연히 좋은 성적을 낼 것이라고 생각하면서 그들을 대했을 뿐이다. 그들이 한 기대는 모두 틀린 정보에 기초하고 있다. 그러나 '교장'이라는 신뢰할 만한 사람에게서 나온 기대는 자생적으로 예언이 되었다. 이것은 대단히 중요한데, 기대는 기대를 하는 사람의 신뢰도에 비례한다. 누군가를 존경하면 할수록 그가 우리에게 하는 기대는 더 큰 영향을 미친다.

교사들은 열정적으로 가르쳤고 학생들은 그 어느 때보다도 열심히 배웠다. 실험대상이었던 학생 중 하나는 긍정적인 기대를 하는 교사와 함께한 1년 동안 IQ가 90에서 115로 무려 25점이나 높아졌다. 수많은 실험에서 교사가 잘할 것이라고 기대하면 학생들은 그만큼 열심히 공부하여 기대에 부응한다는 것이 증명되었다.

세미나에 참석했던 많은 부모가 자녀의 담임선생님에게 그들의 자녀가 대단히 머리가 좋은 것처럼 대해달라고 부탁했다. 그러자 자녀의 학교 성적에 엄청나게 긍정적인 변화가 일어나기 시작했다.

교사들은 대부분 이 제안을 기꺼이 수용했다. 부모는 집에서도 같은 방식으로 자녀를 대했고 결과는 놀라웠다. C와 D를 받던 아이가 두 달도 못 돼 성적이 A와 B로 뛰어올랐다. 성적이 나쁘고 학교생활에 의욕도 없어 매일 지겨워하던 아이가 자신에게 긍정적인 기대를 하는 교사와 부모의 영향을 받아 잘할 수 있다는 자신감을 갖고 열심히 공부하게 되었다.

인간의 삶에 영향을 미치는 기대는 크게 네 가지다. 첫 번째 기대는 부모의 기대이다. 우리는 무의식적으로 자라면서 부모가 보여줬던 기대에 따라 살도록 프로그래되어 있다. 그 기대는 높을 수도, 낮을 수도 있다. 그것은 부모님이 돌아가신 다음에도 계속해서 영향을 미친다. 부모가 잘해낼 것이라고 기대하면서 최고가 되도록 격려했다면 자신에게 확신을 갖고 매사 긍정적으로 최선을 다하며 살고 있을 것이다. 그러나 부모가 부정적인 기대를 표현했거나 전혀 기대하지 않았다면 무의식적으로 부모를 극복하려고 애를 쓰면서 살고 있을 것이다. 이런 상황은 역시 부모님이 돌아가신 뒤에도 계속된다.

한 심리학자가 죄수들을 대상으로 연구했는데, 죄수들의 90퍼센트가 부모에게 "너는 언젠가 사고쳐서 감옥에 갈 것이 틀림없다."라는 말을 반복해서 들으며 자랐다고 한다.

우리의 행동에 영향을 미치는 두 번째 기대는 자신의 업무성과에 관한 상사의 기대이다. 긍정적인 기대를 하는 상사 밑에서 근무하는 사람은 부정적이거나 비판적인 상사 밑에서 일하는 사람에 비해 항상 더 행복해하고 더 높은 성과를 내며 더 많은 일을 해낸다. 우리는 자신의 수입을 결정하는 사람이 거는 기대에 엄청난 영향을 받기 때문에 부정적인 태도나 행동을 보이는 사람 밑에서는 행복하거나 성공할 가능성이 희박하다.

세 번째 기대는 자녀나 배우자, 직원에게 하는 기대이다. 우리는 의지와는 관계없이 지도와 피드백을 원하는 사람들의 성격과 행동, 성과에 많은 영향을 미친다. 다른 사람에게 우리가 중요한 사람일수록 기대가 그들의 성과에 미치는 힘은 더욱 커진다. 우리가 사용할 수 있는 방법 중에서 가장 지속적으로 효과를 내고 동기를 부여할 수 있는 것은 다른 사람에게 최선을 기대하는 일일 것이다. 사람들은 예외 없이 당신을 실망시키지 않으려고 최선을 다한다.

나는 항상 아이들에게 "네가 세상에서 최고며, 제일 멋진 아이다."라고 이야기해준다. 또 내가 아이들을 사랑한다는 것, 그들이 정말로 멋지다는 것, 틀림없이 멋있는 인생을 살아갈 것이라고 말해준다.

이런 단순한 말들이 정말 아이들의 성격에 영향을 주었을까? 물론이다. 믿기지 않는다면 직접해보고 결과를 지켜보라. 성공한 사람은 대부분 그들이 성공할 수 있었던 요인으로 자신이 할 수 있을 거라고 끝까지 믿어준 존경하는 사람을 꼽는다. 아마도 다른 사람에게 해줄 수 있는 가장 친절하고 값진 선물은 "나는 당신을 믿는다. 나는 당신이 할 수 있다고 믿는다."라는 말일 것이다.

네 번째 기대는 자기 자신에게 하는 기대이다. 기대와 관련된 가장 멋진 일은 자기 자신한테 기대를 걸 수 있다는 것이다. 우리는 언제나 스스로에게 자신감을 갖고 최고를 기대하는 마음과 자신만의 독특한 방법을 창조할 수 있다. 자신에게 하는 기대는 다른 사람이 보이는 어떤 부정적인 기대도 거뜬하게 이겨낼 수 있을 정도로 강력하다. 이것은 어떤 상황에서도 유익한 것을 얻을 수 있다는 기대에 확신을 주어 우리 주위를 긍정적인 정신 에너지로 채워준다.

억만장자인 클레멘트 스톤W. Clement Stone은 '역피해의식inverse paranoid'을 실천하는 사람으로 유명하다. 역피해의식이란 세상이 자신에게 좋은 일을 하려고 음모를 꾸미고 있다고 믿는 것이다. 역피해의식이 있는 사람은 모든 상황이 자신의 성공을 돕거나 유익이나 교훈을 주려고 일어났다고 생각한다. 이런 역피해의식은 긍정적인 태도의 기초이다. 이것은 또한 높은 성과를 올리는 사람들의 공통된 특징이다.

세미나에 참석했을 당시에는 직업이 없었던 사람이 있었다. 세미나를 듣고 나서 그는 매일 아침 스스로에게 이렇게 말했다고 한다. "오늘은 분명 멋진 일이 일어날 거야."

그는 이것을 습관이 될 때까지 반복했다. 오늘은 또 어떤 멋진 일이 생

길까 기대하면서 하루를 보냈다. 그러자 놀랍게도 실제로 대단히 좋은 일
들이 그에게 생기기 시작했다. 6개월 동안 무직이었던 그가 이 말을 반복
한 지 2주도 안 되어 고용제의를 두 번이나 받았다. 또 그를 힘들게 했던
돈 문제와 법률적인 문제가 저절로 해결되었다. 그 외에도 놀라운 일들이
계속해서 일어났다.

하루 종일 곧 무언가 멋진 일이 생길 거라고 믿으며 살아간다고 생각해
보자. 모든 일이 우리를 행복하고 성공하게 하려는 음모라고 100퍼센트
확신한다면 삶이 얼마나 긍정적이고 낙관적이며 즐거울지 상상해보라.

나는 이 책을 읽는 여러분에게 이렇게 약속할 수 있다. 지금부터 당장
연습을 시작하면 삼 일째 되는 날부터는 놀라운 일이 너무 많이 일어나 일
일이 기억하기도 힘들 거라고. 스스로에게 거는 기대는 100퍼센트 자신의
책임 아래 있기에 자신에게 기대하는 정도가 성장할 수 있는 한계점이 된
다. 따라서 기대와 일치하도록 자신을 통제해야 한다. 항상 자신에게는 최
고를 기대하라.

이 마음의 법칙을 의식적으로 따르려고 노력하면 우리는 최고로 좋은
것을 얻을 수 있다. 긍정적인 기대의 힘만으로도 우리 성격과 삶 전체를
바꿀 수 있다.

인력의 법칙

인력의 법칙The Law of Attraction이란 '인간은 살아 있는 자석이다'는 것이다.
인간은 항상 자신을 지배하는 생각과 일치하는 사람을 자신의 삶으로 끌
어들인다.

삶에서 일어나는 모든 일은 우리의 인격 특히, 생각 때문에 발생한다. 습관적으로 하는 사고방식 때문에 친구나 가족과 인간관계를 맺고, 직업을 가지며, 기회를 얻는다.

음악에 이를 설명해주는 예가 있는데 바로 '공명의 원칙the principle of sympathetic resonance'이다. 커다란 방에 피아노 두 대를 놓고 한 피아노에서 도를 치고 나서 방을 가로질러 가서 다른 피아노에서 도를 치면, 두 번째 피아노의 음이 첫 번째 피아노의 음과 같은 속도로 울리는 것을 말한다. 같은 방식으로 우리는 생각과 감정이 대개 일치하는 사람과 상황을 반복해서 만난다. 긍정적이든 부정적이든 자신을 둘러싼 모든 세계는 스스로가 만든 것이다. 어떤 생각에 더 많은 감정을 이입할수록 그 생각과 조화되는 사람이나 상황을 더욱 빨리 우리 삶 속으로 끌어들인다.

이 법칙은 주변에서 쉽게 발견할 수 있다. 한 친구를 생각하고 있는데, 마침 그 친구에게서 전화가 온다. 무엇인가를 하려고 결정했더니 즉시 아이디어가 떠오르고 도움을 줄 사람이 나타난다. 우리의 생각은 클립을 끌어당기는 자석과 같다. 많은 사람이 지금 상태에서 자신이 바라는 곳으로 가는 방법을 몰라 그냥 하루하루를 덧없이 보낸다. 다행스럽게도 인력의 법칙 덕택에 무언가를 새로 시작하기 전에 모든 답을 알 필요는 없다. 진정 원하는 것이 무엇인지만 알면 필요한 사람들이 저절로 우리 삶 속으로 들어오기 때문이다.

생각은 일종의 에너지이다. 이 에너지가 진동하는 속도는 생각에 수반되는 감정의 강도에 따라 결정된다. 우리가 흥분할수록, 겁을 낼수록 생각은 더욱 빨리 밖으로 발산하여 비슷한 사람들과 상황을 삶 속으로 끌어들인다. 행복한 사람은 행복하고 즐거운 사람을 끌어당기고, 항상 풍요로움을 생각하는 사람은 돈을 벌 수 있는 아이디어와 기회를 끌어당긴다. 낙관적이고 열성적인 판매원은 더 좋은 고객을 모은다. 긍정적인 사업가는 사업을 성공적으로 구축하는 데 필요한 자원과 고객, 공급자, 은행을 끌어당긴다. 이처럼 인력의 법칙은 어디에서나 하루 24시간 내내 작용한다.

다른 마음의 법칙과 마찬가지로 인력의 법칙도 중립적이다. 이 법칙은 우리에게 도움이 될 수도 있고 해를 끼칠 수도 있다. 사실 이 법칙은 인과의 법칙이나 수확의 법칙이 변형한 것으로도 볼 수 있다. 어떤 철학자는 이렇게 말했다.

우리가 생각의 씨앗을 뿌리면 행동의 열매를 얻고,
행동의 씨앗을 뿌리면 습관의 열매를 얻는다.
습관은 다시 성품을 낳고,
성품은 우리 운명을 결정한다.

우리는 자신을 바꿀 수 있다. 스스로를 바꾸면 보다 많은 것을 하고, 보다 훌륭한 사람이 될 수 있다. 변화의 출발은 생각을 바꾸는 것이다. 우리는 마음을 엄격하게 훈련시켜 지배하는 생각을 바꿀 수 있다. 바라는 것에 생각을 집중하고 원치 않는 것은 거부하여 생각을 단련시킬 수 있다.

인력의 법칙을 긍정적으로 사용하는 사람은 보통 재수가 좋다는 말을 자주 듣는다. 그러나 단지 재수가 좋은 것이 아니라, 핵심은 생각에 있다. 목표를 명확하게 세우고 그것을 성취할 수 있다고 낙관하는 사람은 인력의 법칙에 따라 수없이 좋은 일과 도움을 주는 사람을 끌어당기므로 재수가 좋은 것처럼 보일 뿐이다.

상응의 법칙

상응의 법칙The Law of Correspondence은 모든 법칙 중에서 가장 중요한 법칙이다. 그리고 여러 가지 면에서 다른 법칙을 설명해주는 법칙이기도 하다. 상응의 법칙이란 '안에 있는 대로 밖으로 표출된다'는 것이다. 이 법칙에서 외부세계는 내부세계를 보여주는 거울로, 사람들의 밖을 보면 안에서 무슨 일이 일어나는지 알 수 있다고 단언한다.

성경에 보면 "열매를 보면 전체를 알 수 있다."라는 말이 있다. 삶의 모든 것은 안에서 밖으로 향한다. 밖으로 표현되는 외부세계는 생각과 감정으로 구성된 내부세계와 일치한다. 그리고 인간관계라는 외부세계는 우리 안에 있는 진실한 내적 성품과 일치하고, 건강이라는 외부세계는 내면의 태도와 일치한다. 수입과 경제력이라는 외부세계는 생각과 준비라는 내부세계와 일치한다. 사람들이 반응하는 방식은 또한 우리가 그들에게 보인 태도와 행동을 반영한다.

우리 주변의 모든 것은 현재의 마음 상태를 보여주는 바로미터다. 긍정적이고 자신감 있으며 스스로 삶을 통제할 때 우리의 집과 차, 직장은 잘 정돈되어 있고 능률적이다. 그러나 과도한 업무에 시달리고 불만에 차 있고 불행하다고 느끼면 우리의 차와 직장, 집, 심지어 옷장까지 혼란스러운 마음 상태를 그대로 반영한다. 이런 법칙의 효과를 우리 주변 어디에서든 쉽게 찾아볼 수 있다.

모든 것은 안에서 밖으로 향한다. 어렸을 때 내가 범했던 커다란 실수는 무엇이 되는 데가 아닌 무엇을 하는 데 노력을 집중했다는 점이다. 나는 방법과 기술을 배우고 연습하면 원하는 것을 얻을 수 있다고 생각했다.

나중에야 적절한 연습이 필요조건이기는 하지만 충분조건은 아니라는 것을 깨달았다.

독일의 철학자 괴테는 "어떤 것을 잘하려면 먼저 어떤 것이 되어야 한다."라고 말했다. 우리는 먼저 스스로를 변화시켜야 한다. 외부에서 다른 결과를 얻으려면 먼저 내부에서부터 다른 사람이 되어야 한다. 우리 내면을 다른 모습으로 꾸며서 남에게 보여주는 것은 불가능하다. 얼마간은 가능할지 몰라도 오랫동안 속일 수는 없다.

많은 사람이 다른 사람을 변화시켜 자신의 삶을 향상시키거나 바꾸려고 노력한다. 그들은 거울에 비친 모습이 마음에 들지 않는다고 깨끗한 거울만 죽어라 닦는다. 원래 자기 모습은 바꾸려고 하지 않은 채 말이다.

에머슨은 "여러분의 인격이 너무 큰 소리를 내기 때문에 여러분이 하는 말은 한마디도 들을 수 없다."라고 말했다. 겉모습은 실제 내면의 모습대로 드러난다. 우리는 다른 사람을 영원히 속일 수 없다. 외부를 영구적으로 바꾸는 유일한 방법은 내면을 바꾸는 것뿐이다.

윌리엄 제임스 교수는 "내 일생에서 가장 커다란 변화는 마음의 태도를 바꿈으로써 삶을 바꿀 수 있음을 알면서 일어났다."라고 말했다. 우리가 자신에게 할 수 있는 가장 중요한 질문은 이것이다. '소중하게 생각하는 사람들의 존경을 받고 원하는 삶을 살려면 나는 어떤 사람이 되어야 할까?'

마음 등가의 법칙

마음 등가의 법칙The Law of Mental Equivalency을 마음의 법칙이라고도 한다. 이 법칙은 앞서 말한 다른 법칙들을 재기술하는 법칙이다. 본질적으로 이 법칙이 의미하는 것은 '생각은 스스로를 객관화한다'는 것이다. 생각에 감정을 담아서 분명하게 상상하고 반복하면 그것은 현실이 된다. 삶 속에 있는 거의 모든 것은 좋든 나쁘든 우리 생각으로 만들어졌다.

다시 말해, 생각이 곧 사물이다. 생각에는 생명력이 있다. 처음에는 우리가 생각을 지배하지만 다음에는 생각이 우리를 지배한다. 우리는 생각하는 것과 행동을 일치시키려는 경향이 있다. 결국 생각하는 대로 된다. 따라서 생각을 바꾸면 인생이 바뀐다.

삶에서 일어나는 모든 것은 먼저 생각이라는 형태로 시작된다. 그 때문에 사려 깊은 자세는 성공한 사람들의 핵심적인 자질이다. 삶에서 능숙하게 사고한다는 것은 항상 자신에게 가장 유익한 방향으로 정신력을 사용한다는 것을 의미한다.

삶의 주요 영역에서 긍정적이고 자신감 있는 태도로 생각하면 우리에게 생기는 일을 스스로 통제할 수 있다. 우리는 인과관계로 삶을 조화롭게 만들 수 있다. 긍정적인 원인이라는 씨앗을 뿌리면 긍정적인 결과라는 열매를 얻는다. 자신과 자신의 가능성에 대한 신뢰가 강해지면 더욱 긍정적인 결과를 기대한다. 그러면 다시 긍정적인 사람과 상황을 주위로 끌어당기고, 시간이 흐르면서 외부세계에서 얻는 결과도 건설적 사고라는 내부세계와 일치하기 시작한다.

이 모든 혁명은 우리 생각에서 시작된다. 생각을 바꾸면 인생이 바뀔 것이다. 우리가 할 일은 그저 현실세계에서 이루고자 하는 것과 마음을 일치시키는 것이다. 그 밖의 모든 것은 노력 여하에 따라 저절로 이루어진다.

2. 성공시스템의 실천방법

1장에서는 삶의 중요한 각 영역에서 자신의 이상적인 목표와 열망을 명확하게 정의하여 마음속에 걸작품을 그리는 혁신적인 작업을 시작했다. 이제 시간을 내어 지금까지 배운 마음의 법칙들을 기초로 현재 삶을 만든 자신의 습관적인 사고방식이 무엇인지 생각해보자.

1. 인간관계 : 다른 사람과의 사이에서 문제를 일으키는 태도, 신념, 기대, 행동은?

2. 건강 : 자신의 체중, 체력, 외모, 다이어트와 휴식에서 어떤 생각과 신념을 갖고 있는가? 그런 신념이 건강에 득이 되는가, 아니면 해가 되는가?

3. 직업 : 지위, 성장, 업무의 질, 업무수행에서 얻는 만족감에 나의 생각이 어떤 영향을 미치는가?

4. 경제력 : 무엇을 개선하고 싶은가? 경제적인 풍요와 관련된 신념이나 기대에는 어떤 것이 있는가?

5. 생각, 느낌, 마음의 평화와 행복 등 내적인 삶의 질 : 지금의 나를 형성한 신념, 태도, 기대에는 어떤 것이 있는가? 그중에 어떤 것을 바꾸고 싶은가?

우리가 스스로에게 정직하다면 이 영역 중 하나 이상에서 자기제약적인 생각을 하고 있음을 발견할 것이다. 이것은 아주 정상적이다. 자신에 관한 객관적인 사실을 정직하게 받아들이는 것은 신속하게 자기향상을 꾀하는 출발점이다.

The
Master Program

인간을 움직이는
마스터 프로그램

부유하든 가난하든, 행복하든 불행하든,
뚱뚱하든 말랐든, 성공했든 실패했든 이 모든 것은
바로 우리의 믿음이 만들었다.

부유하든 가난하든, 행복하든 불행하든,
뚱뚱하든 말랐든, 성공했든 실패했든 이 모든 것은
바로 우리의 믿음이 만들었다.

우리에게 일어나는 모든 것과 되고 싶고 성취하고 싶은 모든 것은 생각과 마음을 다스리는 방식에 따라 결정된다. 즉, 마음이 바뀌면 인생이 바뀐다. 그렇다면 현재의 나는 어떻게 만들어졌을까? 어떤 힘이 모여서 지금의 나를 만든 것일까? 왜 우리는 지금처럼 생각하고 느낄까? 무엇이 현재 상황을 만든 요소일까?

이번 장에서는 '마스터 프로그램'과 아주 어릴 때부터 우리를 움직이게 한 자동조종장치를 배울 것이다. 자신의 내부 안내시스템을 통제하고 무의식중에 행복을 방해하는 장애물을 제거하는 방법을 배운다. 또한 우리가 원하는 결과와 일치하도록 마스터 프로그램을 변경시키는 방법도 배울 것이다.

스무 살 때 나는 작은 원룸에서 살았다. 영하 15도 이하의 추운 날씨가 계속되는 한겨울에, 고향에서 수천 마일이나 떨어진 낯선 도시에서 직업도 없이 혼자 살았다. 그로부터 11년이 흐른 뒤 서른한 살 때도 나는 여전히 작은 원룸에서 혼자 외롭게 살고 있었다. 11년 전처럼 바깥은 역시 영하 15도 이하로 매우 추웠다. 그때와 마찬가지로 가족과 친구들이 있는 고향에서 수천 마일이나 떨어져 있었고, 실업자였으며, 거기다 많은 빚까지졌다. 11년 동안 일을 하고 여행을 다녔지만 전혀 달라진 것이 없었다. 나이를 먹어 그때보단 더 지혜로워졌지만 형편이 나아지지 않아 답답했다. 전혀 발전이 없었기 때문이다. 다른 사람들에게 말은 안 했지만 나에겐 큰 잠재력이 있다고 항상 생각했다. 그러나 그 잠재력을 발휘하는 방법은 몰랐다.

평범한 사람들은 평생 동안 자신이 지닌 잠재력의 단 10퍼센트 정도만 사용한다. 20세기의 위대한 천재 중 한 명인 아인슈타인 조차도 자신이 지닌 잠재력의 15퍼센트만을 사용했을 뿐이다. 또 스탠포드 대학교에서 실시한 대뇌의 신피질을 연구한 결과에 따르면 보통 사람은 자신이 타고난 정신능력의 약 2퍼센트만을 사용한다.

이 주제는 나를 매혹시켰다. 보통 사람은 어떤 잠재력을 지녔을까? 나의 진정한 잠재력은 무엇일까? 어떻게 하면 내 안에서 더 많은 것을 끌어낼 수 있을까? 나는 책을 읽으며 곰곰이 생각했다. 그리고 조금씩 답을 찾아갔다. 결국 잠재능력을 깨울 수 있는 비밀을 찾아냈다. 이 비밀은 내 인생을 바꿨고, 마찬가지로 이 책을 읽는 여러분의 인생도 변화시킬 것이다.

인류 역사상 나와 똑같은 사람은 지금까지 없었고 앞으로도 없을 것이다. 다른 사람이 나와 완전히 동일한 자질과 특성을 가질 확률은 500억 분의 1도 안 된다. 우리에겐 다른 누구도 할 수 없는 특별하고 비상한 일을 할 수 있는 잠재력이 있다. 우리가 대답해야 할 진정한 질문은 이것이다. '그 특별한 일을 할 것인가, 말 것인가?'

물론 비범한 재능을 갖고 태어나는 사람도 있다. 하지만 대부분은 비슷한 정도의 재능과 능력을 갖고 출발한다. 분야에 상관없이 위대한 성공을 이룬 사람은 대부분 흥미를 느끼는 특정 영역에서 재능과 능력을 계발하여 성공을 이루어낸다. 우리에겐 이미 잠재력이 있지만, 그것을 충분히 발휘하고 한계를 시험해보기 전에 먼저 자신의 잠재력부터 찾아내어 계발해야 한다.

인간의／잠재력／공식

인간의 잠재력은 '(IA+AA)×A=IHP'공식으로 나타낼 수 있다. 첫 번째 두 글자 IA는 선천적 특성Inborn Attributes을 의미한다. 이것은 부모에게서 물려받은 것으로 천부적인 경향, 성격, 타고난 정신능력을 말한다. 두 번째 두 글자 AA는 후천적 특성Acquired Attributes을 의미한다. 이것은 자라면서 습득하고 계발한 지식과 기술, 재능, 경험, 능력을 말한다. 그 다음 글자 A는 태도Attitude를 의미한다. 태도는 선천적 특성과 후천적 특성의 조합에 가해지는 정신적인 에너지를 말한다. IHPIndividual Human Performance는 세상을 살아가면서 이루는 성과를 말한다. 따라서 이 공식에 따라 타고난 선천적 특성에 후천적으로 습득한 특성을 더한 다음 태도를 곱하면 성과를 구할 수 있다.

성격의 내적 측면인 선천적 특성, 즉 타고난 재능과 능력은 태어나면서부터 정해진다. 이것은 부모에게 물려받은 유전적인 유산으로 웬만해서는 바꾸기 어렵다. 하지만 후천적 특성은 타고난 재능에 교육과 경험을 더하여 계발하는 기술과 능력이라서 꾸준히 연구하고 연습하면 얼마든지 계발하고 향상시키며 변화시킬 수 있다. 한마디로 무한한 잠재력을 지닌 영역인 셈이다. 그러나 후천적 특성을 계발하고 향상시키는 과정은 시간도 오래 걸리고 의식적이며 인내와 규율 등 많은 노력이 필요하다.

이 공식에서 유일한 와일드카드는 A(태도)이다. 나는 여기에서 인생을 변화시킨 깨달음을 얻었다. 태도의 질은 무제한 향상될 수 있기 때문에 선천적 특성과 후천적 특성이 평범한 사람이라도 긍정적인 태도를 보이면 높은 성과를 달성할 수 있다. 태도는 적성 못지않게 성과에 큰 영향을 미치고, 의지는 태도를 직접적으로 통제한다. 우리는 의지를 조절하여 언제든 태도를 결정할 수 있다.

저명한 연설가 얼 나이팅게일Earl Nightingale은 태도를 이 세상에서 가장 중요한 단어라고 말했다. 우리는 어릴 때부터 긍정적인 태도를 가져야 한다고 들어왔고 당연히 그래야 한다고 배웠다. 그런데 정확히 어떤 게 긍정적인 태도일까? 태도는 삶에 접근하는 방식이자 우리가 지닌 전반적인 정서이고 생각과 느낌의 외적 표현이므로 처한 상황이나 여건에 따라 바뀐다. 긍정적 태도란 하루하루 살아가면서 부딪치는 사람과 문제, 사건을 낙관적이고 밝게 대하는 것이다. 태도는 내적 상태를 가장 잘 나타낸다. 어떤 사람이 내게 보이는 태도는 곧 내가 그에게 보이는 태도라고 보면 된다. 태도는 태도를 반영해서 보여주기 때문이다. 이 때문에 행복하고 밝은 사람은 어디에서나 사람들과 잘 어울린다.

삶에서 긍정적인 태도를 계발하는 것은 잠재력을 모두 발휘하는 첫 번째 단계이다. 자신의 태도를 알아보려면, 일이 잘 풀리지 않을 때 자신이 어떻게 반응하는지 관찰하면 된다.

고대 그리스의 철학자 에픽테토스^{Epictetus}가 말한 것처럼 "상황이 사람을 만드는 것이 아니다. 상황은 단지 그 사람이 어떤 사람인지 스스로에게 드러내 보일 뿐이다." 자신이 어려운 처지에 놓여 있을 때 어떻게 행동하는지 살펴보면 자신이 진실로 어떤 사람인지 알 수 있다. 아름다울 수도 있고 추할 수도 있지만 우리의 진정한 내면은 그때 드러난다.

그렇다면 무엇이 태도를 결정하는 것일까? 무엇이 어떤 사람을 긍정적으로 만들고, 또 어떤 사람은 부정적으로 만들까? 자신의 태도는 자신의 기대에 따라 결정된다. 우리의 기대는 자신의 삶에서 대단한 힘을 발휘한다. 그것은 성격에도 엄청난 영향을 미친다. 좋은 일이 생긴다고 기대하면 다른 사람과 상황을 긍정적이고 낙관적으로 대하게 된다. 다른 사람들에게서 좋은 점만 보려 하고, 오늘 정말로 멋진 일이 일어날 거라고 기대해 보라. 정말로 그렇게 될 것이다.

긍정적인 기대는 좋은 성격을 드러내주는 표식이다. 긍정적인 기대는 행복과 자신감을 불러오는 긍정적인 태도를 만들고, 정신적으로 유연하고 안정되며 여유 있는 낙관성을 지니게 하며, 매일 직면하는 도전에 건설적으로 반응할 수 있게 해준다. 그리고 2장에서 살펴본 대로 무엇을 어떻게 기대할 것인지는 전적으로 자신의 결정에 달려 있다.

그러면 기대는 어디에서 오는 것일까? 생각하고 느끼는 방식을 따져보려면 여러 겹으로 둘러싸인 성격을 뚫고 들어가서 뿌리에 접근해야만 한다. 이것이 삶과 성과를 신속하게 변화시키고 그것을 영구적으로 지속시키는 유일한 방법이다. 모든 것은 내부에서 외부로 향한다. 외부로 드러나는 모습의 근본은 항상 우리 내면에 있다. 기대는 자신과 세계를 믿는 마음이 결정한다. 사람과 일, 삶의 모든 영역에 거는 기대는 무엇을 진실이라고 믿느냐에 따라 달라진다. 자기제약적이거나 그릇된 믿음은 우리의 기대와 태도, 나쁜 결과로 여지없이 드러난다.

선의의 세계관이 있으면, 즉 세상은 좋은 곳이고 자신도 좋은 사람이라고 믿는 세계관이 있는 사람은 자신과 다른 사람에게 일어나는 모든 상황에서 좋은 결과를 기대할 것이다. 긍정적인 기대는 긍정적으로 표현되고, 상응의 법칙에 따라 사람들은 그들에게 보이는 우리 태도에 반응한다. 한마디로 주는 대로 받는 것이다.

믿음은 성격의 질을 결정한다. 그러면 마지막으로 '믿음은 어디에서 오는가?'라는 질문이 남았다. 이것은 20세기 심리학의 가장 큰 발견인 '자아개념self-concept'으로 설명할 수 있다.

자아의식을／움직이는／자아개념

자아개념이란 자신과 자신의 삶, 자신의 세계에 관한 믿음의 덩어리이자 잠새의식이라는 컴퓨터를 움직이는 마스터 프로그램이다. 신념의 법칙에 따르면 우리는 항상 믿음체계가 만든 선입견이라는 스크린을 이용해 세상을 보기 때문에 믿음으로 스스로의 세계를 결정한다. 자아가 만든 믿음체계는 삶의 모든 영역에서 성과와 행동에 선행하며 그 결과를 예측하게 한다. 우리는 자아개념과 유아기 때부터 습득해온 믿음의 덩어리와 일치하는 행동을 한다.

지금의 모습과 행동은 우리가 스스로에게 보이는 믿음이 만든 결과이다. 부유하든 가난하든, 행복하든 불행하든, 뚱뚱하든 말랐든, 성공했든 실패했든 이 모든 것은 바로 우리의 믿음이 만들어냈다. 특정한 삶의 믿음을 바꾸면 그 영역에서 즉시 변화가 일어난다. 즉, 그 영역에서 지녔던 기대와 태도, 결과 등 모든 것이 변한다.

외부세계는 내부세계의 표현이다. 그것엔 예외가 없다. '외부로 보이는 것은 진정한 우리 모습이 아니다. 내부에서 일어나는 생각이 진정한 우리 모습이다.' 인간은 누구나 지금처럼 말하고 생각하고 행동하도록 프로그램되어 있다. 인간의 마스터 프로그램인 자아개념을 안에서부터 바꾸지 않는 한 지금과 다르게 생각하고 느끼고 행동하는 것은 불가능하다. 부정적이거나 잘못된 자아개념은 삶과 인간관계에서 부정적인 태도나 행동으로 표출되게 마련이다.

자기를 억제하는 아이디어와 믿음체계를 해방시키면 기존의 자아개념을 바꿀 수 있다. 그러면 현재 자신의 모습이 아닌 자신이 바라는 모습을 볼 수 있다. 항상 현재의 모습 대신 자신이 바라는 미래의 모습을 생각하라. 삶 전체를 긍정적이고 밝고 활력이 넘치는 것으로, 인생을 걸작품으로 만들기로 결심해야 한다. 그러면 이 새로운 건설적인 생각들은 즉시 현실이라는 옷을 입고 우리 앞에 나타날 것이다.

자아개념과 믿음의 상관관계

자아개념과 일의 성과는 직접적인 관계가 있다. 우리는 믿는 만큼 성과를 낸다. 어떤 일을 하든지 자신이 믿는 만큼만 성공한다. 내면의 믿음만큼 훌륭한 성과를 이뤄내는 것도 없다.

업무, 인간관계, 운동 등 특정 영역에서 스스로에게 굳건한 확신이 있다면 이것은 그 영역에 긍정적인 자아개념이 있음을 의미한다. 좋지 못한 결과를 내거나 열등감을 느끼거나 잘못된 행동을 한다면 그것은 내면의 부정적인 믿음이 밖으로 표출된 것이다.

긍정적으로 변화할 수 있다고 말하는 이유는 우리의 자아개념이 대부분 주관적이기 때문이다. 스스로를 억압하는 신념과 믿음, 의심은 전혀 근거없는 사실에 기초하고 있다. 자신과 자신의 능력을 불신하는 부정적인 생각은 사실인 줄 알고 받아들인 잘못된 정보와 느낌에서 비롯된다. 스스로를 제약하는 믿음을 거부하면 부정적인 생각은 힘을 상실한다. 의식적으로라도 자아개념을 바꾸려고 노력하라. 그러면 내면의 진정한 잠재력이 스스로 제약에서 해방되어 마음껏 힘을 발휘할 것이다.

피닉스 세미나에 참석한 사람 중에 건설노동자로 일하는 스물다섯 살 젊은이가 있었다. 그는 자아개념의 영향력에 관해서 토의하던 중 강한 충격을 받았다. 갑자기 머릿속에 환한 불이 켜진 것처럼 정신을 차릴 수가 없었다.

그의 아버지는 제대로 된 교육을 받지 못했고 평생 노동자로 살았는데, 항상 사녀들에게 "우리 가족은 지금까지 노동자였고 앞으로도 그럴 것이다. 그것이 우리 운명이다. 세상은 원래 그런 것이다."라고 말했다. 어린 시절부터 줄곧 그 말을 들으며 자란 그는 그것을 사실로 믿었다. 학교를 졸업하자 아버지처럼 그도 자연스럽게 노동자로 일했다.

그런데 세미나에 참석하면서 그동안 아버지가 인생에 보인 태도와 믿음을 자신이 그대로 답습하며 무비판적으로 받아들였다는 사실을 깨달았다. 아버지의 믿음체계를 통째로 삼켜 사실로 받아들였던 것이다. 그는 아버지와 똑같은 방식으로 자신과 세계를 보았다. 학교를 졸업한 뒤 7년 동안 노동자로 살면서 아버지에게 물려받은 자아개념을 무의식적으로 이어갔던 것이다. 세미나를 들으며 모든 것은 자신의 자아개념에서 시작되었음을, 즉 노동자로 살아야 한다는 믿음이 그가 하는 일과 인간관계, 생활방식을 지배했다는 것을 깨달았다. 그는 더 이상 노동일을 하지 않겠다고 결심했다. 이전에도 그는 자신이 더 좋은 일을 할 능력이 있다고 생각했다. 다만 현실적인 대안이 없어서 체념하고 있었던 것이다. 그러다 이 세미나에 참가하면서 그동안 자신을 억압한 잘못된 신념에서 벗어나 삶의 주인은 바로 자신임을 깨달은 것이다. 그는 처음으로 자신을 제약하는 것이 내부에 있었음을 알게 됐다. 세미나가 끝나자 그는 노동일을 그만두고 판매업에 뛰어들어 밑바닥부터 시작했다. 처음에는 실적이 좋지 않았지만 좌절하지 않았다. 그는 판매업에 관한 모든 책을 구해서 읽었다. 동시에 그 지역에서 열리는 판매업 세미나에 모두 참석했다. 심지어 다른 지역에서 열리는 세미나에 참석하려고 장거리 여행도 마다하지 않았다.

그동안 그와 나는 계속 연락하며 지냈다. 1년도 되지 않아 그의 수입은 두 배가 되었고, 2년이 되자 네 배까지 늘어났다. 당연히 팀에서도 최고 실적을 올렸으며, 얼마 지나지 않아서 더 높은 보수와 조건으로 스카우트되었다. 5년이 지나자 1년에 10만 달러 이상을 벌며 멋진 집에서 아름다운 부인과 두 아이와 함께 살고 있었다. 운명의 주인은 자신임을 깨달은 순간 그에게는 멋진 미래가 기다리고 있었다. 자신의 자아개념이 인생을 통제하고 있다는 것을 깨닫고 그것을 변화시키기로 결정함으로써 인생의 전환점을 맞이한 것이다.

인간은 모든 믿음을 종합한 큰 자아개념 아래 여러 개로 나뉜 작은 자아개념을 갖고 있다. 이것은 각각 자신이 담당하는 개별 영역의 성과와 행동을 통제한다. 우리는 운동을 하면 건강해진다는 것, 옷차림에 따라 다른 사람에게 보여지는 인상이 달라진다는 것, 부모로서 자신과 자녀로서 자신, 직장과 친구 사이에서 자신의 평가를 인식하는 자아개념도 지녔다. 또 자신이 어떤 스포츠를 잘하고 좋아하는 스포츠에 어느 정도의 지식이 있는지에 관한 자아개념도 있을 수 있다. 드라이버샷은 잘하지만 퍼팅은 잘못한다는 자아개념이 있는 골프선수는 실제 경기에서도 그렇게 행동한다.

판매업에 종사하는 사람은 판매업자로서 전체적인 자아개념과 개별적인 자아개념을 동시에 지녔는데, 그것이 판매 실적을 결정한다. 개별적 자아개념은 잠재고객을 찾아내 그들에게 무엇이 필요한지 인식하고, 문제를 해결하며, 고객의 거부에 적절히 대응하는 것 등 판매업 각 부분에서의 성과를 결정한다. 그들은 각 영역에서 자신이 지닌 자아개념에 따라 여유 있고 자신감 넘치는 판매업자가 될 수도 있고, 고객 앞에서 쩔쩔매며 일처리도 제대로 못하는 판매업자가 될 수도 있다.

누구에게나 개인생활과 직장생활에서 어떻게 하면 체계적이고 효율적인 사람이 될 수 있는지 알려주는 자아개념이 있다. 우리는 항상 그 자아개념에 따라시 행동한다. 컴퓨터가 사신을 움직이는 프로그램을 무시할 수 없는 것처럼 우리도 자신의 무의식적인 프로그램과 배치된 행동을 할 수 없다.

직장인이라면 누구나 일하는 영역에서 자신이 어느 정도 유능하고 어느 정도 벌 수 있는지 판단할 수 있는 전체적인 자아개념이 있다. 자신이 지닌 자아개념 이상으로 성공하거나 그 이상의 수입은 절대 올릴 수 없다.

우리는 자신이 벌 수 있다고 생각하는 수입보다 10퍼센트 많아도 불편하고, 10퍼센트 적어도 불편하다. 그래서 즉시 보상행동을 시작한다. 예를 들어, 자아개념에서 규정한 것보다 10퍼센트 더 많이 번다면 남는 돈을 잘 모르는 곳에 투자하거나 다른 사람에게 빌려주거나 자신이 직접 돈을 펑펑 써버린다.

이런 방만한 행동은 자아개념과 일치하지 않는 많은 돈을 갑자기 손에 넣은 사람에게서 흔히 발견할 수 있다. 복권당첨으로 갑자기 큰돈이 생긴 사람들을 조사해보았더니 대부분 그 많던 돈을 2~3년 안에 탕진하고는 다시 복권에 당첨되기 전의 상태로 되돌아갔다. 어이없게도 본인조차 그 많은 돈을 어디에 썼는지 정확히 모른다는 것이다.

반면 자아개념보다 10퍼센트 적게 벌면 사람들은 비상조치를 취한다. 더 창의적으로 생각하고, 더 열심히 일하고, 더 많이 부업을 찾거나 직업을 바꿔 자아개념 수준으로 수입을 회복하고자 한다. 돈이든 체중이든 무엇이든 간에 사람들은 점진적으로 자신의 안주지대로 들어가려 하고, 한 번 들어가면 계속해서 그곳에 머물려고 온갖 일을 다 한다.

하지만 안주지대는 잠재력의 큰 적이다. 안주지대는 깨뜨리기 어려운 생활습관이 되는데, 오랫동안 반복된 습관은 하나의 틀로 자리잡는다. 그리고 사람들은 틀 속에서 나오려고 노력하기보다는 그 틀을 더 단단하고 편안하게 만드는 데 모든 에너지를 쏟는다. 그리하고는 '현실적으로 할 수 있는 일은 아무것도 없다'며 아무리 노력해도 절대 상황은 바뀌지 않는다고 스스로를 합리화한다.

그러나 미래를 바꾸기 위해 할 수 있는 일은 많다. 이제 안주지대를 뚫고 나오는 방법을 알아보자. 마음이라는 컴퓨터에 새로운 믿음이라는 소프트웨어를 심는 방법과 원하는 것을 더 많이 얻을 수 있도록 자아개념을 재설계하는 방법도 배울 것이다.

자아개념을 구성하는 세 가지 부분

자아개념은 자아이상, 자아상, 자부심 세 가지 부분으로 되어 있다. 첫 번째 자아이상self-ideal은 모든 면에서 이상적인 자신의 모습이다. 이것은 우리 행동과 생각에 큰 영향을 미친다. 자아이상은 과거나 현재를 사는 사람 중에서 자질과 능력이 월등하게 뛰어나 닮고 싶은 모습을 표본화한 것으로, 우리가 바라는 모습이자 생각하는 완벽한 사람에 대한 비전이다.

뛰어난 사람은 분명한 자아이상을 갖고 그것을 향해 꾸준히 노력한다. 그들은 스스로에게 높은 기준을 제시하고 거기에 맞추려 노력한다. 우리도 그렇게 할 수 있다. 자신이 원하는 모습이 명확할수록 열망하는 이상적인 모습으로 성장하거나 가장 존경하는 사람의 모습으로 발전할 수 있으며, 그렇게 될 가능성도 높아진다.

실패한 사람은 대개 자아이상이 불분명하며 아예 없기도 한다. 그들에겐 미래의 이상적인 모습이나 특별하게 계발하고 싶은 자질이 없어 차츰 성장과 발전의 속도가 느려지다 결국 정지해버린다. 그들은 마음의 틀 속에 갇힌 채 자기발전의 힘을 모두 잃어버린다.

뛰어난 사람이 보인 진실성과 목적의식, 용기와 행동지향성을 본받고 싶으면 우리는 가치관에 그것을 반영시킨다. 자신의 가장 본질적인 가치를 발견하고 그것을 지금 하는 모든 일에 적용하면 성품은 향상된다. 그리고 외면은 내면을 반영하기 때문에 일과 인간관계, 그 밖의 모든 삶이 함께 향상된다. 이것은 나중에 자세히 설명하겠다.

자아개념의 두 번째 부분은 자아상self-image이다. 자아상은 앞으로의 삶에서 이러저러한 모습으로 살겠다고 자기 자신에게 갖는 생각이라고 할 수 있다. 종종 특정한 상황에서 해야 할 바를 결정하려고 들여다보는 내면의 거울이기도 하다. 우리는 내면에 있는 자아상과 일치되는 행동을 한다. 따라서 의식적으로 마음속에 있는 자아상을 바꾸면 더 나은 성과를 거둘 수 있다.

자아상을 바꾸는 것은 성과를 향상시키는 가장 빠르고 믿을 수 있는 방법이다. 스스로를 유능하다고 생각하고 매사 어떤 일에서든 자신감을 보이면 자신의 행동에 관심이나 노력을 집중시키고 효율성을 높일 수 있다.

이 장의 후반에서 살펴보겠지만 의식적으로 자아상을 바꾸면 걸음걸이와 말, 행동, 느낌이 과거와 달라진다. 즉, 정신적인 이미지를 변화시켜 성격과 성과가 바뀌는 것이다.

자아개념의 세 번째 부분은 자부심self-esteem이다. 자부심은 자기 자신의 가치나 능력을 믿고 당당히 여기는 마음이다. 우리 성격의 정서적인 부분을 담당하며 높은 성과를 내도록 도와주는 기본 자질이기도 하다. 또한 행복과 개인 효과성 역량의 열쇠이자 원자로의 노심처럼 삶을 지탱하는 동력원이다. 즉, 자부심은 성품에 힘을 불어 넣어주고 높은 성과를 내게 해주는 에너지, 열정, 활력과 낙관성의 원천인 셈이다.

자부심의 수준은 두 가지 요소로 결정되는데, 그것은 마치 동전의 양면과 같다. 첫 번째는 자신을 가치 있고 좋은 사람으로 여기는 정도이다. 이것은 자부심의 성격적 측면으로, 현재 삶과 무관하게 이루어지는 자기 평가이다. 이것은 외부환경과 상관이 없다. 자부심이 높은 사람은 아무리 큰 어려움과 실패를 겪어도 자신을 긍정적으로 평가한다. 하지만 불행하게도 외부환경에 휘둘리지 않고 자신만의 내적 가치감을 유지할 수 있을 정도로 성숙한 사람은 극히 드물다.

자부심의 수준을 결정하는 두 번째 요소는 유능감$^{self-efficacy}$이다. 유능감이란 자신이 일을 잘해내고 있다고 느끼는 정도이다. 이것은 자부심의 성과적 측면으로, 지질학적인 표현을 빌자면 참되고 영구적인 자신감과 자부심이 세워지는 암반으로 볼 수 있다.

이 두 가지 부분은 상호 영향을 미친다. 인간은 자신을 좋아할수록 더 좋은 성과를 낸다. 성과가 많아질수록 자신에게 만족감도 높아져 더욱더 스스로를 좋아하게 된다. 이 둘은 모두 필수적인 부분이며 서로 다른 부분 없이는 제 역할을 해낼 수 없다. 자부심을 측정하는 가장 좋은 방법은 스스로 좋아하는 정도를 가늠해보는 것이다. 자신을 좋아할수록 일을 더 잘하고, 자신감도 커져 더 긍정적인 태도를 보이며, 자신을 좋아할수록 더 건강하고 활력도 넘쳐 결국 더욱더 행복해진다.

마음속으로 하든 소리를 내서 하든 자신과 어떻게든 대화하여 자부심을 높여주어라. 자부심의 세기는 자신을 어떻게 느끼느냐에 따라 성과가 달라진다. 열정과 확신을 갖고 반복해서 "나는 내가 좋다! 나는 내가 좋다!"라고 말하면 자부심이 높아진다. 더 좋은 방법은 "나는 나를 사랑한다! 나는 나를 사랑한다."라고 말하는 것이다. 처음에는 다소 어색할 수도 있으나, 그 효과는 대단히 크다. 시험 삼아 지금 책에서 눈을 떼고 마음을 가득 담아 "나는 내가 좋다!"라는 말을 몇 번 해보라. 더 좋은 방법은 거울을 보면서 "나는 내가 좋다."라고 말하는 것이다. 대여섯 번만 반복해도 틀림없이 자신이 좋아지는 느낌을 갖게 될 것이다.

우리 부부는 이것을 아이들에게 가르쳤다. 아이들이 기분 상해 있거나 나쁜 행동을 하면 "나는 내가 좋다."라고 말하게 했다. 이 말을 하고 얼마 지나지 않아 아이들은 웃음을 실실 흘리더니 기분이 다시 좋아졌다. 개방적이고 쉽게 수용하는 사람일수록 이런 표현의 효과는 더 크다.

자신을 좋아한다는 것은 대단히 건강한 자세이다. 이것이 바로 좋은 인간관계의 열쇠다. 자신을 더 좋아하고 존중할수록 일에서 더 좋은 성과를 내고, 자신의 능력에 대한 자신감도 더 커진다. 결국 실수는 덜하게 되고 더 활력적이며 창의적인 사람으로 변한다.

어떤 사람들은 자신을 좋아하는 것은 자만이나 허영일 뿐임으로 주의해야 한다는 잘못된 교육을 받았다. 그러나 사실은 정반대이다. 거만하고 뽐내는 우월 콤플렉스와 자기를 비하하는 열등 콤플렉스 모두 자부심이 낮고 자신을 좋아하지 않을 때 나타나는 현상이다. 자부심이 높은 사람은 사람들과 대부분 잘 지낸다.

자부심의 규칙 두 가지

자부심에는 두 가지 규칙이 있다. 첫째, 스스로를 사랑하지 않으면 다른 사람을 사랑할 수 없다는 것이다. 자신에게 없는 것을 남에게 줄 수는 없는 법이다. 둘째, 스스로를 좋아하지도 사랑하지도 존경하지도 않는데, 다른 사람이 나를 좋아하거나 사랑해줄 수는 없다.

자신에 대한 호감과 수용의 수준은 인간관계의 질을 결정한다. 이것은 모든 인간관계에서 문제가 되기도 하고 해결책이 되기도 한다. 자아개념을 새로 만들거나 강화하면 사람들과의 관계에서 느끼는 만족과 행복의 양을 증가시킬 수 있다.

그렇다면 잠재의식이라는 컴퓨터의 마스터 프로그램인 자아개념은 어디에서 오는 것일까? 또 어떻게 형성되는 것일까? 무엇으로 구성되어 있을까? 그리고 자신을 향상시키고 모든 일을 효율적으로 처리하려면 어떻게 그것을 다시 프로그래밍해야 할까?

자아개념의 /형성

자아개념은 타고나는 것이 아니다. 지금 자신에 대해 알고 믿는 것은 다 유아시절부터 일어났던 모든 일의 결과로 학습한 것이다. 모든 인간은 특정한 개성과 함께 자아개념이 전혀 없는 순수한 잠재능력의 상태로 태어난다. 따라서 지금의 태도와 행동, 가치, 의견, 믿음, 두려움은 모두 학습된 것이다. 학습된 것이라 자신의 목표를 달성하는 데 도움이 되지 않는 자아개념은 제거하면 된다.

얼마 전 자동차 사고를 당한 서른두 살 된 부인의 이야기다. 그녀는 사고 때 머리를 부딪친 충격으로 기억상실증에 걸렸는데, 사고 당시 결혼한 상태로 열 살과 여덟 살 된 두 아이가 있었다. 그녀는 심하게 부끄러움을 탔고 말을 더듬었으며 다른 사람과 함께 있는 것을 부담스러워했다. 그것은 나쁜 자아개념과 낮은 자부심에서 비롯되었다. 설상가상으로 그녀는 직업도 없어 함께 어울리는 사람도 적었다. 기억상실 때문에 자신의 과거도, 부모와 남편도, 심지어 아이들도 기억하지 못하는 그녀의 마음은 완전한 백지상태였다. 워낙 심각한 상태였기 때문에 뇌신경외과 의사와 심리학자, 여러 분야의 전문가가 그녀를 검사했다.

특이한 사례라 그런지 여기저기로 금세 소문이 퍼졌고, 몸이 회복되자 라디오와 텔레비전 방송에서 그녀를 인터뷰했다. 그녀는 자신의 상태를 스스로 연구하였고, 그 경험을 책으로 펴냈다. 또한 여러 곳을 여행하면서 의학계와 전문가 그룹을 대상으로 강연도 했다.

과거에 겪었던 경험과 기억이 전혀 없는 상태에서 사람들의 관심을 받고 중요한 사람으로 대접을 받자 그녀는 전혀 새로운 사람으로 발전해갔다. 점점 사교적이고 밝고 편안한 사람이 되었으며, 뛰어난 유머감각을 지니게 되었다. 인기가 많아진 그녀는 과거와는 전혀 다른 사람들을 만났고 그들과 어울리기 시작했다. 그녀는 높은 성과와 행복, 만족스러운 삶과 어울리는 새로운 자아개념을 계발했다. 나중에 그녀는 기억상실증의 권위자가 되었다고 한다.

이런 놀라운 일을 우리도 경험할 수 있다. 일단 자아개념이 어떻게 형성되는지 이해하면 우리가 존경하고 닮고 싶은 사람으로 변할 수 있다. 가장 소중한 목표와 꿈을 이루는 사람이 되는 방법을 배우는 것이다. 우리는 자아개념 없이 세상에 태어난다. 아이는 자신이 누구이고 얼마큼 중요하고 가치 있는 존재인지를 자신이 받는 대접으로 깨닫게 된다. 아이에게는 무한한 사랑과 접촉이 필요하다. 그들에게 사랑은 정서적인 산소와 같다. 아이들이 자아개념을 형성해가는 몇 년간은 아무리 많은 사랑과 애정을 쏟아부어도 넘치지 않는다. 장미가 비를 좋아하는 것처럼 아이에겐 사랑이 필요하다. 건강하게 자라는데 음식과 물, 쉴 곳이 필요하듯이, 밝고 명랑하게 자라는데 사랑은 반드시 필요하다.

생후 3~5년 사이에 평생의 성격이 형성된다. 어른으로서의 건강하고 행복한 삶을 영위하는 방식은 이 기간 동안 부모와 다른 사람들에게서 받은 사랑의 질과 양에 따라 달라진다. 충분한 사랑과 애정, 격려를 받으면서 자란 아이는 긍정적이고 안정적인 성격을 형성한다. 반대로 매사 무슨 일을 하든 비난과 벌을 받으면서 자란 아이는 두려움과 의심이 많고 다른 사람을 신뢰하지 않으며 성격상 자주 문제를 일으키는데, 이는 나중에 갖가지 부정적인 형태로 표출된다. 자부심이 낮고 항상 부정적인 태도를 보이는 사람을 살펴보면 예외 없이 성격 형성기에 필요한 사랑과 안정감을 충분히 받지 못했다는 것을 알 수 있다.

두려움과 금기는 학습된 결과물이다

아이에게는 두 가지 특성이 있다. 첫째는 '두려움을 모른다'는 것이다. 아이가 아는 두려움이란 단 두 종류밖에 없는데, 그것은 큰 소리와 어머니한테서 떨어지는 것이다. 다른 모든 두려움은 자라면서 반복적으로 경험하면서 학습된 결과물이다.

대여섯 살 된 아이를 키워본 사람이라면 그들이 두려움을 모른다는 것을 잘 안다. 사다리를 올라가거나 도로에 뛰어들거나 날카로운 물건을 손으로 잡는 등 어른의 시선으로 보면 위험하기 짝이 없는 일을 벌이곤 한다. 아이는 부모와 주변 사람에게서 그것이 위험천만한 일임을 학습하기 전까지 두려움 없이 그 일을 계속한다.

둘째는 '해서는 안 되는 일'을 모른다는 것이다. 웃고 싶으면 웃고, 울고 싶으면 울고, 오줌을 싸고 싶으면 아무데서나 싼다. 아이는 다른 사람들이 어떻게 생각하는지 전혀 개의치 않고 자신이 느끼는 그대로 말하고 행동한다. 아이는 자연스럽게 행동한다. 어떠한 제약도 느끼지 않은 채 자신을 표현한다. 자의식이 있는 갓난아기를 본 적이 있는가?

정말 다행스러운 일은 인간은 모두 이렇게 태어난다는 점이다. 누구나 두려움과 제약 없이 어떤 상황에서든 자신을 자연스럽고 편안하게 표현할 수 있는 상태로 이 세상에 나온다. 이것은 사실이다. 어른이 되어서 신뢰하는 사람과 함께 있을 때면 우리는 두려움 없이 자연스러운 상태로 되돌아간다. 편안한 상태에서 원래 모습 그대로 완벽한 자유를 즐긴다. 이때가 최고의 순간이자 멋진 경험을 할 때이며 진정으로 행복을 느끼는 때이다. 사실 이것이 가장 정상적이고 자연스러운 상태이다.

가장 원초적인 두려움은 부모에게 배운다

아이는 주로 두 가지 방법으로 배운다. 첫째, 부모 중 하나 또는 둘 모두를 모방하면서 배운다. 우리의 습관과 가치관, 태도, 믿음, 행동은 부모를 보면서 배운 것이다. '그 아버지에 그 아들'이라든가 '그 엄마에 그 딸'이라는 말은 정말이지 맞다. 종종 아이는 부모 중 어느 한쪽을 자신과 더 동일시하여 영향을 받기도 한다.

둘째, 아이는 불편한 쪽에서 편안한 쪽으로, 고통에서 즐거움으로 움직이면서 배운다. 프로이드는 이것을 '쾌락의 원칙'이라고 불렀다. 프로이드를 비롯한 대부분의 심리학자들은 쾌락과 행복을 추구하는 것이 모든 인간 행동의 가장 기본적인 동인이라고 말했다. 배변훈련에서부터 식사습관까지 아이의 사회화는 모두 안락이나 쾌락, 쾌감을 주는 것을 지향하고 불쾌감을 주는 것에서 멀어지려고 하는 충동과 동기부여로 학습된다.

아이가 겪는 가장 깊은 정신적 상처와 두려움은 부모가 더 이상 사랑을 주지 않고 자신을 인정해주지 않을 때 생긴다. 아이는 정서적인 안정, 부모의 사랑과 지원, 보호를 강력하게 원한다. 훈련한다는 명목 아래 더 이상 사랑을 주지 않으면 아이는 대단히 큰 두려움을 느낀다. 아이에게는 인식이 전부다. 아이의 감정과 행동에 영향을 미치는 것은 부모의 의도가 아니라 아이가 어떻게 인식하느냐이다. 부모가 더 이상 사랑을 주지 않는다고 느끼면 아이는 즉시 사랑과 인정을 회복하려고 자신의 행동을 바꾼다. 이때, 아이는 물에 빠져 지푸라기를 잡는 심정을 느낀다. 무조건적인 사랑이 지속되지 않으면 아이의 심리적 안전은 위협당한다. 마음의 안정이 무너진 아이는 처음의 자연스럽고 두려움 없는 상태를 잃어버린다. 대부분 성격상의 문제는 사랑의 결핍에서 비롯된다. 우리가 어린 시절부터 하는 행동은 사랑을 받으려는 마음이나 부족한 사랑을 보충하려는 마음에 하는 것이다. 어린 시절의 가슴 아픈 기억들은 대부분 사랑의 결핍과 연관되어 있고, 어른이 되어 겪는 인간관계에서 발생한 문제도 대부분 어린 시절 겪었던 사랑의 결핍에 그 원인이 있다.

부모가 심한 비판이나 폭력적인 체벌을 가하기 시작하면 아이는 두려움이 없는 자연스러운 상태를 잃어버린다. 대신 부정적인 습관과 인식을 습득한다. 보는 습관은 긍정적이든 부정적이든 자극에 보이는 조건화된 반응이다. 습관은 계속적인 반복으로 잠재의식 속에 깊이 뿌리내린 행동이다. 일단 한번 뿌리내린 습관은 일정한 자극이 가해지면 자동으로 작동된다. 따라서 부정적인 습관이 한번 뿌리를 내리면 자연스러운 행동으로 발전하고 자아개념의 일부분이 되며 더 나아가 안주지대가 된다. 일단 나쁜 습관이 성격의 일부가 되면 특정한 부정적인 방식으로 행동하거나 반응을 해야만 편안함을 느낀다. 욕구보다는 두려움이 우리를 움직이는 동인이 되는 것이다.

건설적인 비판을 하는 일곱 가지 방법

파괴적인 비판은 가장 해로운 태도이다. 이것은 자부심을 떨어뜨리고 나쁜 자아상을 만들며 모든 활동의 성과를 떨어뜨린다. 또한 자신감을 떨어뜨려 열등감을 느끼게 하고, 과거에 비난받았던 일을 다시 할 때마다 긴장하고 실수하게 만든다. 그러다 아예 시도하려는 노력조차 하지 않게 된다.

보통 아이에게 부모는 칭찬을 한 번 하면 꾸중은 아홉 번이나 한다. 부모는 아이의 행동을 교정하려고 별 생각 없이 꾸중을 한다. 그러나 정작 결과는 정반대로 나타난다. 파괴적인 비판은 아이의 자부심과 자아개념을 약화시키기 때문에 좋은 효과는커녕 오히려 사태만 악화시킨다. 이것은 아이를 무능력하게 만들고, 자신이 무언가 부족한 사람이라는 느낌을 준다. 그런 아이는 자주 분노를 느끼고 매사 방어적이며 힘든 상황은 회피하려는 경향이 있다. 그러니 성과는 급격히 떨어지고 온갖 부정적인 일만 일어난다. 무엇보다 부모와 아이의 관계가 멀어진다. 성적 때문에 꾸중을 들은 아이는 학교공부와 자신에 대해 부정적인 연상을 하기 시작한다. 그러면 아이는 공부하기 싫어하고 어떻게 해서든 그 상황을 회피하려고 한다. 그런 아이에게 학교공부는 고통과 욕구불만의 원천일 뿐이다. 인력의 법칙과 상응의 법칙으로 아이는 자신과 태도가 비슷한 아이들과 어울리기 시작한다.

사람들은 종종 남을 완전히 파괴하는 언행을 서슴없이 하면서 자신의 행동을 정당화하려고 그것이 건설적인 비판인 양 스스로를 속인다. 진정한 건설적인 비판은 상대방이 좋은 기분으로 앞으로 일을 잘할 수 있도록 만드는 것이다. 비판이 상대방의 자부심과 자신감을 높여 성과를 향상시키는데 기여하지 못한다면 그것은 저항할 수 없는 사람에게 행한 파괴적인 자기표현에 지나지 않는다. 파괴적인 비판에는 상처 입은 영혼과 사기 저하, 분노, 불쾌, 자기부정과 여러 가지 부정적인 감정만 남아 성격상의 문제와 적대감만 키울 뿐이다. 어릴 때 비판을 많이 받고 자란 아이는 커서도 스스로를 비판한다. 자신을 비하하고 과소평가하고 자신의 경험을 부정적으로 해석한다. 아무리 열심히 노력하고 좋은 결과를 얻더라도 항상 자신이 부족하다고 느낀다.

비판을 꼭 해야 한다면 그 목적은 오로지 '성과의 향상'에만 두어야 한다. 진정한 비판은 비판을 들은 상대방이 더 나은 사람이 되도록 돕는 것이다. 건설적인 비판은 보복하려고 하는 것이 아니며 자신의 불쾌감과 화를 표현하는 도구 또한 결코 아니다. 건설적인 비판의 목적은 해치는 것이 아니라 돕는 것이다. 그런 목적이 아니라면 차라리 하지 않는 편이 낫다.

다음은 건설적인 비판을 하는 일곱 가지 방법이다.

첫째, 어떤 일이 있어도 상대방의 자부심은 지켜준다. 상대방의 자부심은 풍선이고, 사신의 말은 바늘이므로 부드럽게 대해야 한다. 아이들을 훈계할 때마다 나는 항상 "너를 정말 사랑한다."라는 말로 시작한다. 그러고 나서 아이들에게 도움이 될 만한 피드백을 주면서 지도한다.

둘째, 과거가 아닌 미래에 초점을 맞춘다. 돌이킬 수도 없는 과거사를 가지고 왈가왈부해서는 안 된다. 앞으로 어떻게 할 것인지만 이야기한다. "다음에는 이렇게 하는 것이 어떨까?"라는 식으로 말한다.

셋째, 사람이 아닌 행동이나 성과에 초점을 맞춘다. '너'나 '당신'이라는 말 대신에 '문제'를 정확히 묘사한다. 다시 말해, "당신은 판매를 못한다."라고 말하는 대신에 "판매액이 목표에 미치지 못했는데, 이것을 늘리려면 어떤 방법이 필요할까?"라고 말한다.

넷째, 내 감정은 내 책임이라는 관점에서 나를 중심으로 한 표현을 사용한다. "너 때문에 화가 난다."라고 말하는 대신에 "나는 네가 그렇게 행동할 때마다 걱정이 된다."라거나 "나는 현재의 상황이 만족스럽지 않다. 어떻게 하면 개선할 수 있는지 이야기하고 싶다."라고 말한다.

다섯째, 무엇을 언제 어느 정도로 바꿀 것인지 명확하게 합의한다. 이때, 합의는 구체적이고 미래지향적이며 해결지향적이어야 한다. "앞으로는 선적을 최종 확정하기 전에 정확한 상태를 유지하고 다시 기록을 확인하는 것이 중요하다."라는 식으로 이야기한다.

여섯째, 도움을 주고 싶다고 이야기한다. "이 상황에서 내가 어떻게 하면 도움이 될까?"라고 묻는다. 상대방이 원하면 무엇을 어떻게 해야 하는지 알려준다. 부모로서 또는 다른 영향력을 지닌 위치에 서 있는 사람으로서 우리가 해야 할 가장 핵심적인 역할은 교사가 되는 것이다. 어떻게 해야 하는지 방법은 가르쳐주지 않으면서 상대방이 달라질 거라고 기대할 수는 없다.

일곱째, 상대방이 일을 잘하고 싶어할 거라고 생각한다. 상대방이 일을 잘하지 못했거나 실수를 했더라도 의도한 것은 아닐 거라고 가정한다. 문제는 의도가 아니라 부족한 기술, 불완전한 정보나 오해에 있다.

화를 내기보다는 차분히, 인내심을 갖고, 상대방을 지지해주며, 명확하고 건설적으로 접근해야 한다. 상대방을 부수기보다 자부심을 세워주어야

103

Chapter 03_인간을 움직이는 마스터 프로그램

한다. 파괴적인 비판을 중지하는 것은 가장 빨리 상대방의 자부심과 자기 유능감을 키워주는 방법이다. 이렇게 하면 모든 인간관계에서 즉시 변화가 일어날 것이다.

부정적 습성인 억제와 강박관념

인간은 대체로 어린 시절에 두 가지 중요한 부정적 습성을 배운다. 하나는 앞으로 전진하도록 하는 습성인 강박compulsive이고, 다른 하나는 뒤로 잡아당기는 습성인 억제inhibitive이다. 이 습성은 모든 것에 영향을 미치며 우리 인생을 통제하지만 사람들은 거의 의식하지 못한다. 이것이 인생과 행동에 미치는 영향을 이해하고, 그것을 최소화시키는 방법을 익히는 것은 성공과 행복을 이루는 데 꼭 필요하다.

억제는 "하지 마! 거기 가지마! 그만해! 만지지 마! 조심해!" 같은 말을 계속 들으면서 생기는 부정적 습성이다. 인간은 본능적으로 만져보고 맛을 보고 냄새를 맡고 느끼면서 세상을 탐색한다. 그런데 탐색행동을 한다고 아이에게 고함을 지르거나 화를 내거나 때리거나 막으면 아이는 왜 그러는지 이해하지 못한다. 그러다 결국 '새로운 일이나 다른 일을 하려고 할 때마다 왜 엄마아빠는 화를 낼까? 아마도 나를 사랑하지 않나보다. 내가 너무 어려서 못 미더우신가? 그래 역시 나는 안돼. 나는 할 수 없어. 할 수 없어'하며 자신을 탓하기 시작한다.

'나는 할 수 없어'라는 생각은 시간이 지나면서 '실패를 두려워하는 마음'으로 굳어져버린다. '실패를 두려워하는 마음'은 성공을 가로막는 가장 커다란 장애물이다. 이런 두려움은 위험하다고 생각되는 일이나 돈, 시간,

감정을 빼앗길 것 같다고 느낄 때마다 내부에서 솟아오른다.

학교 성적이 좋지 않았던 나는 졸업하고 한동안 어떤 일을 할 때마다 '내 머리로는 이 정도밖에는 하지 못한다'고 지레 단정지어버릴 때가 많았다. 주위 사람들이 위험을 감수한 채 새로운 일에 도전하고 이직도 하고 다양한 비즈니스 경험을 할 때마다 나는 그저 부러운 표정으로 그들을 지켜보기만 했다. 나에겐 없는 용기와 지적 능력이 그들에겐 있다고 생각했기 때문이다. 아버지에게 매를 맞으면서 자란 나는 처음에는 골목대장에게 혼이 나는 것이 무서웠다. 그리고 세일즈할 때는 상대방이 냉정하게 전화를 끊어버리는 것이 겁났다. 관리자가 되자 내 생각을 주장하는 것이 무서웠다. 돈이 조금 모였을 때는 투자하는 것이 두려웠고, 독자적으로 사업할 수 있는 기회가 왔을 때는 사업이 망할까봐 두려웠다.

나의 부모님은 두려움이 많은 분들이셨는데, 그래서인지 나 역시 두려움이 많은 아이로 성장했다. 냉소적으로 들리겠지만 부모님의 양육방식이 너무 효과적이라 나는 항상 두려움이 가득한 상태로 하루하루를 지냈다. 오랜 시간이 지난 다음에야 모든 두려움은 내 마음속에 존재하며 실제로는 아무것도 두려워할 것이 없음을 깨달았다. 그때부터 진짜 내 인생을 시작할 수 있었다.

부정적 습성은 몸에도 그대로 나타난다. 부정적 습성에 사로잡히는 순간 몸은 마치 실제로도 위험을 겪고 있는 것처럼 느끼고 반응하는데, 실패를 두려워하는 마음이 명치에서 몸 아래로 퍼져나간다.

예를 들어, 여러 사람 앞에서 말하는 것을 두려워하는 사람이 있다고 치자. 수많은 청중 앞에서 무언가 발표해야 할 때 그는 감정의 중심인 명치 끝부터 두려움을 느낄 것이다. 그 일을 자꾸 생각하면 할수록 두려움도 커져간다. 맥박이 빨라지고 숨이 가빠지고 목이 마르며 편두통을 앓을 때처럼 머리가 아플 것이다. 또 소변이 마려워서 화장실로 달려가고 싶을 것이다. 이런 억제적이며 부정적인 습성의 신체적인 증상은 보통 여섯 살이 되기 전에 잠재의식에 프로그램된다.

부정적인 습성은 걱정과 불안을 동시에 불러일으켜 예민함과 조바심, 분노 등 감정적인 반응을 만들어낸다. 이 습성이 깊이 뿌리박혀 있을수록 상황에 대한 반응은 더 극단적인 형태를 띠게 된다.

실패와 억제에 뒤따르는 두려움은 세 가지 방식으로 학습된다. 첫째, 특정 사건이 파괴적 비판이나 신체적 처벌과 반복적으로 결합되는 형태로 학습된다. 예를 들어, 피아노를 만질 때마다 매를 맞았다면 아이는 결국 피아노를 친다는 생각만 해도 두려움을 느낄 것이다.

세미나에 참석했던 한 의사는 알코올중독자인 아버지에게서 두들겨 맞으며 자랐다. 그의 아버지는 갑자기 의자에서 벌떡 일어나 그를 때렸는데, 그로부터 50년이나 지났고 더 이상 어린아이가 아님에도 텔레비전에서 누군가가 재빨리 움직이는 것만 봐도 매를 맞을 때처럼 반응한다고 했다. 명치가 조여오고 심장박동이 빨라지고 땀을 흘리며 온몸을 떠는 것이었다. 이것은 어린 시절 겪은 충격적인 경험으로 생긴 조건화된 반응으로 적절한 정신과 치료 없이는 아마도 평생 극복하지 못할지도 모른다.

둘째, 포착하기 어려운 미세한 부정적인 영향으로 학습된다. 어떤 사람은 자신에게 가해지는 비판을 정말 사실인 양 아무 의심 없이 받아들인다. 예를 들어, 토정비결에 나오는 부정적인 내용을 그대로 믿는다든지, 처음 시도한 일에서 매번 나쁜 결과가 나오면 자신이 그 일에 소질이 없다고 쉽게 단정짓는다. 이때는 계속해서 '내게 아주 잘해낼 수 있는 능력이 있다면?'이라는 질문을 던져야 한다. 그리고 자신에게 능력이 있다고 생각하고 스스로를 계발해나가야 한다. 스스로를 제약하는 신념과 두려움을 떨쳐버리면 우리 앞에 놓인 장애물은 거의 없다. 장애물은 대부분 우리 마음과 반사적인 반응 속에 숨어 있다.

셋째, 한 가지 충격적인 사건의 결과로 부정적인 습성이 학습된다. 어릴 때 물에 빠져서 죽을 뻔 했다든지 높은 데서 떨어졌다든지 하는 단 한 번의 무서운 경험은 평생에 걸쳐 비합리적인 두려움을 낳는다. 그 생각만 해도 온몸이 마비되는 것이다. 두려움이 심하면 공포증이 되고, 시간이 갈수록 이 증세가 심해지기도 한다. 단 한번의 부정적인 경험이라도 계속 생각해서 당시 경험을 되새기면 결국 공황장애가 되어 삶에 부정적인 영향을 미치며 행복을 막는 커다란 장애가 된다. 여기서 중요한 것은 바로 '비합리적'이라는 단어이다. 종종 우리는 매번 어떤 비슷한 상황에 처하면 극심한 불안을 느끼고 까닭 모를 화가 난다. 그것만 생각하면 어쩔 줄 몰라 일과 인간관계까지 나쁜 영향을 미친다. 하지만 우리는 그 이유를 모른다. 즉, 모든 과정과 상황이 비합리적이다.

긍정적인 사람이 되는 데 필요한 조건 중 하나는 머릿속을 깨끗이 정리하고 잠재의식 속에 쌓인 먼지를 털어내는 것이다. 그러려면 자신을 억제하는 두려움이 무엇인지부터 알아내고 올바르게 대응해야 한다.

친한 친구나 배우자에게 자신의 두려움을 허심탄회하게 터놓고 이야기하라. 다른 사람은 종종 자신이 보지 못하는 것들을 본다. 필요하다면 심리학자나 정신과의사의 도움을 받는 것도 좋다. 상담전문가는 개인의 발전을 가로막는 정신적인 장애물을 제거하는 데 도움을 줄 수 있다.

어린 시절에 배우는 두 번째 부정적 습성인 강박은 '이렇게 해라. 그렇지 않으면'이라는 말을 반복해서 들음으로써 학습된다. 부모가 "이것을 하지 않으면~ 또는 그만두지 않으면 큰일 날 줄 알아!"라고 말할 때 아이는 더 이상 자신을 사랑하지 않거나 인정하지 않는다는 뜻으로 받아들인다.

부모가 아이의 성과나 행동에 조건적인 사랑을 베풀면 아이는 곧 '나는 사랑받고 있지 않다. 아빠와 엄마를 기쁘게 하지 않으면 나는 안전하지 않다. 부모님이 좋아하는 일을 해야 한다. 부모님이 원하는 일을 해야 한다. 나는 해야 한다. 나는 해야 한다. 나는 해야 한다'는 메시지를 내면에 깊숙이 각인시킨다. 강박적인 부정적 습성은 부모가 무조건적인 사랑이 아닌 조건적인 사랑을 할 때 나타난다. 그것은 거절에 대한 두려움으로 나타난다. 거절을 두려워하는 마음은 실패를 가져오는 두 번째 주요 원인이다.

어릴 때 받은 사랑의 유형에 따라 주변 사람에게 집착하는 정도가 달라진다. 조건적인 사랑을 받은 사람은 특히 부모나 배우자, 상사, 친구들의 의견에 과도하게 관심을 보이거나 집착한다. 여기서 핵심은 '과도하게'라는 단어에 있다. 타인의 생각과 감정을 배려하는 것은 정상적이고 자연스러운 일이다. 타인의 의견에 관심을 갖고 존중하는 것은 사회를 튼튼하게 지탱해주는 접착제 역할을 한다. 이것이 없다면 사회는 혼란에 빠질 것이다. 거절에 대한 두려움이 극단으로 치달으면 다른 사람의 승인을 받을 때까지 혼자서는 아무것도 결정하지 못하는 상태에 이른다. 우리에게는 다른 사람들의 인정과 존경이 필요하다. 그러나 자신이 지닌 잠재력을 충분히 발휘하는 사람은 남의 의견을 배려하면서도 자신이 옳다고 생각하는 대로 결정하고 행동하는 자신감을 지녔다.

인간은 누구나 두려움을 느낀다. 특히, 비판과 거부를 두려워한다. 존경하는 사람의 호의를 얻으려 온갖 일을 다 하며 상대방의 사랑을 얻을 수 있다면 희생도 마다하지 않는다. 군인들은 심지어 전우를 실망시키지 않으려고 목숨까지 건다.

그러나 우리는 이런 함정에 주의해야 한다. 프랜시스 베이컨Francis Bacon은 이런 부정적 습성은 "스스로에게 결코 충실할 수 없는 사람을 만든다."라고 말했다.

다른 사람의 의견이 개입되면 이렇게 자문하라. '내가 진정 원하는 것은 무엇인가? 어떻게 해야 가장 행복할까?' 그리고 이 대답에 직접적인 영향을 받는 사람, 즉 나 자신을 위해 의사결정을 하라. 강박적인 부정적 습성은 신체적으로는 목과 어깨의 긴장, 등 아랫부분의 통증으로 나타난다. 보통 이런 증상은 업무량이 과도하게 많거나 감시받는다고 느끼거나 할 일은 많은데 시간이 부족할 때 나타나며, 스트레스와 과로가 주 원인이다. 이것은 심각한 질환으로 발전할 수 있다.

일반적으로 거절에 대한 두려움은 여자들에게는 우울, 허탈, 신체적 이상 증상으로 나타난다. 반면 남자들에게는 'A타입 행동양식(성과에 집착하는 경향)'으로 나타난다. 이런 행동양식은 보통 부자지간이나 부녀지간에서 나타나는데, 아버지에게서 충분하고 적절한 사랑을 받지 못했다는 느낌에서 비롯된다.

대개 남자는 아버지의 사랑을 받고자 하는 무의식적인 노력이 직장 상사에게 전이되는데, 이것을 A타입 행동양식이라고 한다. 이것은 상사에게 인정을 받으려고 과도하게 노력하는 형태로 나타나며, 극단적인 경우에는 업무에 집착하여 건강과 가정을 해치는 결과를 초래하기도 한다.

문득 아버지가 돌아가셨던 때가 떠오른다. 그 일은 내게 엄청난 충격이었다. 아버지의 사랑과 인정을 받지 못했다는 안타까움과 후회 때문에 무척 괴로워했다. 아버지가 세상을 떠나고 2년이 지난 뒤에도 그분을 생각할 때마다 커다란 상실감과 공허함을 느꼈다. 어느 날 저녁 어머니와 저녁 식사를 하는 자리에서 아버지가 돌아가신 뒤 내가 느낀 감정을 말했다. 내 말에 놀란 어머니는 더는 슬퍼하거나 마음 아파하지 말라면서 아버지에게는 다른 사람에게 나눠줄 사랑이 거의 없었다고 말씀하셨다. 어린 시절의 잘못된 경험 때문에 아버지는 자신을 그다지 사랑하지 않았고, 따라서 자녀들에게 줄 사랑도 별로 없었다고 했다. 어머니는 내가 아무리 열심히 노력했어도 결코 아버지의 사랑을 받을 수 없었을 거라고 설명해주셨다.

나는 'A타입 행동양식'으로 고통받는 사람들을 많이 지켜보면서 그들이 아버지의 사랑과 존중을 받으려고 여전히 노력하는 것을 발견했다. 아버지가 돌아가시고 나서 깨달은 것은 지금 받는 사랑이든 과거에 받았던 사랑이든 그것이 아버지가 줄 수 있는 사랑의 전부라는 것이다. 그것을 바꾸려고 우리가 할 수 있는 일은 아무것도 없다. 일단 그것을 이해하고 받아들이면 여유를 갖고 삶을 다시 시작할 수 있다.

집단에서 / 보이는 / 자아개념의 / 형태 / 세 / 가지

작은 집단이든 큰 집단이든 인간으로 구성된 집단은 모두 자아개념을 형성한다. 이것을 집단의 사기나 문화라고도 할 수 있지만 그보다는 훨씬 큰 개념이다. 이것은 조직 전체의 심리적 색깔이며 집단에 속한 개인이 느끼는 행복과 자신감의 정도이다.

부부 사이에도 자아개념이 있다. 이것은 함께 있을 때 자신을 어떻게 느끼고 얼마큼 자주 웃는지로 드러난다. 긍정적 자아개념을 지닌 부부나 가족은 함께 있을 때 큰 행복감을 느낀다. 반면 부정적 자아개념을 지닌 부부나 가족은 항상 불평하고 비난하고 논쟁한다.

기업도 자아개념이 있다. 사업본부, 부서, 회사 내 모임 등도 모두 마찬가지다. 기업의 자아개념에도 인간의 자아개념과 마찬가지로 세 가지 기본 요소가 들어 있다. 첫 번째 자아이상은 비전, 가치, 윤리, 사명이 융합된 것이다. 경영자가 이것에 명확하고 긍정적이며 확고한 태도를 보이면 직원도 더 행복하고 긍정적이며 자신과 목표에 더욱 자신감을 갖는다. 경영자의 가장 중요한 책임 중 하나는 자아이상을 명확하게 구체화시키는 것이다. 그리고 항상 이것을 실천하고 반복해서 이야기하고 몸소 솔선수범해 모범을 보여야 한다.

두 번째 통합된 자아상은 경영자와 직원 스스로 자신을 생각하는 방식이다. 이것은 자신이 맡은 일을 잘한다고 느끼는 정도에 따라 결정된다. 특히, 이것은 제품과 서비스를 고객이 어떻게 인식하고 있는지로 측정된다.

매출과 시장 점유율이 높고 수익이 지속적으로 증가하는 기업에 근무하는 직원은 모두 적극적이고 자신감에 차 있다. 반면 매출이 나쁘고 내부 문제가 많은 기업의 직원은 자신감이 없고 부정적인 전망 속에서 하루하루 불행하게 지낸다. 서로를 비판하고 험담하며 불평만 늘어놓는다. 경영자나 팀장은 정말 열심히 일해주고 있다고 계속 말해 직원의 기를 살려줘야 한다. 모든 직원은 지금 무슨 일이 일어나는지 파악하려고 상사에게 조언을 구한다. 경영자는 직원이 과거보다 미래에 집중하게 만들고 그들의 사기를 높여줄 책임이 있다.

세 번째 자부심은 기업의 이상과 현재의 성과, 직원이 상사와 동료에게 받는 충족감이 결합된 것이다. 계속해서 칭찬하고 격려하는 경영자는 직원에게 높은 자부심을 심어주는데, 낙관적인 태도와 활력, 창의성, 협조와 헌신으로 나타난다. 이것은 세 가지 요소 중에서 다시 쌓아올리기가 가장 어렵고 유지하기도 힘들다. 갈수록 경쟁이 심해지는 시장에서 기업의 가장 강력한 경쟁력은 스스로를 신뢰하고 고객을 존중하는 직원의 마음가짐이다. 이런 직원이 많은 회사는 언제 어떤 상황에서든 반드시 승리하게 마련이다.

자아개념이 긍정적인 기업이나 조직, 부서, 사업본부, 팀, 가족구성원은 자신에게도 긍정적인 느낌을 가진다. 경영자가 최고 기술을 지녀야 이런 집단도 만들 수 있는 법이다. 긍정적 자아개념을 지닌 사람들은 더 효율적으로 일하고 유연하게 행동하고 동시에 자신감이 넘치며 행복감을 느낀다.

이런 집단이나 가족과 함께라면 다른 사람이 잠재력을 발휘할 수 있도록 도우면서 동시에 자신의 잠재력도 발휘할 수 있어 엄청나게 멋진 일을 해낼 수 있다.

두려움이라는 / 장애물 / 극복하기

인생을 살아가는 데 가장 커다란 장애물은 바로 두려움이다. 이것은 행복을 빼앗아가고 잠재력을 발휘하지 못하도록 막으며 부정적인 감정과 불행, 잘못된 인간관계를 가져오는 근본적인 원인이다.

다행스럽게도 두려움은 학습된 것이라 노력하면 얼마든지 극복할 수 있다. 실패와 거절을 여러 번 반복해서 겪으면 우리 안에 두려움이라는 감정으로 프로그램화되는데, 이것은 모두 여섯 살이 되기 전에 만들어진 것이다. 이 두려움은 안주지대에서 최고점과 최저점을 정해 최저점에서는 비판하거나 거부하려는 마음을, 최고점에서는 실패나 위험을 감수하려는 마음을 약화시켜 결국 그 사이를 벗어나지 못하게 한다. 즉, 일단 안주지대로 들어가면 거기에 머무르면서 두려움과 불안감은 회피하게 되고, 결국 우리의 가능성을 막아 퇴보하게 만든다.

두려움의 역은 사랑이고, 사랑은 자기애나 자부심에서 비롯된다. 따라서 자부심과 두려움은 역의 관계이다. 우리는 스스로를 좋아할수록 위험을 무릅쓰고 밖으로 나아가려고 한다. 안주지대를 기꺼이 벗어나서 진정한 목표와 희망을 향해 달려간다. 바로 이런 자세가 우리를 성공과 행복으로 인도한다.

"나는 내가 좋다! 나는 내가 좋다! 나는 내가 좋다!"는 말을 반복함으로써 우리는 자부심을 높일 수 있다. 잠재의식에 각인될 때까지 매일 아침 "나는 내가 좋다!"를 50번이나 100번씩 반복하라. 분명 자신감, 능력, 인간관계에서 변화를 느끼게 될 것이며 스스로를 좋아하게 될 것이다.

마음속 / 프로그램을 / 바꾸는 / 방법

우리는 자주 생각하는 대상과 비슷한 사람이 된다. 우리를 지배하는 생각과 바람은 현실이 되고, 자주 생각하는 대상과 그것을 떠올리는 방식은 성공과 실패, 행복과 불행을 결정한다. 원하는 것에만 마음을 집중하고 그렇지 않은 일에는 마음을 쓰지 않도록 자신을 단련하는데 얼마큼 적극적인지 살펴보면 자신이 어느 정도로 그 일을 원하는지 알 수 있다.

현재 삶은 과거 우리 생각에 따라 만들어진 것이다. 현재 모습은 우리가 만든 것이다. 그러므로 지금부터 우리 의식을 통제하면 미래를 변화시킬 수 있다. 우리는 자유와 기쁨, 건강, 행복, 풍요로움으로 가득한 멋진 삶을 살 수 있다. 우리가 할 일은 단지 그렇게 살기로 결정하고 그렇게 사는 데 도움이 되지 않는 일체의 생각을 거부하면 되는 것이다. 결국 결정은 스스로의 몫이다.

인간의 마음은 다층적인 구조라서 의식적으로 다양한 메시지를 여러 방향으로 쏟아부으면 잠재의식을 바꿀 수 있다. 건강해지고 싶다면 몸 전체를 사용하는 운동을 하면 되고, 정신이 긍정적이고 마음이 건강해지고 싶다면 자신이 원하는 이상적인 삶과 일치하는 메시지만 의식에 받아들이면 된다.

꿈꾸는 인생을 살아가려고 자신을 변화시키는 일은 결코 쉽지 않다. 현재 모습은 우리의 과거 인생을 모두 쏟아부어 만든 것이다. 그러니 정말 변하고 싶다면 스스로 엄청난 노력을 해야 한다. 다행스럽게도 이것은 할 만한 가치가 있고 노력한 만큼 결과가 나타난다.

안주지대를 벗어나라

지금과는 다른 결과를 원한다면 먼저 다른 사람이 되어야 한다. 목표와 이상을 바꾸고 새로운 자아상을 계발해야 한다. 상응의 법칙에 따라 외부세계는 내부세계를 반영한다. 그러므로 먼저 내면부터 새로운 사람이 되어야 한다.

첫 번째 장애물이자 가장 어려운 장애물은 바로 우리 내면에 있다. 과거와 똑같이 말하고 행동하려는 무의식적인 노력은 오히려 우리 앞길을 가로막는다.

항상성의 본능은 우리를 안주지대로 끌어당긴다. 과거에 했던 것을 또다시 반복하려는 억제할 수 없는 무의식적인 경향이 바로 항상성이다. 이런 항상성의 특성 때문에 많은 사람이 능력을 제대로 발휘하지 못한 채 무언가 부족한 듯하고 불만스럽다는 느낌을 갖고 평생을 살아간다.

항상성은 그 자체로는 좋지도 나쁘지도 않다. 그것은 신체의 수많은 부위가 자동으로 제 기능을 발휘할 수 있도록 해주는 인간의 생리적 메커니즘이다. 이 때문에 36.5도로 체온이 유지되는 것이다. 이것은 우리 몸에 있는 세포 수십억 개 사이에서 화학적인 균형을 유지해주고 자율신경체계를 지배한다. 따라서 우리 몸이 정상으로 작동하는 데 필수적인 요소이다.

우리가 현재의 습관과 다르게 생각하고 말하고 행동할 때마다 항상성은 마음을 불편하고 불안하게 만들어 안주지대로 끌어당긴다. 인간은 항상 불편한 곳에서 편안한 곳으로 움직이고, 새롭고 도전적인 것에서 멀리 벗어나려고 한다.

이런 성향은 지극히 정상이다. 익숙하지 않은 것을 할 때는 긴장되고 불안하기 마련이다. 사실 다른 것을 하겠다는 생각만으로도 스트레스를 받는다. 안주지대를 벗어난다는 자체가 너무 신경을 피곤하게 만들기 때문에 보통 사람은 불가피한 상황이 생기기 전까지는 절대로 안주지대를 벗어나려 하지 않는다.

사람은 대개 기존 안주지대에서 행복하지 않았더라도 그곳을 벗어나면 또다시 그것과 비슷한 안주지대를 만든다. 결국 자신도 모르게 그렇게 피하려던 예전 상황으로 다시 되돌아간다. 혹시 여러분은 지금 하는 일이 싫어 기껏 회사를 관두어놓고는 다시 구직활동을 할 때 자신도 모르게 이전과 비슷한 일을 하는 회사를 알아본 적은 없었는가? 나는 호텔 접시닦이를 그만 두었을 때 그 일을 좋아하지도 않았으면서 다른 호텔 접시닦이 일을 알아보는 데 몇 개월을 보낸 적이 있다.

항상성의 메커니즘을 이해하는 것은 매우 중요하다. 이것은 우리를 과거와 똑같이 유지시키려는 자연의 법칙이다. 그러나 모든 성장과 발전은 안주지대 밖으로 나와서 더 크고 좋은 곳으로 움직일 때만 가능하다. 보다 효과적이고 새롭게 만들 때까지 겪어야 하는 어색하고 불편한 상황을 감수해야만 성공과 행복을 거머쥘 수 있다.

우리의 잠재력을 가로막는 과거의 습관과 안주지대의 유혹을 경계해야 한다. 더욱더 큰 성취를 얻으려면 안주지대로 우리를 끌어당기는 본능에 의식적으로 대항해야 한다.

유연함을 보여라

변화를 가로막는 또다른 장애물은 경직된 태도이다. 이것은 항상성과 마찬가지로 두려움에 기인한다. 경직된 태도는 자신의 견해를 너무 신봉하여 그것과 반하는 어떠한 새로운 견해도 받아들이려 하지 않는 경향이 있다. 경직된 태도와 반대되는 것은 유연성으로, 자신의 견해가 틀릴 수도 있다는 가능성을 열어둔 채 다른 의견과 관점도 고려하는 것이다.

뛰어난 사람은 사고가 유연하다는 특성을 지니고 있다. 가능한 모든 해결책을 검토해보려는 행동은 상황을 좀 더 넓은 시각에서 바라볼 수 있게 해준다. 유연한 사고는 결점을 찾기보다 자신의 견해나 새로운 방법에서 무언가 유익한 것을 찾아낼 때까지 판단을 충분히 유보하도록 한다.

유연성은 잘못된 마음속 프로그램을 재설계하는 데 꼭 필요한 요소다. 삶에서 발전을 이루지 못하는 이유는 사고가 너무 경직되어 유연하지 못해서다. 특히, 사람은 자신에 대한 생각과 가능성에서는 그런 경향이 두드러진다. 자신에게 도움이 되는 행동과 생각이 무엇인지 찾기보다는 그것의 부정적인 측면을 찾는 데 더 힘을 쏟는다. 다시 말해, 스스로의 변호사가 되기보다는 자신을 기소하는 검사가 되어버리는 것이다.

사고방식이 유연해지려면 우리가 사용하는 말을 '정말 가능할까'에서 '어떻게 하면 가능할까'로 바꿔야 한다. 원하는 것을 이루는 방법을 생각하고, 그것을 실제로 이룰 수 있을지를 생각하면 그때부터 마음이 변하기 시작한다. 우리는 (그것이 긍정적이든 부정적이든) 자신이 생각한 대로 될 수 있다. 따라서 목표를 달성하는 방법과 행동을 집중적으로 생각한다면 성공 가능성은 예전에 비해 훨씬 높아질 것이다.

사랑받는 사람이 되려고 노력하라

인간 행동의 대부분은 사랑을 받거나 부족한 사랑을 보충하려는 노력이다. 모든 선택과 결정에 가장 큰 영향을 주는 것 또한 사랑이다. 자아개념을 인도하는 메커니즘이자 행동을 통제하는 자아이상도 '소중하게 생각하는 사람에게서 사랑과 존경을 받으려면 어떤 사람이 되어야 하는가?'에 대한 생각에서 생겨난다.

나다니엘 브랜든Nathaniel Branden 박사는 자부심을 '자기 자신에게 스스로 가 부여하는 평판'이라고 정의했는데, 스스로 자신을 얼마큼 사랑스럽고 가치 있게 생각하느냐에 따라 그 정도가 달라진다고 했다.

많은 성격상의 문제는 억제된 사랑 때문에 발생한다. 성격이 형성되는 시기에 받았던 사랑의 양과 질은 자라서 어른이 되었을 때의 성격 형성에 도 큰 영향을 미친다. 목표, 꿈, 약속 등 지금 하는 일의 대부분도 사랑에 커다란 영향을 받는다.

사실 우리는 모두 사랑받기 원하고 사랑받고 싶은 사람에게 더 끌리고 그들의 의견에 더 귀를 기울인다. 마인드 리프로그래밍mind repro-gramming을 하는 이유는 자신을 사랑하고 존중하며, 다른 사람에게서 더 많은 사랑을 받기 위해서다. 그래야 지속적으로 원하는 사람이 되려는 노력도 할 수 있 고 스스로 동기부여도 할 수 있다.

우리 인생에서 누구에게 받는 사랑과 존경이 가장 중요할까? 나는 그 들에게서 사랑과 존경을 받으려면 어떤 사람이 되어야 할까? 이 두 가지 는 우리가 행복한 삶을 사는 데 꼭 필요한 핵심이 되는 질문이다.

암시의 힘을 통제하라

마음속 프로그램을 바꾸는 또다른 힘은 바로 암시이다. 다차원적인 마음 은 우리 외부와 내부에 있는 모든 것에서 영향을 받는다. 주변환경은 갖가 지 암시를 보내어 우리가 되려는 사람과 일어나는 모든 일에 상당한 영향 을 미친다. 신체와 정신, 감정을 둘러싼 환경에서 일어난 변화는 시시각각

118

우리가 생각하고 느끼며 행동하는 방식에도 변화를 가져오는데, 그 때문에 결과까지 바뀐다.

인간은 온도나 소음, 다른 사람과의 대화나 갈등에 즉각적으로 영향을 받는다. 실제로 아주 사소한 좋은 소식 하나가 오랫동안 우리를 행복하고 즐겁게 만들기도 한다.

불행하게도 주변환경이 보내는 암시는 대부분 세심하게 제어하지 않으면 부정적으로 바뀐다. 라디오와 텔레비전, 신문, 인터넷 등 대중매체는 온갖 부정적이고 선정적인 내용으로 가득 차 있다. 그들은 '정말 문제예요'라는 식으로 사고하고 대화하는 경향이 강해 서로 간에 나누는 대화는 남의 흠잡기와 비난, 불평이 대부분이다.

마음을 올바르게 리프로그래밍하려면 갖가지 암시를 보내는 주변환경을 체계적이고 목적에 맞도록 제어해서 자신이 되고 싶고 바라는 삶과 대체로 일치하는 정신세계를 새로 만들어야 한다. 우리에게 끊임없이 암시를 보내는 불확실한 미래를 위해 정신적 수련을 어떻게 해야 할지 결정해야 한다.

마음을 효과적으로 리프로그래밍하고 미래를 변화시키려면 마음의 법칙세 가지를 더 이해해야 한다. 습관의 법칙, 연습의 법칙, 감정의 법칙이 그것이다. 이 세 가지 법칙에 성공과 행복에 관한 결정적인 해답이 담겨 있다.

습관의 법칙을 적용하라

우리는 모두 습관에 따라 말하고, 일하고, 운전하고, 생각하고, 다른 사람들과 교류하고, 돈을 쓰며, 중요한 사람들을 대한다. 현재 우리가 보이는 행동은 모두 유아기 때부터 겪은 모든 경험이 축적되어 나타난 것이다. 아마도 우리가 하는 행동과 반응의 95퍼센트는 물리적이고 인간적인 환경에 적응하는 자동적이고 무의식적인 반응이다.

습관은 우리가 원하는 사람이 되는 것을 가로막는 주된 장애물이다. 습관적으로 하는 생각과 느낌, 말, 행동은 종종 우리가 진정 바라는 곳으로 나아가지 못하게 우리를 가로막고 같은 자리만 맴돌게 한다.

습관의 법칙은 가장 중요한 마음의 법칙이다. 이것은 안주지대는 물론 성공과 실패 등 다른 모든 원칙까지 설명해준다. 습관의 법칙과 일맥상통하는 물리법칙은 뉴턴의 제1운동법칙인 '관성의 법칙'이다. 관성의 법칙은 외부에서 힘이 가해지지 않는 한 정지한 물체는 계속 정지하려 하고 움직이는 물체는 계속 움직이려 한다는 것이다.

인간의 생각과 행동에도 같은 원칙이 적용된다. 외부에서 가하는 힘이 없거나 지금까지와 다르게 행동하기로 확실하게 결심하지 않으면 늘 같은 일만 무한정 반복하게 된다. 우리는 같은 일을 하고, 같은 음식을 먹고, 같은 길로 직장에 가고, 같은 여가활동을 하고, 같은 텔레비전 프로그램을 보고, 같은 종류의 책을 읽는 등 매일매일 비슷한 생활을 한다.

습관은 자신에게 도움이 되고 삶을 윤택하게 만들어줄 때만 가치가 있다. 행복에 방해가 되는 습관은 완전히 교정하거나 변화시켜야 한다. 어떤 사람은 매번 약속에 늦거나 주어진 과제를 제때 완성하지 못하는 습관이 있다. 그러나 성공한 사람들은 시간을 철저하게 지키므로 사람들의 신뢰를 얻는다. 그들은 다른 사람들에게 폐를 끼치지 않음으로써 다른 사람들의 시간까지도 배려하는 것이다. 또 어떤 사람은 텔레비전과 신문에 대한 나쁜 습관이 있는데, 그들은 매일 텔레비전을 보거나 신문을 읽는 데 소중한 시간을 소비한다.

그러나 가장 위험한 습관은 정신적인 습관이다. 머릿속으로 계속 생각하는 것은 현실되기 때문에 스스로를 제약하는 부정적인 생각은 다른 무엇보다도 본인에게 많은 해를 끼친다.

습관적으로 생각하는 방식이 가장 중요하다. 셰익스피어는 "세상에는 좋은 것도 나쁜 것도 없다. 다만 우리 생각이 그렇게 만들 뿐이다."라고 말했다. 우리는 정신적인 세계에서 살고 있으며, 그 어떤 것도 우리가 생각하지 않는 한 의미를 갖지 못한다. 따라서 생각하는 방식을 바꾸면 운명이 바뀐다.

습관은 성공과 실패, 행복과 불행을 가른다. 습관을 바꾸는 일은 가장 힘든 일 중 하나로 삶의 질을 향상시키려면 꼭 필요한 일이기도 하다. 삶의 질이나 만족감이 낮다는 것은 반드시 버려야 할 나쁜 습관이 아직 남아 있다는 뜻이다. 한번 나쁜 습관을 들이기는 쉬우나 그것과 더불어 인생을 살아가기는 힘들다. 그러나 좋은 습관은 일단 들이기가 어려워서 그렇지 그것과 더불어 인생을 살기는 쉽다. 그러므로 좋은 습관을 들여 그것을 우리 삶의 주인으로 만들어야 한다.

연습의 법칙을 적용하라

모든 습관은 다행스럽게도 학습된 것이라 노력으로 얼마든지 극복할 수 있다. 현재의 모습은 다른 사람에게 훈련을 받았든 스스로 훈련을 했든 모두 조건형성conditioning의 결과물이다. 그 훈련은 우리가 세상을 이해할 수 있을 만큼 나이가 들기 전부터 시작되었다.

연습의 법칙은 '생각이나 행동은 충분히 반복하면 새로운 습관으로 굳어질 수 있다'는 것이다. 따라서 우리는 원하거나 필요하다고 생각되는 어떤 습관도 계발할 수 있다. 우리의 말과 행동을 새로운 습관에 맞는 이상과 계속해서 일치하도록 훈련할 수 있다면 내가 원하는 사람이 될 수 있다. 이것은 더 나은 사람이 되는 가장 확실한 방법이다.

외부세계는 내부세계와 상응하기 때문에 올바른 방식으로 생각하고 행동하도록 노력하면 주변 상황과 대인관계가 변화하기 시작한다. 가끔씩 이 변화는 놀랍고 예측하지 못한 방식으로 나타나기도 한다.

한 친구가 사내문제로 굉장히 복잡하고 어려운 소송사건에 휘말렸다. 내 친구가 비이성적으로 화를 낼수록 상대방도 그만큼 고집을 부려 상황은 점점 더 나빠졌다. 그럴수록 내 친구의 변호사와 상대측 변호사도 마찬가지였다. 그래서 친구는 자신의 생각을 바꾸기로 결정했다. 의식적으로 그 상황을 모두 마음에서 지워버리고는 상대방을 관용과 연민의 시선으로 바라보기 시작했다. 소송을 이야기할 때도 화를 내지 않으려 노력했다.

그가 생각을 바꾸고 며칠이 지나지 않아 상대방에게서 전화가 왔다. 상대는 친구의 마음을 오해하고 감정을 상하게 한 것을 사과한 다음 합리적인 해결책을 제시했다. 결국 그 문제는 법정까지 가지 않고 평화롭게 해결되었다.

이 사건을 간략히 설명하면 이렇다. 빠르게 성장하는 어떤 회사의 신임 사장이 전임 사장 때부터 일하던 임원이 스스로를 더 유능하고 가치 있는 사람처럼 보이려고 다른 사람들과 상황을 교묘히 조작하며 정략적으로 행동해왔음을 알게 되었다.

신임 사장은 그를 감정적으로 퇴직시키려다 마음을 고쳐 먹었다. 이성적으로 그 임원의 행동을 그의 입장에서 새롭게 해석하려고 노력했다. 그 임원이 하는 행동은 모두 회사의 이익을 위한 것이며, 매사 최선을 다하는 성실한 임원으로 평가하려고 마음먹었다. 그러자 뜻밖에도 그 임원의 행동이 훨씬 쉽게 이해되고, 오해도 풀리게 되었다.

그가 하는 행동들은 전혀 정략적이지 않았으며 실제로도 대단히 유능한 인재였다. 정치적이라고 생각했던 모든 행동이 사실은 아직 업무를 다 파악하지 못한 신임 사장을 도와주려는 것이었다. 사장이 생각을 바꿔 상대방을 좋은 사람으로 여기면서 두 사람의 관계도 좋은 방향으로 변했다. 마음을 통제하여 원하는 결과를 가져오는 방향으로 생각을 이끌 수 있는 능력은 완전한 자유를 만끽하고 행복을 누리며 자신을 올바르게 표현할 수 있게 해주는 출발점이다.

감정의 법칙을 적용하라

감정은 우리 생활에 활력을 준다. 감정을 강하게 느낄수록 생각이나 상황에 미치는 영향력은 커진다. 감정은 전기나 불 같아서 우리가 어떻게 사용하느냐에 따라 유용한 것이 될 수도 있고 엄청난 피해를 줄 수도 있다.

감정의 법칙은 '모든 결정과 그에 따른 행동은 100퍼센트 감정에 기초한다'는 것이다. 자신이 꽤 합리적이라든지, 90퍼센트는 감정적이고 10퍼센트는 이성적이라고 하는 말은 사실이 아니다. 인간은 100퍼센트 감정적이다. 우리가 하는 모든 일은 감정에서 비롯된다. 이것을 이해하기 전까지 나는 꽤 논리적이며 합리적으로 일한다고 생각했다. 하지만 감정의 법칙을 알고 난 뒤에는 감정의 노예임을 깨달았다. 특정한 상황이나 중요한 결

123
Chapter 03_인간을 움직이는 마스터 프로그램

정을 앞두고 심적으로 여유가 없을 때는 특히 더 그랬다.

핵심은 이것이다. 감정에는 욕구와 두려움 두 가지 종류밖에 없다는 점이다. 우리가 어떤 일을 하거나 하지 않는 것은 둘 중 하나 때문이다. 그중 우리는 욕구보다는 두려움 때문에 행동을 한다.

사람들은 대부분 온갖 종류의 두려움 때문에 움직이지 못한다. 그들은 가난과 손해, 비판과 비난, 질병과 의심, 사기와 배신 등 온갖 것을 두려워한다. 그중에서도 가장 두려워하는 것은 실패와 거절이다. 어리석게도 지레짐작하여 실패하거나 거절당할까봐 자포자기하는 쪽을 선택하며, 또 많은 사람이 이렇게 살아간다.

앞에서도 누누이 말했지만 어떤 것을 바라고 자꾸 생각하면 그것이 현실화될 가능성은 높아진다. 감정이 담기지 않은 생각은 삶에 어떠한 영향도 주지 못한다. 방향을 제시해주는 생각이 없는 감정은 불만족과 불행만 초래할 뿐이다. 그러나 긍정적이든 부정적이든 간에 명확한 생각에 따라 생기는 감정이 강렬한 두려움과 욕구를 갖게 되면 여러 가지 법칙이 마음을 작동시켜 그것을 현실로 만든다.

그러므로 우리는 원하는 것만 계속 생각하고, 두려워하는 것은 되도록 생각하지 않아야 한다. 성공한 사람은 생각의 중요성을 알기 때문에 늘 긍정적이고 건설적인 생각만 한다. 마음에는 강력한 힘이 있다. 따라서 원하는 방향으로 자신을 계속 이끌 수 있는 마음을 지니려 노력해야 하고, 이런 상태가 지속되도록 자신을 단단히 통제해야 한다. 그렇지 않으면 마음은 우리가 원하는 대로 움직이지 않을 것이다.

자아개념을 바꾸는 것은 쉽지 않지만 매우 가치 있는 일이다. 아무리 어렵다고 해도 자아개념을 바꾸는 것은 선택의 문제가 아니다. 일단 목표를 달성하려고 가치 있는 일을 하기로 결정했으면 반드시 자신의 자아개념을 긍정적으로 바꿔야 한다.

자아개념을 / 계발하는 / 조건 / 세 / 가지

새로운 자아개념을 계발하려면 먼저 세 가지 조건을 충족시켜야 한다. 이 세 가지는 우리 삶의 방향을 변화시키는 열쇠이다.

첫째, 변화를 진심으로 원해야 한다. 자신과 자신의 가능성을 믿고 100퍼센트 신뢰해야 한다. 더 나은 사람이 되고 싶다는 강렬하고 불타는 욕구가 있어야 한다.

종종 사람들은 다른 사람을 변화시키려면 어떻게 해야 하느냐고 묻는다. 나는 모든 변화의 출발점은 욕구이며, 욕구는 언제나 개인적인 것임을 상기시켜준다. 다른 사람의 목표를 대신 세워줄 수 없는 것처럼 다른 사람을 대신해서 욕구를 가져줄 수도 없다. 그렇다고 변화가 전혀 불가능하다는 말은 아니다. 단지 변화를 기대하는 사람에게는 반드시 욕구가 있어야 하고, 그렇지 않으면 변화는 일어나지 않는다는 말이다.

새롭고 더 나은 사람이 되는 출발점은 그 변화가 바람직하거나 꼭 필요한 것이어야 한다. 우리가 바라는 변화와 목표, 새로운 성격은 자신의 가치관과 이상, 진심으로 되고 싶어 하는 사람의 모습과 일치해야 한다.

둘째, 변화하겠다는 태도를 보여야 한다. 겉으로는 변화하고 싶다고 말하면서 속으로는 예전의 생각과 행동을 버리지 않으려는 사람이 많다. 건강하게 살고 싶지만 금연하기는 싫고, 윤택하게 살고 싶지만 매일 친구들과 놀러 다니는 것은 그만두고 싶지 않아 한다.

새로운 사람이 되려면 과거의 자신은 버려야 한다. 비록 주변 사람들에게 인기가 없을지라도 새로운 자신에게 어울리는 일을 시작하려면 지금까지의 나쁜 행동은 과감히 중지해야 한다. 변화를 가로막는 두 가지 장애물인 안주지대와 경직된 사고방식을 극복해야 하는 것이다.

셋째, 변화에 필요한 모든 노력을 게을리하지 말아야 한다. 눈에 띄는 진전이 없더라도 끈기 있게 노력한다. 우리의 목표는 오랫동안 계속 진보하는 것이다. 지금의 내가 되는 데 오랜 세월이 걸렸듯이, 지금까지와는 다른 사람이 되는 데도 마찬가지로 오랜 시간이 걸리고 노력이 필요하다.

습관을/바꾸는/21일/PMA/프로그램

정신적 습관과 삶의 방향을 바꾸는 가장 강력한 방법 중 하나로 21일간에 걸친 PMA (Positive Mental Attitude : 긍정적 정신자세) 프로그램이 있다. 이것은 21일 동안 하루 종일 생각과 말, 행동을 우리가 존경하고 되고 싶은 사람의 것과 일치시키는 것이다.

21일 동안 이 일을 해야 하는 이유가 두 가지 있다. 첫째, 성인은 뇌 속에 새로운 습관을 받아들이는데 보통 14~21일 정도의 기간이 소요된다. 가끔은 이보다 훨씬 기간이 단축되기도 한다. 그러나 평생 동안 지닌 습관을 단 며칠 안에 바꾸거나 제거할 수 있는 방법은 없다. 둘째, 참을성과 끈기를 배우기 위해서다. 암탉이 알을 부화시키려면 21일 동안 참을성 있게 안정된 공간에서 따뜻하게 알을 품어야 한다. 뇌가 완두콩만 한 암탉도 21일 동안 꾸준히 알을 품는 자기통제를 보이는데, 하물며 만물의 영장인 인간이 못한다는 것은 말이 안 된다. 자기계발에서 참을성은 중요한 열쇠이다.

자아개념에서 가장 멋진 부분은 계속해서 변화가 일어난다는 점이다. 자신의 사고를 지배하는 방향으로 계속 변화하고 성장하고 발전한다. 자신을 지배하는 사고가 바뀐다면 그에 따라 자아개념과 믿음도 새롭게 변화할 것이다.

자아개념이 쉽게 변하지 않는 이유는 대부분의 사람들이 매일매일 똑같은 방식으로 생각하기 때문이다. 윌리엄 제임스^{William James}는 "옛날 방식으로 모든 것을 바라본다면 결국 과거는 부활해서 다시 미래가 될 것이다."라고 말했다.

그러나 자신의 롤모델을 떠올리며 매일 목표를 세우고 그것에 매진하면 우리는 정신적 발전을 이룩하고 삶의 방향을 완전히 통제할 수 있다. 그리고 멀지 않은 미래에 자신이 진정으로 원하는 모습이 되어 있을 것이다.

마음을 / 통제하는 / 일곱 / 가지 / 방법

마음을 긍정적으로 만들고, 자신이 바라는 모습과 계속해서 일치하도록 암시를 주는 일련의 행동들이 있다. 편안하고 여유 있는 마음으로 자신은 이미 바라는 사람이 되어 있다고 생각하는 것이다. 높은 사회적 지위와 경제력, 행복, 능력 등 자신이 원하는 모든 것을 이미 이뤘다고 상상해보자. 매일매일 삶의 만족감이 얼마나 크겠는가? 이런 상상은 잠재의식 속 컴퓨터에 새로운 방침이 프로그램화되었다는 첫 번째 신호이다.

마음을 시각화하라

마음에 긍정적인 암시를 주는 일곱 가지 방법 중 첫 번째는 시각화로, 자아상을 바꾸는 가장 강력한 기술이다. 이미지를 시각화하는 작업은 욕구와 믿음을 강하게 만들고 의지력을 높여주며 끈기를 길러주므로, 이미지를 시각화하면 현실로 이룰 수 있다. 시각화에는 네 가지 요소가 있는데, 이 중 하나만 향상시켜도 마음속 그림을 현실로 나타낼 수 있다.

첫 번째 요소는 빈도이다. 미래 모습과 목표를 자주 시각화할수록 생각과 느낌, 행동이 변화한다. 뛰어난 업적을 이룬 사람은 자신이 원하는 결과를 계속해서 시각화하고, 항상 그것만 생각한다. 마치 마음속 스크린에 슬라이드를 비추는 것처럼 미래의 이상적인 이미지를 보고 또 본다. 사실 시각화하는 빈도가 높다는 것은 우리가 그것을 절실히 원한다는 것이므로, 할 수 있다는 생각은 달성할 수 있다는 믿음을 강화시켜준다.

두 번째 요소는 선명성으로, 상상 속에서 바라는 것을 생생하게 그려내는 것을 말한다. 원하는 목표를 명확하게 세울수록 그것을 빨리 달성할 수 있다.

처음에는 막연하고 흐릿했던 목표에 관련 정보와 자료가 차곡차곡 쌓이면서 자신이 원하는 것에 대한 마음속 그림이 점점 더 명확해진다. 눈을 감고도 아주 세세한 부분까지 볼 수 있는 수준이 되면 반드시 목표를 이룰 수 있다. 이것이 바로 사람들이 목표를 달성하는 방법이다.

성공한 사람은 마음속 그림이 맑고 깨끗하기 때문에 자신이 원하는 것을 분명히 안다. 반면 성공하지 못한 사람은 되고 싶고 하고 싶은 것이 불확실하다. 마음속 그림이 흐릿하니 동기부여도 안 되고, 원하는 방향으로 마음의 법칙을 작동시킬 수도 없다.

세 번째 요소는 강도로, 마음속 그림에 부여하는 감정의 양을 말한다. 어떤 것을 강렬하게 원하면 우리는 그것에 열성적으로 매달린다. 목표를 달성할 수 있다는 깊은 믿음만 있으면 훨씬 빨리 이룰 수 있다. 마음속 그림에 감정을 부여하는 것은 잠재력을 키우는 일에 가속장치를 다는 것과 같다. 랄프 왈도 에머슨Ralph Waldo Emerson은 "열정 없이는 아무것도 이룰 수 없다."라고 했다.

성공하지 못하는 사람은 자신의 일과 목표에, 동기부여도 안 되었고 열정도 없다. 그들은 비관적인 태도를 견지하기에 열의도 낮다. 무슨 일이든지 수동적인 입장을 보이므로 가능성은 무시한 채 눈앞에 보이는 상황만 수용하는 경향을 띤다.

네 번째 요소는 지속시간으로, 우리가 원하는 그림을 마음속에 붙잡아 둘 수 있는 시간을 말한다. 오래 상상할수록 실현될 가능성은 높아지므로, 자신의 바람을 시각화한 그림이나 사진을 구해 반복해서 들여다 보아야 한다. 그래서 그것이 잠재의식에 하나의 형상으로 각인되도록 해야 한다. 그러면 자아개념은 새로운 시각적 형상과 일치하는 방향으로 변한다.

새로운 차를 원하는가? 그렇다면 자동차 대리점에 가서 사고 싶은 차를 시운전해보도록 하자. 그 차의 팸플릿을 가져와서 사진을 오려낸 뒤 여러 곳에 붙여두라. 내 친구는 중고 고물차를 몰고 다닐 때부터 이렇게 했다. 그리고 주말마다 자동차 대리점에 가서 자신이 원하는 차를 시운전했다. 심지어 그 자동차의 사진을 오려 핸들에까지 붙이고 다녔다. 꿈에 그리던 차를 운전하고 있다는 기분을 맛보기 위해서였다. 자신의 능력을 키워 더 나은 직업을 얻은 그는 결국 1년도 못 되어 그 차를 사 자신의 목표를 이뤘다.

지금까지 말한 빈도, 선명성, 강도, 지속시간 이 네 가지 요소를 자신이 시각화한 이미지와 결합하면 엄청난 추진력으로 원하는 바를 이룰 수 있다. 내부에 숨겨진 성공의 동력을 움직이고 자원을 활용하여 과거에는 결코 달성할 수 없었던 것을 해낼 수 있게 된다.

성공한 사람은 자신이 원하는 사람이 되어 진정으로 하고 싶은 일을 하고 있다는 마음속 그림을 선명하게 그리는 훈련으로 잠재능력을 계발했다. 우리는 내부 이미지나 마음속 그림과 항상 일치하게 행동하려고 한다. 자신을 훌륭한 부모나 배우자, 경영자, 판매업자라고 생각하면 자신감, 편안함, 유능감을 갖고 그 역할을 수행한다. 반대로 자신이 하는 일을 어색하고 부자연스럽게 느끼면 그것을 할 때마다 긴장과 불안을 느낀다.

많은 사람이 대중 앞에서 연설하는 것을 두려워하는데, 이것은 가상적인 시각화를 이용한 마음 프로그램 기술을 이용하여 극복할 수 있다.

먼저, 자신이 훌륭한 대중연설가라면 어떤 삶을 살았을지 떠올려보라. 지금보다 더 자신감 있게 연설하면서 많은 사람의 존경과 부러움을 받았을 것이다. 그 다음에는 청중들에게 이야기하고 있는 자신의 모습을 선명하게 그려본다. 파티 때 친구와 가족 앞에서 편하게 이야기했던 때를 떠올려보며 여유 있고 행복한 자신의 모습을 그린다. 거기에 어울리는 침착성, 자신감, 긍지도 느껴본다.

대중 앞에서 연설을 한다고 가정할 때마다 자신은 편안한 곳에서 차분하고 여유 있게 연설하고 있으며, 청중도 그런 자신을 지지하고 있다는 긍정적인 마음의 그림을 떠올린다.

자아개념을 보다 빠르게 수정하려면 대중 앞에서 연설하는 방법을 알려주는 책을 읽고, 그 책의 저자가 알려주는 방법을 마치 자신의 것인 양 해보는 것이다. 그리고 관련 오디오를 들으며 연설할 때 무엇을 준비하고 어떻게 말해야 하는지도 배운다. 서론, 본론, 결론을 어떻게 짜야 하는지 알 수 있을 것이다. 그런 뒤 직접 세미나와 미팅에 참석해서 다른 대중연설가들이 어떻게 이야기하는지 관찰한다. 계속해서 연단에 올라 청중에게 연설하는 자신의 모습을 상상하다 보면 어느새 두려움이 사라지면서 연설하고 싶은 욕구가 생길 것이다.

당신은 이런 일련의 과정이 정말로 효과가 있을지 없을지 반신반의한가? 물론 확실히 효과가 있다. 1923년에 설립된 토스트마스터 인터내셔널에서는 설립 이후 300만 명 이상의 사람이 이런 훈련으로 효과를 보았다. 토스트마스터에서 실시하는 과정은 대중 앞에서 프레젠테이션을 하거나 사람들과의 미팅에 두려움을 느끼는 사람들을 위해 만들어졌다.

북미지역과 동아시아, 특히 한국에서는 크리스토퍼 리더십코스가 이와 유사한 시스템으로 전국에서 진행되고 있다. 크리스토퍼 리더십코스에서는 모든 참가자가 일어나서 말해야 한다. 그것이 단 몇 초간일지라도 말이다. 앉아서 듣고 있는 사람들도 같은 고민을 하고 있기 때문에 말하는 사람을 긍정적으로 지지해준다. 모임이 끝나면 참가자는 성공적으로 대중연설을 한 경험과 이미지를 갖고 집으로 돌아가는데, 모임에 계속 참여할 때마다 그 이미지는 강화된다.

인간의 잠재의식은 실제 경험과 머릿속에서 상상한 마음속 경험을 잘 구분하지 못한다. 어떤 사건을 기억하고 되새길 때마다 인간의 잠재의식은 마치 그것을 실제 사건이 다시 일어난 것처럼 받아들인다.

다시 말해, 한번이라도 긍정적인 경험을 겪어본 적이 있다면 그것을 반복해서 생각하여 실제로 다시 그것을 경험한 것처럼 프로그램할 수 있다는 것이다. 아직까지 긍정적인 경험을 해보지 않았다면 임의로 그런 상황을 하나 만들어 그것을 상상하거나 마음속으로 계속 그리면서 경험을 반복할 수 있다. 인간의 잠재의식은 그것이 가상이라는 것을 알지 못한다.

시각화는 부정적인 경험에도 그대로 적용된다. 단 하나의 부정적인 경험이라도 반복해서 생각하다 보면 의욕과 용기를 떨어뜨린다. 따라서 생각과 마음의 그림을 대단히 조심스럽게 선택해야 한다.

단 한번이라도 청중 앞에서 성공적으로 연설했던 경험이 있는가? 그렇다면 연설을 생각할 때마다 그 기억을 떠올려서 마음속으로 다시 경험해 보라. 이렇게 반복적으로 시각화 과정을 거치면 자신감을 지닌 채 뛰어난 연설을 할 수 있을 것이다.

어떤 상황에 맞닥뜨렸을 때 자신감이 사라지면 스스로를 차분하고 자신감 있고 여유 있게 행동하고 있다고 반복해서 시각화하여 부정적인 생각을 제거하라. 다른 사람과 함께 있을 때 긴장감을 느끼면 머릿속의 그림을 바꿔서 과거의 긍정적인 경험을 떠올려라. 잠재의식은 긴장하고 불안했던 상황 대신에 긍정적인 상황과 연결된 긍정적인 감정을 만들어줄 것이다. 그러면 결국 두려움은 사라진다.

시각화를 이용해 기회가 있을 때마다 이상적인 삶의 그림을 머릿속에 가득 그려라. 보물지도를 만드는 것도 좋은 방법이다. 먼저, 벽에 커다란 종이를 한 장 붙인다. 그런 뒤 자기 사진이나 희망을 담은 그림을 한가운데에 붙이고, 신문이나 잡지에서 기사 제목이나 인용구를 잘라내 여기저기에 붙인다. 이것은 자신의 성공과 성취를 상징하는 강력한 시각적 표상을 만드는 작업이다.

매일 그 앞에 서서 이미지를 들이마셔 잠재의식 속으로 젖어들게 하라. 자신의 삶 전체에서 실제로 경험했던 것이든 상상한 경험이든 간에 머릿속으로 상세하게 떠올려본다. 그러면서 그것을 선명하게 다시 상상해본다. 이때, 아주 세세한 부분까지 선명하게 자주 떠올려야 한다. 긍정적인 경험을 떠올릴 때마다 잠재의식은 실제로 그 경험을 겪은 것처럼 느낀다. 시각화를 이용해 계속 성공을 하고 있다는 확신을 잠재의식에 심고 나면 잠재의식은 그런 성공 이미지에 맞춰 우리의 말과 행동, 감정적 반응을 조절한다.

실패한 사람들이 저지르는 실수가 있다. 실패 원인에만 집착하여 너무 자주 그것을 생각한다는 것이다. 그러다 보니 다음에 비슷한 상황에 처하면 저절로 긴장하고 걱정부터 한다. 모든 발전은 마음의 변화에서 시작된다. 마음속 그림은 그것이 실현되도록 생각, 느낌, 말, 행동을 만들어낸다. 시각화는 모든 마음의 법칙을 작동시켜 긍정적인 시각 이미지를 현실화하는 데 도움이 되는 인간관계와 자원을 끌어들인다.

긍정문을 사용하라

긍정적인 암시를 주는 두 번째 방법은 말에 긍정문을 사용하는 것이다. 긍정문은 세 가지 'P'에 기초하는데, positive(긍정적), present(현재형),

personal(개인적)으로 구성된다. 이것은 의식이 잠재의식에 보내는 강한 명령이다. 긍정문은 과거의 지식을 누르고 긍정적인 생각과 행동 습관을 강화한다.

'나는 내가 좋다'와 같은 문장은 긍정적이고 현재형이며 개인적이다. 이 말을 반복하면 실제로 모든 일에서 자신에게 더 좋은 느낌을 갖게 된다. 이 긍정문은 높은 자부심과 일치하지 않는 오래된 데이터는 무시하게 하며 우리의 잠재력을 마음껏 펼칠 수 있게 만든다. 확신을 갖고 감정을 담아 강한 긍정문을 반복해서 말하라. 원하는 모습과 일치하는 긍정문을 반복해서 말함으로써 열정과 용기가 생기고 통제력과 자부심이 높아져 우리의 성격까지도 바꿀 수 있다.

자부심에 가장 큰 영향력을 미치는 것은 자신에 대한 말과 믿음이다. '나는 할 수 있다!', '나는 1년에 ~만큼을 번다', '내 몸무게는 ~이다' 같은 긍정문은 자아개념을 변화시키고, 성취를 불러온다. 모든 변화는 자아개념에서 시작된다. 이상적인 외부를 갖추려면 먼저 내부가 변해야 한다. 잠재의식은 융통성이 없기 때문에 단순한 명령일수록 영향력이 더 크다. 내가 마음을 다스리려고 주기적으로 사용하는 강력한 긍정문은 이것이다. "나는 살아가면서 어떤 상황에서도 완벽한 결과를 얻는다." 이 긍정문은 걱정을 물리치는데 대단히 효과가 좋은 특효약이다.

보다시피 이 긍정문은 단순하고 명확하며 현재형이다. 잠재의식은 이런 종류의 명령에만 반응한다. 목표를 이미 이룬 것처럼 얘기하는 긍정문과 마음의 그림에만 반응을 보이는 것이다.

예를 들어, '나는 더 이상 담배를 피우지 않겠다'(부정문이며 동시에 미래형이다)고 말하는 대신에 '나는 금연가다'고 말하는 것이 좋다. 이것은 사실을 미리 앞당겨서 말하는 방식으로 목표를 이미 이룬 것처럼 잠재의식에 긍정적인 최면을 거는 것이다. 그러면 잠재의식은 내면의 세계와 외부 현실이 일치하도록 내적인 여건과 외적 상황을 반드시 변화시킨다.

이것과 관련된 재미있는 일화가 있다. 세미나에 참석했던 어떤 사람이 2개월 동안 하루 몇 차례씩 '나는 금연가다'는 말을 반복했다. 동시에 그는 자신을 금연가로 시각화했다. 그러자 점점 담뱃갑에 손을 내미는 횟수가 줄어들면서 2개월 뒤에는 하루 한 개비만 피다 결국 완전히 금연에 성공했다. 2년이 지난 뒤에도 담배를 피우고 싶은 욕구가 전혀 생기지 않았다.

또 다른 세미나 참가자도 이와 비슷한 경험을 했다. '나는 금연가다'는 말을 계속해서 반복했지만 처음에는 아무 효과가 없었다. 그는 여전히 하루 두 갑을 피웠다. 그래도 그는 포기하지 않고 매일 '나는 금연가다'는 말을 반복하고 담배를 끊은 자신의 모습을 시각화했고, 이것이 결국 효과를 발휘할 것이라고 굳게 믿었다.

8주가 지난 어느 날 아침 그는 평소처럼 일어나서 담배에 불을 붙였다. 그리고는 담배를 한 모금 빨았는데 갑자기 기침이 나면서 숨이 막혔다. 혹시 담배가 이상한가 해서 다른 담배를 피워 봐도 마찬가지였다. 그때서야 흡연이 나쁜 습관이라는 것을 잠재의식에 프로그램해서 넣었다는 것을 깨달았다. 그는 그 이후로 다시는 담배에 손을 대지 않았다.

하루아침에 습관을 바꾸기는 힘들다. 자신감을 갖고 언젠가는 자신이 원하는 변화가 꼭 일어날 거라고 믿으며 인내심을 갖고 꾸준히 긍정문과 시각화를 사용해야 한다.

소리 내어 말하라

긍정적인 암시를 주는 세 번째 방법은 거울 앞에 서서 혼자 또는 다른 사람과 함께 긍정문을 소리 내어 말하는 것verbalization이다. 거울 앞에 서서 분명한 감정을 담아 "나는 할 수 있다. 나는 할 수 있다. 나는 할 수 있다."라고 말하면 앞으로 닥칠 고난에 대처하는 자신감을 기를 수 있다. 확신과 열정을 갖고 큰 소리로 말하면 조용히 혼자서 말하는 것보다 효과가 두 배나 된다.

다른 사람에게 무엇을 할 수 있다고 강하게 말하는 것은 생각과 행동에 강력한 힘을 발휘한다. 스포츠 선수들은 시합 전에 정신자세를 가다듬으려고 크게 소리를 지르면서 서로를 격려한다.

바라는 것과 일치하는 방향으로 대화하고, 결코 두려움과 걱정거리는 이야기하지 마라. 모든 것을 긍정적이고 낙관적으로 바라보고 즐겁게 생활하라. 활력적이고 성공지향적으로 말할 때 얼마나 기분이 좋아지고 자신감이 생기는지 알면 놀랄 것이다.

역할을 연기하라

긍정적인 암시를 주는 네 번째 방법은 자신이 바라는 사람이 이미 된 것처럼 말하고 행동하는 것, 즉 역할 연기를 하는 것이다. 목표를 이미 달성한 것처럼 생각하고 모든 사람에게 인정받고 돈이 많으며 존경받는 것처럼 행동하는 것이다. 이것이 얼마큼 강력한 힘을 지녔는지는 전환의 법칙The Law of Reversibility으로 설명할 수 있다.

전환의 법칙은 '긍정적이고 낙관적으로 느끼면 그에 일치하는 행동을 하게 된다'는 법칙이다. 그 반대 역시 맞다. 긍정적인 감정이 없을 때도 먼저 열정적이고 즐겁게 행동하면 긍정적인 감정이 생긴다. 긍정적인 감정이 긍정적인 행동을 만들어내는 것처럼, 긍정적인 행동은 긍정적인 감정을 만들어낸다. 감정과 행동은 서로를 변화시킬 수 있다.

행복하고 즐거운 사람인 양 5~6분 정도 연기하다 보면 그것과 일치하는 감정이 생긴다. 이것은 '실제로 이루어질 때까지 그런 체하라'는 말이다. 긍정적이고 열정적으로 행동하면 곧 긍정적이고 열정적인 감정이 생길 것이다. 감정을 쉽게 통제할 수는 없지만 행동은 통제할 수 있기에 이것을 통제하는 것이 효과는 더 크다. 우리가 행동을 통제하면 전환의 법칙에 따라 원하는 감정 상태를 만들 수 있다.

우리는 높은 성과를 내는 사람들의 심리적 특성인 목적, 용기, 자신감, 지적 능력에 따라 의식적으로 행동할 수 있다. 이런 특성들이 이미 있는 것처럼 행동하면 놀랍게도 자신 안에서 이것들을 느낄 수 있다. 사람들도 우리를 그런 사람처럼 대할 것이다.

앞서 말한 네 가지 방법만 잘 사용해도 자아개념과 성격을 확실히 변화시킬 수 있다. 꿈꾸는 이상적인 모습을 이미 이뤘다고 가정한 채 자신이 어떻게 생각하고 말하고 행동하는지 세세한 부분까지 선명하게 시각화한다. 그런 뒤 자신의 목표와 일치하는 긍정문을 만들어서 큰 소리로 강하게 이야기한다. 이때, 말이 감정을 만들고 생각을 명료화한다는 것을 기억하라. 마지막으로 성공과 행복, 부, 긍정적인 성격과 일치하도록 지속적으로 행동한다.

137

마음에 긍정적인 양식을 제공하라

긍정적인 암시를 주는 다섯 번째 방법은 마음에 계속해서 자신이 성장하고 싶은 방향과 일치하는 말과 이미지를 제공하는 것이다. 기회있을 때마다 직업적인 발전에 도움이 되는 책과 잡지를 읽고, 교육용 미디어를 활용해보라. 새로운 사고 습관의 계발을 촉진하는 세미나와 강좌를 들어라.

많이 읽고 듣고 보고 배울수록 자신감은 커진다. 유능한 경영자가 되고 싶다면 그 분야를 계속해서 공부하라. 그러면 자신이 유능한 경영자처럼 생각될 것이다. 판매업을 하고 있다면 좋은 판매업자가 되는 데 필요한 정보와 아이디어를 계속해서 수집해라. 그러면 자신감이 커지면서 실제로 판매량도 늘어날 것이다. 자신의 내면을 살찌우면 외부 여건도 따라서 향상된다.

긍정적인 사람과 어울려라

긍정적인 암시를 주는 여섯 번째 방법은 긍정적이고 올바른 사람들과 어울리는 것이다. 승자와 교류하라. 칠면조와 함께 땅바닥을 뒤지는 대신에 독수리와 함께 날아라. 다른 사람이 우리에게 미치는 강한 암시의 힘을 염두에 두고 함께 시간을 보낼 사람은 신중하게 선택하도록 한다.

하버드 대학교의 데이비드 맥클러랜드David MaClelland 박사는 25년 동안 연구한 끝에 부정적인 집단의 사람과 어울리는 것만으로도 그 사람은 이미 절반은 실패한 것이나 마찬가지라는 사실을 발견했다. 이 집단은 우리가 스스로와 동일시하는 사람들, 즉 지역공동체나 사적인 활동에서 함께 일하고 사귀며 어울리는 사람들로 준거집단이라고 한다. 우리는 무의식적으로 가장 가깝게 어울리는 사람들의 태도와 행동, 의견을 받아들인다.

시간을 함께 보낼 사람을 선택할 때는 '아무런 도움도 되지 않는 불필요한 사람은 만들지 마라'는 로스차일드 남작의 충고를 따르자. 긍정적인 사람을 만나려면 과거에 알던 부정적인 사람과는 작별을 고해야 한다. 특히, 과거지향적인 사람들에게서 멀어져라. 이 사람들이야말로 우리를 불행하게 만드는 가장 큰 원인이다.

좋지 못한 관계를 유지하는 것만으로도 성공과 행복으로 가득한 잠재력을 가로막을 수 있다. 자기 주위에 있는 사람들보다 더 큰 영향력을 미치는 암시는 없다. 그러니 그들을 조심해서 선택하라.

배운 것을 다시 가르쳐라

긍정적인 암시를 주는 일곱 번째 방법은 자신이 배운 것을 다른 사람에게 가르치는 것이다. 다른 사람을 도와주려고 새로운 개념을 설명하다 보면 처음보다 더 이해되고 내면에 자연스럽게 흡수된다. 자신이 알고 있는 것을 다른 사람에게 가르쳐서 그가 그것을 완전히 이해해 자신의 삶에 적용할 수 있을 때야 비로소 어떤 것을 완벽하게 안다고 할 수 있는 것이다.

긍정적인 생각과 행동 습관을 새로 계발하기란 쉽지 않다. 예전의 생각과 행동 습관을 하지 않도록 항상 주의하여 새로운 습관을 강력하게 밀고 나가야 한다. 그것이 완전히 자리 잡을 때까지 어떤 예외도 두어선 안 된다. 혹시 실수하더라도 그것을 너무 깊게 생각하지 마라. 원하는 방향과 목표, 자신이 원하는 사람이 되는 것에 온 마음을 집중시켜라.

계속해서 마음에 두고 있으면 무엇이든 가질 수 있다. 과거는 잊어라. 과거에 자신에게 붙은 딱지는 떼어버려라. 미래는 현재 우리가 보고 말하고 행동하는 것에 달려 있다. 되고 싶은 사람처럼 말하고 행동하면 목표는 반드시 현실로 이루어질 것이다. 우리는 항상 자신이 바라는 대로 됨을 잊지 마라.

3. 성공시스템의 실천방법

계발하고 싶은 긍정적인 습관이나 행동을 하나 정한 뒤 21일 동안 계속해서 그것만 생각하고 시각화하고 긍정문으로 만들어 큰 소리로 말하고 행동하라.

목표와 희망이 무엇이든 그것을 성취하는 것만 생각하라. 그것을 이루는데 필요한 정보를 습득하고, 머릿속으로 시각화하며, 항상 긍정적으로 말하라. 그것을 어떻게 달성할 것인가만 생각하라. 그리고 이미 이룬 것처럼 행동하라.

이런 방법이 효과가 있으려면 특정 영역에서 자신이 원하는 습관이나 행동을 계발할 수 있음을 스스로에게 증명해야 한다. 일단 무엇이든 스스로에게 증명할 수 있으면 어떤 변화와 목표도 성취할 수 있다는 자신감과 확신을 얻게 될 것이다. 단순히 바라거나 희망하는 대신 자신의 가능성이 무한하다는 진실을 마음속 깊이 새길 수 있다.

The
Master Mind

잠재의식을 통제하는
마스터 마인드

잠재의식은 엄청난 힘을 지녔다.
그것을 올바르게 사용하면 원하는 방향으로
목표를 빨리 달성할 수 있다.

잠재의식은 엄청난 힘을 지녔다.
그것을 올바르게 사용하면 원하는 방향으로
목표를 빨리 달성할 수 있다.

외부세계는 내부세계와 일치하려는 경향이 있다. 내면의 모습에 따라 외면의 모습도 달라진다. 우리가 겪는 모든 경험은 내면에서 일어나는 생각의 흐름이 반영된 것이다. 시간이 흐르면 마음속 깊이 확신하는 것을 실제 삶으로 구현해낼 수 있다.

유명한 사람들의 전기와 자서전을 읽고 그들의 삶을 연구하면서 나는 그들에게서 한 가지 공통점을 발견하고 충격을 받았다. 그들에겐 자신이 모든 역경을 극복하고 결국에는 대단히 높은 수준에 도달할 것이라는 흔들리지 않는 믿음이 있었다. 이 믿음 때문에 평범한 사람에겐 결코 없는 강력한 힘을 발휘하는 것 같았다. 그들은 종종 주변 사람들이 불가능하다고 생각하는 일에 도전하여 뛰어난 성취를 이루어낸다.

고등학교를 중퇴하고 이 일 저 일을 하며 떠돌아다닐 때, 내게는 '세상 구경 좀 해보자'는 생각 외에는 어떠한 삶의 목표도 목적도 없었다. 그러다 대다수 사람처럼 '수동적 반응 모드'에 빠져들었다. 아무 일이나 닥치는 대로 했고 아무하고나 어울렸다. 앞으로의 삶을 설계하는 대신 감정적이고 신체적인 요구에 따라 반응하고, 외부환경에 수동적으로 대응했다.

나는 '인생이 다 그렇지 뭐'라고 생각했다. 내가 지금 알고, 하고 있는 것이 내 가능성의 한계라고 믿었다. 내가 할 수 있는 최선은 가능한 부지런하고 낙천적으로 반응함으로써 실수를 줄이는 것이었다.

심리학, 종교, 형이상학을 공부하면서 무의식이라는 말을 처음 접했을 때 나는 그 말을 이해하지도 못했고 도움이 되는 방향으로 활용할 줄도 몰랐다. 그러나 행동을 지배하고 성과를 내는 마음의 법칙을 공부하면서 내가 놓치고 있는 부분이 있음을 깨닫게 되었다.

자아개념의 중요성을 이해하고 믿음체계에 따라 우리의 모습이 바뀐다는 것을 알아갈수록 나는 성공과 행복으로 들어가는 문을 여는 열쇠에 가까워지고 있다는 느낌을 받았다. 나는 엄청난 인간의 잠재력을 이해하기 시작한 뒤 지금 10퍼센트 미만의 잠재력만을 사용하고 있다면 나머지 90퍼센트 이상은 아직까지 계발되지 않은 잠재능력에 담겨 있을 것이며, 자신의 능력을 모두 발휘하려면 이 엄청난 잠재의식의 보고에 들어갈 수 있는 비밀번호가 있어야 한다는 결론을 내렸다.

잠재의식에는 엄청난 힘이 있다. 그것을 올바르게 사용하면 목표를 달성하는 방향으로 상상할 수 없을 만큼 빨리 움직일 수 있다. 이것은 어떤 것을 창조하기도 하고 때론 파괴하기도 한다. 도움이 되는 방향으로 사용할 수도 있고 해가 되는 방향으로 사용할 수도 있다. 잠재의식을 어떻게 사용하느냐에 따라서 인생의 승자가 될 수도 있고 패자가 될 수도 있다. 잠재의식을 충분히 발휘하려면 그것에 접근해서 지혜롭고 건설적으로 사용하는 방법을 배워야 한다.

146

얼마 전에 내 변호사의 사무실을 방문했다. 사무실에는 비서 몇 명이 편지와 법률 서류를 타이핑하고 있었다. 비서들이 사용하는 컴퓨터는 모두 중앙 서버에 연결되어 있었다. 내 변호사는 그 컴퓨터를 약 2년 전에 설치했는데, 구입 비용으로 당시 10만 달러 이상이 들었다고 한다. 처음 설치했을 때는 사무실에서 일하는 비서 모두에게 컴퓨터 활용방법을 교육했고 업무에도 유용하게 활용했었다. 그런데 당시 근무하던 비서들이 퇴직하거나 다른 일을 담당하면서 그 일을 새로운 전문 비서들이 대신했는데 그들은 컴퓨터 활용방법을 교육받지 못했다. "너무 바빠서 그들에겐 컴퓨터 활용방법을 가르치지 못하다 보니 이 비싸고 성능 좋은 컴퓨터를 정보처리 또는 고객관리 작업에 쓰지 못하고 상담편지와 법률 서류를 타이핑하는 문서 작성용으로만(워드프로세서로만) 사용하게 되었어요. 그 정도 일은 일반 컴퓨터를 사용해도 몇 분이면 처리되는데."라고 그는 말했다.

불행하게도 대부분의 사람들이 이 비서들과 비슷한 상황에 놓여 있다. 잠재의식이라는 성능 좋고 강력한 컴퓨터가 있음에도 그것을 활용하는 방법을 배우려 하지 않는 우를 범하고 있는 것이다. 그러면서 일이 왜 그렇게 어려운지, 자신이 왜 이것 밖에 일을 해내지 못하는지 의아해한다.

접시 닦는 일을 할 때 나는 더 오래 일하는 것, 다시 말해 많은 접시를 닦는 것이 돈을 더 많이 버는 유일한 방법이라고 확신했다. 그러다 '더 오래 일하고 더 힘든 일을 하면 삶을 향상시킬 수 있다'는 믿음은 오히려 삶을 막다른 골목으로 인도할 뿐임을 깨달았다. 물리적 힘을 사용하여 목표를 달성하기보다는 지혜롭게 일하고 잠재의식의 힘을 더 많이 활용해야 한다. 그것이 내가 체험으로 몸소 얻은 값진 결론이다.

성공한 사람은 의식과 잠재의식을 조화롭게 사용하는 방법을 배워 훨씬 적은 노력으로도 쉽고 빠르게 무언가를 성취해낼 수 있다. 이런 일련의 깨달음을 얻은 뒤 나는 어디에 노력을 집중해야 하는지 알게 되었고 삶의 방향을 변화시킬 수 있었다.

의식과 / 잠재의식

잠재의식을 어떻게 작동하고 통제하며 그것이 삶에 어떤 결과를 가져오는지 시각화할 수 있는 간단한 모델 하나를 소개하겠다.

여기 공 2개가 있다. 하나는 골프공이고, 다른 하나는 농구공이다. 골프공이 농구공 위에 놓여 있다고 상상해보자. 이것은 의식과 잠재의식의 힘의 차이와 능력을 비교한 것이다. 물론 두 공 중에서 농구공이 잠재의식에 해당된다. 정신세계를 구성하는 두 심리적 상태는 서로에게 꼭 필요한 것이자 동시에 독자적인 영역에서 작용한다.

의식은 컴퓨터에 데이터를 입력하는 프로그래머에 비유할 수 있는데, 우리 정신에 무엇을 집어넣을 것인지 결정한다. 잠재의식은 입력된 데이터가 작동하는 일종의 틀로 하드웨어에 해당한다. 그리고 자아개념은 삶에서 무엇을 이룰 것인지 결정하는 소프트웨어이다. 의식과 잠재의식, 자아개념 모두 꼭 필요한 것으로 상호의존적으로 움직인다. 우리에게 일어난 모든 일은 이 특별한 컴퓨터의 언어를 이해하고 그것을 얼마큼 효과적으로 사용하느냐에 따라 달라진다.

의식은 마음을 이끄는 선장

의식은 객관적이고 이성적인 정신 상태이다. 의식에는 기억을 저장할 만한 공간이 없고 한 번에 한 가지 생각만 할 수 있다. 의식에는 네 가지 필수 기능이 있다.

첫째, 의식은 입력되는 정보를 확인하는 기능이 있다. 우리는 시각, 청각, 후각, 미각, 촉각, 감각 등 여섯 가지 감각기관을 이용해 정보를 받아들인다. 의식은 주변에서 일어나는 일을 계속 관찰하고 종류별로 분류한다.

예를 들어, 길을 건넌다고 가정해보자. 먼저, 보도에서 차도로 내려올 것이다. 그 순간 자동차 엔진소리가 들린다. 이때, 우리는 소리가 나는 쪽으로 고개를 자동으로 돌려 어느 방향에서 소리가 났는지 확인한다. 이것이 의식의 첫 번째 기능이다.

둘째, 의식은 정보를 비교한다. 확인된 정보는 즉시 잠재의식으로 전달하며 미리 저장된 다른 정보나 경험과 비교한다.

예를 들어, 소리가 나는 쪽으로 고개를 돌려보니 아직 자동차는 한 블록 정도 떨어져 있고 시속 50킬로미터로 움직인다. 그렇다면 잠재의식에 저장된 기억은 위험하지 않으니 계속해서 건너라는 메시지를 보낼 것이다. 반면 자동차가 100미터밖에 떨어지지 않은 거리에서 시속 100킬로미터로 움직인다면 잠재의식은 즉시 '위험'이라는 신호를 보내 어떤 행동을 취하라는 메시지를 보낸다.

셋째, 의식은 비교된 것을 분석한다. 이 기능은 항상 네 번째 기능인 결정보다 선행한다. 컴퓨터는 데이터를 처리하려고 0과 1로만 된 이진 체계를 사용하는데, 의식도 마찬가지로 수용과 거부라는 두 가지 심리 상태를 작동시켜 정보를 처리한다. 의식은 한 번에 한 가지 생각만 처리할 수 있으며, 결과는 긍정과 부정, 예와 아니오 둘 중 하나다. 의식은 받아들인 정보를 계속 분석하면서 어떤 것이 관계가 있고 어떤 것이 관계가 없는지 결정한다.

예를 들어, 자동차가 우리 쪽으로 달려오고 있다고 가정해보자. 자동차가 빠른 속도로 움직인다는 사실을 알기에 지금 상황이 매우 위험하며 어떤 결정을 내려야 하는지 바로 분석 결과가 나온다. 첫 번째 질문은 '피할까? 말까?'이다. 피하는 것으로 결정되면 이번에는 '앞쪽으로 피할까? 말까?'를 묻는다. 앞쪽에 달리는 차가 많아 피할 수 없다면 바로 '뒤쪽으로 피할까? 말까?'를 묻게 되고, 뒤쪽으로 움직이기로 결정했다면 재빨리 분석을 멈추고 뒤쪽으로 움직여 자동차를 피하게 된다.

이때, 의식은 오른쪽 발을 먼저 움직일지 왼쪽 발을 먼저 움직일지는 분석하지 않는다. 상황에 대한 모든 분석이 끝나서 잠재의식에 전달되면 의식은 더 이상 분석을 멈추고, 나머지 필요한 부분은 우리 신경과 근육이 저절로 서로 협력하여 보완해준다.

수학자인 피터 오스펜스키Peter Ouspensky는 『기적을 찾아서In Search of the Miraculous』에서 잠재의식의 일처리 속도는 의식보다 3만 배 더 빠르다고 주장한다. 간단한 실험으로 이것을 증명해보겠다. 손을 펴서 손가락을 움직여보라. 모든 움직임을 잠재의식에 맡겨두면 잠재의식은 아주 쉽게 그 일을 해낸다. 이번에는 의식을 사용해서 바늘에 실을 끼워보자. 아마 단순히 손가락을 움직이는 것보다 훨씬 많은 정신적 노력과 집중력이 필요할 것이다.

의식은 잠수함의 선장과 같다. 잠수함 안에서는 잠망경을 볼 권한이 있는 선장만이 밖을 내다볼 수 있다. 선장이 보고 느끼고 결정한 사항은 즉시 잠수함 전체에 전달되어 승무원 전원은 그에 따라 행동한다.

때론 스스로를 통제할수록 더 능력을 발휘하기 어려울 때가 종종 있다. 열심히 하는 것만이 좋은 결과를 내는 방법이라고 믿지만 사실 그것은 전혀 좋은 방법이 아니다. 잠재의식을 활성화하는 방법을 알아야 그것의 힘을 이용하여 삶의 질을 높일 수 있다. 잠재의식을 활성화하려면 잠재의식이 어떤 일을 하고 어떻게 움직이는지를 먼저 알아야 한다.

무한대의 기억저장소

잠재의식은 용량이 거의 무한대인 거대한 기억저장소로 우리에게 일어난 모든 일을 영구적으로 저장한다. 스물한 살까지 잠재의식에 저장한 정보의 양은 브리태니커 사전에 담겨 있는 정보의 양보다 100배나 더 많다. 최면에 걸린 사람들은 종종 50년 전에 일어난 일도 완벽하게 기억해낸다. 잠재의식 속에 들어 있는 기억은 거의 완벽하다. 문제가 있다면 잠재의식 쪽이 아니라 기억을 해내는 의식 쪽에 있다.

잠재의식은 프로그래밍한 대로 정보를 저장하고 꺼내는 일을 한다. 잠재의식이 하는 일은 마스터 프로그램인 자아개념과 일치하는 말과 행동을 하도록 의식을 조종하는 것이다.

잠재의식은 주관적이며, 독립적으로 생각하거나 판단하지 않는다. 단지 의식에서 받은 명령에 복종할 뿐이다. 의식이 씨를 뿌리는 정원사라면 잠재의식은 비옥한 땅에 비유할 수 있다.

즉, 의식은 명령하고 잠재의식은 복종한다. 잠재의식은 행동과 감정,

생각, 희망, 욕구에 따라 아무런 의문도 제기하지 않고 그냥 성실히 일만 한다. 잠재의식은 마음의 밭에 뿌리는 식물이 꽃이든 잡초든 가리지 않고 길러낸다.

잠재의식에는 과거의 말과 행동에 일치하도록 생각하고 행동하게 하려는 '항상성 자극'이 있다. 모든 생각과 행동 습관은 잠재의식에 저장된다. 잠재의식은 모든 안전지대를 기억해두었다 새로운 일을 시도하거나 기존의 행동패턴을 바꾸려고 할 때마다 정서적으로나 신체적으로 우리를 불편하게 만들어 그 안에서만 머물게 한다.

직장을 바꾸는 것, 운전면허 시험을 보는 것, 새로운 고객을 방문하는 것, 새롭고 도전적인 과제를 맡는 것, 이성을 사귀는 것 등은 안전지대를 벗어난 일이다. 이런 일을 할 때 우리는 긴장되고 어색한 느낌을 갖게 된다.

리더와 낙오자의 주된 차이점은 리더는 항상 자신을 안전지대 밖으로 밀어내면서 사고의 범위를 확장시켜나간다는 것이다. 리더는 자신의 안주지대가 곧 하나의 틀로 굳어져버릴 것임을 잘 안다. 현실에 안주하는 것은 미래의 가능성과 자신만의 독창성을 죽이는 지름길임을 알아야 한다. 성장하려면 우리는 안전지대 밖으로 나가야 하는데, 처음에는 어색하고 불편하더라도 기꺼이 감당해야 한다. 잘할 만한 가치가 있는 일이라면 성취감이 생길 때까지 도전해야 한다. 설사 새로운 안전지대를 계발하지 못한다 할지라도 그 과정은 분명히 가치가 있다. 그것은 성공하기 위해서 필연적으로 거쳐야 할 과정이기 때문이다.

세일즈, 경영, 스포츠, 인간관계 등 여러 분야에서 초기에 어색하고 부족한 느낌을 감당할 자신이 없다면 성취감은 계속 낮은 수준에서 머무를 수밖에 없다. 삶에서 가장 큰 전투는 항상 자신과의 전투이며, 가장 큰 도전은 과거의 습관적인 사고와 행동방식에서 벗어나는 것이다.

2장에서 나는 일곱 가지 마음의 법칙을 소개했고, 3장에서는 마스터 프로그램인 자아개념이 생각, 특히 두려움의 근원이라는 것을 설명했다. 이것 외에 현재 우리가 어떤 사람이고, 왜 이런 일들이 일어나는지를 설명해주는 세 가지 법칙이 더 있다.

잠재의식의 발동 ① : 수용의 법칙

수용의 법칙Law of Acceptance은 잠재의식은 사실로 받아들인 모든 정보를 아무런 의심 없이 무조건 수용한다는 것이다. 그리고는 즉시 시스템을 발동해 그것을 현실로 만들기 시작한다.

잠재의식은 인력의 법칙이 거주하는 곳이자 마음의 진동과 생각의 에너지를 내보내는 곳이다. 어떤 일이 가능하다고 믿으면 잠재의식은 그것과 관련된 긍정적인 에너지를 방출하고, 생각과 조화를 이루는 사람과 환경을 끌어들이기 시작한다.

잠재의식은 보고 듣고 인식하는 정보의 종류를 통제하는데, 특히 중요하다고 이야기한 정보에만 민감하게 반응한다. 우리가 감정에 호소할수록 빨리 현실로 이룰 수 있게 잠재의식도 그만큼 더 할 일에 주의를 기울여준다.

예를 들어, 빨간색 스포츠카를 사고 싶다고 생각한 순간 갑자기 빨간색 스포츠카만 눈에 들어온다. 해외여행을 계획하면 가고 싶은 나라와 관련된 기사나 정보, 사진 등만 보이기 시작한다. 이것은 다 잠재의식이 작용하면서 원하는 것을 이루는 데 도움이 될 만한 것들을 끌어들였기 때문이다.

새로운 목표를 정하면 잠재의식은 이것을 명령으로 받아들인다. 그래서 말과 행동을 조절해서 목표를 달성하는 데 도움을 주려고 한다. 우리는 목표 달성에 필요한 말과 행동을 적당한 장소에서 필요할 때에 하기 시작한다. 자아개념과 가능성에 대한 믿음을 바꾸면 잠재의식은 실제로 더 높은 성취 수준에 맞는 새로운 안전지대를 만들어낸다.

잠재의식의 발동 ② : 집중의 법칙

집중의 법칙Law of Concentration은 '무엇이든지 생각할수록 자라난다'는 법칙이다. 어떤 것을 자꾸 생각할수록 그것은 현실이 될 가능성이 높다.

이 법칙은 성공과 실패의 많은 부분을 설명해주며, 인과의 법칙 또는 수확의 법칙과도 일맥상통한다. 한마디로 이 법칙은 '생각하는 것과 다른 결과를 얻을 수 없다'는 말이다. 밀을 뿌려놓고 보리를 수확하기를 바랄 수는 없는 법이다. 성공한 사람은 어떤 일이 완료될 때까지는 오직 그것에만 온전히 집중하는 능력이 있다. 원하는 것만 생각하고 말하며, 원하지 않는 것은 생각하지 않도록 스스로를 단련한 것이다.

랄프 왈도 에머슨은 "사람은 자신이 생각하는 대로 되어간다."라고 말했다. 성공한 사람은 자기 마음의 문을 굳건하게 지켜낸다. 자신에게 진정으로 중요한 것에만 집중하고, 결코 두려워하거나 의심하지 않는다. 이렇게 그들은 평범한 사람들이 단순하게 살아가는 동안에 엄청난 일을 성취해내는 것이다.

자기계발에 깊은 관심을 갖게 되면서 나는 많은 책을 읽고 많은 일에 적극적으로 개입하기 시작했다. 그때는 너무 정신없이 바빴고 지나치게 활동적이었다.

나는 가능성 있는 일에는 흥분하고 긍정적인 태도를 보였으나, 그 외의 일에는 비판적이고 부정적인 태도를 보였다. 그것은 도로의 이쪽 차선에서 반대쪽 차선 사이를 위태롭게 달리다 결국 도로를 벗어나게 되는 자동차 사고와 같은 셈이다. 시행착오를 거치면서 나는 결국 과유불급을 깨달았다. 나는 집중의 법칙은 대단히 강력한 힘을 지녔으며, 한꺼번에 여러 가지 일을 완벽하게 해낼 수 없다는 것을 배웠다.

그래서 과감히 일을 줄였다. 가장 중요한 일 몇 가지를 제외한 나머지 모든 활동을 중지했다. 무엇보다도 내가 진정으로 원하는 것에만 집중하고 그것만 말하도록 생각을 바꾸는 연습을 꾸준히 하였다.

하루를 정해 24시간 내내 자신이 원하는 것만 생각하고 말할 수 있는지 시험해보라. 대화에서 일체의 부정적인 감정이나 의심, 두려움, 비난을 제거하고, 자신을 둘러싼 모든 사람과 하루 동안 일어나는 일들을 즐겁고 낙관적으로 이야기하도록 자신을 통제해보자.

쉽지 않을 것이다. 어쩌면 처음에는 전혀 불가능할지도 모른다. 그러나 훈련해보면 우리가 많은 시간과 에너지를 원하지 않는 일에 사용하고 있음을 알 수 있다. 이 훈련을 반복하다 보면 삶에 눈이 뜨이고 이 책에서 제시하는 아이디어도 최대한 활용할 수 있을 것이다.

잠재의식의 발동 ③ : 대체의 법칙

대체의 법칙Law of Substitution이란 '의식은 한 번에 한 가지 생각밖에는 담을 수 없기 때문에 생각을 바꾸려면 다른 생각으로 대체해야 한다'는 법칙이다. 여기에는 '생각을 밀어낸다'는 원리가 작용한다. 부정적인 생각을 긍정

적인 생각으로 대체함으로써 감정을 제어할 수 있다. 이 법칙은 인간관계
와 말하는 방식, 잠재의식 속에 담긴 지배적인 생각 등을 바꿀 수 있다. 많
은 사람이 이 법칙만으로도 삶을 변화시켰다.

의식은 결코 비어 있지 않다. 항상 무언가로 채워져 있다. 대체의 법칙
을 사용하면 부정적인 생각이나 두려움을 긍정적인 것으로 대체할 수 있
다. 이 법칙은 마음을 제어하는 기제이기 때문에 이것을 사용하면 마음이
차분하고 평온해진다. 평상시 우리를 불편하게 하는 상황에 처할 때면 이
법칙에 따라 마음을 편안하게 해주는 생각을 하면 되는 것이다.

대체의 법칙을 사용하여 빠른 효과를 얻고 싶으면 당면한 문제가 아닌
그것을 해결할 방법을 말하고 생각해야 한다. 즉, 과거에 일어났던 일이
아니라 미래에 어떻게 할 것인가에 더 마음을 집중한다.

해결책을 궁리하는 것만으로도 긍정적인 효과를 가져올 수 있다. 과거
에 일어났던 문제 대신에 지금 할 수 있는 일과 취할 수 있는 조치를 생각
하면 마음은 순식간에 차분해지고 맑아진다. 자신이 좋아하는 사람이나
다음번 휴가를 생각하는 것도 좋은 방법이다. 우리 목적은 의식적으로 부
정적인 생각을 몰아내고 긍정적인 생각을 함으로써 마음을 긍정적으로 유
지하고자 하는 것이다. 우리에겐 어떤 생각을 할지 결정할 수 있는 선택권
이 있다.

자부심을 기르고 자아개념을 향상시켜주는 가장 강력한 말은 '나는 내
가 좋다! 나는 내가 좋다! 나는 내가 좋다!'이다. 일이 잘못되었을 때나 불
행하다고 느낄 때 '나는 내가 좋다!'고 반복해서 말함으로써 부정적인 감
정을 스스로 제거할 수 있다.

'나는 내가 좋다!'고, 특히 열정과 확신을 담아서 말할 때마다 무의식은

그 말을 명령으로 받아들인다. 그리고 과거에 기록한 메시지 중에서 높은 자부심과 훌륭한 성과와 어울리지 않는 것을 지운다.

세미나 참가자들은 단지 '나는 내가 좋다!'는 말을 매일 50번에서 100번씩 반복해서 말함으로써 성격을 완전히 바꾸는데 성공했다. 여러분도 자주 이 말을 반복해서 사용하다 보면 결국엔 자신을 좋아하게 될 것이다.

잠재의식을/재설계하는/단축키

3장에서 자아개념을 발달시키는 몇 가지 방법과 어떤 사람이 되고 싶은지 끊임없이 잠재의식 속에 각인시킴으로써 개인적인 성장을 제어할 수 있는 방법을 이야기했다.

시각화와 긍정문 사용하기, 소리 내어 말하기, 역할 연기하기, 긍정적인 사람과 교류하기, 마음에 드는 책과 오디오, 기사 접하기는 자신의 가능성에 대한 생각을 변화시키는 좋은 방법이다. 이것은 실험으로 증명된 사실이다. 계속 연습하다 보면 결국 마치 공기처럼 자연스럽게 느껴질 것이다.

앞에서 설명한 방법들은 컴퓨터 명령어와 비슷하다. 단순하고 효과적이며 다른 어떤 방법보다도 더 빨리 원하는 결과를 가져온다. 개인적인 성장이나 직업상 적합한 능력을 기르는 데 반드시 필요한 것들이다.

그러나 이것만으로는 충분하지 않다. 이것은 단지 기본 명령어일 뿐이며 이보다 더 빠르고 실용적인 방법이 있다. 컴퓨터 명령어에 단축키가 있는 것처럼 잠재의식에도 리프로그래밍하는 과정을 촉진시켜주는 몇 가지 단축키가 있다. 이것을 사용하면 우리의 자아개념과 태도를 놀랄 만큼 빨리 변화시킬 수 있다. 그리고 새로운 내부세계에 맞춰 나의 외부세계도 빠르게 바뀌어 즉시 현실에 반영된다.

예전에는 성공시스템의 많은 원칙과 방법이 몇몇 소수에게만 공개되었다. 신속하게 리프로그래밍해주는 이런 방법 중 몇 가지는 최근 2~3년 동안 개발되었다. 예전에 소수에게만 공개되던 방법과 최근에 개발된 방법 간의 유일한 공통점은 오랜 세월에 걸쳐서 수많은 사람이 몸소 사용해 그 효과를 증명했다는 사실이다. 그것은 새로운 사람으로 완전히 탈바꿈시켜주는 방법이기도 하다.

이것으로 효과를 충분히 보려면 진정으로 변화를 갈망하는 강렬하고 불타는 욕구가 있어야 한다. 지금까지 한 모든 노력이 헛되지 않을 것임을 확신하고 계속 인내하며 자신감을 갖다 보면, 결국에는 자신이 바라는 부와 명성을 얻게 될 것이다.

이완의 법칙과 자기조절 프로세스

1895년 스위스 제네바에서 에밀 쿠에Emile Coué박사는 자기혁신에서 처음으로 커다란 진전을 보였다. 그가 운영하는 클리닉에서는 유럽의 비슷한 병원이나 클리닉에 비해 5배나 빠른 회복률을 보였다. 환자에게 사용하는 방법은 너무 단순해서 오랫동안 경시돼 왔다. 그는 단지 환자에게 "나는 매일 점점 더 기분이 좋아진다."라고 말하도록 가르쳤을 뿐이다.

의사와 간호사는 환자를 만날 때마다 "나는 매일 점점 더 기분이 좋아진다."라고 인사했다. 특별할 것도 없는 단순한 말이지만 여러 가지 크고 작은 병을 치료하고 회복시키는 놀라운 효능을 나타냈다.

에밀 쿠에 박사가 이룬 일련의 성공은 독일인 의사 요하네스 슐츠 Johannes Shulz가 연구한 회복촉진 방법의 발판이 되었다. 슐츠 박사는 심리학자로서 사람들의 행복을 저해하는 우울증, 노이로제, 근심과 걱정, 그 밖의 정신적 질환을 극복하는 방법을 찾고 있었다. 그는 자신에게 "나는 매일 점점 더 기분이 좋아진다."라고 자주 말하면 마음이 평온해지고 회복도 빨라지는 것을 알아냈다.

슐츠 박사는 이것을 '자기조절autogenic conditioning'이라는 프로그램으로 개발했다. 환자의 상태를 이완시켜주는 과정을 체계적으로 진행한 뒤 긍정적인 메시지를 시각화하여 말로 표현할 수 있도록 격려해주면 메시지에 포함된 정보는 잠재의식 속으로 곧바로 전달된다는 원리다. 일단 잠재의식이 메시지를 받아들이면 그때부터는 신체와 정신 건강의 회복이 눈에 띄게 빨라짐을 발견했다.

특히, 자기조절 프로그램은 유럽에서 더욱 광범위하게 발전되었는데, 지금은 거의 모든 유럽국가에서 큰 인기를 얻고 있다. 요즘은 세부 기술이 더욱 정교해져 여러 가지 정신질환은 물론 판매업, 대중연설, 운동선수의 훈련까지 다양한 분야에서 활용된다.

자기조절을 세계 최고 수준으로 발전시킨 나라는 과거의 동독으로 그 내용을 국가기밀에 부쳤다. 이 방법으로 동독은 세계에서 국민 1인당 금메달 획득률이 가장 높은 나라가 되었다. 이 자기조절을 이용해 동독은 선수들이 경기에서 뛰어난 성과를 내도록 프로그래밍할 수 있었던 것이다.

자기조절이 이토록 뛰어난 효과를 발휘하는 이유 중 하나는 그것이 마음의 법칙인 '이완의 법칙'을 사용해서다. 이완의 법칙은 '정신적인 일에서 노력은 아무런 소용이 없다'는 것에 근거를 두고 있다. 이것은 물질세계의 원리와는 정반대다. 예를 들어, 우리가 나무판에 못을 박을 때는 못을 세게 칠수록 빨리 더 깊게 박힌다. 그러나 새로운 생각의 습관을 계발할 때는 반대로 해야 한다. 우리가 긴장을 풀고 노력하지 않을수록 그 생각은 잠재의식에 더 쉽게 수용되고, 현실에서 원하는 결과도 더 빨리 이룰 수 있다.

전환의 법칙 응용하기

자기조절과 이완의 법칙에 바탕을 둔 기법을 한 가지 소개하겠다. 이 기법은 나를 비롯한 많은 사람의 삶에 커다란 도움을 주었는데, 대단히 강력한 힘을 지녔기에 여러분도 반드시 배워야 한다. 이 기법을 목표를 달성하는 데 사용하면 절대 실패하지 않는다. 걱정과 두려움을 이겨내고 침착함과 자신감, 자기통제를 할 수 있다는 기분을 느끼게 해준다.

이것은 전환의 법칙을 실생활에 응용하는 또 다른 방법이다. 전환의 법칙을 실생활에 어떻게 적용했었는지 기억을 떠올려보라. 이것의 공식은 '감성이 행동으로 옮기게 하는 것처럼 행동은 하고자 하는 감정을 불러일으킨다'는 것이다. 먼저 의식적으로 행동함으로써 감정이 생기고, 감정은 다시 그것과 일치하는 행동을 일으킨다는 것이다. 어느 쪽을 먼저 하든 다른 쪽을 만들어낼 수 있다. 이것이 마스터 마인드에 접속해서 잠재력을 풀어내는 핵심포인트이다.

전환의 법칙을 실생활에 적용하는 또 다른 공식은 '객관적인 상태, 즉 실제 성취나 성공이 주관적인 상태를 만들어내는 것처럼 행복감과 성취감 같은 주관적인 상태도 객관적인 상태를 만들어낸다는 것이다. 우리가 목표를 성취하거나 문제를 해결했을 때 느끼는 감정을 불러일으킬 수 있고 유지할 수 있다면 현실에서도 그 느낌과 통하는 결과를 만들어낼 수 있다.

예를 들어보자. 재미있는 영화를 보려고 극장에 간다. 그런데 상영시간보다 너무 일찍 도착해 원래 상영시간까지 기다리지 않고 극장 안으로 들어가서 현재 상영중인 영화의 마지막 10분간을 본다. 그래서 영화의 전체적인 줄거리와 결말을 알게 된다. 영화가 끝나고 집으로 가는 대신 다시 처음부터 영화를 본다. 이번에는 클라이맥스에서도 객관적인 시각과 편안한 마음으로 영화를 볼 수 있다. 여유를 갖고 영화제작 기법, 대화, 장면이 어떻게 연결되고 극적 구성이 어떻게 얽히고 풀리는지 감상할 수 있다. 영화의 마지막 10분을 보지 않았을 때에 비해 훨씬 덜 긴장되고 감정에 몰입하게 된다. 영화의 결말을 이미 알고 있기 때문이다.

전환의 법칙을 작동시키는 5단계

새로운 자아개념과 목표를 잠재의식 깊은 곳에 프로그래밍하는 데도 이 방법을 그대로 사용하자. 그러면 그것은 잠재의식에 자리를 잡고 힘을 발휘하기 시작한다. 이때, 감정적 요소가 중요하다. 잠재의식을 작동시켜서 신속한 변화를 꾀하려면 차분함과 자신감, 미래에 대한 기대, 긍정적인 감정과 함께 긴장을 푼 편안한 상태가 갖춰져야 한다. 이런 마음의 상태는 대단히 빨리, 가끔은 즉시, 자신이 원하는 결과를 현실로 이룬다. 이 방법으로 자신이 원하는 정신적, 감정적, 물질적 상태를 만들어내는 5단계 과

161
Chapter 04_잠재의식을 통제하는 마스터 마인드

정을 소개한다.

1단계, 자신이 원하는 결과를 확신하고 큰 소리로 말한다. 예를 들어, 누군가가 일으킨 문제로 시름하고 있다면 '모든 근심이 틀림없이 잘 해결된다'고 자신감을 갖고 차분하게 말한다. 말로 얘기할 때는 자신이 바라는 결과나 최종 상태를 명확하게 묘사해야 한다. 이때, 너무 세세한 것에 얽매이지 말고 그 과정도 걱정하지 마라.

2단계, 시각화한다. 원하는 결과를 머릿속에서 선명하게 그리고, 주위 사람들이 행복해하고 평화롭게 지내는 모습을 떠올린다. 이렇게 하는 데는 노력과 집중이 필요하다.

3단계, 모든 것이 행복하게 마무리되었을 때 경험할 느낌을 상상함으로써 결과를 확신하고, 시각화한 것에 감정을 불어넣는다. 이미 성공했고 목표가 달성되었다고 상상한다.

4단계, 이것은 프로세스의 촉매제로, 상황을 완전히 머릿속에서 지워버린다. 누군가 신뢰할 만한 사람이 이제부터는 자기가 처리할 테니 더 이상 신경을 쓰지 말라고 한 것처럼 그 문제를 잊어버린다.

5단계는 실현으로, 해결책을 외부세계에서 얻는 것이다. 결과에 대한 걱정은 떨쳐버리고 생각을 다른 곳으로 돌릴수록 자신의 바람이 이루어질 확률은 높아진다. 모든 것은 "믿는 만큼 이루어지는 법이다."

전환의 법칙을 작동시키는 5단계를 정리해보면 ① 큰 소리로 말하기, 원하는 결과를 말로 분명하게 이야기한다. ② 시각화하기, 원하는 결과가 이루어지면 어떤 모습일지 선명한 마음의 그림을 그린다. ③ 감정 불어넣기, 상황을 해결했을 때 느낄 만족감을 마음속에서 만든다. ④ 머릿속에서 지우기, 다른 일로 마음을 돌려 모든 걱정을 떨쳐버린다. ⑤ 실현하기, 해결책을 마련하거나 목표를 성취한다.

다 잘될 거라는 차분한 태도와 확고한 기대는 보다 높은 차원의 의식세계를 경험하게 한다. 종교적인 사람들은 이런 상태를 기도에 비유하곤 한다. 그것은 확신의 가장 높은 형태가 기도이기 때문이다. 랄프 왈도 트라인Ralph Waldo Trine은 이런 의식의 상태를 '신과 일치'라고 했다. 이런 상태를 뭐라고 부르든 간에 중요한 것은 이것이 놀랄 만큼 확실하게 효과가 있다는 점이다. 무언가에 갖는 기대가 우리의 슈퍼의식을 작동시키기 때문이다. 슈퍼의식은 6장에서 자세하게 설명하겠다.

슈퍼의식을 / 작동시켜 / 변화를 / 촉진하는 / 방법

마스터 마인드를 작동시켜 내부 변화와 외부 실현 프로세스를 촉진하는 데 사용할 수 있는 방법이 몇 가지 더 있다. 이것은 3장에서 자아개념을 변화시킬 때 사용했던 리프로그래밍 방법을 조합한 것이다. 이 방법은 하나하나 대단히 효과가 크므로, 꾸준히 사용하면 매우 멋진 인생을 만들 수 있다.

긍정문 기록 기법

변화를 촉진하는 첫 번째 방법은 '긍정문 기록 기법'이다. 책상에 앉아 종이나 공책에 자신의 목표가 이루어지기를 바라는 마음을 현재시제로 기록하라. 시간은 가능하면 아침이 좋다. 긍정문은 자세히 길게 써도 좋고, 간단히 짧게 써도 좋다. 그날 하루를 어떻게 보냈으면 좋겠다는 것을 현재시제로 기록하거나 자신이 바라는 사람이 되었을 때 어떤 모습과 어떤 느낌일지 현재시제로 기록한다.

일단 목표를 기록했으면 펜을 놓고 눈을 감은 채 목표가 성취된 모습을 시각화하거나 하루가 만족스럽게 전개되는 것을 마음속에 그려보자. 시각화하면서 원하는 목표를 성취했을 때의 감정을 느껴보라. 미소를 지으며 목표를 성취했다는 기쁨을 즐기고 나서는 그것에 관한 생각을 완전히 버리고 눈을 뜬 다음 하루를 시작한다.

긍정문을 쓰는 것은 목표를 잠재의식에 기록하는 강력한 방법이다. 한 해가 시작하는 1월 1일에 목표를 딱 한번 기록한 뒤 연말에 확인해보면 놀랍게도 대부분의 목표가 성취되었음을 발견할 수 있다.

목표는 자주 쓰면 쓸수록 그만큼 더 빨리 이루어진다. 목표를 기록하는 용도로 사용할 공책을 한 권 준비한 뒤 거기에 매일 목표를 기록하라. 목표를 기록하는데는 몇 분밖에 걸리지 않지만 그 효과는 여러 시간 동안 그것을 잠재의식에 프로그래밍하는 것과 같다. 목표를 쓰고 다시 쓰는 것은 그것이 성취가능함을 자기 자신에게 계속 각인시켜주는 것이다. 확신이 깊어실수록 자신감은 향상되며, 목표를 달성할 수 있는 기회가 더 다가온다. 인력의 법칙과 상응의 법칙이 활동을 시작하면서 목표를 이루기 시작하는 것이다. 세미나 참가자 중 여러 사람이 이 기법을 사용하면서 삶을 빠르게 향상시켰다.

표준 긍정문 기법

두 번째 방법은 '표준 긍정문 기법'이다. 이것은 7.5×10센티미터 크기의 색인카드에 자신의 목표를 대문자로 쓰는 것이다. 자신이 바라는 것을 현재시제인 긍정문으로 명확하고 단정적으로 적는다.

이 방법은 매일 아침과 저녁 두 번하는 것이 좋다. 몇 분 동안 혼자서 조용히 있을 수 있는 곳을 찾는다. 몇 번 심호흡을 해서 몸을 이완시켜 마음의 준비를 한다. 숨을 천천히 내뱉고, 무릎 위에 카드를 놓은 채 편안하게 앉는다.

그리고 나서 첫 번째 목표를 읽는다. 눈을 감고 다섯 번 반복해서 읽으며, 목표가 이미 성취되었을 때 모습을 시각화한다. 목표를 이뤘을 때 자신이 어떻게 말하고 행동할지 상상한다. 목표에 감정을 이입하여 성공적으로 달성했을 때 느낄 기쁨과 행복감을 맛본다.

마지막으로 다시 한 번 숨을 깊이 들이마시고 내뱉은 뒤 목표를 완전히 머릿속에서 지워버린다. 이 과정을 매 목표마다 반복한다. 잠재의식은 한 번에 10~15개의 목표를 효과적으로 처리할 수 있다. 목표를 설정하는 고급 시스템은 5장에서 배운다.

목표 하나당 이 과정을 따라하는데 30~60초 정도가 걸리므로 15개를 연습하는데 최대 15분 이상은 걸리지 않는다. 하루를 시작하기 전에 이 연습을 함으로써 잠재의식에 강력한 신호를 보낼 수 있다. 그러면 잠재의식은 인력의 법칙을 작동시켜 목표를 달성하는 데 도움이 되는 것에 주의를 집중한다. 마찬가지로 매일 저녁 잠들기 전에도 같은 방식으로 목표를 반복하면 잠자는 동안 잠재의식이 목표를 연구하도록 지시를 내릴 수 있다.

이렇게 하다 보면 종종 아침에 일어날 때 자연스럽게 아이디어와 해결방법이 떠오를 것이다.

긴급 긍정문 기법

세 번째 방법은 '긴급 긍정문 기법'이다. 이것은 전화판매나 상사와 미팅 등 가끔 있는 일회성 행사를 시작하기 전에 사용하면 좋다. 이 방법은 주로 대중연설가나 유명한 배우, 연예인, 사업가 등이 이용한다. 그들은 곧 있을 중요한 일에서 최고의 모습을 보여주려고 이 방법을 쓴다.

긴급 긍정문 기법은 앞서 배웠던 마음의 준비 단계를 단축해준다. 마음을 워밍업시켜주는 것으로 30초 안에 마칠 수 있다. 차 안이나 엘리베이터 심지어 화장실에서도 사용할 수 있다.

방법은 단순하다. 혼자 있을 곳을 찾아 눈을 감고 자신이 바라는 목표나 성취를 소리 내어 말한다. 그 다음에 시각화하고 감정을 불어넣어 그것을 머릿속에서 지워버린다. 일이 성공적으로 되어가는 것을 맛본 뒤에는 안정되고 자신감 있는 모습으로 그곳에 들어간다.

며칠 내로 중요한 프레젠테이션이나 인터뷰가 있을 때는 특히 더 이 기법을 사용하면 좋다. 긴장과 걱정으로 하루하루를 보내는 대신 대체의 법칙을 사용해 이 긴급 긍정문 기법을 적용한다. 정해진 날이 다가올수록 점점 자신감과 확신이 높아져 때가 되면 최상의 모습을 보여줄 수 있는 정신적인 준비가 되어 있을 것이다.

자기조절법

네 번째 방법은 앞서 이야기했던 '자기조절'과정을 모두 다 하는 것이다. 이것은 더욱 정교한 훈련으로 긍정문을 말하고 시각화하며 감정을 이입하고 해제하기 전에 먼저 몸 전체에서 체계적으로 긴장을 풀어준다.

가장 간단한 방법으로도 얼마든지 자기조절 효과를 볼 수 있다. 의자에 앉거나 침대에 누워 편안한 자세를 취한다. 눈을 감고 숨을 깊이 쉰다. 그리고 우리 몸의 여섯 곳, 왼팔, 오른팔, 왼쪽 다리, 오른쪽 다리, 가슴, 머리와 목 순으로 말을 건넨다. 처음에는 "내 왼팔이 무거워지고 따뜻해진다."라는 말을 한 숨에 한 번씩 여섯 번 반복한다. 다음에 "내 왼팔이 이제 무거워지고 따뜻해졌다."라는 말을 여섯 번 반복한다. 마지막으로 "내 왼팔이 완전히 무겁고 따뜻해졌다."라고 여섯 번 말한다.

한 번 숨을 들이쉬고 내쉴 때마다 명령어를 하나씩 말한다. 이 프로세스를 몸의 나머지 다섯 곳에도 반복한다. 왼팔에서 오른팔로, 왼쪽 다리에서 오른쪽 다리로, 다시 가슴으로 간 뒤 마지막으로 머리와 목으로 간다. 10분 이내로 몸은 깊은 이완의 상태로 들어서고, 정신은 알파 상태가 된다. 마침내 잠재의식 프로그래밍을 할 준비가 된 것이다.

이 방법을 종종 '자기최면'이나 '자기암시법'이라고도 하는데, 특히 두 영역에서 대단히 큰 효과가 있다. 첫 번째는 인간관계, 일, 경제생활, 건강, 그 밖의 활동에서 두려움을 극복하고 자신감을 기르는 데 사용할 수 있다. 심지어 판매업자들이 전화를 걸 때 느끼는 두려움과 대중연설 공포, 어려운 문제에 부딪칠 때 긴장을 해결하는 데도 도움을 준다. 두 번째는 운전방법이나 테니스, 골프, 스키, 하키, 피겨스케이팅, 축구, 농구 등 운동 실력을 기르는 데도 사용할 수 있다.

이것은 일종의 마음속 리허설이다. 상상 속에서 상황을 반복해서 연습하고 그때마다 바라는 성과를 완벽하게 시각화하여 멋진 미래상을 잠재의식 속에 프로그래밍해서 집어넣는다.

잠재의식은 실제 경험과 상상 속 경험을 잘 구분하지 못한다. 특히, 깊이 이완되어 있는 상태에서 선명하게 상상할 때 더욱 그렇다. 잠재의식은 마음속 그림을 미래의 행동을 지시하는 명령이라 생각하고 아무런 의심 없이 받아들인다. 그러다 실제로 그 활동을 할 때는 전보다 마음이 더 편안하고 자신감이 넘침을 알게 될 것이다. 전보다 눈에 띄게 발전한 자신을 발견할 것이다.

올림픽에서 금메달을 딴 운동선수들은 이 방법이나 이와 유사한 방법을 사용한다. 성공한 사업가도 미팅, 협상, 대결에서 심리적인 우위를 차지하려고 이 방법을 쓴다. 이 방법을 자주 쓸수록 그 효과는 더욱 커진다.

타인조절법

신속하게 마음을 변화시키는 다섯 번째 방법은 '타인조절법'이다. 이것은 자신이 아니라 타인이 조절하거나 프로그래밍하는 것이다.

자아개념은 대체로 두 가지 주된 암시로 형성된다. 하나는 자신이 자신에게 내린 평가를 믿는 자기암시autosuggestion고, 다른 하나는 다른 사람이 자신에게 내린 평가를 믿는 타인암시heterosuggestion다. 우리가 지금 나다운 모습이라고 믿는 모든 것은 이 두 가지 암시 중 하나의 영향 때문으로, 특히 전자보다는 후자의 영향이 더 크다.

우리는 이미 타인조절법의 몇 가지 예를 알고 있다. 바로 부모님이나 친척, 선생님, 존경하는 사람들이 우리에게 내린 평가다. 다른 타인조절법의 예는 강의나 오디오 프로그램에서 강사가 '여러분'이라는 주어를 사용해서 어떤 일을 권유하는 것이다.

메시지에 '여러분'이라는 단어가 붙으면 그 메시지는 잠재의식에 영향을 미친다. 이 때문에 자신이 원하지 않는 모습을 타인이 말하도록 허락하면 안 된다. 우리가 다루는 원칙은 그 효과가 매우 강력하므로 긍정적이고 건설적인 방식으로 신중하게 사용해야 한다.

암시와 연상을 이용한 로자노프 실험

1950년대와 1960년대 불가리아의 심리학자인 게오르기 로자노프^{Georgi} ^{Lozanov}는 인간이 어떻게 정보를 배우고 영구적으로 기억하는지 그 과정을 광범위하게 연구하기 시작했다. 그는 무슬림 학생이 무슬림 대학교에 입학하기 위해 신약성경만 한 크기의 코란 전체를 기억해서 암송하는 것처럼 세계 각국에서 실시되는 슈퍼학습법^{superlearning}에 매료되었다.

인디아의 토속 종교에는 글로 적힌 자료가 없다. 그들은 다음 세대에게 가르침을 말로 전달한다. 이들 종교에 관심을 갖게 된 로자노프는 관련된 어떤 자료도 없이 몇 시간씩 종교적인 가르침을 암송하는 사람들을 직접 만나서 대화를 나누었다.

연구가 진전되면서 로자노프는 우뇌와 좌뇌가 각각 다른 기능을 수행한다는 사실을 알게 되었고, 그것에 흥미를 느꼈다. 예를 들어, 좌뇌는 논리적이고 현실적인 뇌이다. 사고하고 분석하고 계산하며 수학적이고 언어적이며 사무적이고 기계적인 부분이다.

반면에 뇌의 오른쪽은 전혀 다르다. 우뇌는 그림과 이야기를 이용해 사고한다. 즉, 어떤 아이디어나 상황의 모든 면을 전체적으로 고려한다. 우뇌는 직관적, 음악적, 창조적, 예술적, 추상적이며 상상력이 풍부하다.

좌뇌는 강하고 논리적이며 선형으로 제시되는 정보에서 자극을 받는다. 반면 우뇌는 긴장이 풀리고 이완된 상태에서 정보를 가장 잘 처리한다. 로자노프는 양쪽 뇌가 조화를 이루며 함께 작용할 때 가장 빨리 학습할 수 있음을 알아냈다.

그는 계속해서 베타파, 알파파, 세타파, 델타파 등 뇌파활동의 다양한 주파수 범위를 연구한 실험으로 선구자적 업적을 이루었다. 인간이 정상적으로 깨어 있는 상태인 베타파에서는 뇌가 초당 14회 이상의 파동을 보인다. 이완되고 명상 상태인 알파파는 베타파의 바로 아래 단계로, 초당 8~14회 파동을 보이는데, 이 뇌파 상태에서 가장 학습이 왕성하게 일어나는 것을 밝혀냈다. 뇌파활동의 세 번째 단계는 세타파로 초당 5~7회 파동을 보인다. 네 번째는 델타파로 깊은 수면 상태로 초당 0.5~4회 파동을 보인다.

로자노프는 뇌가 새로운 정보를 흡수하고 저장하는 속도를 높이는 것에 관심을 가졌다. 그는 어떤 종류의 정보든 간에 쉽게 익히고 기억하게 하는 새로운 방법을 개발해냈는데, 이것이 오늘날 '가속학습법'이라고 통칭하는 방법이다.

로자노프는 사람들을 깊은 이완의 상태, 즉 알파파 상태로 만든 뒤 부드러운 클래식 음악을 들려주면서 새로운 정보를 제시하면 우뇌와 좌뇌가 동조하여 빠른 속도로 학습한다는 것을 발견했다.

그가 한 실험 중에는 이런 것도 있다. 방 안에 부드러운 음악을 틀고 눈을 감은 채 학생들에게 깊이 이완된 상태로 앉아 있게 했다. 잠시 뒤 미리 준비한 목록에 있는 단어들을 외국어로 읽어주면서 각각 다른 방법으로 반복했다. 그 다음 학생들을 다시 각성 상태로 회복시켜 단어 기억률을 테스트했는데, 그 결과는 놀라웠다. 이완 상태에서 들은 단어 중 약 98퍼센트를 기억해냈던 것이다.

1969년 로자노프는 3시간 동안 학생들에게 새로운 단어를 150개나 가르쳤는데, 그것은 전통적인 학습량의 3~5배에 달하는 수준이었다. 나중에는 하루 500개로 늘리다 점차 1000개까지 암기하는 수준에 이르렀다. 1974년에는 학생들을 대상으로 하루에 단어를 1800개씩 가르쳤는데, 그때도 기억유지율은 98퍼센트에 달했다.

1979년에는 특수학급을 대상으로 하루에 새 단어를 3000개까지 가르칠 수 있었는데, 그것은 외국어를 능숙하게 구사할 수 있는 정도의 양이다. 6개월 뒤에도 학생들은 배운 것의 60퍼센트를 기억하였는데, 이는 미국 대학교 학생들의 평균 회상률 10퍼센트와 크게 대비된다. 로자노프의 연구는 사실과 정보뿐만 아니라 새로운 행동과 정신 습관에도 가속학습법을 적용할 수 있다는 가능성을 보여준 것이다.

긍정문 오디오 듣기

로자노프가 발견한 방법과 긍정문, 음악, 몸의 이완 상태를 결합하면 빠르게 목표를 성취하고 원하는 대로 성격을 개조할 수 있다. 이 타인조절 법의 핵심은 음악과 함께 긍정문 오디오를 듣는 것이다.

이 방법에는 두 가지 종류가 있다. 첫 번째는 서브리미널 CD(Subliminal CD, 듣는 사람은 지각하지 못하지만 무의식적으로 메시지의 자극을 느껴 사람의 행동에 영향을 미치는 음악을 담은 CD)를 듣는 것이지만 추천하고 싶지는 않다. 어떤 메시지가 담겨 있는지 알 수 없기 때문이다. 시중에서 판매하는 값비싼 CD 중에는 메시지가 전혀 담기지 않은 것도 많다.

두 번째는 '점진적 이완'이라고 하는 것으로 부드러운 클래식을 들으며 뚜렷한 목소리로 숫자를 세는 것이다. 말과 음악이 합쳐져 우뇌를 자극하여 뇌파를 알파파 상태로 만든다. 이런 이완 상태에 있는 동안 전달되는 음악과 결합된 긍정적인 메시지는 비판적인 의식을 우회하여 잠재의식으로 직접 들어가 빠르게 성격을 변화시킨다.

음악과 함께 녹음된 긍정문은 그 자체만으로도 기분을 좋게 한다. 이 오디오를 틀어 이완 상태에서 여러 가지 긍정적인 메시지를 들려준 뒤 마지막에 숫자를 세는 음성을 들려줘 다시 각성 상태로 되돌린다. 다 듣고 나서는 편안하고 상쾌하며 행복한 기분으로 눈을 뜨게 된다.

녹음된 긍정문을 듣는 것은 손쉽게 할 수 있는 방법이다. 이것은 보통 약 20분 정도 분량으로, 하루에 두 번 아침저녁으로 듣다 보면 긍정적이고 편안하고 창의적인 상태가 되어 자신의 감정을 보다 잘 통제할 수 있다. 이것을 듣는 것만으로도 사소한 질병이 치유되며, 정기적으로 명상 등 정신수양방법과 병행하면 큰 병도 치유할 수 있다고 한다.

직접 자신의 목표를 녹음해 긍정문 오디오를 만들 수도 있다. 평소 좋아하는 음악을 배경으로 자신이 만든 긍정문을 직접 녹음하는 것이다. 집에서 만든 오디오라도 목표를 성취하도록 프로그래밍하는 데는 효과가 아주 크다.

여러 가지 기법 결합하여 실생활에 적용하기

지금까지 삶의 변화를 촉진하는 다양한 방법과 기법을 알아보았다. 가끔 사람들은 앞서 말한 방법 중에서 어떤 것을 활용해야 하느냐고 묻는다. 가장 좋은 것은 개인적으로 가장 편리한 방법을 쓰는 것인데, 이때 개수는 상관없다. 원기 왕성하고 긍정적인 방식으로 말하고 행동하며 모든 일에 열정적으로 느끼고 시각화해야 한다. 게다가 하루 종일 긍정적인 상태를 유지할 수 있으면 더할 나위 없이 좋다.

가장 중요한 것은 말과 생각, 마음의 그림을 원치 않는 것에서 멀어지게 하고 원하는 것에만 집중하도록 자기통제, 자기극복, 자기규율에 신경 쓰는 것이다. 여기에 약간의 자신감과 기대를 더하면 긍정적이고 행복하고 만족스러운 삶으로 접어들 수 있다.

이제 이 기법들을 바탕으로 실생활에 적용해보자.

스트레스를 주거나 걱정을 일으키는 어떤 일이나 사건 등 삶에서 일어나는 갖가지 상황 중 하나를 설정하라. 그것이 떠오를 때마다 긴급 긍정문 기법을 사용한 뒤 감정이입을 해제한다. 이 과정을 상황이 성공적으로 끝나거나 만족스럽게 해결될 때까지 계속 반복한다.

다음으로 7.5×10센티미터 크기의 색인카드를 한 상자 준비한다. 수첩을 준비해 긍정문 기록장으로 사용하는 것도 좋다. 카드 한 장에 목표 하나를 현재시제로 정확하게 기록한다. 목표를 이룰 때까지 하루 두 번씩 표준 긍정문 기법을 실시한다.

부드러운 클래식 음악이 배경으로 담긴 긍정문 오디오 CD를 만들어 긍정적인 메시지가 잠재의식에 뿌리를 내려 결과가 현실화될 때까지 계속해서 듣는다. 매일 자신이 되고 싶은 사람이 이미 되었고, 원하는 목표를 이룬 것처럼 행동하라. 영화의 마지막 10분을 이미 본 것처럼 마음을 편하게 먹어라. 무엇이든 마음에 담으면 결국 현실로 이루게 됨을 이해하고, 자신감을 갖고 성공과 행복이라는 긍정적인 느낌을 마음에 품고 생활한다. 그러다 보면 언젠가 자신의 목표를 이룰 수 있다.

성공을 / 향한 / 여정

고대 그리스에서 한 여행자가 노인을 만났다. 그는 노인에게 올림포스 산으로 가는 길을 물어보았다. 그 노인은 소크라테스였는데, "정말 올림포스 산으로 가고 싶다면 당신이 걷는 한 걸음 한 걸음이 정확히 그 방향으로 가고 있는지 확인하시오."라고 대답했다. 이 이야기가 주는 교훈은 단순하다. 성공하고 행복해지고 싶다면 자신의 모든 생각과 행동의 초점을 그것에 맞추라는 말이다.

아이작 뉴턴Issac Newton은 역사상 가장 위대한 과학자로 인정받았다. 그가 수학과 물리학에서 이룩한 커다란 업적은 현대사회의 기반을 만들었다. 말년에 그는 어떻게 혼자서 이처럼 뛰어난 공헌을 할 수 있었느냐는 질문을 받았는데 "나는 오직 그것만 생각했습니다."라고 대답했다.

성공은 '생각을 체계화하고 의도적으로 제어할 수 있도록 선택의 힘을 사용하는 것'에서 시작된다. 바라는 것만 생각하고 바라지 않는 것은 생각

174

하지 않는다면 목표를 향한 여정을 시작할 수 있다.

의식적으로 살아라

사고의 수준이 높아지면 효과성도 향상된다. 지금까지 배운 마음의 법칙은 자신이 어떤 사람이고, 현재의 모습은 어떻게 만들어졌으며, 미래는 어떻게 만들어가야 하는지 알 수 있게 해주는 생각의 도구들이다.

사람은 대부분 일종의 최면 상태에서 살아간다. 제대로 정리되지 않은 생각의 흐름에 파묻혀서 정신없이 하루하루를 보낸다. 예를 들어 누구나 이런 경험을 한번쯤은 해봤을 것이다. 차를 몰고 일터나 다른 약속 장소로 가다가 생각에 깊이 몰두했는데, 도착한 뒤 생각해보니 자신이 그곳에 어떻게 왔는지 전혀 기억이 나지 않는 경험 말이다.

대부분의 습관적인 활동과 대화도 낮은 인식 상태에서 일어난다. 어느 순간 정신이 혼미해져 어떤 일이 일어났는지 거의 기억하지 못한다. 가끔은 의도적으로 생각에 사로잡혀 바쁘게 움직일 때도 있다. 대개 직면하고 싶지 않거나 처리하기 어려운 일이 생겨 거기서 도망치고 싶을 때 곧잘 이렇게 한다. 이런 반응은 본능적이다. 오랫동안 같은 행동을 반복해왔기 때문에 저절로 프로세스가 가동된 것이다.

또, 충격을 받아 몹시 놀랐거나 겁을 먹거나 뜻밖의 일을 당하면 잠시 정신을 차리기도 한다. 그러다 다시 평정을 되찾으면 편안하고 부드러운 물결에 몸을 맡긴 상태, 즉 눈은 뜨고 있지만 사실은 자고 있는 것 같은 일상의 상태로 되돌아간다. 여러 가지 느낌과 이미지가 뒤섞여 있는 사이를 생각은 그냥 지나쳐버리는 것이다.

잠재능력을 최고로 발휘하려면 각성된 높은 의식 상태를 유지하며 보다 의식적으로 살아야 한다. 정신의 자동조종장치에 맹목적으로 맡겨두는 대신 생각의 프로세스를 통제하여 여러 가지 마음 법칙을 하나로 통합한 힘이 우리를 원하는 방향으로 움직이도록 해야 한다.

잠에서 깨어나라

과거, 현재, 미래 등 삶의 일부분을 인식함으로써 자각의 과정은 시작된다. 먼저 태어나기 전부터 자신이 우주 저편 어디에선가 지금과 같은 특성, 흥미, 재능, 능력을 갖고 태어나려고 오랜 세월 동안 진화해왔다고 상상한다. 윤회를 믿든 안 믿든 상관없다. 이것은 단지 훈련일 뿐이며 훈련을 하는 이유는 나중에 명확히 알려주겠다.

계속해서 자신이 의식적으로 지금의 부모를 선택했고, 자라온 성장과정도 의식적으로 선택했다고 상상한다. 그처럼 의식적으로 선택한 것은 성장 단계마다 자신에게서, 삶에서, 다른 사람에게서 배워야 할 교훈이 있었고 이것 밖에는 다른 대안이 없었다고 생각한다.

지금의 자신이 계발한 좋은 특성은 자라면서 어려운 일들을 경험함으로써 실러졌다고 상상한다. 특히, 부모 중 한 분이나 두 분 모두와의 사이에 있었던 문제 덕분이었다고 생각한다.

이제 몇 가지 중요한 질문을 하겠다. 자신이 의식적으로 부모를 택했고 지금 자신의 모습이 그 선택의 직접적인 결과라는 것을 미리 알았다면 어린 시절에 체험한 일과 부모를 대하는 태도를 바꾸었을까? 지금보다 더 긍정적인 시각에서 부모를 받아들일 수 있었을까? 자신과 자신의 과거 경험을 다른 관점에서 보게 되었을까? 인생에서 힘들다고 여겼던 시절을 좀 더 차분하고 객관적으로 바라볼 수 있었을까? 이런 질문을 통해 자신이 의식적으로 부모를 선택했다는 것을 받아들임으로써 지금까지 완전히 무시해왔던 가능성을 보게 된다. 자신을 수동적인 존재나 희생자로 보는 대신 자신의 발전에 능동적인 참여자로 인정하기 시작하는 것이다.

이 훈련을 조금 더 해보자. 우리는 무엇인가 멋진 일을 하려고, 뛰어난 사람이 되어 세상에 공헌하려고 지구에 왔다고 상상해보자. 이것을 우리의 입장을 최대한 반영하여 설계한 전체 계획의 일부분이라고 가정해 보자. 우리가 살아가면서 경험하는 모든 사건과 상황은 커다란 조각 퍼즐에서 없어서는 안 될 중요한 조각이고, 퍼즐을 완성하면 나타날 그림의 전체 모습은 뒤로 물러서서 높은 곳에서 바라볼 때만 보인다고 상상하자.

지금 닥친 상황이나 어려움은 우리를 계속 성장시키는 데 꼭 필요한 것이라고 가정한다. 이렇게 생각하면 모든 경험은 성장과 자기완성의 기회를 제공하므로 다 긍정적이라고 할 수 있다.

이제 조금 물러나 차분하고 선명하고 긍정적인 태도로 지금까지 자신을 힘들게 한 경험과 상황은 모두 꼭 필요한 시기에 보내준 선물일지도 모른다고 생각해본다. 특히, 자동조종장치가 움직이는 대로 꼭두각시처럼 살아왔다면 멋진 삶을 여행하는 데 필요한 것을 그 경험과 상황에서 배웠다고 생각하라.

사건이 일어난 현장에서 한 걸음 물러나 복잡하게 얽힌 사건을 객관적으로 바라보다 보면, 철학가나 뛰어난 사상가처럼 넓은 시야를 가질 수 있다. '세상만물이 결국은 하나'라는 이치를 몸소 깨닫게 된다. 결국 저마다 삶의 방식은 제각각이지만 사실 우리는 커다란 무엇인가의 일부분일 뿐이며, 개별적으로 일어나는 것처럼 보이는 일도 돌이켜보면 모두 한 가지로 귀결되므로 모든 일은 다 이유가 있어서 일어난다는 말이다.

삶을 어떤 커다란 목표를 성취하거나 인류에 공헌하려는 일련의 사건과 경험으로 인식하면 그것을 운명적으로 받아들일 수 있다. 역으로 위대한 인간으로서 살아갈 잠재력이 우리 삶에 있다는 증거이기도 하다.

마음의 법칙을 활용하라

앞에서 했던 일련의 훈련 덕택에 마음의 법칙들을 이용해 의식적이고 체계적으로 잠재의식을 작동시킬 수 있다. 자신에게 스스로의 능력으로 삶을 창조할 힘이 있다고 의식적으로 믿음으로써 통제의 법칙을 작동시킨다. 마음을 통제한다는 것은 스스로의 운명을 조종하는 핸들을 강하게 붙잡는 것과 같다. 우리 미래의 디자이너는 바로 자신이다.

삶의 방향을 결정할 때 생각의 역할을 인식하면 '우연의 법칙'에서 벗어날 수 있다. 하루하루의 삶에서 잠시 물러나 지금의 나를 만든 수많은 우연을 떠올려보자. 그러면 세상에 우연히 일어난 일은 결코 없으며, 모두 '인과의 법칙'에 따라 일어난 것임을 알게 된다. 그 일이 왜 일어났는지 당시에는 알 수 없지만, 돌이켜보면 '불변의 법칙'의 결과임을 알 수 있다.

삶에서 겪은 모든 경험을 원하는 목표를 성취할 수 있도록 도와주는 안내자로 받아들일 때 '신념의 법칙'이 작동한다. 이것을 믿을수록 현실화될 가능성은 높아지며 바로 우리가 믿는 것이 현실이 되는 것이다. '기대의 법칙'은 우리에게 일어나는 모든 일은 나름의 가치를 지닌다고 기대할 때 작동된다. 이런 자신감 넘치는 기대감은 모험이 가득한 흥미진진한 삶을 만든다. 긍정적이고 미래 지향적인 사고는 '인력의 법칙'을 작동시킨다. 이 법칙은 우리 삶 속으로 희망, 낙관, 자신에게 도움을 주는 사람과 상황을 끌어들인다. 우리는 모두 축복받은 존재이며 삶의 어느 것 하나 무의미하지 않다고 생각할수록 우리 꿈을 이루어줄 아이디어와 기회, 사람이 더 많이 다가온다.

'상응의 법칙'에 따라 우리는 특별한 목적을 갖고 이 세상에 태어났으며, 이 법칙이 작동되면 외부세계를 구성하는 인간관계와 건강, 일, 물질적 성취는 내부의 태도를 반영하게 된다.

지금까지 열거한 마음의 법칙에 따라 생각의 씨앗을 잠재의식이라는 밭에 뿌리면 잠재의식은 말과 감정, 행동, 심지어 몸짓까지도 자아개념과 새로운 목표에 일치시킨다. 이것이 '잠재의식의 운동법칙'이다. 이 과정에서 우리가 맡은 책임은 부정적 생각인 두려움, 화, 의심을 몰아내는 것으로, 계속해서 '대체의 법칙'을 작동시켜야 한다. 부정적인 생각 대신에 믿음과 희망, 사랑을 내부에 강하게 뿌리 내려 스스로 생명력을 갖고 완전히 성장할 때까지는 계속해서 긍정적인 생각만을 심는다.

마지막으로 용기와 자신감, 희망, 사랑, 우리를 기다리는 멋진 미래를 떠올리며 '집중의 법칙'을 활용한다. 오랫동안 꾸준히 한 생각은 결국 현실화됨을 알기에 매일 시간을 내어 조용한 곳에 앉아서 긍정적이고 기분을 고양시키는 생각에 젖도록 한다.

우리에게 가장 필요한 것은 인내와 차분함, 신뢰이다. 이제껏 배운 법칙들은 지금까지 발견한 것 중에서 가장 강력한 법칙들이다. 모든 마음의 준비를 충분히 마쳤을 때 원하는 목표를 성취할 수 있다. 우리가 움직여야 그것들도 우리를 향해 움직이는 법이다. 이쯤에서 우리가 해야 할 가장 중요한 일은 원하는 바를 정확하게 결정한 뒤(이것은 5장에서 배운다) 묵묵히 자신의 길을 향해 가는 것이다(이것은 7장에서 배운다).

삶을 긍정적이고 건설적으로 보려면 '깨어 있는 사람'이 되어야 한다. 더 빈틈없고, 더 자각하고, 더 깨어 있어야 더욱 수준 높은 사고를 할 수 있다. 모든 면에서 삶이 향상될 수 있도록 지금까지 공부한 모든 마음의 법칙을 작동시키려면 자신과 자신의 가능성에 새로운 태도를 보여야 한다.

처음에는 어려울 것이다. 그러나 그것을 극복해내면 높아진 자기통제와 자기완성, 긍정적인 태도, 삶의 주인은 바로 나라는 기가 막히게 멋진 느낌을 스스로 맛볼 수 있다.

4. 성공시스템의 실천방법

종이를 한 장 꺼내서 자신이 원하는 것을 모두 적어 목록을 만든다. 행복, 건강, 좋은 친구, 여행, 풍요로움, 경제적 성공, 인기, 다른 사람에게 받는 존경과 인정 등 상상력을 맘껏 동원해 생각나는 대로 모두 적는다.

지금부터가 어렵다. 앞으로 24시간 동안 오직 목록에 기록된 것만 생각하고 말한다. 그 어떤 것에도 비판이나 비난, 불평하지 않고, 화를 내거나 기분 나빠하거나 걱정하지도 않은 채 하루 24시간을 온전히 보낼 수 있는지 시험해본다. 그리고 온종일 오직 자신이 원하는 것만 생각할 수 있는 의지력과 성격을 갖췄는지도 확인해본다.

이 훈련으로 지금 자신이 어느 수준까지 성장했는지, 앞으로 얼마큼 더 성장해야 하는지 알 수 있다. 다음 장에서는 성공에 필요한 핵심 기술과 자신이 세운 목표를 모두 성취할 수 있는 방법을 배울 것이다.

CHAPTER 05

The
Master Skill

목표 달성에 필요한
마스터 기술

강렬한 목표 지향은 높은 성취를 이룬 사람의 필수적인 특징이다.
아침에 일어나 이 닦고 밥 먹는 것처럼 당연하고 자연스럽게
목표를 설정하고 거기에 집중하지 못하면,
우리에게 있는 엄청난 잠재력을 제대로 발휘할 수 없다.

강렬한 목표 지향은 높은 성취를 이룬 사람의 필수적인 특징이다.

이침에 일어나 이 닦고 밥 먹는 것처럼 당연하고 자연스럽게

목표를 설정하고 거기에 집중하지 못하면.

우리에게 있는 엄청난 잠재력을 제대로 발휘할 수 없다.

목표를 설정하고 그것을 성취할 수 있는 계획을 완벽하게 세우는 능력이 바로 성공의 핵심 기술이다. 이 기술은 다른 어떤 것보다도 확실하게 성공을 보장해준다. 25년간 다양한 경험을 하고 그것을 연구하면서 내가 얻은 결론은 이렇다. '목표가 곧 성공이고, 나머지는 다 그것을 이루도록 도와주는 부차적인 것이다', 즉 '성공이 곧 목표이고 나머지는 다 주석이다'는 것이다. 강렬한 목표 지향은 높은 성취를 이룬 사람의 필수적인 특징이다. 아침에 일어나 이 닦고 밥 먹는 것처럼 자연스럽게 당연히 목표를 설정하고 거기에 집중하지 못하면, 우리에게 있는 엄청난 잠재력을 제대로 발휘할 수 없다.

앞서 줄곧 이야기한 것도 바로 이 목표의 중요성을 인식시키려는 의도였다. 성공의 핵심 기술이 우리 삶의 모든 영역에서 효과를 제대로 발휘할 수 있도록 준비하는 과정이었던 셈이다. 마음을 닦고 자신의 가능성을 냉정하고 낙관적으로 평가하는 마음가짐은 꼭 필요하다. 자신의 마음이 어떻게 움직이고 과거에 겪은 경험에서 비롯된 사고가 지금의 행동과 모습에 어떻게 영향을 미치는지 아는 것은 앞으로 우리가 이룰 무언가의 토대가 된다.

나는 스물셋에야 비로소 목표가 무엇을 의미하는지 알았다. 그때까지 나는 목표라는 것이 스포츠에서나 필요하다고 생각했다. 그것을 이용해 인생을 설계할 수 있다고는 전혀 생각하지 못했다. 나에게 목표가 없었거나 목표를 성취해본 적이 전혀 없다는 말은 아니다. 그때까지 나는 이미 전 세계의 4분의 3을 여행했었다. 미국 서부에서 남아프리카 케이프타운까지, 런던에서 싱가포르까지 바다나 육지를 이용해 여행했다.

내가 말하고 싶은 것은 성취하는 과정은 전혀 생각하지 않았다는 말이다. 구체적인 목표 설정이 놀라운 일을 성취할 수 있도록 해준다는 사실을 몰랐다. 대다수의 사람처럼 나는 목표도 없이 되는 대로 인생을 살아갔다. 성공적으로 인생을 사는 방법을 가르치는 대중연설가인 지그 지글러^{Zig Ziglar}의 말을 빌리면, 나는 '의미 있는 소수가 아닌 방황하는 다수'였던 셈이다. 목표를 발견한 뒤 나는 전혀 다른 사람이 되었다. 성공의 핵심 기술을 배운 뒤로 내 인생이 완전히 달라진 것처럼 여러분의 인생도 분명히 그럴 것이다.

명확한 / 목표 / 세우기

성취가 난로라면 목표는 기름이다. 목표가 없는 사람은 키 없는 배처럼 방향성을 잃고 떠다니기 때문에 항상 좌초할 위험을 안고 있다. 하지만 목표가 있는 사람은 키 있는 배의 선장처럼 지도와 나침반의 안내에 따라 가고자 하는 목적지 항구를 향해 똑바로 순항한다. 토마스 칼라일Thomas Carlyle은 "의지가 없는 사람은 아무리 좋은 길에서도 우왕좌왕하느라 앞으로 전진하지 못하는 반면, 의지가 강한 사람은 길이 아무리 험난해도 꾸준히 앞으로 나아간다."라고 말했다.

모든 인간은 목표 지향적인 유기체이다. 목표와 자신이 바라는 최종결과로 동기부여를 한다는 점에서 또한 목적론적 존재이기도 하다. 우리는 하나의 목적에서 다음 목적으로 계속해서 성공적으로 움직이도록 정신을 재무장해야 한다. 자신이 원하는 목표를 세우고 성취하기 전까지는 결코 행복할 수 없다.

인간의 뇌에는 아무리 세월이 흘러도 목표를 성취하는 쪽으로 정확히 이끌어주는 목표 추적 세포가 들어 있다. 마치 미사일의 유도시스템처럼 목표에서 계속 피드백을 받아 자동으로 코스를 정정하며, 결코 실수하는 법이 없다. 뇌의 이런 기제 때문에 목표를 명확하게 세운 뒤 끈기 있게 노력하면 어떤 목표라도 성취할 수 있다. 목표를 성취하는 과정은 거의 자동적이다. 대다수 사람에게 가장 중요한 문제는 우선 목표를 세우는 것이다. 목표만 세워도 반은 이룬 것이나 다름없다. 현재 우리의 모습은 과거의 우리가 만든 것이다. 우리가 한 생각과 선택, 행동이 이렇게 만들었다. 다른 어떤 것도 아닌 바로 우리 자신이 말이다.

예를 들어, 하루 일을 잘 마치고 집으로 돌아와 느긋하게 텔레비전을 보는 것이 목표라면 대부분은 그것을 달성할 것이다. 건강하게 오래 사는 것이 목표라면 역시 달성할 것이다. 경제적 자유와 독립적으로 자립하는

Chapter 05_목표 달성에 필요한 마스터 기술

것이 목표라면 포기하지 않는 한 빠르든 늦든 언젠가 목표를 달성할 것이다. 우리 인생에서 목표 달성을 막을 수 있는 것은 아무것도 없다. 우리를 제약하는 유일한 장애물은 우리의 욕구이다. 다시 말해, 그것을 얼마큼 간절히 원하고 스스로 노력하는가의 문제일 뿐이다.

강렬한 목적의식

우리에게는 '성공 메커니즘success mechanism'과 '실패 메커니즘failure mechanism'이 모두 있다. 실패 메커니즘은 편한 길로만 가려는 자연스러운 경향, 즉 행동이 장기적으로 어떤 결과를 가져올지는 고려하지 않고 즉각적으로 만족을 얻으려는 충동을 말한다. 실패 메커니즘은 자동으로 하루 24시간 내내 작동한다. 대개 사람들은 재미있고 쉬우며 편한 것만 하려는 욕구에 따라 행동한다.

하지만 우리에겐 앞서 말한 성공 메커니즘도 있다. 성공 메커니즘은 실패 메커니즘을 무력화시킨다. 성공 메커니즘은 목표를 세우면 작동을 시작하는데 목표를 높게 세울수록, 그것을 이루려는 욕구가 강할수록 자기 규율과 의지력은 높아진다. 또 목표를 성취하는 데 필요한 행동을 하도록 스스로를 통제할 수 있는 능력도 생긴다.

50년 동안 판매업에 종사하였으며 2만 명이 넘는 판매업자를 훈련시켰던 엘머 레터맨Elmer Letterman은 세일즈의 성공 여부를 결정짓는 가장 중요한 자질로 '확고한 목적의식'을 꼽았다. 비슷한 지능과 배경, 교육, 경험을 한 두 사람을 비교해보면 항상 목적의식이 더 확고한 쪽이 이긴다.

188

성공의 대가

억만장자인 헌트[H. L. Hunt]는 아칸소 주에서 목화를 재배하다가 파산한 뒤 석유업계에 뛰어들어 수십억 달러를 번 세상에서 가장 부유한 억만장자 중 한 사람이다. 그에게 성공의 비결을 묻자 이렇게 대답했다. "미국에서 성공하려면 두 가지만 있으면 된다. 첫째, 자신이 무엇을 원하는지 명확하게 아는 것이다. 대부분은 자신이 무엇을 원하는지 잘 모른다. 둘째, 그것을 얻는데 지불해야 할 대가를 정해 반드시 그것을 지불하겠다고 결심하는 것이다."

대다수 사람에게 있는 치명적인 약점은 자신이 무엇을 원하는지 어렴풋이 알고는 있지만 구체적으로 어떻게 해야 그것을 얻을 수 있는지, 그것을 얻으려고 대가를 치를 준비는 되었는지 끝까지 고민하지 않는다는 것이다.

우리가 성공의 대가에 대해 확실하게 알고 있는 것은 두 가지밖에 없다. 하나는 자신이 원하는 것이 무엇이든지 그것을 얻으려면 값을 지불해야 한다는 것이다. 수확하려면 먼저 씨를 뿌려야 하고, 필요하면 때때로 하루종일이라도 일해야 한다. 이것은 철칙이자 움직일 수 없는 인과의 법칙이다. 목표를 성취하지 못하는 이유는 바로 이 원칙을 어겼기 때문이다.

다른 하나는 미리 전액을 지불해야 한다는 것이다. 이것에 예외는 없다. 성공은 음식을 먹고 난 뒤 값을 지불하는 음식점이 아니다. 그럼 성공의 값을 미리 지불했는지 어떻게 알 수 있을까? 그것은 의외로 쉽게 알 수 있다. 인과의 법칙에 따라 전액을 다 지불했다면 성공은 어느새 우리 앞에 와 있을 것이다.

성공은 우연이 아니라 법칙에 따라 다가온다. 인과관계와 작용과 반작용의 원리처럼 씨를 뿌렸으면 반드시 거두게 되는 법이다. 현재의 삶은 지금까지 지불한 값이고, 미래의 삶은 지금부터 지불할 값이다.

마음의 법칙과 목표의 완벽한 조화

4장에서 나는 마음의 법칙들을 활용해 잠재의식을 마스터 마인드하는 방법을 얘기했다. 어떤 사람은 이 법칙을 기억해서 적용하는 것에 영 자신이 없을 수도 있다. 하지만 다행스럽게도 그것을 다 기억할 필요는 없다. 명확하게 목표를 세워 매일 노력하면 모든 마음의 법칙은 자동으로 우리가 정한 목표와 완벽한 조화를 이루며 작동하기 때문이다. 그러면 우리는 우주의 힘과 합일되고, 내부에 담겨 있는 엄청난 잠재력의 문이 열린다. 삶 전체에서 이 불변의 원칙들을 조화시킬 때 우리는 아주 작은 노력만으로도 지금까지 꿈도 꿀 수 없었던 일들을 성취할 수 있다.

더 큰 성공과 성취를 이룰 수 있게 해주는 잠재력의 가장 큰 적은 안주지대로, 이것은 자신만의 틀에 갇혀 외부의 어떠한 긍정적인 변화도 거부하려는 경향을 보인다. 인간은 모두 본능적으로 변화를 두려워한다. 주위 여건이나 상황은 그대로인 채 지금보다 더 나아지기만 바란다면 성장과 발전, 진보는 이룰 수 없다. 누구도 변화는 피할 수 없으며, 아무리 노력해도 인생은 결코 오랫동안 한 방향으로 흘러가지 않는다. 항상 이 방향에서 저 방향으로 계속해서 변하며, 결코 같은 상태를 유지하지 않는다.

다시 각각 마음의 법칙에 대해 기억을 되살려보자. 통제의 법칙에 따르면 스스로 삶을 통제한다고 느끼는 만큼 자신을 긍정적으로 느낀다. 목표를 세우면 자신의 인생에서 변화의 방향을 스스로 통제할 수 있어 대체로 긍정적이고 자율적으로 변화를 꾀할 수 있다. 지금보다 더 나아지는 변화를 두려워할 사람은 아무도 없다. 명확한 목표와 그것을 뒷받침해주는 상세한 행동 계획을 준비하여 변화를 추진하면 삶이 개선되고, 두려움과 불안도 사라진다.

인과의 법칙은 삶의 모든 결과에는 반드시 구체적인 원인이 있다는 것이다. 목표가 바로 원인이고, 건강과 행복, 자유, 경제적 부는 그것에 따라오는 결과이다. 목표라는 씨앗을 뿌려야 결과를 얻을 수 있는 법이다. 목표는 생각이나 원인으로 시작되어 조건이나 결과로 나타난다. 성공의 첫 번째 요소는 목표를 설정하고 성취하는 능력이다. 목표가 없는 사람은 늘 목표가 있는 사람을 위해서 일할 운명이다. 우리는 보통 자신의 목표나 다른 사람의 목표를 이루려고 일을 한다. 가장 최선은 다른 사람이 목표를 성취할 수 있도록 도움으로써 자신의 목표를 성취하는 것이다.

목표를 꼭 이룰 수 있다고 강하게 믿고 그것과 일치하는 행동을 선택함으로써 신념의 법칙을 작동시킨다. 이것이 믿음과 자신감의 원천이다. 그리고 지금 일어나는 모든 일은 긍정적인 일이든 부정적인 일이든 간에 목표를 성취하는데 결국 도움이 된다는 것을 확신하면 기대의 법칙이 작동하기 시작한다. 항상 자신이 하는 모든 일에서 유용하고 가치 있고 스스로에게 유리한 무언가를 찾아낼 수 있다.

계속해서 목표를 생각함으로써 인력의 법칙을 작동시킨다. 항상 머릿속에서 목표를 생각하고 있으면 틀림없이 주위에 목표와 어울리는 사람과 상황이 나타나기 시작한다. 우리에게 도움이 될 수 있는 아이디어와 기회, 자원이 나타나는 것이다.

외부세계는 내부세계와 일치하려고 하는데, 이때 상응의 법칙이 작동된다. 내부세계가 목표를 성취하려는 계획과 생각으로 가득 차 있으면 외부세계에서 나타나는 결과는 곧 내부세계의 희망과 열망을 반영하기 마련이다.

잠재의식의 운동법칙은 마음에 어떤 생각을 품으면 우리의 잠재의식은 그것을 실현하려고 일을 한다는 것이다. 즉, 목표를 마음에 두고 있으면 잠재의식은 말과 행동을 목표와 일치하게 하려고 열심히 일한다.

계속해서 목표를 이룰 방법을 고민할수록 무엇이든 많이 생각하면 커지는 집중의 법칙이 작동한다. 우리가 원하는 것을 어떻게 하면 달성할 수 있을지 더 많이 생각할수록 그것을 이룰 기회가 자주 찾아오고, 더 잘 인식하게 되는 법이다.

대체의 법칙은 부정적인 생각을 긍정적인 생각으로 대체할 수 있다는 것이다. 자신이 마음에 품은 부정적인 생각이나 경험을 대체하는 데 사용할 수 있는 긍정적인 생각이나 경험에는 어떤 것이 있을까? 목표가 바로 그것이다. 일이 뜻대로 풀리지 않거나 기분이 안 좋은 날에는 이루고 싶은 목표를 떠올려라. 미래에 자신이 성취하고 싶은 일, 즉 목표는 긍정적인 마음과 사기를 불러일으킨다. 계속해서 목표를 생각하면 낙관적인 태도가 생기며, 동시에 스스로에게 동기부여가 된다는 말이다.

목표를 명확하게 세워 거기에 완전히 몰입하여 모든 마음의 법칙을 활용하기 시작하면 우리에게는 정신적으로나 신체적으로 아무도 저지할 수 없는 엄청난 힘이 생긴다. 명확하고 구체적인 목표와 잠재능력의 계발로 우리는 몇 년 안에 대부분의 사람들이 평생에 걸쳐서 성취한 것보다 더 많은 것을 성취할 수 있다.

지금까지 우리는 누구나 목표를 세워야 한다고 하도 많이 들어왔기 때문에 자신에게는 이미 목표가 있다고 생각한다. 목표가 중요하다는 이야기는 어렸을 때부터 수도 없이 들어왔으며, 목표를 향해 제대로 가고 있는지 주기적으로 검증해야 한다는 이야기도 귀가 따갑게 들었다. 그리고 목표를 세우지 않으면 성취할 수 없다는 것도 이미 잘 알고 있다.

그러나 애석하게도 인생에서 진정한 목표를 세운 사람은 소수일 뿐이다. 그리고 3퍼센트 미만의 사람만 목표를 글로 정리하며, 주기적으로 읽어서 검토하는 사람은 채 1퍼센트도 안 된다.

많은 사람이 목표 설정에 관해 책을 읽었으며, 세미나에 참석해 중요성을 들었다. 그런데도 누군가 목표를 명확하게 글로 정리하고, 어떻게 성취할 것인지 구체적으로 계획을 세웠냐고 물으면 어색한 표정으로 아직 없다고 대부분 고백할 것이다. 그들도 목표가 필요한 이유와 가능한 한 빨리 목표를 세워야 함을 알지만 영어공부처럼 이런저런 핑계를 대며 차일피일 미룬 것이다.

목표를 세우는 기본 원칙을 공부하고 배운 것을 실제로 적용하면서 엄청난 결론을 얻은 나는, 들어주는 사람만 있으면 시간과 장소를 불문하고 그것을 열심히 이야기했다. 내가 대중연설과 세미나를 시작한 것도 다 그 때문이다.

그러나 신기하게도 강연을 들을 때는 내 얘기에 완전히 공감하면서도 집으로 돌아가서는 정작 아무것도 하지 않는다. 그래서 나는 왜 사람들이 목표를 세우지 않는지 의문을 품고 답을 찾기 시작했다. 그러다 사람들이 계획을 세우지 않는 데는 일곱 가지 이유가 있음을 알아냈다. 그 일곱 가지 중 자신은 몇 가지나 해당되는지 먼저 아는 것이 중요하다. 이 일곱 가지 정신적 장애물과 그것을 어떻게 극복해야 할지를 모르는 것은 미래의 가능성에 치명적인 해를 끼칠 수 있다. 이제부터 인생에 있어 모르는 게 약은 아니다.

목표를 세우지 않는 일곱 가지 이유

사람들이 목표를 세우지 않는 첫 번째 이유는 간단하다. 삶에 진지하지 않기 때문이다. 그들은 행동보다 말이 앞선다. 대부분 성공과 더 나은 삶을 원하지만 노력은 하지 않는다. 자신의 삶을 의미 있게 만들고 발전시키며 즐겁게 살겠다는 욕망을 불태우지 않는다.

어떤 사람이 진정으로 믿는 것이 무엇인지를 알아내는 유일한 방법은 말이 아닌 행동을 보는 것이다. 중요한 것은 어떤 말을 할 때 어떤 의도가 깔려 있고 무엇을 바라는지가 아니라 무엇을 하느냐다. 진실한 가치관과 믿음은 오직 행동으로만 표현된다. 행동하는 한 사람이 아무것도 하지 않은 채 말만 잘하는 열 사람보다 더 낫다.

나는 1년 내내 다양한 사람에게서 온갖 아이디어에 대한 많은 전화와 편지, 제안을 받는다. 그중에서 강한 인상을 남기는 사람은 아무리 작은 것이라도 실제로 행동으로 옮기는 사람이다. 기억하라! 행동으로 옮기는 것보다 중요한 건 없다. 사람들에게 무엇을 할 것이라고 말하는 대신 행동으로 보여줘라. 그러려면 삶에 진지해져라!

사람들이 목표를 세우지 않는 두 번째 이유는 자신의 삶을 책임질 준비가 되어 있지 않기 때문이다. 예전에 나는 목표가 성공의 출발점이라고 생각했었다. 그런데 자신의 삶이 전적으로 자기책임이라는 사실을 받아들이지 못한 사람은 아직도 제대로 목표를 세운 것이 아님을 깨달았다.

언젠가는 자신의 진짜 인생이 시작될 거라며 그때까지 아무 노력없이 마냥 기다리고만 있는 사람은 무책임한 사람이다. 그들은 왜 자신이 발전하지 못했는지 그 핑계를 대느라 창조적 에너지를 다 써버린다. 이와 관련된 내용은 7장에서 자세히 이야기하겠다.

세 번째 이유는 내면 깊은 곳에 자리 잡은 죄의식과 자신을 무가치하다고 느끼는 것이다. 정신적·감정적으로 자존감이 낮아 항상 부정적인 시각으로 사물을 대하는 사람이 자신감과 낙관적인 태도로 장기간의 목표를 세울 수는 없다. 부정적인 환경에서 자라나 항상 스스로가 무가치하다는 느낌을 갖고 '그래봐야 무슨 소용이 있어?', '나는 그럴 가치가 없어'라고 항상 스스로를 깎아내리기에만 바쁜 사람이 어찌 미래를 진지하게 고민하고 뚜렷한 목표를 세울 수 있겠는가?

네 번째 이유는 목표의 중요성을 모르기 때문이다. 부모에게 별다른 목표가 없어 이것을 논의한 적이 없는 가정환경에서 자란 사람은, 목표는 스포츠에서 좋은 성적을 낼 때만 필요한 것이 아니라는 사실을 알지 못한 채 어른이 된다. 자신이 하는 일에 명확한 목표가 없는 사람들과 항상 어울린다면 인생에서 목표가 얼마나 중요한지 인식하기 어려울 것이다. 우리 주위의 대다수가 삶의 방향성 없이 살아가는 사람들이기 때문에 당신도 조심하지 않으면 그들처럼 되는 대로 살아갈 가능성이 높다.

모든 희망과 꿈, 계획, 열정, 야망이 목표를 세우는 능력과 실천에 달려 있고 행복하고 성공적인 삶에 목표가 얼마큼 중요한지 이해했다면 지금보다도 훨씬 많은 사람이 목표를 세우는 데 집중할 것이다.

다섯 번째 이유는 목표를 세우는 방법을 모르기 때문이다. 미국에서는 대학교 졸업까지 대략 15~16년을 공부하는데, 그 기간 동안 어떤 교육기관도 목표를 세우는 방법을 알려주지 않는다. 오랫동안 행복을 누리는 비결인 목표를 명확하게 세우는 방법을 아는 것은 그 어떤 과목보다 더 중요한데도 말이다. 더 심각한 문제는 많은 사람이 자신은 이미 목표를 세우는 방법을 안다고 착각하는 데 있다. 아주 형편없는 기술을 습득한 뒤에도 기본 실력은 대단하다고 생각하는 사람은 인생에서 실패할 가능성이 대단히 높다.

나는 목표를 세우는 방법을 20년 이상 연구하고 계속 실행해왔다. 수십만 명에게 인생의 계획을 세우는 방법을 가르쳤고, 수십억 달러 규모의 회사에 전략과 목표를 세울 수 있도록 비전을 제시했다. 감히 말하건대, 목표를 세우는 방법을 나만큼 철저하게 공부하고 적용해온 사람도 아마 없을 것이다. 하지만 그런 나조차도 여전히 배워야 할 것이 많다. 목표를 세우는 방법을 완벽하게 이해하는 사람은 분명히 부자이거나 행복하거나 둘 다일 것이다.

여섯 번째 이유는 거절이나 비판에 대한 두려움 때문이다. 어릴 때부터 줄곧 우리는 다른 사람의 비난과 조롱 때문에 꿈과 희망이 산산이 부서지는 경험을 했다. 그럴 때마다 부모님은 우리가 자라면서 큰 기대 때문에 너무 실망하지 않게 하려고 목표를 달성할 수 없는 온갖 핑계거리를 만들어주셨다.

때때로 가족과 친구들은 도저히 불가능할 것 같은 사람이 되려고 하거나 일을 성취하려고 한다며 우리를 비웃었다. 주변 사람들의 이런 반응은 목표를 세우고 성취하는 태도에 오랫동안 영향을 미친다.

아이들은 바보가 아니다. 그들은 본능적으로 '남들 하는 대로만 하면 잘 지낼 수 있다'는 것을 알아챈다. 그래서 끊임없이 비난받고 좌절당한 아이는 남들과 잘 지내려고 결국 새로운 아이디어와 꿈, 목표를 더 이상 생각하지 않는다. 아이는 항상 안전한 쪽을 선택하고 스스로를 비하하며 본래 능력보다 낮은 성취를 이루는 것을 당연하다고 생각한다.

이런 두려움을 해결하는 방법은 아주 간단하다. 그것은 목표를 비밀로 하는 것이다. 성공적인 목표를 세운 사람은 절대 아무에게도 말하지 않는 다. 그래야 사람들이 그것을 빌미로 우리를 비웃거나 비판하지 않기 때문 이다.

목표를 비밀로 하는데 예외가 두 가지 있다. 하나는 목표를 달성하는 데 도움을 받아야 할 사람들이다. 직장 상사나 배우자가 여기에 해당한다. 다른 하나는 우리가 가고 싶은 방향으로 가도록 격려해주는 목표를 지향 하는 사람들이다. 우리는 자신의 목표를 이야기하는 모든 사람을 항상 격 려해주어야 한다. 그들에게 "열심히 해보십시오!", "하실 수 있습니다."라 고 이야기해주자. 다른 사람을 격려하면 스스로에게 동기를 부여할 수 있 다. 그것은 수확의 법칙을 실생활에 적용하는 가장 좋은 방법이기도 하다. 다른 사람이 우리를 격려해주기 바란다면 기회가 있을 때마다 우리도 다 른 사람을 격려해주어야 한다.

일곱 번째 이유이면서 사실 가장 커다란 이유는 실패에 대한 두려움이 다. 세월이 흘러가는데도 계속 안주지대에만 머물며 새로운 일을 시도하 지 못하는 것은 바로 실패를 두려워하기 때문이다.

실패에 대한 두려움은 '나는 할 수 없어, 나는 할 수 없어, 나는 할 수 없어'라는 비관적 태도로 나타난다. 이 두려움은 어릴 때 부모에게 받은 맹목적인 비판과 처벌에 기인한다. 이것은 일단 잠재의식에 자리를 잡으면 어떤 다른 부정적인 감정보다 더 우리의 희망을 마비시키고 꿈을 꺾어 버린다. '사람들의 성공을 가로막는 가장 커다란 장애물은 실패에 대한 두려움이다'는 아무리 강조해도 지나치지 않는다.

사람들이 실패를 두려워하는 주된 원인은 성공을 이루는 길목에서 맞닥뜨리는 실패의 역할을 제대로 이해하지 못하는 데 있다. 실패가 하는 역할은 단순하다. 실패 없이는 어떠한 성공도 불가능하다는 것이다. 한마디로 실패는 성공의 전제조건인 셈이다. 인류 역사상 가장 위대한 성공은 동시에 가장 커다란 실패이기도 했다. 베이브 루스Babe Ruth는 홈런왕이 되었던 그 해에 가장 많은 삼진을 당했다.

성공은 숫자게임이다. 무언가를 시도한 횟수와 마침내 그것을 성공할 가능성 사이에는 밀접한 연관성이 있다. 비록 최악의 야구선수라 할지라도 타석으로 들어오는 모든 공을 향해 전력으로 스윙하다 보면 언젠가는 안타를 치게 되고, 결국에는 홈런까지 칠 수 있을 것이다. 중요한 건 전력을 다해 스윙하고, 결코 삼진아웃을 두려워하지 말아야 한다는 점이다.

토마스 에디슨Thomas Edison은 우리 시대의 가장 성공한 발명가이다. 그는 발명품 특허만 무려 1093개를 받았고, 그중에서 1052개는 살아 생전에 이미 상품화되었다. 그러나 발명가로서 에디슨은 동시에 가장 큰 실패자이기도 했다. 제품을 개발하는 과정에서 다른 어떤 과학자나 사업가보다도 많은 실패를 경험했다. 전구를 밝혀주는 탄소가 함유된 필라멘트는 무려 1만 1000번 이상의 실험을 거쳐 개발한 것이다.

에디슨에 관한 유명한 일화가 있다. 한 젊은 기자가 그에게 5000번 이상 실험해서 번번히 실패함에도 왜 포기하지 않고 연구를 계속 하느냐고 물었다. 그런 그에게 에디슨은 이렇게 대답했다. "젊은이, 자네는 세상 돌아가는 이치를 아직 잘 모르는구먼. 나는 실패한 적이 없네. 나는 5000번 이상 실패한 것이 아니라 실험에 효과가 없는 방법을 무려 5000개나 찾아낸 셈이네. 이 말은 곧 실험에 성공할 방법을 찾아내는데 5000개만큼 가까워졌다는 뜻이지."

나폴레온 힐Napoleon Hill은 "모든 불행 속에는 더 큰 기회나 성공의 씨앗이 들어 있다."라고 말했다. 일시적인 실패를 다루는 방법은 실패 안에 있는 가치 있는 교훈을 찾는 것이다. 지금 겪는 어려움은 다 자신이 발전하는데 필요한 어떤 교훈을 가르쳐주려고 일어난 것으로 생각하라는 말이다.

역피해의식적 사고를 하는 사람(inverse paranoid, 내 행복과 성공을 위해 세상이 무엇인가 계획을 꾸미고 있다고 믿는 사람)이 되자. 당시에는 그렇게 보이지 않겠지만 모든 실패는 목표를 향하도록 우리를 움직이는 원동력이라고 스스로에게 이야기하자. 어떤 상황에서든 항상 좋은 점을 찾자. 위대한 성공에는 항상 많은 실패가 따른다. 결국 실패에서 배운 교훈이 있기에 성공도 가능한 법이다.

모든 실패는 더 많은 노력을 하라고 우리에게 가하는 자극이라고 생각하자. 특히 비즈니스와 판매업의 경우에는 더욱 그렇다. 실패할 때마다 성공에는 그만큼 한 발 더 다가가는 셈이다. 잠깐 동안의 패배를 '일단 정지한 뒤 이 길로 가시오'라는 표지판으로 간주하자. 리더의 특성 중 하나는 결코 '실패'나 '패배'라는 단어를 사용하지 않는다는 것이다. 대신에 '가치 있는 학습경험', '일시적인 이상'이라는 단어를 사용한다.

위대한 미식축구팀 감독인 빈스 롬바르디Vince Lombardi는 바람직한 영혼의 소유자였다. 그가 속한 팀(그린베이 패커스팀)이 중요한 경기에서 패하자 한 기자가 롬바르디에게 기분이 어떠냐고 물었다. 롬바르디는 "우리는 완전히 진 것이 아니라 단지 시간이 부족했을 뿐이다."라고 대답했다.

목표를 명확히 이해하고, 일시적인 실패나 장애를 위대한 성공을 거두는데 마땅히 지불해야 할 대가로 받아들이면 실패에 대한 두려움을 극복할 수 있다.

목표를/설정하는/다섯/가지/원칙

목표를 명확하게 세우면 인생을 획기적으로 바꿀 수 있다. 최대의 성취를 이루려면 목표를 세우는 다섯 가지 원칙을 반드시 알아야 한다.

첫째는 적합성의 원칙이다. 최고의 성취를 이루려면 목표와 가치가 손과 장갑처럼 꼭 맞아야 한다. 가치는 무엇이 옳고 그른지, 무엇이 좋고 나쁜지, 무엇이 중요하고 아닌지에 관한 확신을 나타낸다. 높은 성과와 자부심은 목표와 가치가 서로 완벽한 조화를 이룰 때만 가능하다.

둘째는 자신만의 탁월한 분야이다. 인간은 누구나 최소한 어느 한 분야에서는 우수한 능력을 보인다. 때에 따라서는 하나가 아닌 여러 분야에서 우수한 능력을 보이기도 한다. 자신만의 우수한 능력을 발휘할 수 있는 분야를 발견하고 재능을 계발하는 데 전념한다면 잠재능력을 최고로 발휘할 수 있다.

자신이 진정으로 원하는 것을 찾아 거기에 인생을 걸기 전까진 결코 행복하거나 만족할 수 없다. 자신만의 탁월한 분야란 남과 다른 자신만이 지닌 능력을 발휘하여 뛰어난 성과를 낼 수 있는 분야를 말한다. 자신이 어떤 분야에서 뛰어난 능력을 보이는지 모른다면 그것을 찾는 것이 가장 시급한 일이다.

자신만의 탁월한 능력을 보이는 분야는 경력이 많아지면서 간혹 변하기도 하지만 성공한 사람들은 예외 없이 자신만의 탁월한 분야를 찾은 사람들이다. 이 분야는 자신이 가장 좋아하면서 동시에 잘하는 일이다.

셋째는 다이아몬드 밭 이론이다. 러셀 콘웰Russell Conwell 목사의 설교 제목인 '다이아몬드 밭'은 너무나 유명해서 이것을 주제로 생전에 5000번 이상 설교를 했다고 한다.

이 설교의 주된 골자는 이렇다. 아프리카에 사는 한 늙은 농부가 행상에게서 내륙 깊숙이 들어간 사람들이 다이아몬드 광산을 발견해 엄청난 부자가 되었다는 이야기를 전해들었다. 그 이야기에 흥미를 느낀 그는 고심 끝에 농장을 팔고 대상을 조직해 아프리카의 광대한 내륙으로 들어갔다. 다이아몬드를 찾아 엄청난 부자가 되려고 말이다. 여러 해 동안 그는 광대한 아프리카 내륙을 떠돌아다니며 다이아몬드를 찾았으나, 매번 헛탕만 쳤다. 그러다 돈이 떨어져 같이 다니던 사람들에게 버림받는 무일푼 신세가 되었다. 결국 홀홀 단신이 된 그는 절망하여 바다에 몸을 던져 죽고 말았다.

한편 새 주인은 어느 날 농장을 가로지르는 개천에서 자신의 당나귀에게 물을 먹이고 있었다. 그러다 이상한 광채를 띠는 신기한 돌을 발견해 그것을 집으로 가져왔다. 그러고는 그 사실을 까맣게 잊고 지내던 몇 달 뒤 처음에 다이아몬드 광산 소식을 전해주었던 그 행상이 농장에서 다시 하룻밤을 묵게 되었다. 집안에 있던 돌을 본 행상은 무척 흥분하며 혹시 다이아몬드를 찾으러 떠났던 옛 주인이 돌아왔냐고 물었다. 행상이 왜 그렇게 흥분하는지 이유를 몰랐던 새 주인은 의아해하며 농장을 팔고 떠난 뒤로는 그를 다시 보지 못했다고 대답했다.

광채를 띤 돌을 든 행상은 "이것은 대단히 비싸고 귀한 다이아몬드 원석입니다."라고 말했다. 여전히 믿지 않는 농부에게 행상은 그 다이아몬드를 찾은 장소를 알려달라고 부탁했다. 그들은 농장을 가로지르는 개천으로 향했다. 도착해서 주위를 둘러보니 사방에 다이아몬드 원석이 널려 있었다. 농장 전체가 다이아몬드 밭이었던 것이다. 옛 농장 주인은 자기 발밑은 살펴보지도 않은 채 다이아몬드를 찾아 미지의 아프리카 내륙으로 떠난 것이다.

이 이야기가 주는 교훈은 이렇다. 옛 농장 주인은 가공되지 않은 다이아몬드 원석을 갈고 닦아야 비로소 영롱한 빛을 발하는 보석이 된다는 사실을 몰랐다. 다이아몬드 원석은 그 가치를 잘 모르는 사람 눈에는 그냥 평범한 돌처럼 보인다. 보석가게에 있는 다이아몬드는 커트, 연마, 세팅 등 여러 과정을 거쳐 완성된 것이다.

마찬가지로 우리의 다이아몬드 밭도 바로 우리 발밑에 있을지 모른다. 그러나 인생의 다이아몬드 밭은 굉장히 힘들고 어려운 일처럼 위장하고 있다. 기회는 보통 작업복을 입고 나타나는 법이다.

인생의 다이아몬드 밭은 재능과 흥미, 교육과 경험, 일터와 삶의 터전, 지인과 주위 이웃 안에 숨어 있을 것이다. 우리가 할 일은 그저 시간을 들여 그것을 찾아보고 거기에 노력을 쏟는 것이다.

앞서 인용했던 루스벨트 대통령의 말을 다시 떠올려보자. "현재 있는 장소에서 자신한테 있는 것으로 할 수 있는 일을 하자." 삶에 엄청난 변화를 당장 일으킬 필요는 없다. 우리가 찾는 것은 대부분 아주 가까이 놓여 있다. 외견상 기회로 보이지 않을지도 모르나 커다란 기회는 흔히 처음에는 힘든 일처럼 보인다.

넷째는 균형의 원칙이다. 이것은 인생의 여섯 가지 핵심 영역에서 다양한 목표를 세워야 커다란 성공을 이룰 수 있다는 원칙이다. 자동차가 제대로 가려면 네 바퀴가 모두 균형을 잡아야 하는 것처럼 인생을 원만하고 만족스럽게 살아가려면 삶의 목표도 모두 균형을 유지해야 한다.

우리에게는 가정과 개인생활에 관한 목표, 건강에 관한 목표, 지적 생활에 관한 목표, 개인적 성장에 관한 목표, 직장과 일에 관한 목표, 경제와 물질에 관한 목표 등이 필요하다. 그리고 내적인 성장과 영적인 깨달음을 추구하는 영적생활에 관한 목표도 필요하다.

올바른 균형을 유지하려면 각 영역별로 목표를 두세 가지 정해 전체 목표를 12~18가지 정도 세울 필요가 있다. 이렇게 균형을 잡아 세워두면 중대한 목표를 달성하는 데 계속 노력을 기울일 수 있다. 직장에서 일을 하지 않을 때는 가정에서 목표를 추구하고, 신체의 건강을 위해 운동하지 않을 때는 개인적 성장이나 지적 생활을 위해 노력한다. 명상, 사색 등 내적 성장을 불러오는 활동을 하지 않을 때는 물질적 보상을 가져오는 목표를 이루려 노력한다. 우리의 목표는 삶이 성장과 발전으로 이어지도록 계속되는 흐름을 만들어가는 것이어야 한다.

다섯째는 삶의 주된 목적을 결정하는 것이다. 주된 목적이란 현 시점에서 다른 어떤 목표 성취보다 더 중요한 제일가는 목표를 의미한다. 목표는 다양할 수 있으나 주된 목적은 오직 하나다. 우리 인생에서 대단히 중요하고 지배력을 발휘하는 주된 목적을 선택하는데 실패하면, 노력이 분산되고 시간을 낭비하며 더 이상 발전을 이루지 못한다.

모든 목표를 분석한 뒤 스스로에게 다음 질문을 던져야 삶에서 지향하는 진정한 목표를 선택할 수 있다. "이 목표 중 어느 것이 다른 모든 목표를 성취하는데 가장 큰 도움을 줄까?" 그것은 보통 경제적이거나 직업적인 일에 관한 목표일 때가 많다. 그러나 가끔 그것은 건강이나 인간관계에 관한 목표일 수도 있다. 주된 목적을 선택하는 것은 모든 위대한 성공과 성취의 출발점이다. 이 목표는 우리가 완수해야 할 중요임무이자 다른 모든 활동을 엮어주는 원칙이 된다. 주된 목적은 신념의 법칙, 인력의 법칙, 상응의 법칙을 작동시키는 촉매제가 된다. 우리가 열정을 갖고 삶의 중심이 되는 목표를 달성하려고 노력할 때 장애물과 제약을 넘어 신속하게 앞으로 나아갈 수 있다. 내적 세계를 구성하는 모든 힘이 우리에게 도움을 주는 방향으로 작용하기 시작하는데, 그때부터는 세상 그 무엇도 우리를 막을 수 없다.

목표 / 설정을 / 도와주는 / 규칙 / 네 / 가지

효과적으로 목표를 세울 수 있도록 도와주는 네 가지 중요한 규칙이 있다.

첫째, 목표는 서로 상충되지 않고 조화를 이루어야 한다. 경제적으로 성공하겠다는 목표를 세우면서 동시에 하루의 절반을 골프장이나 해변에서 보내겠다는 목표를 세울 수는 없다. 목표는 서로 지원하며 상호 강화하는 것이어야 한다.

둘째, 목표는 도전적이어야 한다. 시작도 하기 전에 되레 압도당할 정도로 무모해서는 안 되지만 그렇다고 너무 쉽게 달성할 수 있는 것이어서도 곤란하다. 힘을 들여 노력해야만 목표를 달성할 수 있는 것이어야 한다. 처음 목표를 세울 때는 성공가능성이 약 50퍼센트 정도 되는 것으로 정한다. 이 정도 가능성이면 동기부여에 이상적이면서 쉽게 좌절해버릴 만큼 어렵지도 않다. 목표를 세워 달성시키는 기술이 향상되면 성공가능성이 20~40퍼센트 정도로 낮은 목표도 자신감 있게 세워 열정과 동기를 유지하며 큰 어려움 없이 달성해나갈 수 있다.

셋째, 유형적 목표와 무형적 목표, 정량적 목표와 정성적 목표를 동시에 추구해야 한다. 다시 말해, 목표가 객관적으로 측정하고 평가할 수 있을 정도로 구체적이면서 동시에 내적인 삶과 인간관계의 질을 높여주어야 한다는 말이다.

가족이 편하게 지낼 수 있도록 현재보다 더 큰 집을 구입하겠다는 목표는 정량적인 것이다. 반면 더 인내력이 있고 사랑이 가득한 사람이 되도록 노력하겠다는 목표는 정성적인 것이다. 이 두 가지 목표는 서로 잘 조화되면서 내부와 외부의 균형을 유지한다.

넷째, 단기적 목표와 장기적 목표가 동시에 필요하다. 현재 목표와 함께 5년, 10년, 20년 뒤의 목표도 필요하다. 비즈니스와 경력, 사적인 계획 등 단기 목표의 이상적인 기간은 90일 정도이고, 장기 목표의 이상적인 기간은 2~3년 정도이다. 이 정도의 기간이면 동기부여를 유지하는 데 딱 알맞다.

주된 목적이나 삶에서 지향하는 최고 목표는 정량적이고 도전적이며 2~3년 정도의 기간으로 정한다. 그리고 나서 그 기간을 다시 90일 정도씩 나눠 진행과정을 측정할 수 있게 정량적 기준을 적용한 월간과 주간, 일간 목표로 세분화해야 한다.

매일 매시간 자신에게 중요한 목표를 향해 나아갈 수 있도록 목적이 분명하고 긍정적이며 유기적인 삶이 바로 이상적인 삶이다. 항상 자신이 무엇을 왜 하는지 인식하기 때문에 계속 앞으로 전진하게 되며 항상 '승자'라고 느낀다.

목표를 세워 그것을 성취하고, 미래 지향적인 사람이 되기로 결심하면 스스로 삶을 완전히 통제하고 있다는 좋은 느낌을 선물받는다. 목표를 향해 나아가면 자신을 점점 더 좋아하고 존경하게 되어 자부심이 향상된다. 자신감이 충만하다 보니 매사 긍정적이고 삶에도 더 열정을 보인다. 잠재력의 대문을 활짝 열고 원하는 사람이 되는 방향으로 더욱 빠르게 움직여라.

목표╱설정에╱필요한╱질문

다음은 목표를 세울 때 꼭 반복해서 묻고 답해야 할 일곱 가지 질문이다. 종이를 한 장 꺼내서 자신의 답을 적어보자.

● 첫 번째 질문 : 자신의 삶에서 가장 중요한 다섯 가지 가치는?
  이 질문은 사신에게 무엇이 가장 중요하고, 덜 중요하며, 전혀 중요하지 않은지를 명확하게 구분하는데 도움을 준다. 일단 자신의 삶에서 가장 중요한 일 다섯 가지를 찾아 우선순위대로 1에서 5까지 번호를 매긴다. 목표를 세우기 전에 먼저 해야 할 일이 있는데, 자신의 가치를 제대로 알고 그것의 중요도를 정하는 것이다. 인간은 내부에서 외부로 향하고 자신에 대한 가치로 성격을 형성하므로, 먼저 가치를 명확하게 해야만 자신의 고유한 가치관과 일치하는 목표를 세울 수 있다.

● 두 번째 질문 : 지금 가장 중요한 인생목표 세 가지는?
30초 안에 이 질문에 대답한다. 이 방법을 '속기법'이라고 한다. 자신에게 가장 중요한 목표를 쓰는데 주어진 시간이 짧으면 잠재의식은 재빨리 머릿속 목표들을 분류하기 시작한다. 가장 중요한 목표 세 가지가 저절로 머릿속에 떠오를 것이다. 30초 안에 쓰더라도 30분 동안 쓰는 것 못지않게 정확한 답을 얻을 수 있다.

● 세 번째 질문 : 앞으로 6개월밖에 살 수 없다면 어떤 일을 하고, 어떻게 시간을 보내겠는가?
이것은 자신에게 진정으로 중요한 것이 무엇인지 알려주는 또 하나의 가치에 관한 질문이다. 상상 속에서라도 살 수 있는 시간이 얼마 남아 있지 않은 사람은 삶에서 누가, 무엇이 진정으로 소중한지 금세 알 수 있다. 한 의사가 최근 이런 이야기를 했다. "나는 삶의 마지막 순간에 '더 많은 시간을 회사에 쏟았어야 했는데……'라고 말하며 숨을 거두는 사업가를 본 적이 없다." 또 다른 누군가는 이렇게 말했다. "자신에게 남은 시간이 1시간밖에 없다고 했을 때 그 시간 동안 무엇을 해야 할지 모른다면 아직 인생을 살아갈 준비가 안 된 사람이다." 이 질문을 지금 자신에게 던져보자.

● 네 번째 질문 : 복권에 당첨되어 갑자기 엄청나게 많은 돈이 당신에게 생긴다면?
실제로 이런 일이 벌어졌다고 가정해보자. 그렇다면 자신의 삶을 어떻게 바꾸겠는가? 무엇을 살 것인가? 무엇을 새로 시작하고 무엇을 중지하겠는가? 답을 쓰는 시간은 2분으로 제한되어 있고 자신이 쓴 것만 할 수 있다. 이 질문은 어떠한 제약도 받지 않은 채 시간과 돈을 쓸 수 있고 아무것도 두려워할 필요가 없을 때 무엇을 해야 하는지 알 수 있게 해준다. 자신에게 선택권이 있다고 느낄 때 사람들이 많은 일을 지금과는 다른 방식으로 하고 싶다고 인식한다는 것이다.

● 다섯 번째 질문 : 오랫동안 해보고 싶었으나 두려워서 차마 시도해보지 못했던 일은?
이 질문은 자신이 진정으로 하고 싶으면서도 두려움 때문에 하지 못했던 것을 분명하게 알 수 있게 해준다.

● 여섯 번째 질문 : 자신이 가장 좋아하는 일은 무엇인가? 자신에게 가장 커다란 자부심과 만족감을 주는 일은?
이것은 자신의 가치를 파악할 수 있는 또 다른 질문이다. 가슴 속 깊은 곳에서 진정으로 원하는 것을 어디에서 찾아야 하는지 알려준다. 인간은 자신이 좋아하는 일을 할 때 가장 행복하고, 가장 커다란 활력과 충족감을 느낀다. 성공한 사람은 항상 예외 없이 자신이 가장 좋아하는 일을 한다.

● 일곱 번째 질문 : 절대로 실패하지 않는다고 가정했을 때 꼭 하고 싶은 일 한 가지는?
아마도 이것이 일곱 가지 중에서 가장 중요한 질문일 것이다.

어느 날 요정이 나타나서 딱 한 가지 소원만 들어주겠다고 한다. 그것을 이루는데 얼마큼 시간이 걸리든 돈이 필요하든 상관없이 반드시 이뤄주겠다고 한다면 어떤 목표를 세우겠는가?

앞에서 한 질문들에 어떤 답을 적었든 간에 우리는 그대로 될 수 있다. 글로 적었다는 것 자체가 벌써 반은 성취한 것이나 다름없다. 삶에서 진정으로 원하는 것이 무엇인지 찾았다면 이제 자신에게 할 질문은 '나는 그것을 얼마나 간절하게 원하는가? 그리고 나는 그 대가를 치를 준비가 되어 있는가?'이다.

잠시 시간을 내어 이 일곱 가지 질문에 대한 답을 적어보자. 답을 적은 다음에는 쭉 훑어본 뒤 그중 하나를 자신의 주된 목적으로 선정한다. 자신이 진정으로 원하는 것이 무엇인지를 적는 이 간단한 행동만으로도 우리는 상위 3퍼센트 그룹에 들어갈 수 있다. 대부분의 사람이 평생 하지 않는 일을 하게 되는 것이다. 이제 성공과 행복으로 향하는 위대한 한 걸음을 뗄 준비가 되었다.

목표/설정의/습관화

성공과 행복을 가져오는데 가장 크게 기여하는 것은 지속적으로 목표를 세워 습관화하는 것이다. 이 습관을 계발하는 열쇠는 의식적으로 목표를 하나 세워 명확하고 도전적으로 성취하는 방법을 배우는 것이다. 목표를 구체적으로 세운 뒤 계획에 따라 성취하면 우리의 마음가짐은 긍정적인 생각에서 긍정적인 확신으로 변한다. 마음속에서 어떠한 의심도 없이 목표를 성취할 수 있다고 믿는데까지 도달해야 한다. 그때부터 우리는 전혀 다른 사람이 되고, 내 운명의 주인이 되는 것이다.

성취, 즉 성공할 가능성이 낮음에도 어려움을 이겨내고 이루었을 때 느끼는 희열은 그 무엇과도 비교할 수 없는 만족감과 흥분을 준다. 계속해서 목표를 세우고 정신력을 사용하는 습관은 곧 긍정적인 탐닉이 된다. 아침에 일어나는 것이 기다려지고 저녁에는 잠자리에 들기 싫은 지경까지 이른다. 매사 너무 긍정적이고 자신감이 넘쳐 친구들조차 '과연 내가 알던 사람인가?'할 정도가 된다.

우리가 극복해야 할 가장 커다란 정신적 장애물은 타성이다. 자신의 안주지대로 되돌아가서 앞으로 나아가려는 추진력을 상실하는 것이다. 그래서 성품의 가장 알맞은 정의가 '결심할 당시의 기분이 사라져도 계속해서 그것을 수행하는 능력'인 이유일 것이다.

누구나 목표를 세울 수 있다. 아마도 인구의 절반은 매년 새해 첫날 여러 가지를 결심할 것이다. 그러나 그것만으로는 충분하지 않다. 목표를 세우고 그것을 성취하려고 계획을 짜는 방식이 그 뒤에 일어날 일을 결정한다. 목표를 성취하는 능력을 최대한으로 끌어올리려면, 어떤 상황에서도 원하는 것을 달성하는데 필요한 정신력을 불러올 수 있는 검증된 프로세스가 필요하다.

목표를／달성하는／12단계／시스템

지금부터 배울 12단계 시스템은 아마도 지금까지 계발된 목표달성시스템 중에서 가장 효과적인 시스템일 것이다. 이 시스템은 이미 전 세계 수십만 명이 사용하여 삶에 일대 변혁을 일으켰다. 예를 들어, 기업에서는 조직을 재정비하는데 사용하여 큰 매출과 이익을 얻었다. 이 시스템은 다른 모든 불변의 진리가 그러하듯이 굉장히 단순하다. 아무리 심한 의심병 환자도 단번에 믿을 만큼 대단히 효과가 크다.

이 목표달성시스템은 외부세계에서 성취하고 싶은 것을 마음속에 미리 그릴 수 있도록 해준다. 생각한 대로 될 수 있고 생각한 대로 성취할 수 있도록 머릿속 생각을 현실로 만들어주는 생각의 법칙을 작동시킨다. 어떤 것을 머릿속으로 선명하고 강력하게 그려낼 수 있다면 우리가 예상한 것보다 더 빨리 현실화시킬 수 있다.

머릿속으로 목표를 선명하게 그릴 수 있는 것과 빠른 현실화는 밀접한 관계가 있다. 이 12단계 시스템은 우리를 추상적이고 모호한 곳에서 선명한 곳으로 데려다줄 것이다. 이 시스템은 현재 우리가 어디에 있든 원하는 곳으로 갈 수 있도록 올바른 길로 안내해줄 것이다.

1단계 : 강렬한 열망을 품는다

이 열망은 동기를 부여해 대부분의 사람을 뒤로 끌어당기는 두려움과 타성을 극복하게 해준다. 목표를 세우고 성취하는 것을 가로막는 가장 커다란 장애물은 온갖 종류의 두려움이다. 자신을 과소평가하는 것도 모두 이 두려움 때문이다. 우리가 내린 모든 결정은 두려움과 열망, 이 두 가지 감정에서 비롯된다. 강한 감정이 항상 약한 감정을 지배하는 법이다. '무엇이든지 생각하면 할수록 자라난다'는 집중의 법칙에 따라 무언가를 계속 열망할수록 그 힘이 강해져 결국 두려움을 밀쳐낸다. 특정한 목표에 대한 강렬하고 불타는 열망은 어떤 두려움과 장애도 뚫고 나아갈 수 있도록 해준다.

열망은 지극히 개인적이다. 열망은 다른 사람이 우리에게 원한다고 해서 생기는 것이 아니라 스스로가 원해야 생긴다. 목표, 특히 자신의 삶에서 주가 되는 절대적 목적은 완벽하게 이기적이다. 남을 배려한 것이 아닌 철저히 자신만의 목표여야 한다. 자신이 되고 싶은 것, 갖고 싶은 것, 하고 싶은 것이 무엇인지가 명확해야 한다.

삶에서 주가 되는 절대적 목적은? 자신에게 대단히 중요한 목표는? 어떤 영역에서 성공이 보장될 때 성취하고 싶은 것은? 무엇이 자신을 행복하게 만드는지를 명확하게 알 때까지 목표를 세우기 전에 했던 앞의 일곱 가지 질문을 계속 복습해보자. 자신이 진정으로 무엇을 원하는지 아는 것은 모든 위대한 성취의 출발점이다.

2단계 : 무조건 믿는다

잠재의식과 앞으로 배울 슈퍼의식의 힘을 발휘하려면 반드시 자신이 목표를 달성할 수 있다고 믿어야 한다. 자신에게는 당연히 목표를 성취할 만한 자격이 있고, 준비가 되면 결국 그것을 성취해낼 것이라고 스스로 확신해야 한다. 반드시 목표를 성취할 것이라는 완벽한 확신이 생길 때까지 믿음과 신념을 마음속에서 계속 키워야 한다.

　믿음은 높은 정신력을 발휘하게 해주는 촉매제이기 때문에 목표(특히 맨 처음 목표)는 실현 가능한 것이어야 한다. 더 많은 돈을 버는 것이 목표라면 앞으로 1년 동안 수입을 10~30퍼센트 정도 늘리는 것을 목표로 잡는 것이 좋다. 이 정도는 노력만 하면 반드시 이룰 수 있다. 이런 목표는 현실성이 있기 때문에 쉽게 동기부여가 된다.

　과거에 성취했던 것보다 너무 높게 설정된 목표는 동기를 부여하는 것이 아니라 오히려 상실하게 만든다. 목표를 성취하기까지의 여정이 너무 길어 상대적으로 자신이 한 일련의 노력이 작아보이거나 전혀 앞으로 나아가지 못한 것처럼 보이기 때문이다. 잘못하면 너무 쉽게 좌절하여 가능하다는 믿음을 잃어버릴 수 있다.

　내 경험을 들어보면, 이 프로세스를 처음 적용할 당시 내 수입은 1년에 약 4만 달러였다. 목표달성시스템에 완전히 빠져 있던 나는 앞으로 1년 동안 40만 달러를 벌겠다는 목표를 세웠다. 그러나 결과는 나의 예상을 완전히 빗나갔다. 실제로 수입은 전혀 증가하지 않았다. 40만 달러라는 목표는 내가 도저히 현실화할 수 없는 수준이므로 잠재의식 속에서는 이미 실현 불가능하다고 결론을 내렸던 것이다. 그래서 잠재의식은 40만 달러라는 명령을 거부했다. 명령에 수반되는 진정한 믿음이 그 속에 들어 있지 않았기 때문이다. 실수를 깨닫자 나는 목표를 전년도 수입에서 50퍼센트 증가한 6만 달러로 조정했고 6개월 뒤 직장을 옮김으로써 목표를 달성하였다.

　나폴레온 힐은 "인간은 마음속으로 생각하고 믿는 일은 반드시 성취한다."라고 말했다. 그러나 전혀 비현실적인 목표는 일종의 자기기만이다. 자기기만을 해서는 목표를 달성할 수 없다. 목표를 달성하려면 자기기만

이 아닌 앞에서 여러 번 강조한 원칙과 조화되는 성실하고 현실적이며 체계적인 노력을 해야 한다.

예를 들어, 다이어트를 하겠다며 갑자기 몸무게를 한꺼번에 15킬로그램 이상 줄이겠다는 무모한 목표를 세워서는 안 된다. 대신 앞으로 한 달 내지 두 달 동안 2.5킬로그램을 줄인다는 실천가능한 목표를 세워야 한다. 그것을 달성한 뒤 다시 2.5킬로그램을 더 줄이겠다는 목표를 세우고, 또 다시 다음 목표를 세워 자신이 바라는 이상적인 몸무게가 될 때까지 이 과정을 반복한다. 2.5킬로그램을 줄이겠다는 목표는 그럴 듯하지만 15킬로그램을 줄이겠다는 목표는 현재의 자아개념과 괴리감이 너무 커 잠재의식은 그것을 진지하게 생각하지 않는다.

우리가 아이들에게 할 수 있는 가장 친절하고 유용한 일은 아이들이 현실적이고 실현가능한 목표를 세울 수 있도록 도와주는 것이다. 아이들이 목표를 세우고 달성할 수 있도록 습관을 길러주자. 그렇다고 반드시 큰 목표를 세우고 달성해야 하는 것은 아니다. "잔돈을 절약하면 큰 돈을 벌 수 있다."라는 격언이 있다. 작은 목표부터 세워 성취하는 것을 연습하다 보면 아이들은 결국 더 큰 목표와 성취도 이룰 수 있게 된다.

중대한 목표를 성취하는 데는 커다란 노력이 필요하다. 때때로 몇 주일, 몇 달, 심지어 몇 년 동안 열심히 노력하고 준비해야 비로소 정말 숭대한 어떤 일도 너끈히 해낼 수 있는 것이다. 그것이 무엇이든 필요한 값을 미리 지불해야 한다. 비상한 지능이나 재능을 타고 난 사람이 아니라면 스스로에게 정직할 필요가 있다. 그리고 자신이 설정한 목표가 성취할 만한 가치가 있다면 인내심을 갖고 꾸준하게 노력해야 한다는 것도 받아들여야 한다.

많은 사람이 도저히 자기 힘으로는 성취할 수 없는 높은 수준의 목표를 세우고는 잠시 노력하다 포기해버린다. 그리곤 좌절하면서 다른 사람에게는 어떤지 몰라도 자신에게는 목표를 세우고 달성하는 것이 효과가 없다고 결론을 내린다. 이런 문제가 생기는 일차적인 원인은 너무 많은 것을 너무 빨리 이루려고 하는 데 있다.

우리가 할 일은 그저 목표를 정확하게 세우고 그것을 이루는데 알맞은 방법을 사용하여 계속해서 긍정적인 마음가짐을 유지하는 것이다. 그러면 '인력의 법칙'에 따라 결국 제 시간에 목표를 달성할 수 있도록 필요한 자원과 사람을 끌어모을 수 있다고 마음속으로 믿을 수 있게 된다.

3단계 : 종이에 기록한다

기록하지 않은 목표는 진정한 목표가 아니다. 그것은 단지 희망사항이나 환상일 뿐이다. 희망만으로는 추진력이 없다. 목표를 종이에 적으면 더욱 선명해지고 구체화되어 형체를 갖는다. 목표를 보거나 잡거나 만지거나 느낄 수 있는 것이다. 이제 목표는 추상의 세계에서 빠져나와서 구체적인 형체를 띠게 된다.

목표를 잠재의식에 깊이 뿌리내리는 가장 좋은 방법은 현실에서 이루어지기를 바라는 그대로 명확하게, 생동감 있게, 상세하게 기록하는 것이다. 목표가 실현가능한지 여부를 따지기 전에 먼저 올바른 목표를 세우는 것이 중요하다. 목표를 기록할 때는 모든 면에서 완벽하고 이상적인 모습으로 기록해야 한다. 1장에서 만들었던 이상적인 이미지들을 더욱 선명하게 만든다. '목표를 어떻게 달성할까?' 하는 염려는 잠시 잊어라. 처음에

중점을 둘 부분은 자신이 진정으로 원하는 것을 찾아 그것을 정말 원하는지 확신하는 것이지 그것을 달성하는 프로세스를 걱정하는 것이 아니다.

몇 해 전 심한 불경기에 아내와 나는 빚을 갚으려고 집을 팔았다. 그리고는 임시로 옮긴 월세 집에서 결국 2년을 보냈다. 그때 우리가 꿈꾸던 집이 어떤 모습인지 진지하게 생각해보게 되었다. 비록 경제적으로 어려움을 겪고 있었지만 아름다운 집이 나와 있는 여러 잡지를 정기구독했다.

일주일에 한번씩 아내와 나는 잡지를 보면서 우리가 꿈꾸는 집이 어떤 모습이었으면 좋을지 얘기했다. 그때만큼은 집을 살 비용이나 위치, 계약금 등은 머릿속에서 지워버렸다. 그리고는 꿈의 집 형태를 구체화시켜 42가지 목록을 작성했다. 그 다음에는 목록을 치워버리고 현실로 돌아와서 우리 일을 계속했다.

그 뒤로 3년이 흘렀고 수많은 일이 벌어졌다. 월세 집을 나와 아름다운 집을 사서 이사했으며, 그곳에서도 온갖 예측하지 못했던 일들과 맞닥뜨렸다. 혼란이 가라앉고 나서는 다시 다른 집으로 이사했다. 이번에는 햇빛이 가득한 캘리포니아 샌디에이고 주택가에 있는 140평짜리 아름다운 집으로 이사했다. 짐을 풀다 예전 월세 집에서 아내와 함께 작성했던 목록을 발견했다. 희안하게도 우리가 작성한 42가지 목록 중에서 그 집은 무려 41가지나 일치했다. 나머지 한 가지가 빌트인 진공청소시스템이었는데, 그것은 가장 중요성이 떨어지는 것이었다.

우리 부부는 꿈의 집이 캘리포니아 주 어딘가에 있을 것임을 알고 있었다. 그것은 우리가 작성한 목록에서 '위치'라는 제목 아래에 적혀 있었다. 아내는 뒤뜰에 담장이 없는 집을 원했지만 안전 때문에 캘리포니아 주에서는 현실적으로 담장이 없는 집은 불가능했다. 심지어는 담에 가시철망

216

을 치고 경비원까지 있었다. 그런 현실적 제약을 설명했지만 아내는 단호했다. 아내는 시야가 닿는 저 멀리까지 완전히 개방된 뒤뜰을 원했다.

실제로 우리가 이사온 꿈의 집은 뒤쪽에 아름다운 계곡과 비탈길, 호수 2개를 부드럽게 감싸는 골프코스가 자리하고 있었다. 하지만 계곡과 비탈길, 호수가 더해져서 충분히 안전했기 때문에 담장이 전혀 필요없었다. 아내가 그토록 바라던 그대로 이루어진 것이다.

이것은 내가 목표를 명확하게 기록하고 항상 그것을 생각하여 목표를 달성한 수없이 많은 사례 중 하나일 뿐이다. 목표를 기록하는 가장 중요한 이유는 마음속에서 목표를 분명히 하려는 목적 외에 기록하는 행위 자체가 바람을 더욱 강하게 하고 반드시 성취할 수 있다는 믿음을 깊게 만들기 때문이다.

세상에는 목표를 종이에 기록하지 않는 사람이 대단히 많다. 그것은 가슴속 깊은 곳에서는 자신이 목표를 달성할 거라고 믿지 않아서다. 또 기록이 목표 달성에 별로 도움이 되지 않는다고 생각한다. 그들은 나중에 맛볼 실망감에서 스스로를 보호하려고 기록하지 않는 것이다. 문제는 기록하지 않으면 그들의 인생 행로에서 계속 실망감을 맛보고 낮은 성취감만 얻게 된다는 것이다. 그러나 스스로를 단련해서 목표를 기록하면 그 행위 자체가 실패체계를 억눌러 성공체계를 100퍼센트 가동시킨다.

4단계 : 목표를 성취하면 얻는 이익을 전부 기록한다

목표가 성취라는 난로의 연료라면 '왜'라는 질문은 욕구를 강하게 해주는 촉진제이다. 우리가 그것을 왜 원하는지에 따라 동기부여 수준은 달라진다. 그것을 왜 이루려 하는지 이유가 많으면 많을수록 동기부여의 수준은 높아진다.

독일의 철학자 니체는 "인간은 충분한 이유만 있으면 그 어떤 것도 견뎌낼 수 있다."라고 말했다. 열정을 불러일으키는 작은 이유(동기)만 있으면 어떤 위대한 일도 성취해낸다. 이때, 이유는 사기를 높이고 영감을 주는 것이라야 한다. 우리를 앞으로 나아갈 수 있게 할 만큼 충분히 강력해야 한다.

주된 목표를 성취해야 하는 확고한 이유가 생길 때 강한 추진력으로 강력한 목적의식을 계발하게 된다. 이유가 명백하고 믿음이 확고하며 바람이 강렬하다면 그 어떤 것도 우리를 막을 수 없다.

목표는 이유가 명확해야 한다

한 젊은이가 소크라테스를 찾아가 어떻게 하면 지혜를 얻을 수 있는지 물었다. 소크라테스는 젊은이에게 자신을 따라오라고 했다. 가까운 호수로 간 그는 물속으로 젊은이와 함께 걸어 들어갔다. 가슴까지 물이 차오르자 소크라테스는 갑자기 젊은이의 머리를 잡고 물속으로 밀어넣은 뒤 꼭 잡고는 놓아주지 않았다. 처음에는 장난인 줄 알고 저항하지 않았으나 그 상대가 계속되자 숨을 쉴 수 없게 된 젊은이는 벗어나려고 필사적으로 발버둥쳤다.

한참이 지난 뒤에야 소크라테스는 젊은이를 놓아주었다. 가까스로 살아난 젊은이는 구토를 하며 숨을 몰아쉬었다. 그런 그를 보며 소크라테스는 이렇게 말했다. "방금 물속에서 숨쉬기를 원했던 것만큼 지혜를 원한다면 이 세상 무엇도 자네를 막을 수 없을 것이네." 우리의 목표도 이와 같다.

우리는 그저 목표를 성취한 뒤 얻을 보상과 만족을 계속해서 생각함으로써 마음속에 갈망의 불꽃이 밝게 타오르도록 하면 된다. 사람마다 열정이나 동기를 부여받는 대상이 다르다. 예를 들어, 영국의 소설가 포스터 E. M. Foster는 "나는 존경하는 사람들에게 존경받으려고 글을 쓴다."라고 말했다. 어떤 사람은 돈과 큰 집, 지위와 명성, 멋진 차로 동기부여가 된다. 또 어떤 사람은 다른 사람에게서 받는 인정, 동경의 대상이 되는 것으로 동기부여가 된다.

목표를 성취함으로써 누리게 될 유형, 무형의 모든 유익을 목록으로 만들자. 목록이 길면 길수록 더 많이 동기부여가 되고 목표도 더 확고해진다. 목표를 성취하려는 이유가 한두 가지 뿐이라면 동기부여 수준이 그리 높지 않아 쉽게 좌절해버릴 수도 있다. 그러니 목표를 성취하려는 이유는 적어도 20~30가지 정도는 되어야 한다. 그래야 누구도 우리를 막지 못한다. 목표를 달성할 때까지 어떤 것도 우리를 좌절시키거나 그만두게 하지 못한다.

5단계 : 출발점을 정확하게 지정한다

다이어트를 하기로 결심했다면 맨 처음 할 일은 현재 몸무게를 재는 것이다. 재산을 모으기로 작성했으면 현재 재산이 어느 정도인지부터 파악해야 한다. 그러므로 출발점은 목표 달성 정도를 파악하는 기준이 된다. 어디에서 출발해서 어디로 가는지가 분명할수록 목적지에 도착할 가능성은 더 높아진다.

6단계 : 기한을 정한다

수입이나 재산의 증가, 몸무게를 몇 킬로그램 줄이는 것, 몇 킬로미터를 달리는 것 등 측정가능한 모든 유형의 목표에 기한을 정한다. 그러나 인내심, 친절, 이해심, 자기규율 등 개인적 특성인 무형의 목표에는 기한을 정하지 않는다.

유형의 목표에 기한을 정하면 마음속에 그것이 프로그램화되어 잠재의식에 '강제시스템'이 작동한다. 이 강제시스템은 기한일까지는 무슨 일이 있더라도 반드시 목표를 성취하게 한다. 하지만 무형의 목표에 기한을 정하면 같은 강제시스템이 작용하기는 하지만 이번에는 기한일에 닥쳐서야 목표 달성에 필요한 특성을 발휘한다.

종종 사람들은 기한을 정하지 않으려고 한다. 혹시라도 정한 날짜까지 목표를 달성하지 못하면 어떡하나 하는 두려움과 실망감 때문에 기한일을 명확하게 정하지 않은 채 밀쳐둔다. 때론 아직 일어나지 않은 일인데도 말이다.

만약 기한 내에 목표를 달성하지 못했다면? 그렇다면 기한을 다시 정하면 된다. 그것은 아직 준비가 덜 되었다는 의미일 뿐이다. 너무 낙관적이였으며 날짜 계산을 잘못했다고 인정한다. 새로운 기한도 지키지 못했다면 목표를 달성할 때까지 계속해서 다시 새로운 기한을 정하면 된다. 판매인력을 양성하는 전문가인 내 친구 돈 허트슨Don Hutson이 말한 것처럼 "세상에 비현실적인 목표란 없다. 단지 비현실적인 기한이 있을 뿐이다."

현실적으로 목표를 세우고 상세하게 세부 계획을 짜며, 성실하게 계획을 실천하면 80퍼센트 정도는 기한까지 목표를 달성할 수 있을 것이다. 목표 달성 기한을 2년, 3년, 5년으로 정했다면 다음 단계는 이 기간을 90일로 나눠 각각의 하위 목표로 다시 세우는 것이다. 장기 목표를 자신의 올림포스 등산이라고 가정하면 하루하루 꾸준하게 전진할 수 있도록 해주는 단기와 중기 목표는 보다 쉽게 세울 수 있을 것이다.

미래에서 거꾸로 현재를 되짚기

자신이 머릿속에 그리는 목표를 이미 이루었다고 가정하고 거기에서부터 현재까지 역으로 계획을 세운다. 마음속 가상의 세계에서 목표를 이미 달성한 시점으로 자신을 밀어 보내고 거기에서 현재의 나를 돌아본다. 현재의 상태에서 가상의 목표 달성까지 어떤 단계를 밟았을 것인지 상상해본다. 이처럼 목표를 달성한 상태에서 역으로 계획을 짜는 과정은 어떤 단계를 밟아 목표를 달성해야 하는지 다른 관점(시각)에서 스스로를 살펴보게 해준다. '미래를 근거로 현재를 되돌아본다'는 것은 놓치기 쉬운 가능성과 문제점을 볼 수 있게 해주는 강력한 기술이다. 우리 인식을 날카롭게 해주어 다른 방법으로는 얻을 수 없는 통찰력을 길러준다.

7단계 : 제거할 장애물의 목록을 만들어 우선순위를 정한다

위대한 성공에는 항상 커다란 장애물이 있다. 동전에 비유했을 때 성공과 성취는 앞면, 장애물은 뒷면에 해당한다. 자신과 목표 사이에 장애물이 없다면 그것은 아마도 목표가 아니라 단순한 일상 행위에 지나지 않을 것이다.

생각해낼 수 있는 모든 장애물을 기록한 뒤에는 중요도에 따라 순서를 매긴다. 그중 가장 커다란 장애물이라고 생각되는 것을 하나 골라보자. 그것이 바로 제거해야 할 가장 큰 걸림돌이다. 무언가 가치 있는 일을 하려고 할 때마다 온갖 장애물이 앞을 가로막는다. 그중 늘 변함없이 우리를 가로막는 장애물 하나가 있다. 당장 눈앞에 보이는 손쉬운 작은 장애물이나 문제에 시간과 노력을 뺏기지 않도록 주의하라. 우리가 제거해야 할 장애물은 항상 우리를 가로막는 커다란 암초 덩어리다.

주된 장애물은 내부와 외부 모두에 있을 수 있다. 장애물이 내부에 있다면 그것은 목표를 달성하는 데 필요한 기술이나 능력, 특별한 자질이 부족해서다. 이때는 스스로에게 완전히 정직해져서 다음 질문에 답해야 한다. '나를 어떻게 변화시켜야 목표를 달성할 수 있을까? 그리고 어떤 기술과 능력을 계발해야 할까?'

담당 업무나 직장, 자신과 맞지 않는 사람 등 주된 장애물이 외부에 있다면 새로운 장소에서 새로운 일을 해야 목표를 달성할 수 있다. 이때는 자신에게 이런 질문을 던져보자. '무엇이 나를 가로막는 가장 큰 장애물인가?' 또 '나의 주된 장애물은 무엇인가?'

자신을 자꾸 주춤거리게 하는 장애물을 찾아내려고 스스로에게 던져야 할 두 번째 질문은 '프로세스의 어느 부분이 목표 달성의 속도를 떨어뜨리는가? 즉, 감속요인은 무엇인가?'이다. 현재 모습에서 바람직한 미래 모습으로 변하는 과정에서 무엇이 목표 달성의 속도를 결정할까? 예를 들어, 판매업에 종사한다면 더 높은 수입을 버는데 판매의 규모와 횟수가 감속요인으로 작용할 수 있다. 또 새로 창출하는 유망고객의 수나 주문을 받아오는 능력 등이 감속요인이 될 수 있다.

거의 모든 사례에는 감속요인이 있는데, 이 애로사항(병목현상)이 목표를 향해서 움직이는 속도를 결정한다. 따라서 자신의 감속요인을 찾아내서 그것을 줄일 수 있는 모든 조치를 취해야 한다. 이것을 올바르게 처리하면 목표 달성에 결정적인 역할을 할 수 있다.

8단계 : 목표 달성에 필요한 정보를 수집한다

현재는 지식기반 정보화사회로, 가장 성공한 사람은 다른 사람보다 핵심적인 정보를 더 많이 보유하고 있다. 경제활동이나 업무에서 하는 대부분의 실수는 정보가 불충분하거나 부정확해서다. 목표를 성취하는데 무엇이 필요한지 아는 것이 우리가 할 일이다.

목표를 성취하는 데 필요한 지식과 정보가 없다면 어디에서 어떻게 구할 것인가? 공부와 훈련을 해서 스스로 얻을 것인가? 아니면 지식이 있는 사람을 고용할 것인가? 컨설턴트처럼 필요한 분야의 전문가를 일시적으로 고용할 것인가? 아니면 해당 분야에서 성공한 사람을 찾아가서 조언을 구할 것인가?

필요한 모든 지식과 재능, 기술, 능력, 경험의 목록을 만들어서 재빨리 이것을 배우거나 사거나 빌릴 수 있는 계획을 세운다. 그리고 목표를 달성하는 핵심 정보 중 무엇이 부족한지 점검한다. 어떤 분야에서든 20퍼센트의 정보가 80퍼센트의 가치를 창출한다는 것을 염두에 두고, 목표를 달성하는 데 필요한 가장 중요한 정보는 무엇인지 곰곰이 생각해보자.

9단계 : 우선순위에 따라 도움과 협력이 필요한 사람들의 명단을 작성한다

명단에는 가족과 직장 상사, 고객, 거래은행, 사업파트너, 재력가, 친구 등이 포함될 수 있다. 가치 있는 일을 할 때는 많은 사람의 도움과 협력이 필요하다. 명단을 작성한 다음에는 우선순위를 정한다. 누구의 도움과 협조가 가장 중요한가? 이 단계에서는 다음과 같은 마음의 법칙을 염두에 두어야 한다.

보상의 법칙 The Law of Compensation

이 법칙은 수확의 법칙과 인과의 법칙의 또 다른 형태다. 이와 대응하는 법칙으로 물리적 법칙이 있는데, '모든 작용에는 그와 동일한 반작용이 있다'는 법칙이다. 이 보상의 법칙은 '우리가 한 대로 다른 사람에게 보상받는다'는 것으로, 한마디로 뿌린 대로 거둔다는 말이다.

다른 사람이 우리를 돕게 만들려면 그들의 노력에 어떤 식으로든 반드시 보상할 것이라는 확신을 주어야 한다. 아무런 보상이 없는데도 열심히 일할 사람은 없다. 저마다 자신만의 독특한 동기부여 요인이 있다. 다른 사람의 협조를 얻고 싶은가? 그렇다면 '상대방에게 무엇을 해주어야 그들의 도움과 협조를 이끌어낼 수 있을까?'라고 자신에게 질문해보아라. 이것이 다른 사람의 협조를 구하는 출발점이다.

보답의 법칙 The Law of Reciprocity

우리는 계속해서 WIFM('What In it For Me'의 약어로, '내가 얻는 게 뭔데?'란 뜻이다. 실제로 미국에는 WIFM 라디오 방송채널이 있는데, 이름 때문에 청취자에게 상당한 인기를 얻었다.─편집자 주)에 주파수를 맞춰야 한다. 사업과 사회에서 맺은 모든 관계는 보답의 법칙에 기초한다. '보답의 법칙'은 '사람의 마음속에서는 공평하고자 하는 내적 동기가 있다는 것, 즉 해롭게 했든 이롭게 했든 간에 자신에게 한 그대로 돌려주려고 한다'는 법칙이다. 사람들은 목표를 달성하는데 기꺼이 도움을 줄 것이라고 확신한 뒤에야 우리 목표를 성취할 수 있게 도와준다는 것이다.

어떤 분야에서 가장 성공한 사람은 다른 사람이 목표를 성취할 수 있도록 가장 많은 도움을 준 사람이다. 그들은 기회가 있을 때마다 다른 사람을 도와주어 호감을 얻었으며 나중에 꼭 보답하고 싶다는 마음이 자생적으로 사람들에게 자라나도록 했다.

보상 이상의 법칙 The Law of Overcompensation

이 법칙은 항상 자신이 받는 것보다 많이 줄 때 작동한다. 성공한 사람은 항상 남들이 기대한 것보다 더 많은 것을 한다. 보상과 보답의 방정식에서 통제할 수 있는 것은 투입하는 양뿐이다. 투입량을 통제하여 산출량을 결정할 수 있다. 이것은 씨뿌림, 수확의 법칙과 관련된 부분으로 기회 있을 때마다 다른 사람을 도와주면 그들도 언젠가는 우리에게 필요한 도움을 줄 것이다.

우리는 다른 사람에게 기여한 만큼 보상받는다. 열심히 일하고 남에게 도움을 주며 공정하게 대한다면 다른 사람의 존경과 부, 보상을 되돌려받을 것이다. 보상의 질과 양을 늘리고 싶으면 우리가 주는 서비스의 질과 양을 높이면 된다. 항상 받는 것보다 더 베풀면 언젠가는 지금보다도 더 많이 받게 될 것이다.

조직화된 노력의 원칙, 즉 합의된 목표를 향해 다른 사람과 조화를 이루면서 일하는 것은 모든 위대한 성취의 기본이다. 다른 사람과 함께 효과적으로 일하고자 하는 태도와 능력, 다른 사람의 목표 성취를 도와 자신의 목표 성취를 돕게 만드는 태도와 능력은 성공하는데 필수불가결한 요소이다.

10단계 : 계획을 세운다

자신이 무엇을, 언제, 왜 원하고, 어디서 시작할 것인지 상세하게 적는다. 그리고 극복해야 할 장애물과 필요한 정보, 도움을 줄 만한 사람들의 목록을 작성한다. 앞의 1단계에서 9단계까지 시스템에 답을 내렸다면 어떤 목표라도 성취하는 데 필요한 완벽한 마스터플랜을 짠 것이다.

마스터플랜 수립하기

계획은 시간과 우선순위에 따라 체계화시킨 일련의 활동이다. 시간에 따라 계획을 세우며 목표를 달성할 때까지 모든 활동을 순서대로 기록할 수 있다. 많은 활동을 동시에 진행할 수도 있고, 하나가 끝나면 다른 활동을 연속해서 해야 할 때도 있다. 또 어떤 활동은 한번 시작하면 끝날 때까지 절대로 멈출 수 없다.

우선순위에 따라 작성한 계획은 목표 달성에 필요한 모든 활동을 중요도에 따라 순서대로 기록하는 것이다. 가장 먼저 할 일은 무엇이고, 그 다음 할 일은 무엇인지 목표 달성에 미치는 영향력을 기준으로 모든 활동을 할 때마다 이것을 따져본다.

예전에 일했던 회사의 회장이 몇 년 전에 내게 한 가지 제안을 했다. 어떤 일본 자동차 회사에서 대단히 넓은 지역의 독점 판매 대리점을 주겠다고 제안해왔는데, 내가 그 일을 담당하여 시장조사를 해보면 어떻겠느냐는 것이었다. 잘되면 대리점을 여러 개 만들어 그곳에서 자동차를 수입하고 판매하는 중요한 일도 해야 했다.

'그게 뭐 그리 어렵겠어'하고 단순하게 생각한 나는 좀 더 고민해보지도 않고 바로 하겠다고 대답했다. 그런데 문제가 한 가지 있었다. 무엇을 어디에서부터 시작해야 할지 전혀 감이 오지 않았다. 2개월 동안 일본차의 수입과 판매에 관해서 조사했다. 비슷한 차를 판매하는 모든 대리점을 방문하고, 가능한 모든 사람에게 도움과 조언을 구했다. 다행히 운이 좋아서, 내가 만났던 컨설턴트 중 한 명이 비록 현실화되지는 않았지만 4년 전에 일본 자동차의 수입과 판매에 관한 타당성 조사를 해놓은 자료를 아직까지 가지고 있었다.

나는 그에게 혹시 자료를 보여줄 수 있는지 물었다. 다행히도 그는 자료를 보여주었고, 거기서 일본 자동차를 수입해 각 대리점에서 판매할 때 회사가 해야 할 일 45가지를 적은 목록을 찾았다.

그 자료를 복사해서 나만의 로드맵으로 만들어 하루 종일 갖고 다녔다. 1번 항목부터 시작해 3개월이 채 안 되어 목록에 있는 모든 항목의 일을 다 처리했고, 일본에서 차를 실어와 부두에 하역작업을 시작했다. 대리점을 무려 25곳이나 만들었으며 그곳에서 2500만 달러의 자동차를 팔았다. 말할 것도 없이 회사는 수백만 달러의 이익을 올렸다.

이렇게 이익을 올리기까지 처음 생각처럼 쉽지만은 않았다. 판매, 서비스, 부품, 판촉활동, 인사, 재무, 관리에 엄청난 노력과 능력이 필요했다. 그러나 출발점은 처음부터 끝까지 필요한 일이 상세하게 적힌 목록이었다. 좋은 목록은 올바른 길을 제시하고 목표를 성취할 가능성을 높여준다. 그것은 계획을 세우고 효과적으로 일하는데 핵심이 된다. 필요한 것은 종이와 펜, 목표, 우리 자신의 노력뿐이다.

실행하면서 계획 수정하기

일단 상세하게 활동 계획을 세웠으면 즉시 실행한다. 시행착오가 발생하면 우리가 세운 계획에도 문제점이 있음을 인정한다. 처음부터 완벽한 계획을 세운다는 것은 무리이므로, 완벽주의자가 되려는 과욕만 부리지 않으면 된다. 앞으로 발생할지도 모르는 장애물을 사전에 모두 제거하려 한다면 결국 세상에서 아무것도 얻지 못할 것이다. 그러므로 너무 걱정할 필요는 없다.

뛰어난 사람들의 특징 중 하나는 피드백을 수용하여 방향을 수정한다는 것이다. 그들은 '누가'보다는 '무엇이' 옳은가에 더 관심이 있다. 그래서 모든 문제점을 제거할 때까지 계획을 수정한다. 장애물을 만날 때마다 다시 계획을 검토하여 필요한 조치를 취한다. 결국 기름칠이 잘된 기계처럼 자신에게 잘 맞는 계획을 세우게 될 것이다. 계획을 세밀하고 체계적으로 잘 세울수록 목표를 더 빨리 달성할 수 있다.

최근 「Inc.」 잡지에 50개 이상의 회사 사장과 인터뷰한 기사가 실렸다. 그 기사의 골자는 사업계획의 세부사항이 얼마큼 자세했느냐에 따라 그것의 승패 여부가 달라졌다는 것이다. 즉, 사업 성공에 직접적인 영향을 주었다는 내용이었다. 그러나 실제로 사업은 원래 계획과는 많이 다른 모습으로 실행되었으며, 그 사업의 성공 여부는 계획을 세워나가는 과정 그 자체에 달려 있었다. 미리 세세한 부분까지 철저하게 검토하고 세운 계획일

수록 성공가능성은 매우 높았다. 철저하게 계획을 세우고 시장의 피드백을 참조하여 계획을 계속 보완해나감으로써 이익을 창출했다. 목표를 성취하는 것도 이와 같다. 상세한 계획을 세우고 계속해서 보완해 잘 다듬어진 계획을 세우는 것이 필수적이다.

11단계 : 시각화를 이용한다

목표를 이미 이루었을 때의 모습을 머릿속에서 명확하게 그린다. 마음속 스크린에 이 그림을 반복해서 비춘다. 목표를 달성한 모습을 시각화할수록 목표를 달성하려는 욕구는 증가되고 믿음은 깊어진다. 그때부터 우리는 "보는 대로 얻을 수 있다."

잠재의식은 그림으로 작동한다. 지금까지 배운 목표와 계획을 세우는 과정으로 우리는 잠재의식에 반복해서 보여줄 수 있는 명확한 그림을 그리는 데 필요한 모든 자료를 얻는다. 명확한 마음의 그림은 정신력을 집중시켜 인력의 법칙을 작동시킨다. 자석에 달라붙는 쇳조각처럼 우리 주위에는 목표를 달성하는 데 필요한 사람, 아이디어, 기회가 몰려든다.

12단계 : 절대로 포기하지 않겠다고 결심한다

목표와 계획을 끈기와 결단으로 뒷받침한다. 실패의 가능성은 고려조차 하지 마라. 중도에 포기하는 것도 마찬가지다. 어떤 일이 발생하더라도 중도에 포기만 하지 않으면 언젠가는 반드시 성공한다.

장애물과 어려움에 직면했을 때 견뎌내는 능력을 길러라. 가끔 정말 어

려운 장애물을 극복할 때는 무한한 끈기가 필요하기도 하다. 목표 설정은
'바람'에서 시작되어 '끈기'로 완성된다. 오래 견딜수록 확신과 결단은 그만
큼 강해진다. 결국 아무것도 우리를 막지 못한다.

끈기와 결단에 관련된 많은 시가 있는데, 그중 다음 시는 작자미상으로
나에게 깊은 감동을 주었다.

포기하지 마라

때로 일이 잘못되더라도(실제로 그렇기도 하고),
힘들게 걷는 길이 모두 오르막처럼 느껴지더라도,
수중에 돈은 없고 빚만 많더라도,
웃음 대신 한숨만 나오더라도,
근심이 무겁게 마음을 짓누르더라도,
필요하다면 휴식은 취하되, 결코 포기하지는 않네.

묘하게 흘러가는 게 인생이라
우리 모두가 가끔 배우는 것처럼
많은 실패자들이 방향을 바꾸지만,
꾸준히 계속했으면 성공할 수도 있었는데…….
성공은 실패의 뒤바뀐 모습,
의심의 구름 끝에 있는 은색 빛깔이네.
얼마나 가까이 있는지 알 수 없고,
멀리 있는 듯 보이지만 바로 옆에 와 있을지도 모르네.

심하게 얻어맞아 정신이 없더라도 계속 싸워야 하고,
가장 어려운 바로 그때가 포기해서는 안 되는 때네.

지속적인/행동/테크닉/사용

일단 명확하게 목표를 세워 계획을 짜고 목표를 달성할 때까지는 결코 중
도에 포기하지 않겠다는 결단을 내렸으면, 지속적으로 행동 테크닉을 사
용해 추진력을 갖고 목표를 달성해야 한다.

지속적인 행동 테크닉은 목표를 향한 길에서 벗어나지 않게 해준다. 그
것은 뉴턴의 운동법칙인 관성과 가속도의 법칙에 기인한다. 움직이는 물
체는 외부에서 다른 힘이 가해지지 않으면 계속해서 움직이는 상태로 있
으려고 한다(관성의 법칙). 또 정지한 물체를 앞으로 움직이는 데는 많은 에
너지가 필요하지만 같은 속도로 그 물체를 계속해서 움직이는 데는 훨씬
적은 양의 에너지가 소요된다(가속도의 법칙). 이 두 가지가 위대한 성공 뒤
에 숨어 있는 모든 원칙 중에서도 가장 중요한 것이다.

가속도의 법칙은 감정적이고 영적인 차원에도 적용할 수 있다. 우리는
자신이 관심 있는 것을 성취할 때 더욱 동기부여가 잘되고, 흥미도 불러일
으킬 수 있다. 강한 에너지와 열정이 생성되는 것이다. 목표를 향해 더 빨
리 전진하면 그것을 더 빨리 성취하는 것처럼 느껴진다.

많은 사람이 처음에는 목표를 향하여 힘차게 뛰지만 시간이 지날수록
속도는 점점 늦춰져서 마침내는 멈춰버린다. 그러나 일단 멈추면 다시 시

작하는데 처음보다 더 많은 힘이 든다. 그러니 무슨 일이 있어도 한 번 시작했으면 계속 추진력을 유지해라. 그것은 위대한 성공과 성취에 필수적인 요소다.

계속해서 목표를 성취할 수 있게 하는 행동을 함으로써 강한 추진력을 지속시킬 수 있다. 목표를 달성하는 데 필요한 활동을 정리한 다음 그것을 계속 하도록 자기자신을 통제해야 한다. 주된 목표를 성취하는 데 도움이 되는 활동을 매일 해야 한다.

성공은 계속해서 또 다른 성공을 낳는다. 목표를 향해 움직이게 하는 활동을 매일 함으로써 성공 습관을 계발할 수 있다. 매일 아침 그것을 복습하고 하루도 빠짐없이 생각한다. 항상 목표를 성취하는 데 도움이 될 만한 일은 없을까 찾아본다. 매일 하는 일이 중요하든 사소하든 간에 항상 긍정적인 태도와 동기부여로 추진력 있게 행동을 계속해서 목표와 일치시켜야 한다. 끊임없이 움직이고, 목표를 세워 그것을 성취할 때까지 지속적인 행동 테크닉을 사용해야 한다. 매일 조금씩 무슨 일인가를 성취해야 한다. 이른 시간일수록 더 좋다. 성공에는 신속성이 중요함을 명심하라. 우리가 더 많은 일을 더 빨리 시도할수록 에너지와 열정도 증대되어 더욱더 많은 것을 성취할 수 있다.

목표설정시스템／적용／사례

목표설정시스템의 효과를 보여주는 대표적인 사례를 하나 들겠다. 내가 청중 800여 명을 대상으로 목표를 세우는 것이 왜 중요한지 강의하고 있을 때였다. 한 사람이 강단 위로 올라오더니 잠시 마이크를 사용해도 되느냐고 물어보았다. 그는 피닉스 세미나에 참석했던 사람으로, 여기서 배운 시스템을 실생활에 적용하고 나서 자기 삶이 어떻게 달라졌는지 이야기하고 싶다고 했다.

그는 6주 전에 여자친구와 함께 세미나에 참석했다며 이야기를 시작했다. 14년간 보험회사의 임원으로 근무하면서 온갖 세미나에 참석했던 그는, 이틀 동안 세미나에 참석하는 대신 첫날 아침에만 참석한 뒤 여자친구와 쇼핑하기로 약속했었다. 지금까지 참석한 세미나 수를 고려할 때 더 이상 새롭게 배울 것이 없다고 확신한 것이다.

그러나 원래 계획과 달리 그들은 이틀 모두 세미나에 참석했다. 그리고는 세미나 내용에 감동하여 자신들의 삶에도 목표설정시스템을 꼭 적용해보고 싶었다. 여자친구와 함께 하루 휴가를 낸 그는 하루 종일 목표설정시스템을 이용해 다음 몇 해 동안의 계획을 세웠다. 계획을 완성하는데 무려 10시간이나 걸렸다.

그들은 2년간 사귀었는데 결혼 이야기를 꺼낸 적은 있으나 확실하게 결정은 내리지 못하고 있었다. 그래서 목표 중 하나를 '결혼'으로 정하고 구체적인 결혼 날짜를 종이에 적었다.

다음에는 그것을 실현시키는 구체적인 하위 목표를 세 가지 세웠다. 첫 번째 목표는 결혼 전에 그들이 원하는 꿈의 집을 사는 것이었다. 그들이 처음 세미나를 들은 것은 9월 중순이었고 자신들의 이야기를 들려준 것은 10월 말이었는데, 그들이 정한 결혼 날짜는 다음 해 2월 4일이었다. 따라서 결혼식 날은 바로 집을 구매해야 하는 기한이 되었다. 두 번째 목표는 캘리포니아 주 가든 그로브에 있는 크리스털 성당에서 로버트 슐러^{Robert} ^{Schuller} 박사의 주례로 결혼하는 것이었다. 세 번째 목표는 캘리포니아 주 롱비치에 있는 러브 보트^{Love Boat}에서 결혼식 피로연을 하는 것이었다.

이 세 가지 목표의 실천 방안을 상세하게 적은 뒤 바로 행동에 착수했다. 그 뒤 며칠간 퇴근하고 나서 집을 알아보러 다녔다. 결국 원하는 꿈의 집을 찾았다. 집주인은 22만 달러를 요구했지만 그들은 돈만 준비할 수 있다면 18만 달러에도 살 수 있다고 생각했다. 문제는 저축해둔 돈이 거의 없다는 데 있었다. 그래서 그들은 90일 안에 18만 달러를 번다는 새로운 목표를 세웠다.

두 번째 목표를 이루려고 슐러 박사의 사무실에 전화해서 다음 해 2월 4일에 주례를 맡아줄 수 있는지 문의했다. 그러나 슐러 박사는 더 이상 주례를 서지 않는다며 거절했다. 그들은 포기하지 않고 계속해서 어떻게 하면 슐러 박사의 마음을 돌릴 수 있는지 비서에게 물었다. 비서는 슐러 박사가 너무 바빠 도저히 방법이 없다고 했다.

그래도 그들은 포기하지 않았다. 혹시 슐러 박사에게 개인적으로 접촉할 방법은 없는지 물었고, 비서는 편지를 보내는 방법이 있지만 그렇더라도 가능성은 거의 없다고 말했다. 그들은 즉시 슐러 박사에게 편지를 썼다. 자신들은 긍정적 사고의 힘을 믿으며, 슐러 박사가 결혼식 주례를 서는 것이 얼마큼 큰 의미를 지니고 그것이 그들의 삶에 어떤 커다란 영향을 미칠지 조목조목 설명했다. 편지를 부치고 나서 그들은 바로 세 번째 목표인 러브 보트와 피로연 문제를 처리하기 시작했다.

여기서도 역시 장애에 봉착했다. 러브 보트 예약사무실에 전화해보니 배는 그날 오후 4시에야 부두로 돌아오고 오후 8시에는 다시 출항해야 해서 사실상 피로연은 불가능하다는 것이 그들의 답변이었다. 그러나 그들의 의지는 확고했고 믿을 수 없을 만큼 낙관적이어서 실패를 전혀 두려워하지 않았다. 그들은 여행사에 근무하는 친구에게 전화해서 도와달라고 부탁해보았지만 친구에게 전해들은 메시지도 역시 불가능하다였다.

그들은 매번 목표를 달성하는 과정에서 장애물에 부닥쳤는데, 유독 그들만 특별한 경험을 한 것은 아니다. 장애물이 없는 목표는 일상적인 잡무일 뿐임을 분명히 기억하라.

지금까지 했던 것보다 훨씬 높고 나은 목표를 세울 때마다 전혀 예측하지 못한 장애물과 어려움을 맞닥뜨리게 된다. 특히, 온갖 형태의 '안 된다'는 부정적인 답을 듣게 될 것이다.

그러나 다시 한 번 강조하지만 결코 걱정하거나 좌절할 필요는 없다. 맞닥뜨리는 온갖 부정적인 경험은 단지 인내력을 측정하는 시험일 뿐이다. 바늘과 실처럼 커다란 목표에는 반드시 커다란 장애물이 뒤따른다. 무엇을 원하든지 간에 그것을 얼마나 절실히 바라는지 생각하라. 싸울 가치조차 없다면 아예 처음부터 원하지 말아야 한다.

그러므로 이들은 처음부터 포기할 생각이 아예 없었다. 이번에는 러브보트의 선박대리점에 편지 한 통을 보냈다. 왜 2월 4일 오후에 배에서 피로연을 해야 하는지 상황을 설명하고 특등실을 예약하고 싶다고 썼다.

우선 그들이 원하는 꿈의 집이 다른 사람에게 팔리기 전에 돈을 준비하는 것이 가장 시급한 문제였으나, 그들은 잘될 것이라는 믿음을 갖고 두 달 뒤 잔금을 치르는 조건으로 1000달러에 집을 계약했다.

그러자 놀라운 일이 일어났다. 그가 6개월간 정성을 쏟은 기업보험 건이 최종 마무리된 것이다. 그것은 건강과 연금, 생명, 재산 등 기업의 모든 측면을 대상으로 하는 말그대로 종합보험이었다. 회사의 사장이 직접 전화를 걸어 이사회의 승인을 받았으니 연말까지 관련 절차를 모두 마치고 보험료를 지불하고 싶다고 이야기했다. 거래가 완료되고 그는 9만 달러가 약간 넘는 수수료를 받았다. 그 액수는 지금까지 받은 수수료 중에서 가장 큰 금액이었다.

놀라운 일은 거기에서 그치지 않았다. 일주일 뒤 기업보험에 든 회사 사장이 다시 전화를 걸어왔다. 비슷한 규모의 회사를 경영하는 친구가 있는데, 그도 보험에 가입하고 싶어 한다며 도와줄 수 있느냐고 물었다. 두말 할 필요도 없었다. 2주일이 채 가기 전에 똑같은 보험을 기업에 판매하여 수수료로 9만 달러를 더 벌었다.

그러나 행운은 시작에 불과했다. 며칠 뒤 그들은 슐러 박사의 비서에게 전화를 한 통 받았다.

"편지에 뭐라고 쓰셨는지 모르지만," 비서가 말했다. "슐러 박사께서 몇 분 전에 선생님께서 쓰신 편지를 들고 사무실에 오셔서는 주례를 서시겠다고 말씀하셨습니다. 2월 4일 오후 2시에 성당으로 오시면 슐러 박사가 주례를 서주실 겁니다."

그것이 끝은 아니었다. 일주일 뒤 선박회사에서 전화가 왔다. 지금 막 내년도 선박운행 스케줄을 마무리했는데, 2월 4일에는 오후 4시가 아니라 12시에 정박했다가 오후 8시에 출항할 계획이니 여전히 피로연을 계획하고 있다면 오후 4시부터 6시까지 사용할 수 있다고 말해주었다.

연단에서 그는 이렇게 이야기를 마무리했다. "세미나에서 배운 방법을 실제로 적용함으로써 지난 5년 동안 이룬 것보다 나는 6주 동안 더 많은 것을 성취했습니다. 목표를 세우는 방법을 누구보다 잘 안다고 생각했으나 그것은 저만의 착각이었습니다. 차분하게 자리에 앉아 체계적으로 목표를 세운 뒤에야 그것이 큰 힘을 발휘함을 실감할 수 있었습니다."

목표 달성／12단계／시스템／요약

앞의 사례에 비춰 두 사람이 목표달성시스템을 이용해 어떻게 목표를 달성했는지 각 단계별로 살펴보자. 그들은 마음의 법칙을 모두 작동시켜 주된 목적을 달성하려고 노력했다.

- 1단계 소망. 그들은 원하는 것이 무엇인지 명확하게 알았다. 소망은 지극히 개인적인 것이었고 그들은 거기에 강한 애착을 느꼈다.
- 2단계 믿음. 바라는 대로 결혼식을 할 수 있을 거라는 절대적인 믿음을 보였다. 아무리 어려움에 부딪쳐도 자신감과 낙관주의를 유지한 채 결국은 뜻한 대로 이룰 것이라고 굳게 믿었다. 도저히 안 된다는 이야기를 듣고도 목표를 달성하려는 구체적인 행동을 취함으로써 그들의 믿음이 얼마큼 확고한지 보여주었다는 점이 가장 중요하다.
- 3단계 기록한다. 그들은 희망과 꿈을 종이에 기록함으로써 배수진을 쳤다. 그리고 자세하게 기록하여 욕구를 강화하고, 자신에게는 목표를 성취할 수 있는 능력이 있다는 믿음을 깊게 했다.
- 4단계 목표를 달성하면 얻게 될 유익을 결정한다. 그들은 결혼식과 꿈의 집이 앞으로 살아갈 삶에서 행복의 기초를 세우는 데 큰 도움이 될 것

임을 분명히 알았다.

● 5단계 현재 위치를 분석한다. 그들은 차분하게 앉아 삶을 진지하게 살펴보았다. 그리고 목표와 견주어서 현재 위치를 분석한 뒤 명확한 결정을 내렸다. 모든 것은 거기에서 비롯되었다.

● 6단계 기한을 정한다. 그들은 먼저 결혼 날짜를 잡은 뒤 거기에서부터 역으로 계획을 세워나갔다. 어려움에 부딪쳐도 처음에 정한 결혼 날짜를 바꾸지 않았다. 그들은 전쟁 시 군인처럼 참호를 파고 자리를 잡았으며, 장애물에 직면해도 군인처럼 쉽게 포기하지 않았다.

● 7단계 장애물을 파악한다. 그들의 첫 번째 목표는 결혼생활을 시작할 집을 사는 것이었다. 그러나 집을 사는데 필요한 돈이 없다는 것이 가장 큰 문제였다. 그들의 목표를 달성하는데 가장 큰 장애물이자 목표 달성의 속도를 감속시키는 주요 요인이었다.

● 8단계 추가로 필요한 지식과 정보를 수집한다. 그들은 열심히 필요한 지식을 찾기 시작했다. 필요한 사람에게 질문을 하고 편지를 썼다.

● 9단계 도움을 얻을 수 있는 사람들을 파악한다. 그들은 목표 달성에 도움을 줄 수 있는 사람들의 목록을 만들었다. 목록에 따라 유망고객과 거래를 마무리했고, 함께 결혼식의 세세한 부분을 점검했다.

● 10단계 계획을 세운다. 마치 요리에 필요한 재료를 준비하듯 9단계까지 마치면서 그들은 계획을 세우는 데 필요한 모든 요소를 다 파악했다. 이를 종합해서 계획을 세우는 것은 비교적 단순한 일이었다. 해야 할 일을 완벽하게 적은 목록으로 그들은 네 달 동안(처음 계획을 세운 날부터 결혼식 날까지) 함께 힘을 모아 목표를 달성하였다.

● 11단계 시각화한다. 그들은 원하는 것을 마음속으로 명확하게 그렸다.

얼마나 생생하게 그렸으면 꿈의 집 구석구석을 걸어다닐 수 있을 정도였다. 크리스털 성당 사진이 들어간 브로셔를 보고, 일요일에는 텔레비전에서 크리스털 성당의 미사를 지켜보았다. 러브 보트를 사진으로도 보고 텔레비전에서도 보았다. 함께 있을 때면 하루 종일 완벽한 결혼식과 꿈의 집을 상상했다.

- 12단계 끈기. 그들은 실패의 가능성은 아예 생각조차 하지 않았다. 자신들의 꿈을 지켜내려고 장애물을 극복할 수 있는 방법을 찾았다. 하나의 방법이 효과 없으면 다른 방법을 시도했다. 최종적으로 성공할 때까지 그 모든 것을 참을성을 갖고 견뎌냈다.

그리고 그들이 이 모든 것을 이루자 주위 사람들은 정말 운이 좋았다고 이야기하면서 박수를 쳐주었다.

놀라운／삶의／변화

우리의 성취를 제약하는 것은 거의 없다. 얼마 되지 않는 제약도 대부분 우리 스스로가 만들어낸 것이다. 자신의 두려움과 의심이 시도조차 하지 못하게 막는다. 스스로를 제약하는 잘못된 믿음은 주된 목적과 일치하는 행동을 지속함으로써 극복할 수 있다. 우리가 꿈꾸는 성공과 행복은 이 목표달성시스템에서 시작된다. 자신이 진정 무엇을 원하는지 정확하게 알고 그것을 달성하는 데 필요한 일을 해야 한다.

5장에서 설명한 프로세스와 시스템은 단순히 체계적으로 목표를 성취할 수 있게 해주는 체제만을 뜻하진 않는다. 그 안에는 무한한 잠재력을 여는 비밀번호가 들어 있다. 목표를 설정하는 단계를 거치면서 긍정적인 마음이 생겨나고 창의성이 발휘되며 주된 목표들을 달성하는 방향으로 모든 마음의 법칙이 조화를 이루며 한곳으로 집중된다.

가장 중요한 것은 목표 달성의 원칙과 규칙을 실행하면 슈퍼의식의 무한한 힘을 가로막는 문빗장이 열린다는 것이다. 이 방법들은 우리에게 있는 자원을 활용하여 전에는 상상조차 할 수 없었던 방식으로 삶을 변화시켜준다.

슈퍼의식을 올바르게 작동시키고 활용하는 것은 우리가 해야 할 가장 중요한 일이다. 그것은 행복과 건강, 부유함, 완벽한 자기표현의 열쇠다. 다음 장에서 살펴보겠지만 슈퍼의식은 모든 개별적인 위대함과 높은 성취의 토대가 된다.

5. 성공시스템의 실천방법

브라이언 트레이시의 9단계 목표 설정 기법

1. A4 용지에 자신이 꼭 이루어야 한다고 생각하는 것들을 적어 리스트를 만든다.

2. 중요하지 않다고 생각하는 것부터 차례차례 지워 나간다.

3. 마지막으로 남은 것을 자신의 넘버원(No.1) 목표로 정하고, 이를 다시 A4 종이에 베껴쓴다.

4. 목표가 실현 가능한 것인지 생각해본 후 언제부터 목표 달성을 위해 뛸 것인지 출발점을 정한다.

5. 현실적이고 명확한 데드라인(deadline)을 설정한다.

6. 목표를 이루는 데 장애요소(obstacles)가 될 만한 것들을 적어보고, 지금까지 내가 왜 이 목표를 달성하지 못했는지 구체적으로 써 본다.

7. 목표를 이루기 위해 나를 도와야만 하는 사람들의 리스트를 작성한다. 그 사람들에게 어떻게 협조를 구할 것인지도 적는다.

8. 목표를 달성하기 위해 내게 필요한 기술(skill)을 적는다. 이 중 현실적으로 당신이 개발할 수 있는 게 무엇인지 우선순위를 적어본다.

9. 목표 달성을 위한 세부적인 스케줄표를 작성한다. 이때 작성하는 플랜은 구체적이면 구체적일수록 좋다.

CHAPTER 06

The
Master Power

슈퍼의식을 깨우는
마스터 파워

새로운 아이디어와 가능성을 접할 때 슈퍼의식은
우리가 느끼는 모든 영감, 의욕, 열정의 원천이 된다.

새로운 아이디어와 가능성을 접할 때 슈퍼의식은
우리가 느끼는 모든 영감. 의욕. 열정의 원천이 된다.

고대 그리스에서는 세상이 갓 만들어졌던 시절부터 전해져오는 이야기가 있다. 땅과 사람, 새와 동물, 바다 생물, 풀과 꽃을 비롯한 모든 생물을 만든 올림포스 신들에게는 할 일이 하나 더 남아 있었는데, 그것은 인간이 성장해서 의식수준이 충분히 발전할 때까지 생명의 비밀을 몰래 감추는 것이었다.

신들은 어디에 숨겨두는 것이 더 안전할지 격렬하게 토론했다. 한 신이 이야기했다. "세상에서 제일 높은 산에 숨깁시다. 인간은 절대로 못 찾을 겁니다." 그러자 다른 신이 이야기했다. "우리가 인간을 만들 때 끝없는 호기심과 야망도 주었기에 아무리 높은 산이라도 결국 올라갈 겁니다."

그러자 또 다른 신이 생명의 비밀을 세상에서 가장 깊은 바다 밑에 숨기자고 제안했다. 이 의견에 다른 신이 대답했다. "우리가 인간을 만들 때 끝없는 상상력과 불타는 호기심으로 세상을 탐험하도록 만들었기 때문에 아무리 깊은 바다라도 결국 도달할 겁니다."

한참을 더 논의하던 신들은 결국 해결방법을 찾아냈다. "생명의 비밀을 인간이 찾지 않을 곳, 다른 모든 곳을 다 찾고 나서 의식수준이 충분히 성숙한 뒤에야 찾을 수 있는 곳에 숨깁시다." 다른 신들이 물었다. "그곳이 어딥니까?" 그 신이 대답했다. "인간의 마음속 깊은 곳에 숨기는 것입니다." 신들은 동의했고 인간의 마음속 깊은 곳에 생명의 비밀을 숨겼다.

현자들은 지난 5000년 동안 숨겨진 고대의 비밀, 즉 모든 인간의 마음 깊숙한 곳에 숨겨진 잠재능력이라는 보물을 찾아내어 자물쇠를 열어줄 열쇠를 찾는 데 전념했다. 그들은 수도회, 비밀조직, 사적인 공동체 등을 만들어서 인간의 내적인 힘이라는 전무후무한 미개척지를 탐험하는 데 헌신했다.

많은 사람이 정교한 의식과 비법 전수로 이어져오는 종교적인 공동체와 수도원, 비밀 결사체에서 일생을 보냈고, 그 과정에서 이 위대한 비밀이 어렴풋이 드러났다.

슈퍼의식이 / 지닌 / 힘

지난 100년 동안 이전 세대가 비밀을 발견해냈던 것보다 더 큰 발전이 있었다. 오랜 역사의 비밀, 즉 건강과 행복, 부의 열쇠가 소위 말하는 '슈퍼의식superconscious mind'에서 발견된 것이다.

슈퍼의식을 올바르게 사용하면 어떤 문제도 풀 수 있고 어떤 장애도 극복할 수 있으며 진정으로 바라는 어떤 목표도 달성할 수 있다. 모든 인간의 위대함과 성취는 여기에 기초한다. 사실 지금까지 이야기한 모든 것은 슈퍼의식을 활용해 삶의 질을 완전히 바꿀 수 있는 기반이 된다.

지금까지 많은 위대한 사상가들이 그 힘에 두려움과 존경을 품은 채 그 것을 글로 표현했으며, 또 다양한 이름으로 명명해왔다. 러시아의 신비주의 학자인 마담 블라바츠키Madame Blavatsky는 그것을 '신비의 가르침the secret doctrine'이라고 불렀다. 시인이자 철학자인 랄프 왈도 에머슨은 그것을 '신성oversoul'으로 칭하며 "우리는 모든 필요에 반응하는 엄청난 지성을 타고 났다."라고 말했다. 에머슨은 이 지성을 태양에 비유하면서 인간은 그것에서 통찰력을 얻을 때 초자연적인 힘을 인식한다고 말한다.

나폴레온 힐은 이 힘을 '무한한 지성infinite intelligence'이라 부르며, 그것이 우주의 지식창고이자 모든 상상력과 창의력의 원천이라고 했다. 그는 이 지성에 접근하는 능력이야말로 지난 몇 년간 자신이 인터뷰한 수백 명의 부자가 누렸던 커다란 성공의 핵심이라고 주장했다. 또 스위스의 심리분석학자인 칼 융은 이것을 '초의식supra-conscious mind'이라고 부르면서 여기에 인류의 과거, 현재, 미래의 모든 지혜가 담겨 있다고 말했다. 그것은 '우주적 잠재의식universal subconscious mind', '집단 무의식collective unconscious', '우주의 정신'이라고도 불렀다. 또 많은 사람이 '신의 마음' 또는 '창조적 잠재의식'이라고 부르기도 했다.

무엇이라고 부르든 그것을 끌어내어 꾸준히 활용하면 우리는 거의 무한대의 것을 성취할 수 있다. 아직 슈퍼의식을 경험해보지 않은 사람에게 그것이 어떻게 작용하는지 설명하는 것은 대단히 어렵다. 우리는 지금까지 살아오면서 우연한 방식으로 슈퍼의식을 여러 차례 사용해왔다. 사실 우리가 지금까지 성취한 것의 많은 부분은 이 힘을 우연히 사용한 덕택에 얻은 것이었다. 이 장에서는 슈퍼의식을 체계적으로 사용하여 자신이 얻을 수 있는 건강과 행복, 부의 양을 크게 늘릴 수 있는 방법을 알려주고자 한다.

창의력이 솟아나는 샘

슈퍼의식은 모든 순수한 창의력의 원천이다. 고전 미술, 음악, 문학은 모두 슈퍼의식에서 나온다. 에머슨은 그의 수필들이 저절로 써졌다고 고백했다. 책상 앞에 앉아 있으면 그의 손에서 종이 위로 단어들이 그냥 쏟아져 나왔다는 것이다. 그러나 실제로 그가 쓴 수필들은 영어로 쓴 작품 중에서 가장 아름답고 감동적인 작품에 속한다.

모차르트가 젊은 시절 음악을 작곡할 때였다. 그는 실제로 마음속에서 음악을 보고 들을 수 있어 펜을 잡으면 두 번 쓸 필요 없이 한번에 완벽한 선율의 악보를 그릴 수 있었다. 그가 쓴 악보는 대체로 너무 깨끗했는데, 영화 〈아마데우스〉에서 궁정 작곡가인 살리에리Salieri는 이런 상황을 이렇게 묘사했다. "그는 마치 누군가가 불러주는 아름다운 음악을 받아쓴 것처럼 악보를 작성한다."

베토벤, 바흐, 브람스, 스트라빈스키는 자신들의 최고 걸작을 만들 때 모두 이 슈퍼의식을 이용했다. 시간을 초월한 듯 보이고 마음 깊이 감동을 주는 그러한 음악을 듣거나 그림을 보거나 책을 읽고 있다면 우리는 슈퍼의식이 만들어낸 창조물을 경험하는 셈이다.

획기적인 발명품을 만드는 특허제조기

슈퍼의식으로 새로운 발명품을 만들고, 과학 분야에서 엄청난 발견도 한다. 에디슨은 정기적으로 자신의 슈퍼의식을 사용하여 해결책을 찾았고, 이는 수백 가지의 성공적인 발명품으로 이어졌다. 자신이 살던 당시에 전기 분야의 가장 뛰어난 천재였던 니콜라 텔사Nikola Telsa는 전기모터 모형이 완벽해질 때까지 그것을 조립하고 머리속에서 완성된 그림을 그리고 나서야 작업실에 가서 새로운 모터를 만들었는데, 놀랍게도 그것은 처음부터 완벽하게 작동하였다.

영감을 불러일으키는 도구

새로운 아이디어와 가능성을 접할 때 슈퍼의식은 우리가 느끼는 모든 영감, 의욕, 열정의 원천이 된다. 또한 육감, 직관, 번뜩이는 통찰력 등 우리 내부에서 들리는 영감에 가득 찬 작은 소리의 원천이기도 하다. 골치 아픈 문제와 씨름하고 있는데 갑자기 새로운 아이디어가 떠오르고 그것이 완벽한 해결방법이라는 것이 나중에 밝혀졌을 때 그 뒤에는 언제나 슈퍼의식이 존재했었다. 우리가 직면하는 도전적인 상황에서 새로운 통찰력을 경험했다면 그것은 슈퍼의식이 작동했기 때문이다.

탁월한 문제해결사

슈퍼의식은 문제를 해결하거나 목표를 달성할 때 잠재의식에 저장되어 있는 모든 정보에 접속한다. 슈퍼의식은 지금까지 배우고 경험한 모든 것에서 필요한 정보를 끄집어낼 수 있다.

또한 슈퍼의식은 진짜와 가짜를 구분하는 능력이 있다. 기억 속에는 가짜 정보가 엄청나게 많다. 에베레스트 산의 실제 높이가 얼마인지, 1부셸(bushel : 약 35리터)이 몇 펙(peck : 약 8.8리터)인지처럼 중요하지 않은 정보도 있다. 개인의 재산에 영향을 주는 중요한 사안처럼 대단히 중요한 것도 있다. 슈퍼의식은 이 모든 정보 중에서 사실만 골라서 사용한다. 따라서 슈퍼의식은 정확하고 상황에 적절한 해결방법을 제공한다.

가끔 자신이 사실이라고 생각했던 것과 다른 아이디어가 떠오를 때가 있을 것이다. 이때 나중에 보면 자신이 사실이라고 생각했던 것이 불충분하거나 잘못된 정보에 기초한 지식이었음이 밝혀진다. 모순되어 보였던 아이디어나 해결책이 사실은 정확한 방법이었던 셈이다. 이것이 바로 우리에게 필요한 답이다.

지식의 보고

슈퍼의식은 자신의 지식과 경험을 넘어 다른 곳에 있는 지식과 정보에도 집속한다. 슈퍼의식은 사실 우리 뇌의 바깥, 즉 의식과 잠재의식의 바깥에 존재한다.

영국의 과학자 마이클 패러데이Michael Faraday는 전문적으로 과학 교육을 받은 적이 없다. 그런데 어느 날 한밤중에 깨어났는데 머릿속이 온통 과학 공식으로 가득 차 있었다. 그는 일어나 머릿속에서 에너지가 흐르듯 흘러나오는 수학 공식과 과학 계산식을 몇 페이지에 걸쳐서 적었다. 다 쓰고 나자 그는 다시 지쳐서 잠이 들었다.

나중에 자신이 적은 노트를 영국에서 가장 저명한 한 과학자에게 가져 갔더니 그가 그때까지 전혀 존재하지 않았던 지식을 만들어낸 것으로 결론이 났다. 마이클 패러데이의 이 업적은 리 드 포레스트Lee De Forest의 진공관 개발을 가능하게 했고 지금의 전자시대를 열었다.

초월적인 정신 작용

우리는 계속해서 존재할 모든 지혜와 지식, 아이디어가 담겨 있는 보편적인 지성에 둘러싸여 있다. 이 때문에 세계 곳곳에 살고 있는 서로 다른 사람들이 이런 에너지를 이용하여 동시에 똑같은 아이디어를 생각해내기도 한다.

세미나 참가자 중 한 사람이 캐나다 원자력 연구위원회의 팀원으로 일하며 감마선 섬광계수기를 개발하고 있었다. 그가 장치를 완성하기까지 총 2년이 걸렸는데 프로젝트를 진행하면서 얻은 통찰력이 바로 성공의 열쇠였다.

몇 달 뒤 소련의 과학자들이 참가한 국제 심포지엄에서 그들은 소련의 한 과학자도 거의 동시에 똑같은 통찰력을 얻어 똑같은 장치를 개발했다는 사실을 알았다. 양쪽에서 진행한 프로젝트는 공개적으로 발표하기 전까지는 일급비밀로 보안에 신경썼기 때문에 그런 창의적인 통찰력을 서로 교류할 수 있었던 방법은 오직 슈퍼의식뿐이었다.

슈퍼의식이 /주는 /통찰력

일단 슈퍼의식의 능력을 체계적으로 사용하기 시작하면 아이디어들이 불쑥 떠오르게 된다. 대부분은 이런 경험을 한번쯤 해봤을 것이다. 새로운 상품이나 서비스에서 좋은 아이디어가 떠올랐지만 전혀 경험이 없는 분야라 포기해버렸다. 그런데 나중에 보니 다른 회사에서 같은 상품이나 서비스를 개발해서 큰 돈을 번 것이다. 이것이 바로 슈퍼의식이 작용한 한 예이다.

아이디어가 떠올랐는데 무시해버린 사람과 그것을 계속해서 발전시킨 사람의 차이는 무엇일까? 머릿속에 떠오른 아이디어로 무언가를 시도한 사람은 자기 자신과 아이디어를 현실화시키는 자신의 능력에 더 큰 믿음과 자신감을 보인다. 어린 시절부터 잘못 길들여진 탓에 우리는 자신의 아이디어가 가치 없다고 생각하며 무시한다. 사실은 그것이 인생을 완전히 뒤바꿀 정도로 획기적이었는데도 말이다. 우리가 슈퍼의식이 주는 통찰력의 가치를 받아들이면 온갖 아이디어가 떠오르기 시작함에 놀라게 될 것이다. 그리고 다음부터는 아이디어가 떠오르면 그냥 지나쳐버리지 않고 그 아이디어로 무언가를 하게 될 것이다.

1년 365일 작동하는 슈퍼의식

슈퍼의식은 무의식 단계에서 1년 365일 하루 24시간 내내 작동한다. 잠재의식 속에 목표나 문제를 프로그램한 다음에 내보내면 그것이 슈퍼의식으로 전해져 슈퍼의식이 그 목표나 문제를 처리하기 시작한다. 그러면 다른 시급한 일에 의식과 잠재의식에서 나오는 에너지를 쏟아부으며 일상생활에 전념할 수 있는데, 이때 슈퍼의식은 우리가 목표를 달성하는 데 필요한 해답을 찾아주려고 바쁘게 움직인다.

여기서 기억할 것이 하나 있다. 의식은 문제를 찾아내서 비교하고 분석하고 결정하는 역할을 한다. 잠재의식은 정보를 저장하고 인출하며 의식의 명령에 따른다. 슈퍼의식은 이것을 초월하여 의식과 잠재의식의 외부에서 작동하지만 그 두 가지로 접속할 수 있다.

목표 지향적인 동기를 부여한다

슈퍼의식은 목표를 달성하도록 동기를 부여해주는 역할을 한다. 목표를 설정하고 달성하는 방향으로 점진적으로 나아갈 때 느껴지는 열정과 흥분의 원천이 바로 슈퍼의식이다. 그러나 슈퍼의식에 있는 동기부여 능력을 제대로 활용하려면 조건이 하나 있다. 그것은 목표가 확고하고 명확하며 구체적이어야 한다는 것이다. 그러면 슈퍼의식은 목표를 달성하는 데 필요한 아이디어와 에너지를 발산한다.

슈퍼의식은 '자유에너지free energy'의 원천이다. 자유에너지는 우리가 이미 여러 번 경험한 현상이다. 그것은 엄청나게 흥분하거나 강렬한 열망을 느끼거나 극도의 위험에 처했을 때 우리를 뚫고 지나가는 정신적 · 신체적 에너지이다. 진정으로 중요한 것을 이루려고 온 힘을 다할 때, 종종 잠을 거의 자지 않고도 며칠 밤낮을 일할 수 있는 끝없는 에너지가 나오는 것을 느낄 수 있다. 보통 이것을 '신경에너지nervous energy'라고 부르지만, 신경에는 에너지가 없다.

긴급한 상황이 발생해서 한밤중에 일어나야 했던 경험이 있을 것이다. 그때 자신이 순식간에 일어나 민첩하게 행동했음을 기억할 것이다. 바로 전까지만 해도 피곤해서 깊이 잠들었는데 말이다. 이것이 바로 슈퍼의식에서 나오는 자유에너지의 한 예이다.

자유에너지의 또 다른 예는 목숨이 위태로운 상황에서 초인적인 힘을 발휘하는 것이다. 몇 년 전 플로리다에서 있었던 일이다. 그다지 건강하지 못한 예순여덟 살 된 할머니 로라 슈츠 부인은 부엌에서 일을 하고 있었고, 마흔 살 된 아들은 앞뜰에서 차를 수리하고 있었다. 그런데 갑자기 차를 들어올리고 있던 자동차 잭이 옆으로 넘어지면서 차 밑에 들어가 수리를 하던 아들의 가슴을 덮쳤다.

비명 소리를 듣고 집을 뛰쳐나간 할머니는 곧 상황을 파악하고 즉시 차를 향해서 달려갔다. 그리고 차의 범퍼를 잡은 채 무게가 거의 1톤이나 되는 자동차를 들어올려 아들을 구해냈다.

그 광경을 이웃 사람들이 목격했다. 나중에 신문기자가 할머니에게 어떻게 그렇게 할 수 있었는가를 물었다. 그러자 그녀는 그런 일이 없었다며 즉각 부인했다. 자신의 힘으로 그 일을 해냈다는 사실을 도저히 믿을 수 없었기에 그 일을 머릿속에서 완전히 지워버린 것이다.

슈퍼의식과 완전하게 소통하면 건강, 에너지, 힘이 마치 물 흐르듯이 흘러들어오는 것을 느낀다. 그러면 보통 사람들이 일주일 만에 해내는 일을 단 몇 시간 안에 해낼 수 있게 된다. 이 상태에서는 세상의 흐름은 느려지나, 의식의 흐름은 빠르게 느껴진다. 그래서 엄청난 일들을 해내고 마음속에는 행복이 가득해진다. 또 원할 때는 언제든지 아이디어가 샘솟아난다.

254

명확한 명령만 슈퍼의식을 발동시킨다

슈퍼의식은 명확하고 권위 있는 명령, 즉 긍정적 확신positive affirmation에 가장 잘 반응한다. 의식적으로 목표나 열망을 확신할 때 그것은 잠재의식에 전달되고, 그때마다 슈퍼의식이 활동하여 그것을 현실화하는 데 필요한 아이디어와 에너지를 발산한다.

성공한 사람에게는 공통적으로 결단력이 있는 것도 모두 이 때문이다. 그들은 무엇을 원하는지 분명하게 알기에 슈퍼의식은 그들이 원하는 것을 이루려고 계속해서 일을 한다. 망설임 없이 어떤 대가를 치루더라도 반드시 이루겠다고 명확하고 분명하게 결정을 내리면, 갑자기 모든 것이 결정에 도움이 되는 방향으로 움직이기 시작하는 것을 경험해 보았을 것이다.

'나는 내가 좋다', '나는 할 수 있다', '나는 1년에 얼마를 번다' 등 긍정문을 사용하는 것은 마치 자신의 모든 정신력을 동원하라는 마스터 스위치를 올리는 것과 같다.

앞에서 나는 자신의 잠재력을 충분히 발휘하지 못하는 일차적인 이유가 그들이 진지하지 않기 때문이라고 말했다. 진지하지 않다는 것은 자신의 삶을 개선하는데 반드시 필요한 결정을 내리지 않는다는 의미이다.

한번 내린 결정은 무슨 일이 있어도 번복하지 않겠다고 확고하게 다짐하는 순간 자신이 얼마나 더 유능한 사람이 되는지 알면 놀랄 것이다. 그만둘까 말까, 다른 것을 할까 말까 하고 생각하는 것을 즉시 중지하라. 자신의 목표를 달성할 수만 있다면 어떤 대가든 기꺼이 감수하겠다고 결심하라. 그리고 어떤 일이 있어도 결코 중지하지 않겠다고 결심하라. 바로 그 순간 평범한 재능을 지닌 사람도 엄청난 성취를 달성할 수 있는 사람으로 변한다.

모든 문제를 해결해준다

목표가 명확하면 슈퍼의식은 목표 달성을 방해하는 모든 문제를 자동으로 해결해준다. 돈을 많이 버는 것이 목표이고, 얼마큼 벌어서 유지하겠다는 명확한 생각이 있다면 우리는 결국 그 돈을 벌게 된다. 그것에 의심의 여지는 없다.

인류의 역사는 열정을 불러일으키는 원대한 목표를 세우고 오랜 세월 동안 여러 가지 어려움에 부딪치면서도 불굴의 의지로 목표를 달성해가는 사람들이 만든다. 세계적인 경영컨설턴트이자 『유능한 경영자^{The Effective} ^{Executive}』를 쓴 피터 드러커^{Peter Drucker}는 "때와 장소에 관계없이 위대한 성취 뒤에는 그것을 이루는 데 온 힘을 바친 사람이 반드시 있기 마련이다." 라고 말했다. 위대한 일이 일어났다면 그 뒤에는 자신이 원하는 것이 무엇인지 분명히 알고, 아무리 시간이 걸리고 대가를 치루더라도 반드시 그것을 이루겠다고 결심하고 실천한 사람이 있기 마련이다.

우리가 해야 할 일은 자신의 목표에 생각을 집중하는 것이다. 그러면 슈퍼의식이 작동하면서 목표를 추구하는 과정에서 생기는 모든 문제를 자동으로 해결해준다. 목표만 명확하다면 슈퍼의식은 100퍼센트 작동한다.

믿을수록 더 잘 작동한다

슈퍼의식은 신뢰와 수용이라는 의식 상태에서 가장 잘 발휘된다. 반드시 장애물을 제거하여 문제를 해결하고 목표를 달성할 수 있다는 자신감을 갖고 기대하면 우리 생각은 더 빨리 운동하여 최고의 상태에서 슈퍼의식을 작동시킨다.

어떤 상황이 발생하면 결과 때문에 미리 조바심부터 보인다. 그러나 어떤 결과라도 겸허히 받아들이겠다고 마음 먹으면 그때부터 대부분의 상황은 저절로 해결된다. 가끔은 전혀 예상하지도 못했던 방식으로 해결되기도 한다. 결과를 무조건 수용하겠다는 생각을 처음부터 하기란 쉽지 않다. 그러나 그렇게 할 수만 있다면 원했던 모든 것이 순식간에 이루어지고 가끔은 기대하지 않았던 것까지도 이루어진다. 재미있게도 우리가 의식적인 노력을 덜할수록 슈퍼의식은 더 잘 작동하여 원하는 것을 모두 이루어준다.

모든 위대한 사람은 믿음이 깊은 사람이었다. 그들에게는 불필요한 생각을 덜어내는 능력이 있었다. 마치 어린아이와 같은 순수함으로 때가 되면 결국 올바른 길로 가기 마련이라는 믿음이 있었다. 또한 자신보다 강한 초인적인 힘이 자신을 돕고 있다는 믿음을 갖고 어떤 상황에서도 안정감과 자신감을 잃지 않았다.

모든 부정적인 감정과 분노, 걱정, 조바심은 슈퍼의식의 작동을 멈추어버리며 힘을 축소하고 생각을 흐리게 한다. 또 의식에서 잠재의식으로 보내는 메시지를 불분명하게 만든다. 모든 파괴적인 감정은 슈퍼의식을 효과적으로 발휘해주는 안정감과 긍정적인 마음을 방해한다.

단계마다 적절한 경험치를 제공한다

슈퍼의식은 성공에 필요한 경험을 가져다준다. 우리 내부에서 충분히 준비되지 않았는데 외부에서 그것을 성취할 수는 없다. 그것을 성취할 수 있는 내부의 수준을 성장시키고 계발해야 목표를 이룰 수 있는 법이다. 슈퍼의식은 순차적으로 내부의 성장에 필요한 경험을 하게 해준다. 때로는 우리가 그토록 원했던 목표에 도달했는데도 커다란 환희를 느끼지 못할 수도 있는데, 그것은 이미 내부가 자신이 바라는 외부 현실과 대응할 만큼 성장해서다.

이것은 대단히 중요한 핵심포인트이다. 내부적으로 준비되지 않은 상태로 목표를 달성하면 그 상태를 오래 유지할 수 없다. 예를 들어, 로또 복권에 당첨되었다고 치자. 갑자기 생긴 많은 돈 때문에 우리의 자아개념은 현실을 수용하지 못해 결국 그 돈을 흥청망청 써서 없애버리려고 한다. 많은 돈이 생기면 그것을 어떻게 쓸 것인지 미리 준비를 하지 않았기 때문이다. 그래서 "쉽게 벌면, 쉽게 나간다."라는 말이 생긴 것이다.

그러나 점진적으로 성공을 이루면, 즉 외부에서 이룩하는 성공에 대응할 만큼 내면적으로 성장해 있으면 나중에 자신이 원하던 사회적인 성취를 이루더라도 그 성공을 지속시킬 수 있다. 지나온 삶을 뒤돌아보면 우리가 이룩한 가치 있고 중요한 성취는 거의 대부분 어려움과 실망, 일시적인 실패 뒤에 찾아왔음을 발견하게 된다. 종종 극심한 두려움, 근심과 걱정을 이겨내야 했을 것이다. 그러나 돌이켜보면 그런 어려운 경험을 이겨냈기 때문에 지금의 자신이 있고 궁극적인 목표를 달성했다는 것을 알게 된다.

슈퍼의식은 반드시 배워야 할 것을 제대로 배울 수 있도록 여러 가지 장애물, 즉 학습경험을 설치해둔다. 또한 슈퍼의식은 인내력이 대단히 강하다. 그것이 인간관계이든 사업이든 돈이든 건강이든지 간에 배워야 할 것을 제대로 배우지 못하면 몇 번이고 다시 어려움을 겪게 해서 결국은 알아야 할 교훈을 제대로 배우게 한다. 배울 것을 제대로 배워야만 성장의 다음 단계로 나아갈 수 있다.

나폴레온 힐은 거의 모든 부자는 그들의 인생에서 가장 커다란 실패를 겪은 다음에 큰 성공을 거뒀다는 것을 발견했다. 모든 지표가 '이제 더 이상은 어떻게 할 수 없다', '이제는 포기할 수밖에 없다'는 것을 보여주는 바로 그때가 목표 달성의 일보 직전인 셈이다.

그것은 마치 목표 달성 직전에 슈퍼의식이 우리에게 대가를 치르게 하는 마지막 시험과도 같다. 너무 힘들어 도저히 견딜 수 없다는 마음이 드는 바로 그때가 마지막으로 온 힘을 모아서 이 상황은 목표를 달성하려면 꼭 거쳐야 할 과정이라는 믿음으로 앞으로 나아가야 할 때인 것이다.

성공하는 사람들의 특징은 결코 실패라는 말을 사용하지 않는다는 것이다. 그들은 목표를 추진하는 과정에서 일시적인 장애에 부딪칠 때 그것을 실패라고 보지 않고 성공하는 방법을 배우는 한 가지 방식으로 본다. 그들은 자신이 겪는 모든 장애물이나 좌절 속에서 그와 같거나 그 이상의 유익과 기회의 씨앗을 찾아낸다. 그들은 자신이 겪는 모든 경험에서 배우며, 어떤 일이 닥쳐도 마음의 평정을 잃지 않는다. 항상 차분하고 긍정적인 마음을 유지하여 목표에 집중한다. 그 결과 그들은 항상 슈퍼의식을 발동시킨 상태로 살아간다.

사용하지 않으면 퇴화한다

슈퍼의식은 그것을 신뢰하고 사용할수록 그 능력이 커진다. 자신을 둘러싼 이 신비한 힘을 온전히 믿을 때만 위대한 일을 이루어낼 수 있다. '용불

용설의 법칙The Law of Use'에 따르면 정신적 능력이나 신체적 능력은 사용하지 않으면 퇴화한다. 반대로 그 능력은 사용할수록 커지고 우리가 원하는 대로 쓸 수 있게 된다. 살아가면서 문제에 부딪칠 때마다 우리를 인도하고 영감을 주며, 길을 밝혀주는 슈퍼의식의 힘을 활용하는 습관을 길러라. 그러면 슈퍼의식은 날이 갈수록 더 빠르고 효율적으로 우리가 원하는 것을 제공해줄 것이다.

항상 정확한 길로 인도한다

슈퍼의식은 우리가 하는 모든 말과 행동, 결과를 자아개념과 뚜렷한 목표와 한 치의 오차도 없이 일치시켜준다. 슈퍼의식을 따르면 어떤 상황에서도 항상 올바르게 말하고 행동할 수 있는 영감을 얻을 수 있다.

가끔 아무 생각 없이 떠오르는 대로 말했을 뿐인데 돌이켜 생각해보면 그 상황에 딱 맞아떨어지는 말이었음을 깨달을 때가 있다. 또 가끔 책이나 CD를 사고 누군가에게 전화를 걸어 만날 약속을 잡거나 이젠 결단을 내려야겠다는 충동을 느껴서 그대로 했는데 나중에 보니 그 상황에서 꼭 해야 할 최선의 행동이었다는 것이 밝혀지기도 한다. 우리가 슈퍼의식을 믿고 사용할수록 이런 일은 우리에게 자주 일어날 것이다.

동시성과 세렌디피티가 불러오는 행운

동시성Synchronicity은 전혀 관계없어 보이는 두 가지 사건이 동시에 일어나서 목표 중 하나를 달성하는 데 도움을 주는 현상을 말한다. 예를 들어, 아침에 출근하기 전에 하와이로 휴가를 가면 어떨까 생각했는데, 그날 오후에 특별 할인된 하와이 여행상품 판촉이 있음을 우연히 알게 되는 것이 이에 해당된다. 주말에 쉬면서 수입을 좀 더 늘려 노후대책을 해야겠다고 생각했는데, 월요일에 상사가 보수도 높고 권한도 큰 직위로 승진시켜주는 것도 이에 해당된다. 동시에 일어나는 두 가지 사건을 연결해주는 유일한 것은 우리 생각과 목표에 따라 그 사건에 부여한 의미뿐이다. 이것이 슈퍼의식 활동의 예이다.

이런 우연의 일치를 설명하는 또 다른 단어는 세렌디피티serendipity이다. 세렌디피티란 자신이 필요한 것을 운 좋게 찾아내는 능력이다. 세렌디피티를 경험한 사람에게는 모두 한 가지 공통점이 있다. 그것은 수동적으로 일이 발생하기를 기다리지 않고 능동적으로 찾아다니는 사람들이라는 점이다. 그들은 대단히 목표가 명확한데, 그들이 발견하는 재수 좋은 일은 모두 그들의 목표 달성과 연관되어 있다.

슈퍼의식을 활용하기 시작한 사람들이 항상 하는 말이 있다. "내게 기가 막힌 일이 생겼는데 아마 믿지 못하실 겁니다." 이것은 내가 수도 없이 들은 말이다. 다른 사람들은 기가 막히게 좋은 일이 동시에 일어나 바라는 것을 얻었을 때도 그것을 단지 행운이나 우연으로 치부해버린다. 이 책을 읽는 여러분은 이제 그것이 행운이 아니라 바로 슈퍼의식의 활동임을 이해했을 것이다.

우리가 살고 있는 우주는 법칙이 지배하며 우연히 일어나는 일은 아무것도 없다. 알든 모르든 세상의 모든 일은 특정한 법칙과 원칙에 따라 일어난다.

제2차 세계대전이 한창이던 1941년 가을 영국에서 있었던 일이다. 당시 수상이었던 윈스턴 처칠은 히틀러와 화친하라는 내각의 압력을 받았다. 그는 즉각 요구를 거절하면서 곧 미국이 참전하면 상황은 180도 달라질 것이라고 말했다. 도대체 무슨 근거로 미국이 참전한다고 그렇게 확신하느냐고 의원들이 묻자 그는 이렇게 대답했다. "나는 역사를 공부하는 사람이다. 역사를 살펴보면 끈기 있게 버틸 때 반드시 어떤 일이 발생하곤 했었다."

이런 대화가 있고 몇 주 지나지 않은 1941년 12월 7일 일본이 진주만을 폭격했다. 히틀러는 그 소식을 듣자마자 미국에 선전포고를 했다. 하룻밤 사이에 상황이 완전히 뒤바뀌어 미국의 엄청난 산업생산능력이 영국 쪽으로 오게 되었다. 지구의 반대편에 있는 일본의 일방적인 행동이 사건들을 연쇄적으로 일으켰고, 결국 처칠은 나치 독일의 침략에서 영국을 구해내고자 했던 목표를 달성할 수 있었다.

차분하고 자신감 있게 기대를 갖고 버티면 커다란 어려움에 봉착하더라도 슈퍼의식이 발동하여 동시성과 세렌디피티의 행운을 누릴 가능성이 높아진다. 그것은 대단히 즐거운 경험으로 언제나 당신에게 행복과 환희를 선물할 것이다.

슈퍼의식을 작동시키는 5단계

슈퍼의식은 다음 두 가지 조건에서 가장 활발하게 작동한다. 첫째, 어떤 문제나 목표에 100퍼센트 의식을 집중하고 있을 때이다. 둘째, 의식이 다른 문제를 처리하는 데 바빠서 전혀 그 문제를 생각하지 못하고 있을 때이다. 어떤 문제에서 슈퍼의식을 작동시키고 싶다면 두 가지 조건을 다 시도해보아야 한다. 슈퍼의식을 작동시키는 5단계는 다음과 같다.

- 1단계 : 해결해야 할 문제나 목표를 명확하게 정의한다. 가능하면 글로 쓰는 것이 좋다. 나는 정확히 무엇을 이루고 싶은가? 해결하고 싶은 문제는 무엇인가?
- 2단계 : 가능한 많은 정보를 수집한다. 자료를 찾아 읽고 질문하며 자신에게 필요한 답을 적극적으로 구한다.
- 3단계 : 자신이 수집한 모든 정보를 검토하면서 의식적으로 문제를 해결하려고 노력한다.
- 4단계 : 의식적으로 노력해도 문제를 해결하지 못할 경우 그 문제를 슈퍼의식에 넘긴다. 자신감을 갖고 문제를 의식에서 놓아버림으로써 의식에서 멀어져가도록 한다.
- 5단계 : 해결해야 할 문제나 목표는 슈퍼의식에 맡기고 의식은 다른 일에 집중시킨다.

어떤 문제라도 좋으니 지금 자신이 씨름하고 있는 문제나 목표에 이 방법을 적용해보자. 결과에 스스로도 놀라게 될 것이다.

슈퍼의식은 적시에 정확한 해답을 준다

슈퍼의식은 놀랄 만큼 정확한 때에 정확한 해답을 제공한다. 이때, 유의할 점이 있다. 그것은 슈퍼의식이 해답을 주면 즉시 그것을 실행해야 한다는 것이다. 슈퍼의식이 주는 해답은 그 시점에서 꼭 필요하거나 적절한 해답이기 때문이다. 갑자기 누군가에게 전화를 하거나 어떤 말을 하거나 어떤 일을 하고 싶은 마음이 생길 때 그것이 올바르다는 느낌이 들면 자신을 믿고 직관대로 해야 한다. 결과적으로 그것이 올바른 선택이었음을 알게 될 것이다. 이렇게 해야겠다 또는 이렇게 말해야겠다는 마음이 명확하게 들 때는 서로 간에 충돌이나 불편한 일이 예상될지라도 직관에 따라서 그대로 하라. 결과는 항상 기대 이상일 것이다.

강연하는 것이 직업임에도 나는 가끔 연설이나 세미나를 어떻게 구성하고 시작해야 할지 자신이 없어진다. 이때는 상황을 슈퍼의식에 맡겨두면 된다. 그러면 어떤 시점에서 가끔은 연단으로 걸어가고 있는 도중 이야기의 전체 맥락이 떠오르는데, 그때 떠오른 이야기가 결국 그 상황에 맞는 최선이었음을 알게 된다.

최근 어느 기업체 직원들을 대상으로 전문적인 판매업자가 직면하고 있는 도전을 주제로 강연해달라는 요청을 받았다. 열심히 강연 준비를 해서 나름대로 어떤 이야기를 할지 생각을 정리했다. 그런데 사회자가 나를 소개하는 순간 갑자기 그 주제 대신에 장기적인 목표와 전략의 중요성, 그리고 낡은 것을 버리고 새로운 방향으로 용기 있게 나아가는 것을 주제로 말하고 싶은 강한 충동을 느꼈고 직관에 따라 강연을 했다. 연설이 끝났을 때 청중은 내게 기립박수를 보내주었다.

나중에 회사 사장은 내게 이런 이야기를 했다. 강연회 전까지 직원들은 회사의 미래 방향에 대해 깊은 토의를 했는데 연설을 듣고 나서 풀지 못했던 문제의 해결방법을 찾을 수 있었다는 것이다. 다시 말해, 그들은 슈퍼의식에 따라 정말 배우고 싶었던 것을 강연회에서 내가 말할 수 있게 내 슈퍼의식을 자극한 것이다.

모든 것을 슈퍼의식에 맡겨라

슈퍼의식은 자신을 프로그래밍하여 미래의 어느 시점에 해야 할 일을 기억하도록 해준다. 예를 들어, 아침 몇 시나 밤 몇 시에 일어나도록 자신을 프로그래밍할 수 있다. 나를 포함해서 많은 사람이 자명종이 없어도 원하는 시간에 일어난다. 우리가 할 일은 내일 아침 몇 시에 일어나겠다고 결정하고 나서 그 사실을 잊어버리는 것이다. 그러면 다음날 정해진 시각에 정확하게 또는 2~3분 전에 눈을 뜰 것이다.

나는 직업 때문에 세계 각국을 돌아다닌다. 그러다 보니 시차 때문에 자는 시간과 일어나는 시간이 일정하지 않다. 그러나 슈퍼의식 덕택에 원하는 시간에 정확하게 일어난다. 늦잠을 자는 경우는 거의 없다. 자명종보다 더 우수한 것이 내 안에 있기 때문이다.

몇 시에 누구에게 전화하겠다든지 집에 가는 길에 어디에 들러서 무엇을 하겠다든지 하는 것도 슈퍼의식에 맡기면 된다. 정확한 시간과 장소에서 그 생각이 저절로 떠오를 것이다. 이 놀라운 슈퍼의식을 사용하는 방법은 의외로 간단하다. 어떻게 하겠다고 명확하게 결정만 하면 된다. 슈퍼의식을 사용하다 보면 더 이상 시계를 차고 다닐 필요가 없어질 것이다. 시계를 보지 않아도 정확한 시간을 알 수 있기 때문이다.

슈퍼의식으로 주차공간 찾기

우습게 들릴지 모르지만 슈퍼의식을 사용하면 주차공간도 쉽게 찾을 수 있다. 머릿속으로 명확하게 주차공간을 그리면 아무리 번잡한 도로나 복잡한 주차장에서도 주차공간을 찾을 수 있다. 특히 번화한 곳에서는 어떤 사람이 주차공간을 확보해두고 있다가 우리가 도착하자마자 정확한 시간에 차를 빼주어 주차공간을 마련해준다. 내 아내 바버라는 볼 일을 보러 어떤 장소든지 가기만 하면 항상 입구 바로 옆에 주차공간이 마련되는 경지까지 이르렀다.

엔지니어나 회계사 등 전문가 집단은 이 말을 믿지 않는다. 하지만 나는 세미나에 참가하여 슈퍼의식을 배운 다음에는 주차할 곳을 찾느라 고생한 적이 한번도 없었다는 사람들의 이야기를 수없이 들었다.

샌디에이고에서 열린 최근 세미나에서 참가자들에게 토요일 오후를 개인 시간으로 주었다. 두 그룹은 샌디에이고 동물원을 가기로 결정했다. 첫 번째 그룹은 젊은 사업가 네 명으로 구성되어 있었다. 그들은 긍정적이고 낙관적이어서 세미나에서 배운 대로 주차공간을 찾는데 아무 문제가 없다고 확신하였다. 두 번째 그룹은 엔지니어 세 명으로 구성되어 있었는데, 시각화와 슈퍼의식으로 주차공간을 찾을 수 있다는 것을 아직 믿지 못했다.

두 그룹은 따로따로 샌디에이고 동물원에 갔다. 첫 번째 그룹은 동물원에 도착하자마자 주차장 전체가 차로 가득 차 있는데도 망설이지 않고 정문 앞으로 갔다. 그런데 때마침 차 한 대가 빠지는 것이 아닌가! 그들은 기분 좋게 웃으면서 주차를 하고 동물원에 들어갈 수 있었다. 반면에 두 번째 그룹은 한참을 헤매도 주차공간을 찾지 못해 결국 입구에서 두 블록이나 떨어진 곳에 주차한 뒤 동물원까지 먼 길을 걸어야만 했다.

주차공간을 찾는 일은 슈퍼의식의 힘을 보여주는 아주 작은 예에 불과하나, 꼭 한번 직접 체험해보기 바란다. 이때, 열쇠는 우리 태도이다. 나를 위해서 주차공간이 준비되어 있다고 확신하라. 그러면 주차공간을 찾게 될 것이다. 그러나 조금이라도 의심하면 슈퍼의식을 작동시키는 회로는 작동을 멈춰 부정적인 결과를 초래할 것이다.

모든 슈퍼의식의 법칙을 하나로 결속시키는 운동법칙

'슈퍼의식 운동법칙The Law of Superconscious Activity'은 이 책에서 소개한 여러 법칙 중에서 가장 중요한 법칙 중 하나이다. 이 법칙은 나머지 모든 법칙을 통합해준다. 이것은 '우리가 의식에 지속적으로 담고 있는 생각과 계획, 목표, 아이디어는 그것이 긍정적이든 부정적이든 슈퍼의식으로 반드시 현실화된다'는 법칙이다.

이 법칙으로 '마음속 생각을 바꿈으로써 자신이 바라는 세상을 만들 수 있다'는 말을 설명할 수 있다. 우리가 계속해서 바라는 것에 집중하고 두려움을 생각하지 않는다면 그 목표가 무엇이든 결국 실현되어 현실이 될 것이다. 다른 모든 법칙과 마찬가지로 이 슈퍼의식 운동법칙도 중립적이어서 사람을 차별하지 않는다. 이 법칙은 인과의 원칙을 극명하게 보여준다. 이 힘을 좋은 일에 사용하면 좋은 일만 일어날 것이나 부정적으로 사용하면 질병, 불행, 경제적 어려움을 겪을 것이다. 결국 선택은 우리 몫이다. 우리 모두는 자신이 살아갈 세상을 자유롭게 선택할 수 있다. 그리고 매일 자신의 생각에 따라 삶을 선택한다.

성공적인 인생의 비결은 참 간단하다. 인생을 구성하는 매시, 매분, 매초 동안 자신이 바라는 목표, 건강, 행복, 풍요로움만 생각하고 원치 않는 것은 생각하기를 거부하는 것이다.

슈퍼의식의/활동/시뮬레이션

슈퍼의식의 활동을 촉진하는 몇 가지 방법이 있다. 첫 번째 방법은 의외로 단순하다. 항상 자신의 목표만 생각하는 것이다. 이것만으로도 행복하고 분명한 삶을 살 수 있다. 슈퍼의식의 에너지가 우리를 관통하면서 목표를 달성할 수 있도록 아이디어와 열정을 제공해줄 것이다.

슈퍼의식을 촉진하는 두 번째 방법은 고독을 연습하는 것, 즉 혼자서 침묵하는 것이다. 사람은 혼자만의 시간을 갖기 시작할 때 위대해진다. 고독은 자신의 생각에 균형과 명료함을 가져다주는 놀라운 약이다. 자신이 누구이며 무엇을 진정으로 중요하게 여기는지 생각할 기회를 준다. 무엇보다도 고독은 침착함과 평온함이라는 정신적인 수단을 제공하며 슈퍼의식이 완벽한 해결방법을 상세한 부분까지 전달할 수 있게 한다.

아직까지 고독을 경험하지 못한 사람들이 고독을 연습할 수 있는 가장 쉬운 방법은 조용한 곳에 앉아 1시간 동안 움직이지 않고 말도 전혀 하지 않는 것이다. 커피도 마시지 말고 메모도 하지 않고 담배도 피우지 않고 음악도 듣지 않는 등 어떤 행동도 해서는 안 된다. 1시간 동안 가만히 앉아만 있어야 한다.

일정 시간 동안 혼자 아무 일도 하지 않고 가만히 앉아 있을 수 있는 사람은 거의 없다. 처음으로 혼자 있기를 의식적으로 시도해보면 1시간 동안 가만히 말없이 앉아 있는 것이 엄청나게 힘든 일임을 알 것이다. 25~30분이 지나면 너무 힘들어서 움직이고 싶다는 참기 힘든 욕구를 느끼게 된다. 가만히 앉아 있는다는 것이 거의 불가능하게 느껴진다. 그러나 자기통제력을 발휘해서 30분을 견디면 놀라운 변화가 일어나기 시작한다. 안정감과 편안함, 마음의 평화, 행복 등의 감정이 생겨나며 세상과 하나가 된 듯한 느낌을 맛보게 된다.

그리고 어느 시점이 되면 창조적인 에너지가 마치 강물과 같이 내부에서 흘러나와 즉시 적용할 수 있는 뛰어난 아이디어들이 떠오르기 시작한다. 또한 자신을 가장 괴롭히던 문제의 해답이 가장 적당한 때에 자동으로 머릿속에 떠오른다. 그것은 우리가 그토록 찾던 해답이다. 그 해결방법을 적용하는 순간 그것이 올바른 해결방법임을 알 수 있다. 마치 저 멀리 어딘가에서 이상적인 해결방법을 우리에게 보낸 것 같다. 그리고 실제로도 그러하다.

슈퍼의식의 활동을 촉진하는 세 번째 방법은 목표를 이미 실현한 모습을 시각화하는 것이다. 자신이 바라는 목표나 결과를 머릿속에서 완벽하게 그린다. 잠재의식이 그것을 명령으로 받아들이고 슈퍼의식에 이 그림이 전달되어 현실화될 때까지 계속해서 그것만 생각한다.

슈퍼의식은 보통 의식적으로 노력하지 않을 때 더 잘 작동한다. 문제나 목표를 의식에서 완전히 지워버리면 종종 엄청난 아이디어가 떠오른다. 슈퍼의식으로 잠재력을 활용하는 가장 좋은 방법은 틀림없이 좋은 해결방법이 나올 거라고 완벽하게 믿으며 문제를 머릿속에서 완전히 지워버리고 다른 일에 몰두하는 것이다.

벤치에 앉아서 공상을 하거나 쉴 때 슈퍼의식이 작동한다고 생각하는 사람이 많다. 혼자서 또는 좋아하는 사람과 함께 클래식 음악을 들을 때 굉장한 아이디어를 내는 경우도 종종 있다.

아마도 슈퍼의식을 작동시키는 가장 좋은 방법 중 하나는 산보를 하거나 자연과 교감하는 행위일 것이다. 바닷가에서 파도소리를 듣는 것도 슈퍼의식에 커다란 영향을 미친다. 강물이나 시냇물 소리, 자연친화적인 환경도 마찬가지다. 모든 정신적인 이완과 명상도 슈퍼의식을 자극한다.

슈퍼의식에서 나오는 한 가지 아이디어나 통찰 덕택에 몇 개월, 몇 년간의 고생을 줄일 수 있다. 중요한 것은 이런 아이디어가 떠오를 때 지금은 너무 바쁘니까 나중에 하겠다고 미루지 않는 것이다. 자신이 너무 바쁜 바로 그때가 내면의 작은 목소리에 귀를 기울여야 할 때다.

슈퍼의식이／문제를／해결하는／방법

슈퍼의식이 주는 해결방법은 세 가지 원천에서 나온다. 첫 번째 가장 자주 쓰는 원천은 '직관'이다. 가끔 내부의 소리가 너무 커서 다른 소리는 들을 수 없는 경우가 있다. 대답이 너무 명확하고 분명하기 때문에 듣는 즉시 그것이 자기에게 꼭 맞는 답임을 알게 된다.

항상 자신의 직관을 신뢰해야 한다. 직관은 슈퍼의식과 무한한 지혜로 연결되는 통로이다. 성공한 모든 사람은 자신의 직관과 그 상황이 주는 느낌에 주의를 기울인다. 우리는 지금까지 마음속 깊은 곳에서 나오는 느낌을 무시하는 바람에 계속해서 실수를 저질렀다.

슈퍼의식이 주는 해결방법의 두 번째 원천은 다른 사람이나 정보와의 '우연한 만남'이다. 종종 목표를 향한 과정에서 해결해야 할 문제가 생기면 우연히 자신을 도와줄 수 있는 사람들을 만나게 될 것이다. 이들은 여행 중에나 사교 모임에서 만난 낯선 사람일 때가 많다. 꼭 필요한 정보를 담은 책이나 잡지, 기사를 우연히 접하기도 하고 필요한 해결책을 오디오 CD에서 듣기도 한다. 원할 때마다 필요한 정보가 마치 자석에 끌리듯이 끌려올 것이다.

친구 중에 유명한 사진작가가 있다. 어느 날 밤 집에서 개인적인 문제로 고민하다 갑자기 서가에서 책 한 권을 꺼내고 싶은 충동을 느꼈다. 그 책을 꺼내려고 서가로 다가가는데 갑자기 책이 한 권 아래로 떨어지면서 펼쳐졌다. 책을 들고 보니 펼쳐진 쪽의 맨 윗부분에 자신이 그토록 찾고 있던 해답이 써 있었다. 친구는 내 세미나를 들은 직후라 이것이 슈퍼의식이 주는 해결방법이라는 것을 깨달았다. 다음날 아침 그것을 실행했는데 자신이 찾고 있던 올바른 해결방법임이 밝혀졌다.

앞에서 매일 아침 "오늘 무엇인가 멋진 일이 반드시 생길 것이다."라는 말로 하루를 시작하라고 한 적이 있는데 기억하는가? 무엇인가 멋진 일이 일어날 것이라고 믿으면서 하루를 보내면 자신의 기대를 현실로 바꿔줄 사람과 정보를 실제로 만나게 된다. 슈퍼의식이 작동하면서 온갖 부딪치는 문제에서 놀랍고 멋진 해결방법이 나타나는 것이다.

슈퍼의식이 주는 해결방법의 세 번째 원천은 '뜻밖의 사건'이다. 피터 드러커는 『혁신과 기업가 정신Innovation and Entrepreneurship』에서 기업이 혁신을 하는 일차적인 원천은 뜻밖의 성공이나 실패라고 이야기한다. 우리가 찾던 슈퍼의식이 주는 해결책을 담고 있는 것은 정말 뜻밖의 사건인 경우가 많다. 그리고 필요한 해답을 담은 뜻밖의 사건은 종종 커다란 실패나 좌절이라는 모습으로 나타난다.

알렉산더 플레밍Alexander Fleming은 런던에 있는 그의 실험실에서 박테리아를 실험하고 있었다. 그런데 곰팡이가 배양접시에 날아 들어와서 박테리아를 죽이는 바람에 실험은 엉망이 되어버렸다. 세균 배양 도구들을 버리고 새로 실험을 시작하려다 갑자기 박테리아를 죽인 곰팡이가 눈에 띄었다. 그는 그것을 주의 깊게 연구하기 시작했고 그 결과 발견한 것이 바로 페니실린이다. 그 발견으로 플레밍은 노벨 의학상을 수상했으며 제2차 세계대전에서 수백만 명의 생명을 구할 수 있었다.

노먼 빈센트 필Norman Vincent Peale은 신이 선물을 보낼 때는 문제라는 종이로 포장해서 보낸다고 말했다. 따라서 문제가 클수록 선물도 크다. 잔이 절반이 비어 있는가, 절반이 차 있는가? 성공한 사람들은 가장 어려운 상황 속에서도 무엇인가 긍정적인 것, 배울 수 있는 것, 유익한 것을 찾는 습관이 있다. 바로 그런 태도가 슈퍼의식이 주는 통찰과 해결방법을 불러온다.

슈퍼의식의 / 문제 / 해결방법 / 특징

슈퍼의식이 주는 해결방법은 세 가지 특징이 있다. 첫째, 해결방법이 100퍼센트 완벽하기 때문에 문제를 완전히 해결해준다. 해결방법은 당시에 우리가 가진 사원과 능력으로 얼마든지 처리할 수 있는 범위 내에 있다. 또 그 해결방법은 항상 간단하고 실행하기 쉽다.

둘째, 그것은 너무나 분명하고 확실하게 나타난다. 너무도 쉽고 확실하기 때문에 해결방법이 떠오르면 '아하!' 하는 깨달음과 동시에 도대체 이렇게 쉬운 답을 왜 예전에는 미처 몰랐는지 의아한 생각마저 든다. 우리가 예전에 그 생각을 하지 못한 이유는 아직 준비가 되어 있지 않았거나 타이

밍이 좋지 않았기 때문이다.

셋째, 그 해결방법에는 강한 기쁨과 에너지가 동반된다. 기분이 고무되어 즉시 행동에 옮기고 싶다는 강한 욕구가 생긴다. 한밤중에 슈퍼의식이 주는 해결방법을 얻으면 일어나서 메모하거나 다른 어떤 행동을 하기 전에는 잠을 잘 수 없을 것이다.

아르키메데스가 목욕하다 갑자기 왕관의 금과 은의 비율을 알아낼 수 있었던 것도 다 슈퍼의식 때문이다. 그는 너무 흥분해서 거리를 벌거벗은 채로 달려가면서 "유레카! 유레카!(알아냈다! 알아냈어!)"라고 소리쳤다.

슈퍼의식이 주는 해결책이 떠오르면 아무리 지쳐 있어도 흥분과 기쁨, 열정을 느끼며 자유에너지가 분출한다. 즉시 그 해결방법을 적용해보고 싶어진다. 행복, 자신감, 해결방법이 좋은 결과를 가져올 것이라는 확신을 갖게 된다.

명확한 목표와 상세한 계획, 성공에 대한 긍정적인 태도와 차분하고 자신감 있는 기대감이 생기면 슈퍼의식이 작동하기 시작한다. 그러면 원하는 것이 무엇이든 반드시 이룰 수 있다. 긍정적으로 확신한 채 말하고, 명확하게 시각화하고 완벽하게 믿는다면 어떤 상황에서라도 신비한 힘에 따라 가장 적당한 때 가장 옳게 말하고 행동하게 된다. 그리고 건강, 행복, 풍요로움을 향한 우리의 잠재력을 발휘하며 우주의 위대한 힘과 일체를 이룬다.

6. 성공시스템의 실천방법

매일 1시간씩 고독의 시간을 갖는다. 60분 내내 가만히 앉아서 모든 움직임을 중지하고 침묵한다. 오늘 바로 시작하라. 이 침묵의 시간 동안에는 모든 생각을 중지한다. 문제를 옆으로 치워두고 마음이 흘러가는 대로 그냥 놓아둔다. 공상을 한다. 이때, 구체적으로 생각하지 않는다. 잠시 동안 업무와 개인적인 생활에서 벗어난다. 모든 것을 슈퍼의식에 맡겨버리고 모든 근심과 걱정을 놓아버린다.

그러면 마음이 차분해지고 맑아지며 여유로움과 행복을 느낄 것이다. 별다른 노력을 하지 않았는데도 자신에게 가장 필요한 해답이 저절로 떠오를 것이다.

1시간이 지나면 일어나서 자신의 직관에 따른다. 슈퍼의식이 지시했던 대로 한다. 다른 사람이 받아들이고 동의해줄까 하는 걱정은 하지 마라. 슈퍼의식이 주는 답은 완벽하게 정확하므로 아마 앞으로는 실수하지 않을 것이다.

CHAPTER 07

The
Master Decision

삶을 만드는
마스터 의사결정

자유를 획득하기 위해 맨 처음 해야 할 일은
현재의 자기 자신을 있는 그대로 100퍼센트 책임지는 것이다.

자유를 획득하기 위해 맨 처음 해야 할 일은
현재의 자기 자신을 있는 그대로 100퍼센트 책임지는 것이다.

지금까지 이 책에서 제시한 모든 법칙을 삶에 적용시켜보면 개인의 능력에 따라 좋은 결과를 얻기도 하고 때론 나쁜 결과를 얻기도 한다. 마스터 의사결정은 우리의 자유와 행복, 높은 성취를 이뤄주는 열쇠이다.

자유를 획득하기 위해 맨 처음 해야 할 일은 현재의 자기 자신을 있는 그대로 100퍼센트 책임지는 것이다. 어떤 변명도 없이 지금 자신의 모습은 모두 나 자신 때문이라는 것을 빨리 인정해야 한다. 세상이 바뀌길 원한다면 먼저 자신부터 바뀌어야 한다. 우리 생각이 태도와 행동을 결정하고, 그것은 다시 인생의 성공과 실패를 결정한다. 우리는 항상 의식에 어떤 내용을 집어넣을 것인지 자유롭게 선택할 수 있기에 자신의 생각이 빚어내는 결과도 100퍼센트 책임질 수밖에 없다.

우리는 커다란 꿈을 꿀 수도 있고, 의식과 잠재의식을 통제하는 방법을 배울 수도 있으며, 자아개념과 성과를 향상시킬 수도 있다. 그러나 삶은

100퍼센트 자기책임임을 받아들이지 않으면 어떤 노력도 오랫동안 효과를 발휘하지 못한다.

나는 고등학교를 중퇴한 이후 스무 살 무렵, 다시 돌아갈 계획도 없고 어두운 기억으로 가득 찬 집에서 무작정 나왔다. 멀리 떨어진 좁은 원룸에 혼자 살면서 한겨울에도 건설노동자로 일했지만 주머니는 항상 빈털터리였다. 어느 날 밤 작은 테이블에 앉아 이것저것 생각하던 중에 앞으로 내가 어떤 사람이 될지는 100퍼센트 나에게 달려 있다는 것과 아무도 내 인생을 대신 살아줄 수 없다는 것을 깨달았다. 누군가는 이렇게 말했다. "진정한 깨달음은 우리를 구하러 와줄 사람이 아무도 없음을 알게 될 때 온다." 그것을 깨닫자 갑자기 눈앞이 환해지는 느낌이었다. 이후 나는 전혀 다른 사람이 되었다.

우리는 어린 시절부터 다른 사람이나 다른 어떤 것 때문에 삶이 이렇게 되었다고 생각하도록 훈련받았다. 운이 좋아 좋은 부모를 만나면 그들이 대신 모든 것을 해결해준다. 음식, 옷, 집, 교육, 기회, 게임, 돈, 치료 등 필요한 모든 것을 제공한다. 다른 사람이 알아서 내게 필요한 것을 모두 주는 것이다. 그 과정에서 우리는 수동적인 역할만 하게 된다.

어린 시절에는 부모가 우리를 부양하는 것이 지극히 정상적이고 자연스러운 일이다. 그러나 성인이 되어서도 누군가가 우리 인생에 책임이 있다고 무의식적으로 생각하는 것은 문제가 있다. 때로는 성년식을 치르자마자 인생을 책임져야 하기도 한다. 자기운명의 설계자는 바로 자신이다. 부모가 우리를 다른 사람에게 의존하지 않는 독립된 한 사람으로 키워주었다면 다행이나 그렇지 못했더라도 이미 어쩔 수 없는 일이다. 성인이 된 다음에는 어떤 일을 하고 어떤 사람이 될지 결정하는 것은 온전히 우리 자신의 몫이기 때문이다.

하얀／토끼를／사냥하라

톨스토이가 쓴 단편 중에 행복의 비밀은 뒤뜰에 숨겨져 있다고 들은 아이들에 관한 이야기가 있다. 찾으면 그 비밀을 영원히 가질 수 있는 대신 한 가지 조건이 있었다. 그것은 비밀을 찾는 도중에는 결코 하얀 토끼를 생각해서는 안 된다는 것이다. 아이들은 비밀을 찾으러 갈 때마다 하얀 토끼를 생각하지 않으려고 노력했다. 그러나 노력하면 할수록 아이들은 하얀 토끼를 더 많이 생각하게 되었고, 결국 행복의 비밀을 찾을 수 없었다.

누구에게나 하얀 토끼가 한 마리씩은 있다. 종종 한 마리가 아니라 여러 마리가 있기도 하다. 하얀 토끼란 명확한 목표를 세워 자신이 진정으로 원하는 것에 전념하지 않을 때 내세우는 변명거리다. 생각의 질이 삶의 질을 결정하기 때문에 잠재능력을 충분히 발휘하고 싶다면 올바른 생각을 하는 사람이 되어야 한다. 이때, 자신이 만든 이유나 변명을 객관적으로 분석하는 일이 가장 중요하다. 객관적으로 분석하지 못하면 우리는 앞으로 전진할 수 없다.

사람들이 변명거리로 가장 흔히 사용하는 하얀 토끼는 스스로를 제한하는 생각이다. '나는 너무 어리다', '나는 나이가 너무 많다', '나는 돈이 없다', '나는 교육을 제대로 받지 못했다', '나는 빚이 너무 많다', '나는 아직 준비가 되지 않았다', '나는 상사 때문에, 아이들 때문에, 부모님 때문에 할 수 없다' 등이 그것이다.

　당신을 가로막는 하얀 토끼는 무엇인가? 목표와 꿈을 이루려면 해야 할 일인데 하지 않으면서 자주 내세우는 변명은 무엇인가? 이제부터 하얀 토끼를 사냥하러 떠나보자. 찾아서 뿌리를 뽑아버리자. 그리고 그것이 근거가 있는 것인지 주의 깊게 분석해보자.

　자신이 만든 변명이 근거가 있는 것인지 시험해보는 간단한 방법이 있다. '나와 같은 문제나 한계가 있음에도 성공한 사람이 있는가?'라고 물어보는 것이다. 대답이 '그렇다'이면 그것은 자신의 변명에 근거가 없다는 증거이다. 무엇인가를 할 수 있으면서 핑계를 대며 하지 않는 것이다. 다른 사람이 해냈다면 나도 그만큼 할 능력이 있다. 변명을 만들어내는 내분비선이라는 것이 있어 거기에 염증이 생긴 병을 변명병excusitis이라고 한다면, 이 병은 성공에 대단히 치명적이다. 이 병에 걸렸다면 그것이 더 큰 성공을 향한 모든 희망을 꺾기 전에 즉시 제거하겠다고 결심하라.

변명을／탈출구로／사용하지／마라

일체의 변명을 중지하고 모든 책임을 받아들인다는 것은 쉬운 일이 아니다. 아마도 지금껏 한 일 중에서 가장 어려운 일일 것이다. 그 때문에 사람들은 대부분 그렇게 하지 못한다. 그것은 처음으로 낙하산을 타고 뛰어내리는 것처럼 겁이 나면서도 막상 뛰어내리면 답답했던 가슴이 시원하게 뻥 뚫리는 듯한 느낌을 준다. 비행기에서 뛰어내리듯이 모든 핑계와 변명에서 벗어나면 갑자기 온 세상에 자신밖에 없는 듯한 외로움과 자신이 아무런 힘도 없는 약한 존재임을 새삼 깨닫게 된다. 그러다 처음의 두려움에서 어느 정도 벗어나면 그때부터는 온몸에 흥분이 가득 차면서 심장이 빠르게 뛰고 커다란 행복과 자유를 맛보게 된다.

누구도 책임을 벗어버릴 수는 없다. 유일하게 버릴 수 있는 것은 타인의 통제뿐이다. 이미 통제의 법칙으로 배웠듯이 스스로 자기 삶을 통제한다고 느끼는 만큼 스스로에게 느끼는 자부심도 커진다. 우리가 다른 사람이나 다른 것에 책임을 돌리는 만큼 결국 그 대상에게 자신의 감정에 대한 통제력을 넘겨주는 것과 같다. 그렇게 되면 책임은 여전히 자신에게 있는 채 통제력만 포기함으로써 마음의 평화를 잃어버린다.

완전한 성인, 다시 말해 자신이 해야 할 역할을 완전히 해내면서 자기실현을 하는 사람들의 핵심 자질은 자기 자신을 100퍼센트 책임지는 자세이다. 성공하는 사람들은 자신에게 일어나는 모든 일에 따르는 칭찬과 비난을 다 받아들인다. 반면 실패하는 사람들은 칭찬과 인정은 받아들이지만 문제가 생기면 원인을 불운, 타인, 외부환경으로 돌린다. 성공하는 사람들은 일과 인간관계에서 당당한 자세로 책임을 지는데 반해, 실패하는 사람들은 어떻게 해서든 책임을 회피하려고만 한다.

나는 가끔 피닉스 세미나 참석자들에게 "자영업자인 분은 손을 들어주세요."라고 요청한다. 그러면 보통 20퍼센트 미만의 청중들이 손을 든다. 물론 직장인들은 손을 들지 않는다. 사실 나는 그것을 예상하고 그런 질문을 한 것이다. 손을 내려달라고 한 다음 우리가 저지르는 가장 커다란 실수는 다른 사람을 위해서 일한다고 생각하는 것이라고 지적한다. 누가 봉급을 주는가에 관계없이 우리는 모두 스스로를 고용하고 있는 셈이다. 우리는 모두 스스로가 주인인 1인 기업의 대표이다.

모든 분야에서 잘나가는 3퍼센트의 사람들은 자신이 일하는 직장을 자기 것으로 여긴다. 그들은 자신이 1인 기업의 대표라고 생각한다. 자신이 마치 회사의 주인인 양 행동한다. 그들은 공통적으로 회사를 부를 때 '우리는', '우리의', '나는', '나의' 같은 단어를 사용한다. 반면에 평범한 직원들은 회사는 생계를 위한 것일뿐 자신과는 별개의 것이고 언제든 떠날 수 있으며, 다른 의미는 없고 중요하지도 않다고 말한다.

결과에 기꺼이 책임을 질 자세가 되어 있는가와 조직에서 어디까지 올라갈 수 있는가 사이에는 직접적인 연관성이 있다. 한편에 수입, 위치, 직위, 인정, 평판이 있다면 다른 한편에는 어떤 이유나 변명 없이 조직 목표의 달성에 기꺼이 책임지려는 자세가 있고, 그것은 서로의 발전에 영향을 미친다.

다음 질문에 대답해보라. 여러분은 직원이 두 명인 회사의 사장이다. 한 사람은 마치 자신이 주인인 양 성실하게 일하고, 다른 사람은 매일 9시에 출근해서 5시에 퇴근하는 평범한 월급쟁이로 살아간다. 둘 중에 누구를 승진시키겠는가? 누구에게 투자를 하고 싶겠는가? 누구에게 교육기회를 주겠는가? 누구에게 새로운 책임을 맡기고 직업인으로서 성장할 기회를 부여하겠는가? 대답은 분명하다.

온전히/책임져라

스스로 느끼는 책임감의 정도는 자신에게 내리는 중요한 결정이다. 자기 책임을 1에서 10까지의 눈금으로 표시해보면 가장 높은 10은 완전히 책임을 받아들이는 것이고 가장 낮은 1은 일체의 책임을 부인하는 것, 즉 무책임이 될 것이다. 우리는 모두 그 눈금 어딘가에 위치해 있다.

책임감이 높은 사람들은 긍정적이고 낙관적이며 자신감에 차 있다. 또 독립적이며 자기통제력도 있다. 무책임한 태도를 지닌 사람들은 매사 부정적이고 비관적이며 패배주의적이고 냉소적이다. 동시에 목표가 없고 겁이 많고 자신감이 없으며 종종 정신적으로 불안하고 노이로제 증상을 보인다.

뉴욕 주립대학교의 정신과의사인 토마스 자즈^{Thomas Szasz} 박사는 이렇게까지 말했다. "정신질환이란 존재하지 않는다. 단지 다양한 수준의 무책임만 존재할 뿐이다."

책임감 있는 사람들은 긍정적이고 정신적으로 건강하다. 반대로 외부에 책임을 전가하는 사람들은 부정적이고 정신적으로 건강하지 못하다. 이런 사실로 우리는 심리학과 개인성취에 관한 지금까지의 연구에서 가장 중요한 결론을 이끌어낼 수 있다.

특정 영역에서 책임을 받아들이는 정도와 그 영역에서 보이는 통제력 사이에는 직접적인 관계가 있다. 또 어떤 영역에서든 스스로가 느끼는 통제력의 정도와 그 영역에서 느끼는 자유의 정도도 직접적인 관계가 있다. 즉, 책임, 통제, 자유는 일치한다. 이것을 방정식으로 표현하면 다음과 같다.

책임Responsibility = 통제Control = 자유Freedom

또 책임, 통제, 자유와 자신이 느끼는 긍정적인 감정들의 가짓수 사이에도 직접적인 관계가 있다. 다른 말로 표현하면 자신이 받아들이는 책임의 정도와 자신이 느끼는 행복과 긍정성 사이에도 직접적인 관계가 있다는 것이다. 즉, 우리는 책임을 받아들이는 만큼 행복해지므로 자기책임과 정신적 건강은 일치하고, 그 둘 사이에는 균형이 존재한다. 이것을 방정식으로 표현하면 다음과 같다.

책임Responsibility = 긍정적인 느낌Positive Emotion

무책임한 사람들은 인생과 자신한테 일어나는 온갖 일에 책임이 없다고 생각한다. 그들은 자기 삶에 통제력이 부족하거나 아예 없다. 스스로 자신의 삶을 변화시킬 만한 힘이 없다고 생각하는 것이다. 또 자신의 인생은 외부의 힘이나 다른 사람들이 결정한다고 느낀다.

통제능력이 결핍되면 무책임한 태도, 통제력이 없다는 느낌, 함정에 빠져버린 것 같은 느낌 때문에 불행, 분노, 좌절 등의 부정적인 감정이 생성된다. 앞서 말한 방정식과는 정반대의 식이 성립된다.

무책임Irresponsibility = 통제의 결여Lack of Control
= 자유의 결여Lack of Freedom

좀 더 간단하게 표현하면 이런 방정식이 된다.

무책임Irresponsibility = 부정적인 느낌Negative Emotion

부정적인 /감정은 /인생의 /좀도둑이다

부정적인 감정은 우리 인생에서 좀도둑과 같다. 우리가 실패하는 일차적인 원인은 바로 부정적인 감정 때문이다. 부정적인 감정이 신체적·정신적 질병을 가져오고 인간관계를 파괴하며 직장생활을 망친다. 부정적인 감정은 우리가 하려는 모든 일에 어두운 그림자를 드리우고, 성취로 느낄수 있는 즐거움을 모두 앗아간다. 부정적인 감정은 어떤 유익도 없는 해로움의 덩어리이자 인간의 행복을 방해하는 가장 큰 적이다.

크게 성공해서 위대한 업적을 이루고 싶은 사람들이 가장 먼저 해야 할일이 바로 부정적인 감정을 제거하는 것이다. 이보다 더 중요한 일은 없다. 마음의 평화는 인간에게 최고의 선이며, 마음의 평화는 부정적인 감정이 없어야만 가능하다. 부정적인 감정이 있으면서 마음의 평화를 누린다는 것은 불가능하다. 그 둘은 완전히 상호 배타적이다.

몇 년 전 이 주제를 공부하기 시작할 때 나는 살아가면서 겪는 거의 모든 문제가 이런저런 부정적인 감정 때문에 일어난다는 것을 발견하고 깜짝 놀랐다. 그래서 부정적인 감정을 제거할 수 있다면 멋진 인생을 살아갈수 있음을 확신하게 되었다. 지금까지 이야기한 여러 가지 마음의 법칙은 우리에게 있는 부정적인 감정을 제거하는 데 커다란 도움을 줄 것이다. 그렇게 되면 법칙을 모르는 사람들이 몇 년 동안 노력해도 이룰 수 없는 성과를 단기간에 이루어낼 수 있다.

반대로 부정적인 감정을 제거하지 못하면 우리가 하는 모든 노력을 망치게 되고, 성취로 얻을 수 있는 기쁨과 즐거움을 빼앗긴다. 부정적인 감정은 오히려 마음의 법칙이 우리에게 해가 되도록 만든다. 파괴적인 감정은 다른 어떤 요소보다 더 커다란 슬픔과 마음의 고통을 안겨준다. 나는 부정적인 감정을 제거하는 것이 장기간에 걸친 건강, 행복, 자유, 부를 누리는데 중심이 된다는 것을 확실하게 알 수 있었다.

인생에 부정적인 감정이 전혀 불필요하고 부자연스러운 현상이라는 것을 발견하자 내 삶은 완전히 바뀌었다. 부정적인 감정은 삶에 아무런 도움도 주지 못하며, 단지 삶을 파괴할 뿐이다. 우리의 의식수준과 인격이 성장하는 것을 막는 주된 요인이 바로 부정적인 감정이다. 그것은 제거하겠다고 의식적으로 노력해야만 없앨 수 있고, 그래야 그것이 초래하는 고통에서 벗어날 수 있다.

나는 이전까지 부정적인 감정은 피할 수 없는 자연스럽고 정상적인 인생의 일부라 생각해왔다. 긍정적인 감정을 느낄 때가 있다면 부정적인 감정을 느낄 때도 있는 것이 당연하다고 생각했다. 부정적인 감정이나 긍정적인 감정은 인성의 한 부분으로 비 또는 햇빛처럼 자연스러운 것이라고 생각했다.

하지만 어느 날 갑자기 인간이 부정적인 감정을 갖고 태어나는 것은 아니라는 생각이 들었다. 갓난아이에게서 부정적인 감정을 본 적이 있는가? 우리가 겪는 모든 부정적인 감정은 어릴 때부터 모방, 연습, 반복, 강화로 학습한 것이다. 부정적인 감정은 학습된 것이라 다른 학습된 것들처럼 버릴 수 있고, 부정적인 감정에서 얼마든지 자유로워질 수 있는 것이다.

그러나 많은 사람이 부정적인 감정을 제거하는 데 어려움을 겪는다. 너무 오랫동안 그런 감정을 갖고 살아왔고, 그것에 익숙해져 있기 때문에 100퍼센트 불필요한 것임을 받아들이지 못한다. 또 부정적인 감정을 제거할 수 있다는 것도 쉽게 인정하지 못한다. 여기에도 신념의 법칙인 '믿는 대로 현실이 된다'가 작용한다. 부정적인 감정을 자신이 어쩔 수 없는 것으로 치부해버리면 그것은 실제로 그렇게 작용한다. 그러나 부정적인 감정이 삶에 아무런 도움이 안 된다는 것은 쉽게 증명할 수 있다. 그것을 이해하는 것이 부정적인 감정을 제거하는 첫 번째 단계이다.

여러 가지 부정적인 감정

가장 흔하고 쉽게 파악할 수 있는 부정적인 감정은 의심과 두려움이다. 또 죄의식과 원한도 있는데, 이 둘은 쌍둥이처럼 항상 함께 작용한다. 그리고 시기가 있다. 시기는 사회주의, 인종차별주의 등 많은 정치적인 선동행위의 뿌리가 되는 부정적인 감정이다. 시기의 바로 뒤에는 질투가 있는데, 질투는 행복과 인간관계에 엄청난 피해를 주는 부정적인 감정이다.

지금까지 밝혀진 부정적인 감정만도 무려 50가지가 넘는다. 그러나 그 모든 부정적인 감정은 결국 분노로 발전한다. 분노는 어쩌면 모든 부정적인 감정 중에서도 가장 질이 나쁘고 힘이 세며 파괴적일지 모른다. 분노는 일단 만들어지면 내부나 외부로 반드시 표현된다. 분노를 억눌러서 안으로 표출하면 결국 몸이 아프게 마련이다. 그리고 분노를 밖으로 표출하면 다른 사람과의 관계를 해치며, 그들을 불행하게 하고 심하면 그들의 몸까지도 아프게 만든다.

화가 날 때 어떤 느낌이 드는가? 어떤 방식으로 생각하게 되는가? 다른 사람과 지내기는 어떠한가? 어떻게 잠을 자고 어떻게 음식을 소화시키는가? 화가 나면 마치 마음속에 안개가 낀 것처럼 답답함이 느껴지지 않는가? 집중이 안 되고 생각을 제대로 정리할 수 없지 않는가? 분노의 대상이 마음속을 가득 채우고 있지는 않는가? 전에 일어났던 일을 머릿속에서 자꾸 되새기며 자신이 얼마나 억울한 일을 당했고 어떻게 분풀이를 할 것인지 생각하면서 혼자서 불같이 화를 내고 있지는 않는가?

작은 불씨가 커다란 불이 되듯이 분노의 감정은 오래 지속할수록 더욱 더 커져간다. 분노는 숙면, 친구관계, 직장을 빼앗아간다. 또 우리를 비이성적으로 행동하게 하고 스스로를 부끄럽고 난처하게 만든다.

분노나 그 밖의 부정적인 감정이 우리를 이롭게 한 적이 있는가? 단 한 번도 없다. 무책임에 기초한 부정적인 감정은 아무런 도움도 주지 못한다. 그런데도 사람들은 왜 그렇게 많은 부정적인 감정에 시달리는 것일까? 우선 부정적인 감정의 원인을 밝히는 데서부터 그 해답을 찾아보자.

부정적인 감정을 일으키는 원인

부정적인 감정의 주된 원인은 네 가지다. 첫 번째 원인은 '합리화'이다. 합리화란 자신과 타인에게 자신이 왜 이런 부정적인 느낌을 갖게 되었고, 왜 화를 낼 수밖에 없는지 설명하여 그것이 정당함을 증명하려는 것이다. 합리화와 독선은 같은 사고방식에 바탕을 둔 채 서로를 판단하게 만든다.

함부로 대접받았다고 느낄 때 우리가 보이는 첫 번째 반응은 분노이다. 두 번째 반응은 왜 화를 낼 수밖에 없는지 설명하려고 모든 논리를 동원하는 것이다. 자신에게는 화를 낼 권리가 있다는 것을 증명할 수 있어야 하기 때문이다. 그러고는 화를 내는 이유를 이해해주고 감정에 맞장구 쳐줄 사람을 찾아 자신이 얼마나 억울한 일을 당했는지 상대방이 이해할 수 있도록 아주 자세하게 상황을 설명한다. 사실 자신의 분노를 정당화하지 못하면 분노를 지속하기 어렵다.

부정적인 감정을 제거하는 프로세스는 부정적인 감정을 정당화하는 일련의 행동을 중지해야 시작할 수 있다. 자신의 부정적인 감정을 정당화하는 온갖 이유를 찾아내는 것을 스스로 거부하고 다른 사람을 재단하는 것을 중지하라. 다른 사람을 재단하다 보면 결국 그들을 탓하게 되고 결국 비방과 분노라는 부정적인 감정을 만든다. 그러나 정신적인 통제력을 발휘하여 다른 사람을 비난하는 태도를 바꾸면 부정적인 감정이 생기는 원천을 제거할 수 있다.

다른 사람이 하는 말이나 행동 때문에 화가 날 때는 긍정적인 이유를 대서 그 사람을 용서하여 화를 제거하면 된다. 내가 사용하는 방법은 "하느님, 저 사람을 축복해주십시오. 저 사람이 원래는 저러지 않을 텐데 오늘은 아마도 기분 나쁜 일이라도 있었나 봅니다."라고 생각하는 것이다.

차를 운전하고 가는데 갑자기 다른 차가 끼어든 적은 없는가? 이때, 자신이 얼마나 빨리 화를 냈는지 알고 있는가? 운전자를 전에 본 적도 없고 상대방도 우리를 본 적이 없는데도 그 사람이 마치 미리 숨어 있다 때마침 나타나기라도 한 것처럼 불같이 화를 낸다. 하지만 이때 '운전 한번 험하게 하네'하고 그냥 웃어넘기면 분노가 금세 사그라진다. 스스로 재판관이 되기를 거부함으로써 분노를 불러일으키는 뇌관을 제거하여 차분하게 감정을 통제할 수 있다.

부정적인 감정의 두 번째 원인은 '동일시'하는 것이다. 동일시란 자신이 마치 그 일의 당사자인 양 생각하는 것이다. 보통 자신이 직접 관련된 어떤 일 때문에 어떤 식으로든지 해를 입는다고 생각할 때만 화를 내게 된다.

어떤 일을 감정적으로 받아들이는 것을 멈추면 즉시 감정을 통제할 수 있다. 그 상황에서 한발 물러나 객관적으로 바라보는 것, 즉 자신을 상황에서 분리시키는 방법을 연습해야 한다. 우리는 이성적인 사람이 되어 문제를 상대방의 관점에서 보도록 노력해야 한다. 문제의 상황에서 자신을 격리시킬 때 비로소 상황을 차분하게 인식하고 문제를 명확하게 볼 수 있으며, 또 문제를 훨씬 효과적으로 처리할 수 있다.

'스스로 자신을 변호하려는 행동은 바보 같은 짓이다'라는 말은 어려운 문제를 처리할 상황에서 초연한 자세와 객관적인 태도를 갖는 것이 중요함을 상징적으로 보여준다. 최고 경영자의 가장 중요한 덕목은 위기에 처했을 때 지혜롭게 처리하는 능력일 것이다. 그런 능력은 상황에 감정적으로 얽히는 것을 거부할 때 가능하다.

부정적인 감정의 세 번째 원인은 '배려의 결여'이다. 대부분은 상대방이 자신을 존중하지 않는다고 느낄 때, 즉 합당한 대우를 해주지 않는다고 느낄 때 화를 낸다. 모임에서 어떤 사람이 자신을 무례하게 대하거나 무시한다면 자존심이 상하고 화가 나서 방어적인 태도를 보일 것이다. 옛날에 어떤 현자가 이런 말을 했다. "다른 사람이 우리를 어떻게 생각하는지는 그다지 걱정할 필요가 없다. 그들은 우리가 생각하는 것보다 더 우리에게 관심이 없기 때문이다."

우리는 부정적인 감정을 완전히 제거해서 그 부정적인 감정에서 나오는 에너지를 없애버려야 한다. 부정적인 감정을 합리화하지 않고, 그 감정들과 동일시하는 것을 거부하며, 다른 사람들의 행동 때문에 자신의 감정을 상하지 말아야 한다. 사실 부정적인 감정을 제거하는 가장 빠른 방법, 즉 바로 효과가 나타나는 방법은 부정적인 감정의 뿌리를 캐내서 아예 잘라버리는 것이다.

원망은 부정적인 감정의 네 번째 원인으로 다른 모든 부정적 감정의 뿌리이다. 아마도 부정적인 감정의 99퍼센트는 자신을 불행하게 만드는 어떤 사람이나 어떤 것을 원망함으로써 생길 것이다. 원망을 그만두면, 즉 무슨 일에서든 그 누구도 그 어떤 것도 원망하지 않으면 부정적인 감정은 사라진다. 그리고 마치 그 감정들에 연결된 전원이 갑자기 끊긴 것처럼, 크리스마스 트리 전구들의 전원을 뽑았을 때 일시에 불이 꺼지듯이 그렇게 사라질 것이다.

대체의 법칙으로 부정적인 감정을 없애라

부정적인 감정을 없애는 가장 간단한 방법은 대체의 법칙을 활용하는 것이다. 대체의 법칙에 따르면 의식은 긍정적이든 부정적이든 한번에 한 가지밖에는 생각할 수 없다. 우리는 의식적으로 생각을 선택할 수 있다. 따라서 부정적인 생각을 긍정적이고 건설적인 생각으로 대체함으로써 부정적인 감정을 몰아낼 수 있다. 부정적인 감정이나 분노를 느낄 때는 확신을 담아서 다음과 같이 말해 즉시 부정적인 감정을 일으키는 생각을 제거할 수 있다. "이것은 내 책임이다."

이것은 마음을 통제하는데 가장 효과가 큰 긍정문이다. 이 말은 감정의 악순환에서 벗어날 수 있게 해준다. "이것은 내 책임이다."라고 말하는 순간 마음은 즉시 부정적인 상태에서 긍정적인 상태로 전환된다. 이 말을 하면 마음이 차분해지고 여유가 생기면서 상황을 보다 명료하게 바라볼 수 있게 된다. 또한 이것은 우리를 삶의 주인으로 만들어주고 상황에 보다 효과적으로 대응할 수 있도록 해준다.

부정적인 감정을 그대로 두면 여기에서 한 발짝도 앞으로 나갈 수 없다. 부정적인 감정에서 자유롭지 않는 한 우리 성품과 능력은 향상되지 않는다. 부정적인 감정은 우리를 현재의 상태로 자꾸 끌어당겨서 앞으로 나아가지 못하게 하는 정신적인 중력과 같다. 우리는 부정적인 감정을 뒤에다 버리고 앞을 향해 나아가야 한다.

책임은 선택이 아니라 필수다

책임을 받아들이고 부정적인 감정을 제거하는 것은 선택이 아니라 필수이다. 그것은 건강, 행복, 효율성의 핵심이다. 부정적인 감정을 제거하고 자신과 삶에 긍정적인 태도를 계발하는 것은 보다 높은 정신력을 계발하는데 필수적이다. 긍정적이고 건설적인 감정은 모든 행복, 성취, 장수의 기초가 된다.

자신의 마음을 깨끗하게 정리하는 프로세스는 잠시 멈춰서 과거와 현재에 걸친 삶 전체를 살펴보는 것에서 시작된다. 자신에게 부정적인 감정을 느끼게 하는 기억이나 상황을 마치 손에 들고 밝은 전등불에 비추는 것처럼 낱낱이 분석하라. 그리고 나서 그 기억이나 상황은 전부 "내 책임이다."라고 반복해서 말함으로써 부정적인 감정을 없애버린다.

사실 내 책임이라는 것은 전적으로 맞는 말이다. 지금의 어려움이나 문제는 스스로가 초래한 것이다. 다만 우리는 선택권이 있었고, 지금도 그러하다. 아마 과거에 한 선택도 이미 마음속으로는 해선 안 된다는 것을 잘 알면서도 그런 선택을 했을 것이다. 따라서 현재의 상황은 우리가 과거에 내린 선택의 결과이므로 100퍼센트 우리에게 책임이 있다.

사람들은 종종 "책임을 진다는 것은 타인의 비난을 인정한다는 것과 같은 말이 아닙니까?" 하고 되묻는다. 그 질문에 나는 이렇게 대답한다. "책임을 진다는 것은 미래 지향적이지만 비난은 항상 과거를 돌아보면서 누군가 잘못이 있는 사람을 찾는 것이다."

책임을 지는 사람은 '다음에는', '미래에는', '지금부터 어떻게 할까?' 등의 말을 자주 사용한다. 반대로 원망하는 사람들은 항상 '그 사람이 그랬다', '그것을 했었더라면……' 등의 말을 주로 사용한다. 스스로를 책임지면 항상 상황을 통제하고 독립적이며 주도적이라는 느낌을 갖는다. 반대로 상대방을 원망하면 화가 나고 불만족스럽고 복수하고 싶다는 생각만 든다.

교차로에서 정지한 자신의 차를 어떤 사람이 뒤에서 받았다고 가정해 보자. 법적으로 보면 자신은 아무런 책임이 없다. 그러나 그 상황에서 어떻게 반응하느냐는 전적으로 우리 책임이며, 우리는 자신의 행동에 모든 책임이 있다. 화를 내고 흥분할 수도 있고 성숙한 자세로 침착하게 행동할 수도 있다. 선택은 우리 몫이다. 어떻게 느끼는가 하는 것은 상황이 결정하는 것이 아니고 우리가 어떻게 대응하기로 결정했는가에 달려 있다. 책임을 선택할 것인가 무책임을 선택할 것인가는 우리가 내리는 것이다. 지금까지 항상 그랬던 것처럼 말이다.

책임을 이런 관점에서 보면 이제부터는 자신의 인생을 100퍼센트 책임 지겠다는 결심을 하게 된다. 그러나 실제로 100퍼센트 책임을 지기란 굉장히 어렵다. 이런 결심으로도 도저히 받아들일 수 없는 일이 최소한 한 가지 이상은 생기기 때문이다. 그 일에서 자신의 책임을 수용하려면 그것에서 야기된 부정적 감정도 버려야 하는데, 그것이 너무 억울하게 느껴질 때가 있다.

사람들은 종종 "그가 내게 어떤 일을 했는지 안다면 나보고 그 일에 책임을 지라는 말을 그렇게 쉽게 하지는 못할 것이다."라고 이야기한다. 그러나 핵심은 이것이다. 단 한 가지의 부정적 감정이라도 의식이나 잠재의식 속에 계속해서 담아 둔다면 그것만으로도 행복 전체가 파괴될 수 있다는 것이다. 원망이나 분노 등 부정적 감정이 단 한 가지라도 있으면 우리는 마음의 평화를 영원히 얻을 수 없다.

예를 들어, 비싸고 멋진 차를 구입했다. 이 차는 거의 모든 면에서 완벽한데 딱 한 가지 문제가 있다. 바로 브레이크시스템을 조립하는 과정에서 결함이 생겨 한쪽 앞바퀴의 브레이크가 잠겨 있다. 그래서 그쪽 바퀴는 움직이지 못한다. 다른 모든 부분은 완벽하고 앞바퀴 한쪽만 움직이지 않는 차를 출발시키면 어떤 일이 벌어질까?

차는 앞으로 전진하지 못한 채 브레이크가 잠긴 바퀴를 축으로 계속해서 원을 그리면서 돌 것이다. 아무리 가속 페달을 강하게 밟고 핸들을 돌려도 차는 같은 자리에서 원을 그릴 뿐 앞으로 나아가지 못할 것이다.

세상은 이 차와 같은 사람으로 가득 차 있다. 우리도 그중 한 사람일지 모른다. 그런 사람들은 지적이고 용모가 준수하고 교육을 많이 받아 모든 것을 다 갖춘 것처럼 보여도 삶은 헛바퀴를 돈 채 계속 그 자리만 맴돈다.

이것은 거의 예외 없이 과거에 겪은 결정적인 사건에 책임을 지지 않았기 때문이다. 그들은 자신이 겪은 고통의 책임을 다른 사람이나 물건으로 돌린다.

나는 쉰 살이 되고도 아직 어린 시절에 겪은 일 때문에 분노하고 불평하는 사람들과 대화해봤다. 그들은 마음에 입은 상처 때문에 배우자, 자녀, 동료, 친구들에게 부정적인 영향을 주고 있었다. 이 마음의 상처는 심신의 질병으로 발전하기도 하고 극단적인 경우에는 이른 나이의 사망으로까지 연결된다.

소위 심리요법은 사람들이 마음속에 해결하지 못하고 담고 있는 분노, 죄의식, 원한을 효과적으로 처리하도록 돕는 것이다. 이때, 환자는 무엇이 자신을 뒤로 잡아당기는지 찾아내어 피하지 않고 직면한 뒤 그것을 놓아버림으로써 치료된다. 우리도 다른 사람에게 보이는 부정적인 감정을 찾아내 그것에 책임이 있음을 인정하여 그 감정을 버려야 한다. 그러면 자신이 점점 치유됨을 느낄 수 있을 것이다.

스스로 책임지도록 권유하라

우리는 자신이 가르치는 대로 된다. 자신의 삶에 책임지기로 결단을 내렸다면 친구나 동료에게도 그렇게 하라고 권하자. 사람들이 자신의 문제나 불만사항을 이야기하면 먼저 공감해준 다음 그 문제는 전적으로 자신이 책임져야 한다는 것을 일깨워주자.

인생에서 친구에게 베풀 수 있는 가장 큰 친절은 친구에게 책임감을 일깨워주어 분별력을 찾게 해주는 것이다. 누군가가 불평을 하면 "참 마음이 불편하시겠네요. 그런데 그 상황을 해결하는 것은 어차피 자신의 몫인데, 앞으로 어떻게 하실 생각입니까?"라고 물어보자. 이때, 되도록 충고는 하지 말자. 사람들은 보통 충고받는 것을 좋아하지 않으며 충고해봤자 어차피 아무 소용이 없다. 그냥 들어주고 공감해주자. 그리고 상대방이 자신의 책임을 받아들이고 그 상황을 해결할 수 있는 행동을 취하도록 격려해주자.

내 아내 바버라는 한때 카운슬러가 되고 싶어 했다. 사람들이 문제를 잘 해결하도록 도와주는 심리학자나 심리치료사가 되는 것이 궁극적인 목표였다. 그래서 아내는 친구들이 하는 이야기를 몇 시간씩이나 들어주고 자신이 할 수 있는 최선을 다해서 도와주는 식으로 연습을 했다. 그녀는 친구들이 어려움을 잘 헤쳐 나갈 수 있도록 안내하고 지도해주었다.

종종 바버라가 친구나 동료를 카운슬링하는 자리에 동참할 때가 있었는데, 그럴 때마다 나는 오랜 시간 동안 이야기를 듣고 문제를 이해하는 과정을 생략한 채 단도직입적으로 물어 문제의 핵심을 제기했다. "어차피 자신의 책임입니다. 당신은 이 문제를 어떻게 해결할 생각입니까?"

바버라는 내가 너무 단순하게 생각한다고 말했다. 사람들이 처해 있는 복잡한 상황을 이해하려면 보다 사려 깊은 접근이 필요하다는 것이 그녀의 생각이었다. 그러다 오랫동안 여러 차례 카운슬링을 했는데도 별 진전이 없던 사람이 나와 이야기를 나누고 나서 자신의 문제를 해결하는 것을 보고 깜짝 놀랐다. 그가 한 일은 모든 것이 자기책임임을 인정한 것뿐이다. 상황은 이해하나 그것을 처리하는 것은 내가 아닌 바로 자기 자신임을 분명하게 말해주자. 그는 누구도 자신의 상황을 대신 해결해줄 수 없다는 것을 알고 행동을 취하기 시작한 것이다.

요즈음 바버라와 내가 주고받는 농담이 있다. 바버라가 어려운 일을 겪고 있는 친구와 점심을 먹고 나면 나는 바버라에게 그 친구에게 무슨 충고를 해주었느냐고 묻는다. 그러면 바버라는 웃으며 친구에게 '그 충고'를 해주었다고 대답하곤 한다. 이 방법은 훨씬 단순하고 효과적이며 쉬운 방법이다. 우리가 해주는 충고는 이것이다. "결국 자신의 책임입니다. 앞으로 어떻게 하실 생각입니까?"

"이것은 내 책임이다. 이것은 내 책임이다. 이것은 내 책임이다."라는 말을 반복함으로써 스스로 자신의 심리치료사가 되도록 하자. 그러고 난 다음에는 '그 충고'를 문제에 직면해 있는 다른 사람에게 해주자. "모든 문제는 자신의 책임입니다. 그 문제를 어떻게 처리할 생각이십니까?" 다른 사람의 문제는 다른 사람 스스로 풀어가도록 하고 우리는 자신의 문제에만 집중하자.

종이를 한 장 꺼내 한가운데서 위부터 아래로 선을 내려 긋는다. 우리가 부정적인 감정을 느끼는 사람이나 상황을 왼쪽에 번호를 붙여 적는다. 각 항목마다 오른쪽에는 '이 일은 내 책임이다. 왜냐하면~'이라고 쓰고 문장을 완성시킨다. 자신에게는 가능한 엄격해야 하며 철저하게 정직해야 한다. 자신이 그 일에 왜 책임이 있는지 생각나는 대로 모두 쓴다. 과거와 현재의 모든 부정적인 감정에 같은 작업을 반복한다.

이 연습을 마치고 나면 그것을 시작하기 전보다 자신에게 훨씬 더 긍정적이고 주도적인 느낌이 들어 놀라게 될 것이다. 그리고 지금까지 오랫동안 짊어져 왔던 정신적인 짐을 떨쳐버리고 자유로워질 것이다.

부정적인 / 감정에서 / 벗어나라

내적인 평화와 외적인 성공, 특히 인간관계에서 성공하는 열쇠는 내부세계와 외부세계에 보이는 자신의 반응 속에 담겨 있다. 높은 의식수준에 도달하고 우리가 지닌 정신력을 충분히 발휘하려면 한 가지 원칙을 배워야 한다. 이 원칙은 부정적인 감정을 제거하여 모든 일에 100퍼센트 책임을 질 수 있도록 해준다. 이것은 아주 어린 시절부터 짊어진 모든 감정에서 우리를 해방시켜준다. 또 훌륭하고 우아한 성품을 계발시켜주고 다른 사람이 항상 함께 있기를 원하고 닮고 싶은 사람이 되도록 해준다. 세미나에 참가했던 많은 사람이 이 원칙 때문에 자신의 삶이 크게 변화되었다고 이야기한다. 여러분의 삶도 그럴 것이다.

누누이 말하지만 현재 모습은 우리가 습관적으로 하는 생각의 결과이다. 상응의 법칙대로 자신의 외부세계는 내부세계의 물질적인 표상일 뿐이다. 건강, 인간관계, 경력, 가족, 현실적인 성취 등 모든 외부세계는 내부에서 일어나는 정신작용의 외적 표현이다.

모든 행동, 태도, 가치관, 생각의 습관은 오랜 세월에 걸쳐서 주입되고 반복해서 학습된 것이다. 학습된 것이기에 제거할 수도 있다. 자신이 되려는 모습이나 달성하려는 목표와 일치하지 않는 생각의 습관은 제거할 수 있다.

성공과 행복에 필수적으로 요구되는 것은 낙관적인 태도이다. 그런데도 대부분은 온갖 종류의 부정적인 감정 때문에 고통받는다. 그중에서도 특히 분노, 두려움, 의심, 시기, 불만, 짜증, 조바심, 옹졸함, 질투 등이 우리를 괴롭힌다. 좋은 의도로 잘해보려고 하는데도 이런 부정적인 감정들이 전혀 예측하지 못할 때 갑자기 생겨나 나중에 후회할 행동을 저지르게 만든다.

부정적인 감정은 습관과 마찬가지로 학습된 감정이자 반응이다. 부정적인 감정들이 담겨 있는 창고를 여는 열쇠를 찾기만 하면 제거할 수 있다. 그러나 이것을 제거하려면 부정적인 감정이 생기고 자라나는 심리적인 요소를 먼저 이해해야 한다.

다행스럽게도 부정적인 감정은 잠재의식 속에 일시적으로 머물 수는 있지만 영구히 뿌리내리지는 못한다. 영구히 뿌리내릴 수 있었다면 우리는 아무리 노력해도 결단코 성품과 성격을 향상시키지 못했을 것이다.

부정적인 / 감정 / 뿌리 / 뽑기

태어날 때부터 자아개념이 생성되지 않는 것처럼 부정적인 감정도 태어날 때부터 생기는 것은 아니다. 부정적인 감정은 자라면서 배운 것이다. 가장 먼저 배우는 곳이 가정이다. 어린아이는 어머니나 아버지 또는 두 사람 모두의 부정적인 감정과 반응을 모방하면서 배운다. 또 자신이 동일시하는 사람의 부정적인 감정을 따라한다. 일단 배우고 나면 그것을 바꾸려고 하지 않는다. 누군가가 왜 그렇게 부정적으로만 보느냐고 물어보면 "나는 원래 그런 사람입니다."라고 말하며 아예 대화 자체를 거부해버린다.

심지어 부정적인 생각을 너무 오랫동안 해서 자신한테 그것이 있다는 것조차 인식하지 못할뿐더러 어디에서 그것이 생겼는지도 잘 모른다. 그러나 한 가지 분명한 것은 태어날 때부터 부정적인 감정이 있었던 것은 아니며, 어떤 부정적인 감정도 영원하지 않다는 점이다. 이것은 우리가 원하면 얼마든지 제거할 수 있다.

삶을 파괴하는 근거 없는 비판

부정적인 감정은 어린 시절에 겪은 두 가지 경험에서 나온다. 첫 번째는 비판이다. 파괴적 비판은 지금까지 일어났던 모든 전쟁의 희생자를 합한 것보다 더 커다란 피해를 우리에게 입혔다. 수없이 많은 사람의 삶이 파괴적인 비판 때문에 부서졌다. 전쟁과 파괴적인 비판의 차이는 전쟁은 사람의 육체를 죽이지만 파괴적인 비판은 사람의 정신세계를 파괴함으로써 영혼이 없는 육체를 지닌 채 돌아다니게 한다는 것이다. 자기 자신과 다른 사람과의 사이에 있는 문제는 모두 과거 어느 때인가 우리 가치와 존엄성이 외부 비판에 도전받고 공격받은 사건에서 비롯되었다.

여섯 살 미만의 아이들은 자신에게 중요한 사람이 끼치는 영향력 때문에 쉽게 상처받는다. 아이들은 그때까지 자신에게 내려진 평가나 비판이 사실인지 아닌지 판단할 능력이 없다. 아이들의 마음은 부드러운 진흙과 같아서 부모나 형제의 평가나 비판이 그대로 저장된다. 그때 느끼는 감정이 강렬할수록 흔적은 더 깊이 남는다.

나이가 들어 분별력이 생기면 부정적인 자극이 들어와도 원인이 무엇인지 판단할 수 있다. 누군가가 우리를 비판하거나 의견을 달리하면 뒤로 물러서서 상대방의 말이 타당한지 판단한다. 도움이 되는 부분은 받아들이고 그렇지 않은 부분은 거부한다.

300

그러나 어린아이에게는 그런 능력이 없다. 자신이 누구인지를 배워나가는 과정이기 때문에 어린아이는 마치 작은 스펀지와 같다. 자신에게 중요한 사람들의 평가를 그대로 받아들인다. 아이에게 있어 그들이 하는 말은 절대적인 진실이며, 그 사람들이 실제로 자신의 성품과 능력을 알 수 있는 위치에 있다고 인식한다. 그들의 사랑과 존중이 자신에게 중요할수록 그들이 내리는 평가를 타당하게 여길 가능성은 높아진다. 일단 그 평가를 받아들이면 그 평가에 비춰 자신을 바라보게 된다.

그 다음부터는 그들의 평가가 옳다는 것을 증명하려고 스스로 애쓴다. 거기에 맞추어 정보를 분류하고 걸러내며, 자신의 믿음과 일치하는 것은 받아들이고 다른 것은 무시해버린다.

예를 들어, '너는 문제가 많다', '너는 믿을 수가 없다', '너는 거짓말쟁이다'(모든 아이는 거짓말을 한다. 거짓말을 하는 것은 아이들이 사람들과 지내는 것을 배우는 하나의 과정이다)'는 말을 들으며 자란 아이는 자신이 그런 사람이 아닐 수도 있다는 사실을 추호도 의심하지 않는다. 한번 잠재의식 속에 받아들인 말은 다시 잠재의식에 명령으로 기록되어 미래의 행동을 결정한다.

나는 어릴 때부터 커서 별 볼 일 없는 사람이 될 것이며, 결국 부모를 실망시키게 될 것이라는 이야기를 들으며 자랐다. 일부러 나쁘게 말한 것은 아니었지만 부모님은 내가 도저히 도달할 수 없는 높은 기준으로 나를 평가했다. 아이들은 계속 실수를 하면서 배우는 학습유기체라는 것을 이해하지 못하고 장남인 내가 도저히 도달할 수 없는 높은 수준의 행동을 요구한 것이다.

그래서 내 아이들만큼은 나와 같은 일들을 절대 겪지 않게 하겠다고 결심했다. 대신 매일 사랑한다고, 세상에서 너희들이 가장 최고라고 말해주었다. 함께 차를 타고 갈 때는 뒷자리의 아이들이 마치 듣지 못하는 것처럼 아내에게 이렇게 멋진 아이들이 있어 우리가 얼마나 행복한지 이야기한다. 아이와 단둘이 있을 때는 "네가 세상에서 최고다."라고 속삭여준다. 야단을 칠 때도 "나는 너를 정말 사랑한다. 하지만 네가 다칠 수 있으니 이런 일은 다시 해서는 안 된다."라고 말한 다음에 주의해야 할 것을 알려준다.

부모는 아이를 도와주고 성과를 높여주려는 목적에서 비판을 한다. 그러나 파괴적인 비판은 오히려 아이의 자존감을 떨어뜨리고 부정적인 자아 개념만 생기게 하므로 정반대의 결과를 초래한다. 아이의 성과는 떨어지고 자신감은 오히려 줄어들어 실수할 가능성만 증가한다. 아이는 너무 자주 비판을 받거나 그 비판을 너무 감정적으로 받아들이면 근심과 두려움이 생겨 아예 시작조차 하지 않으려 한다. 최악의 경우 아이는 신경과민증으로 항상 불안에 떨고 새로운 일을 무조건 두려워한다. 그런 아이가 자라면 비판에 극단적으로 반응하게 되고, 배우자나 상사, 친구, 동료가 조금이라도 비판하는 눈치가 보이면 화를 내며 방어적으로 대응한다.

사람들은 누구나 과민하게 반응하는 부분이 있다. 자신의 가족이나 직업처럼 감정이 많이 개입되는 부분이 보통 그러하다. 우리가 자신을 위해 할 수 있는 가장 중요한 일 중 하나는 이런 핵심 영역의 비판에 보다 객관적으로 대응할 수 있는 능력을 키우는 것이다. 누군가 비판할 때는 뒤로 물러나 그 사람의 의견을 이성적으로 평가하는 법을 배워야 한다. 물론 말처럼 쉽진 않다. 그러나 그렇게 하다 보면 과민하게 반응하여 겪는 커다란 어려움을 많이 해소할 수 있다. 다른 사람의 비판에 과도하게 영향을 받지 않는 능력은 자기실현을 하는 사람의 핵심 자질 중 하나다.

302

충분히 받지 못한 사랑

부정적인 감정이 생기게 하는 두 번째 경험은 부족한 사랑이다. 아이가 겪을 수 있는 최악의 경험은 부모가 아이에게 사랑을 주지 않는 것이다. 부모가 화를 내거나 못마땅하게 여기면 아이는 강한 두려움을 느낀다. 아이는 걱정과 두려움 속에서 정서적으로 심하게 흔들린다. 아이에게 부모의 사랑은 너무나 절실하기에 어떤 이유에서건 부모가 사랑을 주지 않으면 아이는 정서적으로 메말라간다. 그리고 충분한 사랑을 받지 못한 채 자란 아이는 성격에 심각한 장애가 생겨 어른이 되어서도 분노와 부정적인 감정을 통제하지 못한다.

성격을 형성하는 기간에 충분한 사랑을 받지 못하면(실제로 대부분의 사람들이 받지 못한다) 일생에 걸쳐서 사랑을 찾아 헤매게 된다. 정서적으로 결핍감과 갈망, 불안을 느끼고 어떻게 해서든 그것을 충족시키거나 보상받으려고 한다. 항상 인간관계에서 무조건적인 사랑을 받으려 하고, 그것이 주어지지 않거나 방해를 받으면 긴장하고 불안해한다. 어릴 때 칼슘이 부족하면 구루병이 생겨 다리가 굽는 것처럼 어린아이 때 사랑이 부족하면 자라서 부정적인 감정을 갖게 된다.

'사랑받음'을 확신하는 세 가지 조건

세 가지 조건이 갖춰져야 아이는 자신이 사랑을 받고 있다고 확신한다. 그중 한 가지라도 부족하면 청소년기와 성인이 되어서 정서적 불안, 부정적 감정, 파괴적인 행동을 경험한다.

정서를 건강하게 발달시키는 첫 번째 조건은 부모 스스로 자기 자신을 사랑해야 한다는 것이다. 부모는 자신을 사랑하는 것 만큼만 아이에게 사랑을 줄 수 있다. 부모가 스스로를 그다지 좋아하지 않는다면 아이에게 줄 수 있는 사랑이 별로 없을 것이다. 한마디로 자아개념은 부모가 높으면 아이도 높고, 부모가 낮으면 아이도 낮다. 자신 안에 있는 대로 밖으로 표현되는 것이다. 아이의 자아개념은 부모의 자아개념을 비춰주는 거울임을 잊지 마라.

부모는 자신에게 있는 모든 사랑을 우리에게 아낌없이 주었다. 그런데도 충분한 사랑을 받지 못했다고 느낀다면 부모에게 정확히 그만큼의 사랑만 있었기 때문이다. 따라서 더 많은 사랑을 받기 위해 우리가 할 수 있는 행동은 더 이상 없다.

정서를 건강하게 발달시키는 두 번째 조건은 부모가 서로 사랑해야 한다는 것이다. 아이는 직접 경험하거나 가정에서 관찰하는 것에서 사랑을 배운다. 아버지가 아이에게 베풀 수 있는 가장 큰 친절은 어머니를 사랑하는 것이고, 어머니도 마찬가지다. 보고 경험할 수 있도록 부모가 서로 사랑하는 가정에서 자라나는 아이는 그렇지 않은 아이에 비해 훨씬 안정감과 자신감을 갖고 자랄 가능성이 높다.

우리는 이성과 사귀는 방법을 부모의 관계를 관찰함으로써 배운다. 부모에게서 이성과 잘 지내는 것을 경험하지 못한 아이는 성인이 되고 나서도 여러 해에 걸쳐 많은 시행착오를 겪으며 다른 사람과 지내는 방법을 배울 수밖에 없다. 흔히 요즘 첫 번째 결혼을 시험 결혼이라고 부르는 것도 다 이 때문이다. 많은 사람이 첫 번째 결혼으로 자신이 배우자에게 바라는 것과 싫어하는 것이 무엇인지, 어떻게 하면 결혼생활을 잘할 수 있는지 배운다.

정서를 건강하게 발달시키는 세 번째 조건은 부모가 아이를 사랑하는 것이다. 이것은 성인이 되어 우리가 해결해야만 하는 가장 민감한 문제 중 하나이다. 현실은 어떠한가? 많은 부모가 제대로 아이를 사랑하지 않았다. 아이를 사랑하기 원했고 사랑하려는 노력도 했으나 실제로는 사랑을 주지 않았다. 시간이 없거나 정서적인 에너지가 남아 있지 않았거나 흥미를 느끼지 못했을 수도 있고, 부모나 배우자와의 갈등으로 아이를 사랑하는 것 자체가 불가능했을 수도 있다.

놀랍게도 많은 부모가 자신의 아이를 그다지 좋아하지 않는다. 왜 그럴까? 한 가지 이유는 부모가 아이에게서 자신의 기대를 충족하려고 하기 때문이다. 아이가 부모와 성격이 비슷하다면 그들은 아이를 키우는 것을 계속 힘들어한다. 아이에게서 발견하는 자신의 불만족스러운 특성을 비판한다. 이런 행동은 결국 습관으로 고착된다. 그러면 부모는 자녀를 사랑하고 아끼는 대신 비판하거나 참고 견디는 것을 반복한다.

부모가 우리를 사랑했든 안 했든 자신은 가치 있으며 중요한 사람임을 아는 것이 중요하다. 부모의 부족한 사랑이 우리 안에 내재된 능력을 판단하는 기준이 되어선 안 된다. 부모는 나름대로 최선을 다한 것이다. 적어도 부모는 우리가 이 땅에 태어나서 살 수 있는 기회를 주지 않았는가? 부모가 자신을 사랑하지 않았거나 충분히 사랑하지 않았을지도 모른다는 것을 받아들이는 일은 완전한 성인이 되는데 중요한 과정이다.

성인이 되어 나타나는 죄책감의 여러 징후

성인의 대부분은 파괴적인 비판을 하는 가정에서 자라났고 어떤 식으로든 사랑의 결핍이라는 고통을 겪었다. 한두 사람만 겪은 것이 아니다. 당시에는 왜 그런 일을 겪어야 하는지 이해할 수 없었을 것이다. 아마도 '무슨 일인지는 모르지만 아빠와 엄마는 나를 꾸중만 하고 사랑하지는 않는다. 부모님은 누구보다도 나를 잘 아시니까 무언가 잘못을 했나 보다'하고 받아들였을 것이다.

파괴적인 비판과 부족한 사랑이 합쳐져 '죄책감'이라는 부정적인 감정을 만들어낸다. 죄책감은 21세기의 중요한 정서적 문제이다. 이것은 대부분의 정신질환, 불행, 부정적 감정의 원천이다. 죄책감을 느끼는 아이는 자신이 그다지 중요하지 않고 무가치한 존재라고 생각한다. 파괴적인 비판과 부족한 사랑은 아이의 잠재의식 속에 자신이 무가치한 존재라는 인식을 심어놓는다.

죄책감은 처벌과 통제 두 가지로 이용된다. 죄의식은 대단히 효과가 큰 정서적 처벌방법으로 종교에서 많이 사용하였다. 또 많은 부모가 이런 방식으로 아이의 마음을 고통스럽게 하고 스스로를 무가치하고 의미 없는 존재로 바라보게 만든다.

죄의식은 통제나 조작의 도구로도 사용한다. 우리는 다른 사람이 죄의식을 느끼게 함으로써 그들의 감정과 행동을 통제할 수 있다. 상대방에게 죄의식을 충분히 느끼게 할 수만 있다면, 그가 죄의식이 없으면 하지 않을 그런 행동들을 하도록 만들 수 있다. 보통 어머니들이 죄의식을 사용하는 데 더 능숙하다. 우리 어머니는 거의 무술 유단자 수준으로 죄의식을 이용했다. 그녀는 할머니에게서 그 기술을 전수받았고, 할머니는 다시 증조할머니에게서 전수받았다. 한마디로 세대에 걸쳐 전해져온 기술인 셈이다. 아버지 역시 이것을 사용하는 데 능숙하다.

어렸을 때 죄책감을 느끼도록 양육된 사람은 성인이 되어서도 여러 가지 방법으로 죄책감을 경험한다. 첫 번째이자 가장 일반적으로 느끼는 형태의 죄책감은 열등감, 무능감, 자격이 없다는 자기비하적 감정이다. 자신에게는 좋은 일이 생겨서는 안 되거나 그럴 자격이 없다고 느끼는 것이다. 그리고 여러 가지 좋은 일이 계속 생기면 대단히 불안해한다. 자신이 안전지대에서 벗어났다고 느끼기 때문에 좋은 일들이 더 이상 생기지 않도록 자기파괴적인 행동을 시작하기도 한다.

자신이 원하는 것에 생각을 집중하고 원하지 않는 것에는 생각을 멀리하는 한 자신에게 생기는 좋은 일들을 즐길 자격이 충분히 있다. 그것이 진실이고 진리이다.

이런 열등감, 무능감, 자격이 없다는 자기비하적 감정은 "나는 아직 할 수 없어I'm not good enough."라는 말로 표현된다. 정신과의사는 이것을 '성공을 두려워하는 마음'이라고 정의한다. 성공을 두려워하는 마음이란 우리의 내부 깊은 곳에 자리 잡은 무가치하다는 느낌 때문에 그것과 배치되는 모든 성공을 불편해한다는 말이다.

사람들은 자신이 열망하는 성공을 이루려고 오랜 시간 동안 많은 것을 희생하면서 열심히 일한다. 그런데 정작 목표에 거의 다다르면 무엇인가가 비뚤어지기 시작한다. 그들은 의식적이거나 무의식적으로 자신을 망치는 행동을 하는 것이다.

판매업자가 생애 최고의 계약을 체결하러 가는 길에 자동차 사고를 당하거나 변호사가 커다란 M&A 계약을 성사시키러 가는 도중 택시에 중요한 가방을 두고 내린다. 택시기사를 수소문해 가방의 잠금장치를 해제하지 않는 한 유일한 계약서를 다시 찾을 방법은 없다. 죄책감으로 야기되는 이런 예는 얼마든지 들 수 있다. 스스로를 무가치한 존재로 생각하는 사람은 성공으로 생기는 불편함에서 도망치려고 술과 마약, 불륜에 빠지기도 한다.

성인들에게 나타나는 두 번째 형태의 죄책감은 파괴적인 자기비판과 자기 스스로를 망치는 행동이다. 아이는 성장하는 과정에서 반복적으로 비판을 받으면 나중에는 누가 비판하지 않아도 스스로 자신을 비판하게 되고, 그것을 평생 동안 계속한다. 사람들이 '나는 항상 늦어', '나는 숫자 감각이 없어', '나는 이것을 잘못해'와 같이 말하는 것을 들어보았을 것이다. 그런 사실에 근거가 없음에도 사람들은 그런 말을 자꾸 반복함으로써 자신에 대한 부정적인 이미지를 계속해서 강화한다. 그들은 과거에 들었던 이야기를 반복하는 것뿐이다. 문제는 계속 그런 말을 반복하면 실제로도 그런 사람이 된다는 점이다.

잠재의식은 우리가 하는 모든 말을 사실로 받아들인다. 스스로를 계속해서 비판하면 잠재의식은 그 말을 명령으로 받아들인다. 그리하여 스스로 자신을 비판했던 말대로 행동을 일치시킨다. 다시 말해, 내부에서 스스로에게 말한 대로 외부에서 행동이 이루어지는 것이다.

우리가 죄책감을 갖도록 양육되었다는 것을 보여주는 세 번째 형태는 죄책감에 쉽게 조종당하는 것이다. 쉽게 화를 내거나 조급해하기 때문에 다른 사람이 우리를 쉽게 조종할 수 있는 것이다. 잘 모르는 사람조차 죄책감을 이용해 우리를 불편하게 만들고 자신들의 요구를 수용하도록 만들 수 있다.

거의 모든 기부는 죄책감을 기술적으로 이용함으로써 요청된다. 감정을 조종하여 기부하지 않는 행동은 우리의 사회적 지위와 삶의 수준이나

308

성취에 비춰봤을 때 올바르지 않다는 느낌을 갖게 하는 것이다.

택시기사, 식당의 여종업원, 항공기 승무원조차도 우리의 행동을 통제하려고 죄책감을 이용한다. 예를 들어, 비행기를 타면 1시간마다 약 0.5리터의 물이 몸 밖으로 배출되어 계속 갈증을 느끼게 되는데, 이 때문에 승무원에게 계속해서 컵에 물을 따라 달라고 부탁하게 된다.

그런데 대부분의 승무원은 이것을 싫어한다. 그들도 탈수증상을 잘 알고 비행 중에는 계속해서 수분을 섭취하도록 배웠다. 그렇다고 매번 컵에 물을 채워주는 일을 반복해서 하고 싶지는 않다. 그래서 그들은 "그밖에 다른 필요한 것은 없으세요?"라고 묻는 대신에 "그것만 가져다 드리면 되겠지요?"라고 묻는다.

물을 더 달라고 요청하면 그들은 우리가 마치 50킬로그램이나 나가는 무거운 가방을 달라고 부탁한 것처럼 한숨을 쉬면서 물을 가지러 간다. 물을 갖고 오면서도 일부러 힘들다는 티를 팍팍 낸다. 이렇게 하면 미안해서 더 이상 물을 달라고 하지 않을 거라고 생각하는 것이다. 잘 살펴보면 죄책감이 사람들을 조종하는 도구로 얼마큼 광범위하게 사용되는지 알 수 있고, 그런 증거는 어디에서나 찾을 수 있다.

죄책감이 드러나는 네 번째 형태는 죄책감과 원망을 사용해 다른 사람들을 조종하는 것이다. 시인 오든$^{W. H. Auden}$은 "악 때문에 피해를 입은 사람이 다시 악을 행한다."라고 말했다. 항상 비판받고 원망을 들으며 죄책감을 느낀 채 자라났다면 자신도 알지 못하는 사이 다른 사람과 의사소통하는 과정에서 자연스럽게 죄책감을 사용한다. 많은 부모가 아이를 자신이 원하는 대로 키우려고 죄책감을 이용하며, 또 많은 상사가 부하직원을 통제하는 일차적인 도구로 죄책감을 사용한다.

죄책감이 드러나는 다섯 번째 형태는 희생자 콤플렉스이다. 아마도 이 것이 죄책감을 드러내는 가장 일반적인 형태일 것이다. 이 콤플렉스가 있는 사람은 스스로를 희생자인 양 느끼고 말한다. 죄의식이 마음속 깊이 뿌리 박혀 있는 사람은 항상 변명을 하고 사과를 한다. 마치 항상 "내가 잘못했어."라고 말하는 것 같다. 거기에 덧붙여서 사용하는 언어가 '희생자 언어'로 '나는 잘못이 없다고 주장하는 언어'를 말한다.

우리가 가장 자주 듣는 희생자 언어에는 '할 수 없다', '해야 한다', '해야 하는데 할 수 없다', '할 수 없는데 해야 한다' 등이 있다. 희생자 언어의 다른 형태로는 '해보겠다', '노력해보겠다', '최선을 다하겠다'가 있다. 우리가 '노력해보겠다'고 말하는 것은 마치 미래에 실패할 수 있는 것에 미리 사과하는 셈이다. 이것은 마치 미래에 실패할 것이라는 믿음을 밑바탕에 깐 채로 말하는 것이다. 이 말을 내뱉음으로써 우리는 실패를 알리는 신호탄을 쏘았음을 직관적으로 알아차린다. 변호사를 찾아가서 변호를 맡아달라고 부탁했는데 그가 사건을 검토해보고 나서 "알았습니다. 한번 노력해보겠습니다."라고 말한다면 기분이 어떻겠는가?

또 심각한 병에 걸려서 의사에게 찾아가 "꼭 좀 낫게 해주십시오."라고 부탁했더니 "글쎄요. 한번 노력해보겠습니다."라고 말했다면 기분이 어떻겠는가? 하루라도 빨리 다른 의사를 찾아가 보는 것이 옳을 것이다.

'노력해보겠다'는 말은 '나는 이번에 실패할 것인데 미리 그것을 당신에게 알려주고 싶다. 그렇지 않으면 나중에 왜 미리 실패할 것이라고 경고해주지 않았느냐고 따질지도 모르기 때문이다. 그런데도 내게 와서 그가 따진다면, 노력해보겠다는 말을 했다고 하면 된다'는 의미이다.

비즈니스를 할 때 거래처가 '이번 주까지 공급하도록 노력하겠다' 또는

'프로젝트를 언제까지 완료하도록 노력하겠다'고 이야기하면 머릿속의 비상벨이 크게 울리기 시작한다. 상대방이 약속한 날까지 그것을 완성하지 못할 것임을 즉시 인식하기 때문이다. 그 경우 상대방에게 노력한다고 말하지 말고 언제까지 끝마치겠다는 확고한 약속을 해달라고 주장한다. '노력하겠다'는 말을 받아들이는 것은 기한이나 결과가 그다지 중요하지 않을 때다.

희생자 언어의 또 다른 형태는 '~하면 좋겠다'이다. '~하면 좋겠다'는 말을 목표 앞에 한다는 것은 잠재의식에 그 목표가 달성되지 않을 것이라는 믿음을 전달하는 것과 같다. '담배를 끊을 수 있었으면 좋겠다', '몸무게를 줄였으면 좋겠다', '돈을 저축할 수 있었으면 좋겠다'는 말은 마치 '사실 내가 그렇게 할 수 있다고 생각하지는 않는다'고 말하는 것과 같다. '나는 할 수 없다', '나는 해야 한다', '노력해보겠다', '되면 좋겠다', '미안하다', '나를 비난하지 마라', '내 잘못이 아니다' 등의 희생자 언어를 사용할 때마다 죄책감이라는 부정적인 감정을 강화하고 잠재의식 속에 죄책감이 더욱 깊이 자리 잡게 된다.

지금 당장 희생자 언어를 사용하지 않겠다고 결심하자. 앞으로 분명한 언어로 확신을 갖고 이야기하자. '하겠다', '하지 않겠다'라고만 말하자. 또 '해야 한다'고 말하는 대신에 '하고 싶다'고 말하자. 특히 '할 수 없다', '되면 좋겠다' 대신에 '할 수 있다', '하겠다'라고 자신있게 말하자.

죄책감을 제거하는 다섯 가지 방법

행복을 방해하는 죄책감을 어떻게 제거할 수 있을까? 여기 다섯 가지 방법이 있다.

첫 번째, 생각과 대화 속에서 파괴적인 자기비판을 제거한다. 자신을 비하하는 어떤 발언도 하지 않는다. 자신이 되고 싶어 하지 않는 것은 어떤 말도 하지 않는다. 동시에 누구도 자신에게 부정적인 말을 하지 않도록 요청하자. 다른 사람이 우리를 비판하면 간단하게 "그렇게 이야기하지 말았으면 좋겠다. 그것은 사실이 아니다."라고 말해주자.

잠재의식은 계속해서 정보를 받아들여 그것을 내면화시킨 뒤 자아개념으로 받아들인다. 다른 사람이 우리에게 부정적인 말을 하도록 허용하면 잠재의식은 상대방의 말이 옳다고 생각하여 결국 죄책감과 열등감을 심화시킨다. 자기 자신이나 타인의 부정적인 평가는 머릿속에서 지워버려야 한다. 그리고 그 평가에 당당하게 맞서야 한다. 그대로 받아들이는 것은 미래에 실패를 예약하는 것과 같다.

두 번째, 어떤 경우에도 다른 사람을 원망하지 않는다. 자신의 삶에 100퍼센트 책임을 진다. 사람은 대부분 나름대로 옳다고 생각하는 일을 한다. 다른 사람을 비판하거나 비난하거나 불평하는 것은 아무런 도움도 주지 못한다. 오히려 자신의 자부심만 떨어뜨리고 죄책감과 열등감을 강화할 뿐이다. 누군가에게 화가 난다고 느끼면 대체의 법칙을 이용하여, "잘못한 사람은 아무도 없다. 화가 나는 것은 전적으로 내 책임이다."라고 즉시 말하라.

세 번째, 다른 사람이 죄의식으로 우리를 조종하려고 하면 강력하게 거부한다. 우리에게 죄책감을 느끼게 하는 말이나 행동을 하는 것을 묵인하다 보면 죄책감만 깊어져 결국 다른 사람이 의도한 대로 조종당한다. 물론 다른 사람의 감정과 욕구는 존중해주어야 하지만 그렇다고 우리의 정서까지 희생하면서 하라는 말은 아니다.

우리 주변에는 죄책감을 느끼게 하는 사람이 최소한 한 명 이상 있다. 그 사람이 어머니, 배우자, 상사, 동료일 수도 있다. 이들과 교류하는 감정의 뿌리 자체가 죄책감일 수 있는데, 이때 그 악순환의 고리를 끊어야 할 사람은 바로 우리 자신이다.

다른 사람이 우리를 조종하려고 죄책감을 사용하는 습관을 깨는 방법이 두 가지 있다. 첫 번째 방법은 아주 쉽다. 그냥 침묵하는 것이다. 탱고를 추려면 두 사람이 필요하다. 상대방이 싸움을 걸어도 이쪽에서 반응을 보이지 않으면 싸움 자체가 안 된다.

다음에 누군가가 죄책감을 사용하려고 하면 그냥 입을 꼭 다문 채 아무 말도 하지 말고 흥분도 하지 말자. 우리는 방어나 사과를 이용해 죄책감에 자동으로 반응하도록 이미 조건화되어 있다. 그런데 우리가 정신적인 자제력을 발휘하여 반응하지 않으면 상대방과 상황에 대처할 수 있는 능력이 점점 커진다.

상대방이 대답을 강요하면 "나는 대답하지 않겠다."라고 응답하라. 이때 정중하고 우호적이며 예의바른 태도로 말해야 한다. 전화로 이야기해서 상대방이 우리 표정을 볼 수 없을 때도 부드럽게 미소를 지어라. 설명해서 이해받고 싶은 욕구를 억눌러라. 꼭 대답할 필요도 설명할 의무도 사실 우리에게는 없다. 질문이나 행동에 무언가 반응을 보여야 할 것 같은 느낌도 다 과거에 심어진 죄책감에 따른 반응패턴일 뿐이다.

죄책감을 내던졌다가 그것을 다시 받는 것은 테니스 게임과 비슷하다. 우리가 네트 저쪽으로 볼을 다시 쳐서 보낼 때만 게임이 성립된다. 침묵을 유지하면 죄책감의 게임을 중지할 수 있다.

죄책감을 이용해 자신이 원하는 것을 얻는데 익숙한 사람들은 우리가 예전과 다르게 반응하면 금방 화를 내며 태도는 더욱 집요해진다. 상대방은 자신이 통제력을 잃을 위험에 처해 있다는 것을 직감하고 모든 수단을 동원해 우리 노력을 좌절시키려고 할 것이다. 따라서 우리는 이것을 예견하고 거기에 굴복해서는 절대 안 된다.

우리가 원하는 것은 상대방과 건강한 인간관계를 맺거나 그것이 불가능하다면 아예 관계를 맺지 않는 것이다. 이렇게 하려면 두 사람 사이의 역학관계를 변화시켜야 한다. 상대방이 지금껏 죄책감을 이용해 우리를 조종해온 방식이 더 이상 효과가 없음을 깨달을 때까지 그들이 표출하는 부정적인 반응을 이겨내야 한다. 아무리 해도 과거처럼 죄책감으로는 우리를 조종할 수 없음을 깨달으면 그들도 어쩔 수 없이 다른 방법을 사용할 것이다. 다른 어떤 방법도 지금처럼 죄책감으로 조종되는 상태보다는 낫다.

다른 사람이 죄책감으로 우리를 통제하는 습관을 버리도록 하는 두 번째 방법은 자기주장을 활용하는 '직면기법'이다. 이 기법은 간단하면서도 꽤 효과적이다. 처음 이 기법을 사용할 때는 대단히 큰 용기와 의지가 필요하나, 한번 사용하면 그 다음부터는 갈수록 좋아진다.

이 기법은 상대방이 죄책감을 이용해 우리를 조종한다고 생각이 들면 "지금 제게 죄책감을 느끼게 하려고 하시는 거죠?"라는 말로 직접적으로 대응하는 것이다. 이 반문을 할 때는 위협적인 뉘앙스 없이 낮은 목소리 톤으로 설마 그런 일이야 있겠냐는 놀라움과 호기심을 담아서 말해야 한다.

바버라와 나는 결혼 초에 죄책감을 이용해 서로에게 얘기를 하고 있었다. 둘 다 죄책감이 중요한 통제의 도구였던 가정에서 자라났기 때문에 저절로 그 기술을 습득한 셈이다. 우리는 원하는 것을 원하는 때에 하지 못하면 마음이 상해 바로 얼굴에 나타났다.

다행스럽게도 우리 부부는 이 패턴을 직감한 뒤 직면기법을 이용하여 그것을 결혼생활에서 빨리 제거할 수 있었다. 우리가 실행에 옮긴 방법은 아주 단순했다. 둘 중 하나가 상대방에게 죄책감을 이용하려고 하면, 그 순간 대화를 중지하고 "지금 죄책감을 느끼게 하려는 거지?"라고 말하는 것이었다.

인간의 영혼은 본능적으로 죄책감이 좋지 않음을 안다. 따라서 누구도 처음부터 의식적으로 다른 사람에게 죄책감을 느끼게 하려고 하지 않는 다. 하지만 사람들은 다른 사람들과 교류할 때 효과적으로 상대방이 받아들일 수 있는 방법이라면 어떤 것이든 사용하려는 욕구가 있다. 문제는 다른 사람이 우리가 원하는 대로 우리를 움직일 수 있는 가장 효과적인 방법이 죄책감을 이용하는 것이라는 사실이다.

내가 바버라에게 "지금 죄책감을 느끼게 하려는 거지?"라고 물어보면 바버라는 즉시 "물론 아니야."라고 대답한다. 그러면 나는 다시 이렇게 되묻는다. "그럼 다행이고. 잠깐 동안 혹시 당신이 내게 죄책감을 느끼게 하려는 건가 하고 생각했어. 그것은 좋지 못한 일이잖아." 조금 있다가 바버라가 다시 죄책감을 사용하려고 하면 나는 다시 묻는다. "지금 죄책감을 느끼게 하려는 거지?" 바버라는 이번에도 부인한다. 그러면 다시 말한다. "그럼 다행이야. 죄책감은 인간관계에 도움이 안 되잖아." 이런 식으로 계속 대화하다 보면 결국 더 이상 참지 못하고 "그래, 맞아. 당신에게 죄책감을 느끼게 하려고 했어."라고 웃으면서 인정하고 만다.

그러면 나는 의기양양하게 말한다. "글쎄, 그렇게 안 될 거야." 이때가 바로 서로를 진정한 대화 상대로 인정하는 순간이다. 죄책감을 이용하는 대신 문제를 진지하게 열린 시각에서 다시 논의하는 것이다. 죄책감을 이용하지 않으면 성숙한 인격을 지닌 어른답게 차분하게 대화할 수 있다.

이런 상태에서는 상대방이 죄책감을 이용하거나 감정을 상하게 해도 복수하고 싶은 마음이 들지 않는다. 침묵이나 직면기법을 쓰는 목적은 상대방을 보다 높은 수준의 의식세계로 끌어올리려는 것이다. 그 수준이 되면 죄책감을 효과적으로 다룰 수 있고 인간관계에서 그것을 제거할 수도 있다. 이용하는 사람이나 희생자가 되는 사람 모두 파괴적인 감정인 이 죄책감에서 자유로워지는 것이다.

죄책감을 제거하는 네 번째 방법은 다른 사람의 죄책감에 대해 이야기하지 않는 것이다. 다른 사람들의 험담이나 뒷말은 하지 말자. "사람이 어쩌면 저럴 수가 있느냐?" 식의 말은 되도록 하지 말자. 우리가 말하고 생각하는 모든 것은 잠재의식과 성품에 영향을 미친다는 것을 기억하자. 다른 사람의 말을 할 때는 자신이 들었으면 하는 좋은 말만 해주자. 그들이 지금 우리 옆에 있는 양 이야기하자.

죄책감과 죄책감에 따른 반응을 제거하는 다섯 번째 방법은 용서의 법칙으로 지금까지의 방법 중 가장 효과적이다. 행복과 건강, 부, 멋진 인간관계를 형성하는 가장 강력하면서도 현실적인 방법일 것이다. 용서의 법칙이란 '우리에게 모욕을 가한 사람을 아무런 거리낌 없이 용서하고 잊을 수 있을 만큼 정신이 건강하다'는 법칙이다. 죄책감과 분노, 부정적인 감정의 뿌리에는 용서하는 능력의 결여가 자리 잡고 있다. 자신에게 상처를 주었다고 생각되는 사람들에게 원한과 분노를 계속 품으면 마음에서 오는 질병들의 주요 원인이 된다. 용서 능력의 결여는 간단한 두통에서부터 심장 발작, 암, 뇌졸중에 이르는 모든 병의 원인이다.

316

잠재력을 발휘하여 정신력을 최대로 높이고 영적인 에너지를 표출하려면 상처를 주었던 모든 사람을 용서해야 한다. 그리고 나를 붙들고 있는 분노와 원한을 놓아버리고 거기에서 떠나가야 한다. 같은 불행에 몇 번이고 계속해서 값을 치르는 것을 거부해야 한다. 다른 사람에게 보이는 부정적인 감정보다는 멋진 삶을 살고 훌륭한 인품을 계발하고 뛰어난 사람이 되고 싶다는 바람을 우선해야 한다.

자신의 외부세계는 진정한 내부세계를 비추기 때문에 자신과 생각이 일치하는 사람과 상황을 스스로 끌어당긴다. 즉, 스스로 바라는 그런 사람이 되는 것이다. 따라서 진정으로 행복하고 건강하고 완전히 자유로운 사람이 되고 싶다면 꾸준히 연습하여 용서하는 능력을 반드시 계발해야 한다.

용서도 연습이 필요하다

우리가 죄책감, 열등감, 자격이 없다는 느낌, 원한과 분노의 부정적인 감정에서 자유로워지려면 최소한 세 사람을 용서해야 한다. 이 세 사람을 용서하면 해방감과 기쁨을 맛보고 삶에 놀라운 가능성을 발견할 수 있다.

첫 번째로 용서해야 할 사람은 부모님이다. 그분들이 살아계시든 아니든 오늘 자신에게 상처를 주었던 모든 일을 완전히 용서하겠다고 결심하자. 부모님이 우리에게 가했던 모든 억울한 일과 불친절한 행동, 신체적 고통을 용서해야 한다. 어린 시절의 상처를 이제는 떨쳐버려야 한다. 부모님 입장에서는 최선을 다한 것임을 진정으로 수용하자.

거의 대부분은 어린 시절 부모님이 자신에게 한 일에 아직까지도 마음을 풀지 못하고 있다. 40~50대 중년들조차 부모님을 용서하지 못해 정신적으로 고통을 받는다. 아무런 해결방법도 없는 문제에 일생동안 원한을 품고 산다면 너무 과도한 비용을 치루는 셈이다.

우리에겐 평생 동안 고통받는 일임에도 정작 부모님은 그 일 때문에 여전히 고통받는 것을 전혀 알지 못하며 보통은 아예 그 일 자체를 기억하지 못한다. 그 일 때문에 아직도 마음이 상해 있다고 이야기하면 오히려 부모님은 깜짝 놀랄 것이다. 그분들은 그런 일이 있었다는 것조차 기억하지 못하기 때문이다.

부모님을 용서하는 세 가지 방법이 있다. 첫 번째가 가장 중요한데, 그것은 마음속에서 진심으로 용서하는 것이다. 부모님이 우리를 마음 아프게 했던 일이 떠오를 때마다 대체의 법칙을 사용하라. 그 생각이 떠오르면 즉시 "나는 아버지(어머니)의 모든 것을 용서한다.", "나는 아버지(어머니)의 모든 것을 용서한다."라고 소리 내어 말한다. 그 일이 떠오를 때마다 부모님을 용서하면 부정적인 감정과 동요 없이도 당시 경험을 편안하게 떠올릴 수 있을 것이다. 그러다 보면 결국에는 그 일을 완전히 잊을 수 있다.

부모님을 용서하는 두 번째 방법은 부모님을 찾아뵙거나 전화를 하는 것이다. 세미나 참석자 중 많은 사람이 세미나가 끝나고 부모님을 찾아가 과거에 어떤 일이 있었고 왜 자신이 그들에게 화가 났었는지 이야기한다. 그리고 마지막에 "부모님이 나를 키우는 과정에서 했던 모든 실수를 용서하며 부모님을 진심으로 사랑한다."라고 말한다. 부모님을 용서함으로써 부모님도 자기 자신도 과거의 감정에서 모두 자유로워지는 것이다.

부모님을 용서하는 세 번째 방법은 부모님이 했던 모든 실수를 용서한다는 편지를 원하는 만큼 아주 자세하게 쓰는 것이다. 자부심이 낮은 부모는 아이를 키우는 과정에서 자신이 저지른 잘못을 아이가 언젠가는 잊고 용서해주리라 믿는다. 그들은 자신이 잘못했다는 것을 드러내놓고 인정할 만큼 강하지 못하다.

부모님을 완전히 용서해야만 진정한 의미에서 성인이 될 수 있다. 그전까지는 감정적으로 아직 부모에게 의존하고 있기에 완전한 성인으로 보기 어렵다. 부모와 성숙한 관계를 맺는 것은 사라나는 성장과정에서 겪었던 나쁜 기억을 흘려보낼 때만 가능해진다. 용서하는 그날부터 부모님과의 관계가 개선되어 서로 최고의 시간을 보낼 수 있다.

우리가 용서해야 할 두 번째 사람은 '다른 모든 사람'이다. 살아오면서 우리에게 상처를 주었던 모든 사람을 무조건 용서해야 한다. 지금까지 겪었던 야만적이고 어리석고 잔인한 모든 말과 행동을 모조리 용서해야 한다. 용서하지 않은 사람이 단 한 사람도 있어서는 안 된다. 그러면 효과를 제대로 볼 수 없다.

그 사람을 좋아하라는 말이 아니다. 그냥 무조건적으로 용서하라는 말이다. 용서는 100퍼센트 이기적인 행동이다. 용서는 상대방과는 아무런 관계가 없다. 그것은 자기 마음의 평화와 행복, 성공, 미래와 관계 있을 뿐이다. 아마도 이 세상에서 가장 어리석은 일 중 하나가 바로 아무 신경도 쓰지 않는 상대방에게 화를 내는 일일 것이다. 어떤 사람은 "나는 결코 다른 사람에게 악감정을 품지 않는다. 내가 악감정을 품고 있을 때 상대방은 신나게 춤을 추며 놀고 있기 때문이다."라고 말했다.

우리를 그 상황에 빠뜨리는 것은 다른 누구도 아닌 바로 우리 자신이다. 사업상 거래든 투자든 직업이나 인간관계든 간에 선택과 결정은 내가 한 것이므로 그 상황도 결국 내 책임이다. 내가 주도적으로 참여하지 않았다면 그런 일은 결단코 생기지 않았을 것이다.

그 결정에 참여하지도 않았고 책임도 전혀 없다고 해도 앞으로 어떤 반응을 할 것인가는 우리에게 책임이 있다. 우리에게는 지금부터 어떻게 할 것인지 선택할 자유가 있고, 가장 최선의 선택은 바로 용서하는 것이다.

나는 당신을 용서합니다

깨진 인간관계와 실패한 결혼생활에서 입은 상처를 아직까지도 잊지 못하고 있다면 거기에서 완전히 벗어날 수 있는 방법을 하나 소개하겠다. '마음의 편지쓰기'가 바로 그것이다. 편지쓰기는 피닉스 세미나에서 사용하는 기법으로 믿을 수 없을 만큼 효과적이다.

제일 먼저 할 일은 자리에 앉아 고통을 줬던 상대방에게 편지를 쓰는 것이다. 편지는 세 부분으로 구성되는데, 길게 쓸 수도 있고 짧게 쓸 수도 있다. 그냥 편한 대로 쓰면 된다. 맨 처음에는 "나는 우리 관계에 100퍼센트 책임이 있음을 인정한다. 전적으로 내 책임으로 어떤 변명의 여지도 없다. 내가 그렇게 만든 것이다."라고 쓴다. 옛날에 했던 대로 "나는 죄가 없다.", "나는 억울하다."라고 쓰면 안 된다.

두 번째 부분에는 "당신이 내게 주었던 모든 상처를 완전히 용서한다."라고 쓴다. 어떤 일 때문에 상처를 받았는지 자세하게 쓰는 것이 좋다. 어떤 부인은 전 남편에게 그의 어떤 행동을 용서하는지 장장 8쪽에 걸쳐서 썼다. 마지막에는 "나는 당신이 잘되기를 바란다."라고 쓴다. 그리고 주소를 정확하게 쓰고 우표를 붙인 다음에 봉투를 우체통에 넣는다. 편지가 우체통 안으로 들어가 취소할 수도 없게 되어버리며 지금까지 상상하지도 못한 자유로움과 즐거움이 가슴속에서 벅차오르는 것을 느낄 수 있다. 그

320

순간 지금까지 자신을 얽매였던 관계에서 벗어나면서 정서적으로 새로운 삶을 시작할 수 있다. 하지만 그렇게 하기 전까지는 과거의 부서진 관계 때문에 생기는 분노와 원한이라는 함정에서 쉽게 벗어나지 못한다.

세미나에 참석했던 어떤 경영자는 내게 편지쓰기와 용서에서 경험한 놀라운 이야기를 해주었다. 그는 네 아이의 아버지였다. 10년 동안 파트너와 함께 열심히 일해서 사업에도 성공했다. 하지만 어느 날 회사에 갔더니 파트너가 별말없이 출근하지 않았다. 이상했지만 평상시처럼 일한 뒤 퇴근해 돌아와보니 아내가 없는 것이었다. 알고 보니 오래 전부터 아내와 파트너가 공모해서 수십만 달러에 달하는 회사 돈을 횡령한 다음 함께 도망친 것이었다. 그 순간 그의 인생은 무너져버렸다. 그에게 남은 것은 네 아이와 엄청난 분노, 배신감뿐이었다.

그 이후 4년 동안 그는 증오와 원한에 사로잡혀서 지냈다. 그의 아내와 파트너는 외국으로 도망갔으며 소송을 하려면 엄청난 비용이 들기 때문에 법적으로 처리하기도 불가능했다. 회사의 파산만은 막아야 했기에 모든 힘을 거기에 쏟다 보니 아이들과의 관계도 아주 악화되었다. 그는 자신의 신세를 자주 한탄했었다. "어떻게 이렇게 말도 안 되는 일이 내게 벌어질 수 있다는 말인가?"

용서의 개념을 설명하는 세미나 첫날, 그는 하루 종일 말없이 앉아 있다가 그날 저녁 조용히 일어나 떠났다고 한다. 그러나 다음 날 그는 전혀 다른 사람이 되어 나타났다. 몇 년 만에 처음으로 마음에 여유가 생겼으며, 얼굴에는 미소를 띠고 있었다. 그는 세미나 참석자들에게 인사한 뒤 자기소개를 했다. 그는 전날 밤 세 시간에 걸쳐서 편지를 쓴 다음 몇 블록을 걸어가서 편지를 우편함에 넣었고,. 그 순간 세미나에서 말한 대로 몸과 마음이 모두 자유로워짐을 느꼈다고 한다.

세미나가 끝난 다음 그는 세미나에서 만난 여성 한 명과 4년 만에 처음으로 데이트를 즐겼고 아이들과의 관계도 완전히 바뀌었다. 아이들도 어머니가 자신들을 버리고 떠난 것을 용서하고 아버지와 함께 앞으로의 삶을 새롭게 살아가겠다고 결심했다. 그들은 몇 년 만에 처음으로 다시 행복한 시간을 보냈다.

우리가 용서해야 할 세 번째 사람은 '우리 자신'이다. 지금까지 자신이 저지른 모든 어리석고 가슴 아픈 말과 행동을 스스로 용서해야 한다. 우리는 완벽한 존재가 아니다. 우리는 자주 잘못을 범하고 실수를 했으며 성장해가면서 많은 어리석은 말과 행동을 했다. 그때로 되돌아갈 수만 있다면 전혀 다른 말과 행동을 할 것 같으나, 그때로 다시 되돌아갈 수는 없다. 그것이 인생이며 세상 모든 일에는 나름대로 이유가 있다. 지나간 잘못을 후회하고 마음 아파해봤자 자신에게 아무런 도움도 되지 않는다. 그것은 나약한 성격만 보여줄 뿐이다. 또 후회는 종종 앞으로 전진하지 못하는 핑계로 이용된다. 지혜롭고 성숙한 사람도 여러 가지 어리석고 바보 같은 실수를 저질러왔다. 하지만 그들은 그 실수에서 지혜를 얻어 성숙해졌다. 우리도 과거에 많은 실수를 저질렀고 거기서 많은 것을 배웠다. 이제 우리 스스로를 용서해주도록 하자.

용서를 한다는 것은 정신적·영적인 발전이라는 왕국으로 통하는 열쇠와 같다. 온전하게 용서하는 사람이 되도록 하자. 그것은 역사상 위대한 인물의 특성이다. 용서를 하면 지금까지 잠재의식에 부정적인 감정을 불어넣었던 모든 죄책감과 분노, 원한이 완전히 씻겨내려가기 시작할 것이다. 항상 온전히 용서하는 사람이 되는 것을 실천하다 보면 더욱 차분하고 친절하고 마음이 따뜻하며 낙관적인 사람이 되어갈 것이다.

　마지막으로 다른 사람에게 상처를 준 일이 있고 아직 그것 때문에 마음이 불편하다면 그 사람에게 즉시 사과하자. "내가 잘못했다."라고 말하자. 회개는 영혼을 맑게 한다. 회개는 자신의 도덕률과 일치하지 않은 행위를 했다는 깨달음에서 생기는 죄책감과 부끄러움에서 우리를 해방시켜준다.

　상대방이 어떤 반응을 보이는지는 그리 중요하지 않다. 중요한 것은 스스로가 자신의 행동에 책임을 지고, "내가 잘못했어." 하고 사과할 수 있는 용기와 인품이 있다는 것이다. 그러고 나면 인생을 제대로 살아갈 수 있고, 동시에 상대방도 마음의 짐을 벗어버리고 행복하게 살아갈 수 있게 된다.

7. 성공시스템의 실천방법

종이를 한 장 꺼내 우리 마음을 아프게 했던 사람들을 모두 적어본다. 다음에는 종이에 적힌 사람들의 이름을 한 사람씩 부르면서 어떤 일이 있었는지 생각해본 뒤 이렇게 말한다. "나는 그 사람이 내게 한 모든 일을 용서한다. 이제 그 일은 잊는다." 이 말을 한 사람당 두세 번씩 반복한다. 다 끝나면 종이를 태워버린다. 이제부터는 그 사람이나 그때 상황이 떠오르면 즉시 "나는 그 사람의 모든 행동을 용서한다. 나는 그 사람의 모든 행동을 용서한다."고 말함으로써 그 일이 불러오는 부정적인 감정을 소거해버린 다음 마음을 다른 일로 돌려버린다.

마음을 아프게 한 모든 사람과 모든 것을 용서하면 그 순간 우리 앞에 완전히 새로운 삶이 열리기 시작한다. 용서는 '마음의 평화'라는 왕국으로 통하는 황금열쇠이며 우리가 하는 모든 일 중 가장 어렵고 중요한 일이다.

The
Master Goal

마음의 평화를
가져오는 마스터 목표

마음의 평화를 최고의 목표로 삼으면
우리는 내면의 주인이 된다.

마음의 평화를 최고의 목표로 삼으면

우리는 내면의 주인이 된다.

하루하루 계속되는 스트레스를 관리하는 능력은 행복과 성공에 있어 필수적이다. 최고의 성과를 내려면 침착성, 명쾌함, 자기 자신과 일을 객관적으로 보는 능력이 필요하다. 이 장에서는 자신의 심리치료사가 되는 방법을 배운다. 스트레스를 최소화하고 긍정적인 에너지와 낙관적인 태도를 최대화하는 방법을 배울 것이다.

또 주변에서 어떠한 일이 벌어지더라도 행복하고 효과적으로 살아갈 수 있게 해주는 방법을 배울 것이다. 마스터 목표는 마음의 평화를 달성하는 것이다. 마음의 평화는 우리가 하는 모든 노력의 궁극적인 목표이다.

인간에게 최고의 선은 마음의 평화이다. 마음의 평화를 성취하고 유지하는 능력은 아마 우리가 얼마큼 잘 살아가는지 측정하는 최선의 기준일 것이다. 마음의 평화는 행복, 일, 인간관계에서 최고의 즐거움과 기쁨을 얻는 필수조건이다. 마음의 평화를 최고의 목표로 삼아 그에 맞게 모든 행동과 결정을 하다 보면 더욱 행복하고 효과적으로 살아갈 수 있다.

마음의 평화와 반대되는 감정은 부정적인 감정이다. 부정적인 감정은 삶을 불행하게 만드는 주된 원인이다. 부정적인 감정은 '좀도둑'에 비유할 수 있다. 평화와 행복, 즐거움을 빼앗기 때문이다. 그것은 우리를 병들게 하고 생명을 단축시킨다. 모든 스트레스, 긴장, 불안은 결국 부정적인 감정으로 나타난다. 부정적인 감정은 일단 생기면 안으로든 밖으로든 반드시 표현된다. 안으로 표현되면 병이 생기고 밖으로 표현되면 인간관계를 해친다.

삶을 설계할 때 중요한 목표 하나는 부정적인 감정을 제거하여 진정으로 행복하고 건강한 사람이 되는 것이다. 부정적인 감정을 제거하려면 근본 원인을 이해하고 그것을 제거하는 방법을 배워야 한다.

스트레스는 / 상황이 / 아니라 / 반응이 / 만든다

스스로 심리치료사가 되려면 용기가 필요하다. 철저한 정직함도 요구된다. 자신이 경험하고 있는 스트레스나 부정적인 감정의 진정한 원인을 찾아 내면 깊숙한 곳을 들여다볼 수 있이야 한다. 삶의 내부와 외부, 그 느낌에 100퍼센트 책임을 져야 한다. 이렇게 하는 데는 대단한 인품이 요구되지만 자신이 원하는 최고의 삶이라는 보상을 얻을 수 있다.

스트레스 관리 분야에서 선구자 격인 한스 셀리Hans Selye는 스트레스를 '내적 · 외적 자극에 보이는 모든 비구체적인 반응'이라고 정의한다. 이 정의에서 핵심 단어는 '반응'이다. 스트레스는 외부 사건 때문에 야기되는 것이 아니다. 원래부터 우리에게 스트레스를 주는 상황이란 존재하지 않는다. 다만 스트레스를 느끼는 반응만 있을 뿐이다. 스트레스는 우리에게 일어나는 일에서 비롯되는 것이 아니라 그 일에 보이는 반응에서 비롯된다. 그러므로 스트레스를 받을지 말지를 선택하는 것은 우리에게 달렸다.

스트레스를 관리하고 내직인 평화를 성취하려면 우선 자신의 반응에 책임을 져야 한다. 긍정적 반응이나 부정적 반응은 어떻게 생각하느냐에 달려 있다. 결국 스스로의 결정이고 선택이며 책임이다.

예를 들어, 출근길에 교통체증 때문에 차가 꼼짝도 못하고 서 있다. 어떤 이는 조바심을 가지고 화를 내는데, 어떤 이는 차분하고 여유가 있다. 같은 상황인데도 이처럼 다른 반응을 보인다. 결국 스트레스를 일으키는 것은 반응이지 상황이 아니다. 똑같이 차가 막혀도 월요일에는 화가 나는데, 수요일에는 화를 내지 않을 수도 있다. 같은 사람인데도 같은 상황에서 전혀 다른 반응을 보이는 것이다. 선택권은 항상 각자에게 있다.

좋은/스트레스와/나쁜/스트레스

스트레스를 제대로 관리하지 못해서 마음의 평화를 잃으면 값비싼 대가를 치르게 된다. 모든 신체 질병의 80~95퍼센트는 정신적인 것에서 비롯된다. 현대의학은 장티푸스, 발진티푸스, 콜레라, 천연두, 황열병, 소아마비 등 인간의 평균수명을 줄이는 질병의 치료법을 개발해냈다. 그럼에도 아픈 사람은 더 많아지고 국민 건강관리에 지출되는 비용은 그 어느 때보다도 많다. 그 원인은 역동적이고 빠르게 변화하는 세상을 살아가면서 겪는 스트레스를 관리하는 능력이 부족해서다.

미국인 사망의 가장 큰 원인은 심장병으로, 매년 50만 명 이상이 이 병으로 사망한다. 그런데 달라스의 쿠퍼 클리닉에 근무하는 케네스 쿠퍼 Kenneth Cooper 박사는 스트레스가 높은 A타입 성격이 아니라면, 70세 이전에 심장질환으로 사망할 확률은 거의 낮다고 했다. 높은 스트레스는 암, 뇌졸중, 궤양, 대장염, 갑상선 기능 항진증, 피부질환, 발진, 편두통, 관절염, 퇴행성 질환, 기타 생명을 위협하는 질환과 밀접한 연관이 있다.

다행스러운 점은 스트레스는 타고나는 것이 아니란 사실이다. 스트레스 때문에 쓰러진 갓난아기를 본 적이 있는가? 스트레스에 보이는 모든 반응은 살아가면서 경험과 조건화로 학습된 것이다. 특정 상황에서 스트레스를 받는 것이 학습된 것이라면, 긍정적이고 건설적으로 반응하는 것도 학습할 수 있다.

스트레스가 항상 나쁜 것만은 아니다. 스트레스가 100퍼센트 없는 사람을 찾으려면 공동묘지에 가야 한다. 스트레스는 삶의 불가피한 부분이다. 스트레스에는 좋은 스트레스eustress와 나쁜 스트레스distress가 있다. 나쁜 스트레스란 말 그대로 건강에 해로운 것을 말한다. 좋은 스트레스가 자신이 하는 일에서 에너지, 열정, 흥분을 갖게하는 반면, 나쁜 스트레스는 사람을 피곤하고 예민하고 불행하게 만들며, 일에 완전히 압도당하는 듯한 느낌을 갖게 한다.

스트레스 관리의 핵심은 '통제의 중심locus of control'이라고 하는 통제의 주체에 있다. 자신에게 일어나는 일을 스스로 통제한다고 느끼면 그만큼 자신과 삶을 긍정적으로 느낀다. 반대로 상사와 청구서, 인간관계, 건강,

문제 등 외부 요소가 자신을 통제한다고 느끼면 그만큼 자신과 삶을 부정적으로 느낀다(이것은 2장에서 이미 핵심 내용을 살펴보았다).

개인생활과 직장생활을 살펴보면 마음의 평화와 만족감을 느끼는 영역은 스스로가 통제력이나 영향력을 갖는 영역과 일치한다. 반대로 통제력이 없거나 어려운 문제를 해결할 방법이 없다고 느끼는 영역을 대할 때면 불쾌감과 스트레스를 받는다.

스트레스를 관리하는 가장 효과적인 방법은 '인지조절법cognitive control method'이다. 사실 나는 이 방법을 계속 이야기해왔다. 인지조절법이란 생각하고 선택하고 결정하는 능력을 사용해서 감정과 상황을 통제하는 것을 말한다. 스스로 심리치료사가 되고 평생 마음의 평화와 행복한 인간관계를 즐기려면 인지조절법을 잘 활용해야 한다.

스트레스를 / 일으키는 / 원인 / 일곱 / 가지

스트레스와 부정적인 감정을 일으키는 중요한 원인은 일곱 가지이다. 이 것이 우리가 경험하는 모든 불행의 95퍼센트, 심지어는 99퍼센트의 원인이다. 일단 그것이 무엇인지 밝혀내고 대응하는 방법을 배우면 지금보다 더 긍정적이고 낙관적이며 즐겁게 지낼 수 있다. 내부와 외부의 삶에 통제력을 회복하게 되는 것이다.

지나친 걱정 증후군

스트레스와 부정적인 감정의 첫 번째 원인은 걱정이다. 걱정은 결정을 내리지 못하기 때문에 생긴 두려움이 지속되어 생성되는 감정이다. 사람들은 종종 부모 중 한 사람에게서 걱정을 배우고, 그 다음에는 스스로 걱정을 반복하여 만성적인 걱정꾼이 되어버린다. 그들은 항상 무엇이든 걱정한다. 모든 걱정은 면역체계를 약화시켜 감기에서 치명적인 질환까지 온갖 종류의 질병에 취약하게 만든다. 걱정을 제거하는 능력은 행복하고 건강하고 균형 잡힌 정신태도를 갖는 출발점이 된다. 이런 태도는 기쁨을 극대화하는데 꼭 필요하다.

사람들이 무슨 걱정을 하냐고 질문한 뒤 얻은 통계 결과는 다음과 같다. 40퍼센트는 결코 일어나지 않을 일이고, 30퍼센트는 과거에 일어난 일로 지금은 어떻게 할 수 없는 일이며, 12퍼센트는 건강에 관한 불필요한 걱정이다. 그리고 10퍼센트는 중요하지 않은 일에 대한 아주 사소한 걱정이었다. 남은 8퍼센트 중 절반인 4퍼센트는 누구도 어떻게 해볼 수 없는 그런 일들이었고, 결국 걱정거리 중 4퍼센트만이 해결할 수 있는 일이였다. 과연 당신의 걱정거리는 어디에 속하는가?

걱정을 떨쳐버리는 가장 좋은 방법 중 하나는 하루하루를 별도로 구분해서 매일 충실하게 살아가는 것이다. 스트레스는 미래에 일어날 일에 대한 감정에서 생긴다. 그런데 걱정하는 일의 대부분은 통계에서도 보았듯이 잘 일어나지도 않으므로, 미리 가불해서 걱정할 필요는 없다. 그때 맞닥뜨려서 해도 늦지 않는다.

걱정을 해결하는 가장 좋은 방법은 '걱정 사냥꾼'으로, 이것은 간단한

4단계 과정을 거친다. 이 방법은 통제력을 회복하고 걱정을 없애는 데 큰 도움을 준다.

첫째, 걱정되는 상황을 명확하게 정의한 다음 글로 쓴다. 문제를 명확하게 정의하여 글로 쓰는 것만으로도 종종 확실한 해결방법이 떠오른다.

둘째, 이 상황에서 일어날 수 있는 최악의 사태가 무엇인지 알아낸다. 최악의 사태가 별거 아니라는 것을 발견할 때가 있다. 최악의 사태를 명확하게 정의하고 그것이 그저 가능성일뿐이라는 생각만으로도 그와 관련된 스트레스와 걱정이 줄어든다.

셋째, 일어날 수 있는 최악의 사태가 무엇인지 알고 난 다음에는 그것이 일어나면 받아들이겠다고 결심한다. 최악의 사태를 기꺼이 받아들이겠다고 결심해버리면 더 이상 걱정할 것이 없어진다.

넷째, 즉시 최악의 사태를 개선할 수 있는 조치를 취한다. 최악의 결과를 최소화할 수 있는 가능한 모든 대책을 강구하여 실행한다. 비즈니스에서는 이것을 미니맥스Minimax방법이라고 부른다. 모든 결정에서 최악의 경우를 상정해보고 그것을 최소화할 수 있는 방법을 찾는 것이다.

한때 세상에서 가장 부유한 사람이었던 억만장자 폴 게티John Paul Getty는 자신의 성공 비결 중 하나는 "모든 거래를 할 때 일이 잘못될 경우 발생할 수 있는 최악의 사태가 무엇인지 찾아낸 다음 그 사태가 발생하지 않도록 최선을 다하는 것이다."라고 말했다.

걱정을 해소하는 유일한 해독제는 단호한 행동이다. 일단 문제를 해결하려면 자신이 무엇을 해야 하는지 결정하고, 그것을 실행하는 데 열중하면 더 이상 그 문제를 걱정할 시간이 없어진다. 대체의 법칙에 따르면 걱정을 긍정적인 행동에 대한 생각으로 대체하여 걱정거리를 쫓아낼 수 있다. 핵심은 열중하는 것이다. "걱정의 바다에 대항하여 무기를 들라. 그리고 정면으로 부딪쳐서 걱정을 끝내주자." 셰익스피어가 『햄릿』에서 한 말이다.

삶의 의미와 목적 부재

스트레스와 부정적인 감정의 두 번째 원인은 분명한 삶의 의미와 목적이 없어서다. 확고한 삶의 목표가 없는 것이다. 직장에서 받는 스트레스의 원인은 시간관리를 잘하지 못해서 나타나는데, 그것은 목표와 우선순위가 명확하지 않아서다. 자신이 성취하려는 것이 무엇인지 확실하지 않은 상태라면 시간을 능률적이고 효과적으로 계획하고 조직화할 수 없다.

아마 모든 문제와 불행의 80퍼센트는 우리가 가는 방향이 어디이고, 성취하고 싶은 것이 무엇인지 명확하게 모르는 데서 비롯될 것이다. 주된 결정적 목표를 선택하고 그것을 달성하는 계획을 수립하는 것만으로도 목표가 없는 데서 오는 부정적인 느낌에서 해방될 수 있다.

혹시 활력이 없어서 걱정되는가? 여기 특효약이 있다. 즉시 자리에 앉아 앞으로 1년 동안에 할 일 열 가지를 적어 목록으로 만들어라. 몸에 긴장감이 생기고 심장박동이 빨라지며 훨씬 행복해질 것이다. 마음은 자신에게 소중한 일을 성취하려고 움직일 때만 행복한 감정을 느끼도록 만들어졌다.

'끝맺음'에 집착하는 행위

스트레스와 부정적인 감정의 세 번째 원인은 '끝맺음'에 집착하는 행위이다. 인간에게는 완성충동성이 있어 일을 완수하거나 목표를 성취하면 행복감과 만족감을 느낀다. 그렇지 않을 경우에는 즐겁지 않고 스트레스를 받는다. 일을 마치지 못하거나 부분적으로만 하는 것은 엄청난 스트레스를 준다. 심지어 다른 사람이 이런 행위를 하는 것을 보는 것도 스트레스다.

어떤 유명한 변호사는 자신의 의뢰인이 유죄판결을 받을 것 같으면 판결이 나는 날 커다란 시가를 들고 법정에 들어갔다. 그리고 검사가 배심원들에게 유죄를 요청하는 최종변론을 시작하면 시가에 불을 붙였다. 시간이 흐르면서 시가 끝이 타들어가서 생긴 재가 떨어지지 않고 계속 매달려 있었는데, 그때부터 배심원들의 시선은 검사가 아닌 재에 집중되었다. 변호사가 시가를 잡고 있는 손을 흔들면서 검사의 발언을 제지하거나 반대할 때는 시가 끝에 매달린 재가 곧 떨어질 것만 같았다.

배심원들의 모든 관심은 검사가 하는 말의 내용이 아니라 점점 더 길어지는 시가 끝의 재에 집중되었다. 검사의 이야기가 끝나면 변호사는 피우던 시가를 재떨이에 놓고 일어나서 최종 반대변론을 시작했다. 그리고 판결은 대개 '무죄'로 나왔다.

배심원들이 법정을 떠난 뒤 변호사는 8센티미터나 되는 재를 지탱하던 가늘고 긴 철사를 시가에서 빼내고는 했다. 바로 그 철사가 재판에서 승소할 수 있었던 비밀이었다. 언제 떨어질지 모르는 시가 끝의 재를 보는 긴장이 너무나 컸기 때문에 배심원들은 검사의 최종변론을 제대로 들을 수가 없었던 것이다.

'끝맺음'에 집착하는 행위도 이와 비슷하다. 그 일에 너무나 많은 주의를 빼앗기기 때문에 다른 일에 오랫동안 집중하는 것이 불가능하다. 항상 머릿속에는 그 일이나 상황이 떠나지 않는다. 일을 미루는 것이 대표적인 '끝맺음'에 집착하는 행위이다. 특히, 중요한 일을 미루면 스트레스를 받는다. 그 일이 중요하면 중요할수록 스트레스는 커지고 마음의 평화는 크게 훼손된다. 스트레스는 결국 불면증, 부정적인 행동, 짜증 등의 신체적인 반응으로 나타난다.

'끝맺음'에 집착하는 행위의 해결방법은 일을 시작하면 마칠 때까지 그 일을 계속하는 것이다. 그렇게 하려면 엄청난 자기절제가 요구되지만 일을 완수하는 즉시 에너지, 열정, 자부심 증가라는 보상을 받는다. 자신에 대한 느낌이 좋아지고 긍정적이 된다. 끝내지 못한 업무가 머릿속에 남아 생기는 스트레스가 즉시 없어진다.

'끝맺음'에 집착하는 행위의 또 다른 형태는 미완의 관계이다. 미완의 관계란 개인적 또는 업무적 관계가 마무리되지 못하고 남아 있는 것을 말한다. 아직 마음속에서 정리가 덜 되어 있는 것이다. 미완의 관계는 외견상으로는 끝났는데 그 관계에 계속 매달릴 때 생긴다.

종종 미완의 관계는 계속되는데, 기꺼이 용서하고 잊어버리지 못해서다. 보복하고 싶은 마음이 원인인 것이다. 미완의 관계에는 고통과 분노가 함께 존재한다. 돈이나 자신의 몫을 찾아야겠다는 욕구가 내재되어 있다. 또는 관계가 끝났는데도 계속 상대방의 사랑이나 존경을 원할 때 미완의 관계는 지속된다. 상대방에게 정서적으로 집착하고 자신의 가치를 상대방의 평가에 의존하는 미완의 관계는 우리를 과거에 묶어두어 업무와 개인 관계에 부정적인 영향을 미친다.

336

한 여성이 몇 년간 임원으로 열심히 일했던 회사에서 아무런 이유 없이 갑자기 해고당했다. 굉장히 화가 난 그녀는 변호사를 만나 법에 위반되는 고용계약 해지로 소송을 제기하기로 했다. 마음이 심하게 상해서 어떻게 해서든지 회사의 잘못된 행태를 바로잡고 자신의 정당한 몫을 되찾겠다고 단단히 결심했다.

나는 소송에 얼마나 시간이 걸리냐고 그녀에게 물었다. 그녀는 2년 정도라고 대답했다. 이번에는 소송에 이길 가능성이 있는지 물었다. 그녀의 변호사는 50퍼센트 이상이라고 했다. 나는 다시 그녀에게 소송이 진행되면 무엇을 할 거냐고 물었다. 그녀는 새 직장을 구하면 소송에서 그녀의 입지가 약화되어 보상이 줄어들 수도 있어 어떻게 할지 고민 중이라고 했다.

그녀가 소송을 계속하면 2년 동안 직업적으로나 정신적으로 완전히 묶이게 된다는 것이 나의 결론이었다. 소송에 이기면 다행이지만 만일 진다면 그녀 인생에서 2년은 소송과 함께 날아가버리고 동시에 엄청난 소송 비용까지도 부담해야 했다.

여러분이라면 그녀에게 어떻게 조언하겠는가? 당신이 그녀의 입장이라면 어떻게 하겠는가? 나는 그녀에게 이 문제는 그만 잊어버리라고 이야기했다. 2년이나 소송의 인질이 되기에는 마음의 평화와 행복이 너무나 중요하다고 말해주었다. 그동안 그녀는 화면이 정지된 영화처럼 삶을 보내야 하는데, 이 세상의 무엇도 잃어버린 시간을 보상할 수 없다는 것이 내 생각이다.

그녀는 상황 판단력이 뛰어나고 지혜가 있었다. 내 의견을 검토해보겠다고 했다. 나중에 그녀가 소송을 취하했다는 소식을 들었다. 얼마 지나지 않아 그녀가 다른 회사의 고위 직책에 임명되었다는 기사를 읽었다. 몇 주

Chapter 08_마음의 평화를 가져오는 마스터 목표

뒤 그녀를 잠깐 만났는데 표정이 밝고 활기가 넘쳐 보였다. 크리스마스에 그녀에게서 카드를 받았는데, 이렇게 적혀 있었다. "제가 지금까지 받은 조언 중에서 최고였습니다. 브라이언 트레이시 선생님, 고맙습니다."

상대방에게 더 이상 원하는 것이 없다면, 그가 누구든 우리의 감정을 통제할 수 없다. 사랑이든 존경이든 돈이든 자녀 양육권이든 상대방에게 원하는 것이 없다면 누구도 우리를 불행하게 하거나 화나게 할 수 없다. 상대방에게 아무것도 기대하지 않기로 결정하는 순간 그 사람과의 관계 맺기는 완성되고 우리는 다시 자유로워진다.

실패의 두려움

스트레스와 부정적 감정의 네 번째 원인은 실패를 두려워하는 마음이다. 두려움은 보통 우유부단함, 근심, 걱정으로 나타난다. '나는 못해'라는 느낌을 동반하며 명치에 자리 잡은 채 소화불량을 일으키며 두려움과 불안감을 생성한다. 실패에 대한 두려움은 꿈을 파괴하고 결심을 방해하며 잠재력을 발휘하려고 노력하는 대신 실패에 집착하게 하며, 항상 안전만을 추구하게 만드는 것이다.

실패에 대한 두려움은 어린 시절 학습된 조건화된 반응이다. 누구나 이 두려움을 어느 정도는 갖고 있다. 두려움은 사람을 신중하게 만들기 때문에 적절한 수준일 때는 오히려 바람직하다. 그러나 과도한 두려움은 성공과 행복에 심각한 장애가 될 수 있다.

사람은 누구나 두려움을 경험한다. 용감한 사람은 두려움이 없는 사람이 아니라 두려움을 이겨내고 행동하는 사람이다. 두려움에 직면했을 때 오히려 맞서면 두려움은 약해진다. 그러나 두려움 때문에 뒤로 물러나면 그것은 점점 커져서 삶 전체를 지배하게 된다.

두려움을 극복하는 간단하고 효과적인 방법이 두 가지 있다. 첫째, 확신을 갖고 힘 있게 "나는 할 수 있다! 나는 할 수 있다! 나는 할 수 있다!"라고 긍정문을 외치는 것이다. 이 긍정문은 "나는 못해! 나는 못해! 나는 못해!"라는 부정적 느낌을 없애준다. 대체의 법칙을 사용하는 것으로, 효과가 빠르고 강력하다. 다음에는 자신이 두려워하는 일을 직접 한다. 두려움에 도전하며 다가간다. 두려워하는 대상을 하나의 도전으로 생각하고 뒤로 물러나거나 피하는 대신 정면으로 부딪쳐간다.

『이제 깨어나서 네 인생을 살아라Wake Up and Live』에서 도로시아 브랜디Dorothea Brande는 자신의 인생을 되찾아준 비밀을 소개했다. 그녀는 은퇴하기 전까지 수천 명의 사람에게 이 비밀을 알려주었는데 덕분에 많은 사람이 새로운 삶을 시작할 수 있었다. 그녀의 비밀은 이것이다. '자신이 원하는 것이 정확히 무엇인지 결정하고 그 다음에는 결코 실패하지 않을 것처럼 그 일을 하라.' 마치 두려움이란 존재하지 않는 것처럼 행동하라는 말이다. 이미 용기 있는 사람이 된 것처럼 행동하라. '내가 이 상황에서 전혀 두려움이 없다면 어떻게 행동할까?'라고 스스로에게 질문한 뒤 그대로 행동하라. 용기 있는 행동을 하면 용기라는 느낌이 따라온다. 그리고 용감한 사람인 것처럼 행동하면 용기가 생기기 시작한다. 자신의 행동을 통제하여 자기감정을 통제하는 것이다.

항상 스스로에게 '내가 이 일을 했을 때 일어날 최악의 결과는 무엇인가?'라고 물어보라. 그리고 다시 '내가 성공한다면 얻을 최고의 결과는 무엇인가?'를 물어보라. 대부분 최악의 결과는 아주 적을 것이고 최고의 결과는 대단히 많을 것이다. 이렇게 생각하는 훈련만으로도 성공을 향한 위대한 첫 발을 내딛게 된다.

IBM을 설립한 토머스 왓슨$^{Thomas\ J.\ Watson}$은 이렇게 말했다. "성공하고 싶은가? 그러면 실패할 확률을 두 배로 늘려라. 성공은 실패의 저쪽 끝에 있다." 실패는 끝이 아니라는 것을 기억하자. 실패는 우리가 성공하는 데 필요한 교훈을 배우는 방법일 뿐이다. 실패를 두려워하면 매번 인생에서 실패한다. 위대한 사람들의 공통점은 실패에 대한 두려움을 피하지 않고 대항하는 습관을 계발하여 그것이 성품으로 굳어졌다는 것이다.

자신의 꿈을 향하여 자신 있게 전진하고, 마치 실패란 있을 수 없는 것처럼 행동하면 실패에 대한 두려움을 극복할 수 있다. 헨리 포드가 말한 것처럼 실패란 더 지혜롭게 새로 시작할 수 있는 또 하나의 기회일 뿐이다.

거절의 두려움

스트레스와 부정적 감정의 다섯 번째 원인은 거절 당할까봐 두려워하는 마음이다. 이 두려움은 과도하게 다른 사람에게 인정받고 싶어 할 때 생긴다. 보통 어린 시절 부모가 조건적인 사랑을 주었기 때문에 생긴다.

많은 부모가 자신이 원하는 대로 할 때만 아이에게 사랑을 주고 인정을 해주는 잘못을 저지른다. 이런 조건부 사랑을 받고 자라난 아이는 평생 무조건적인 사랑과 인정을 받으려고 노력하는 경향을 보인다. 아이가 성인이 되면 인정받고자 하는 욕구가 종종 직장과 상사에게 옮겨진다. 이 경우 상사는 일종의 양아버지가 된다. 그러면 직원은 항상 상사의 인정을 받는 데 집착한다.

A타입 행동

샌프란시스코의 심장병 전문의인 로센먼Rosenman 박사와 프리드먼Friedman 박사는 성과에 집착하는 경향을 'A타입 행동'이라고 정의했다. 그들은 남성의 60퍼센트와 여성의 10퍼센트 정도가 A타입이라고 추산했다. 이 행동의 정도는 사람마다 달라서 가벼운 수준에서 무거운 수준까지 다양하다. 소위 '심각한 A타입'은 성과를 내려고 스스로에게 너무 과도한 압박을 가하기 때문에 자주 탈진상태가 되고, 종종 55세가 되기 전에 심장발작으로 죽는다. 이것이 아마도 스트레스와 관련된 직장 내 현상 중에서 가장 심각한 현상일 것이다.

심각한 A타입은 다른 A타입과 몇 가지 공통되는 태도와 행동양식을 보였다. 자신의 행동을 이 증상과 비교해보고 혹시 자신에게도 해당되는 것이 있는지 찾아보자. 심각한 A타입의 가장 명확한 신호는 조급증이다. A타입은 격심한 경쟁사회에 살고 있다고 느낀다. 경쟁이라는 기차에 올라탔기 때문에 이제는 내릴 수 없다고 생각한다. 짧은 시간에 많은 일을 해야 한다고 생각해 항상 바쁘고 심한 압박을 받는다. 바쁘다는 느낌은 아버지에게서 받지 못한 인정을 어떻게든 상사에게서 받으려고 더욱 많은 일을 하는 데서 생긴다.

일부 회사는 의식적으로 A타입의 직원을 채용하기도 한다. 그들은 A타입의 직원이 업무에 무서운 집중력을 보이고 일반 직원에 비해 훨씬 높은 성과를 낸다는 것을 알고 있다. 물론 상황은 그 직원이 지쳐 쓰러져야 끝난다. 그러면 회사는 그 직원을 해고하거나 강등하고 그 사람이 일하던 곳에 새로운 A타입 직원을 채용한다.

A타입 성격의 사람은 불분명한 높은 기준에 맞춘 성과와 성취에 집착

한다. 아무리 많은 것을 성취해도 부족하다고 생각한다. 자신의 성취에 만족하고 여유를 되찾을 수 있는 명확한 선이 정해져 있지 않기 때문에 계속 스스로를 채찍질한다.

A타입은 아무리 성공해도 항상 자신의 위치에 엄청난 불안을 느끼며 만족할 줄 모른다. 12월 31일에 최고 관리자상이나 판매왕상을 받아도 1월 1일부터 다시 시작이라고 생각한다. 그들에게는 여유와 휴식이 없다.

A타입은 사람보다 물질에 관심이 더 많다. 그들은 더 많은 소득, 더 많은 판매, 더 많은 소유물, 더 많은 책이나 논문 등 목표 수치를 채우려고 일하고 또 일한다. 그들은 더 많은 물질을 가져야 성공한 것이라고 믿는다.

심각한 A타입은 수치화할 수 있는 것으로 성공을 측정한다. A타입은 항상 자신의 물건, 성취한 것, 소득을 이야기하고, 항상 자신을 성공한 사람들과 비교하면서 어떻게든 그 사람을 추월하겠다고 결심한다.

A타입은 집에서도 일을 하며, 항상 상사에 대해 이야기한다. 상사가 무엇이라고 말했는지, 어떤 일을 했는지, 의도가 무엇인지 생각한다. 그리고 상사의 생각과 의견에 집착한다. A타입은 상사에게 칭찬을 받을 때 가장 행복하며, 상사의 인정을 받지 못한다는 것만큼 괴로운 일도 없다.

아마도 A타입의 가장 중요한 특성은 공격성과 적대감일 것이다. 경쟁 상대로 여기고 있는 동료가 주된 대상이다. A타입은 통상적으로 화를 잘 내고 조급하며 신경질적이다. 항상 일만 하지만 자신이 하는 일이나 성취에서 만족을 얻지는 못한다. 자기가 상황의 주인이 아니라서 항상 상황에 끌려다닌다. 자기는 통제할 수 있는 힘이 없다고 느끼기 때문에 항상 "이것을 해야 한다.", "저것을 해야 한다."고 말한다. "이 정도면 됐다. 이제 좀 쉬자."는 선이 없다. 그러다 결국 잠재의식에 '나 좀 여기에서 구해줘!'라는 메시지를 보낸다. 그리고 얼마 지나지 않아 심장질환이나 다른 질병이 생기기 시작한다.

자신에게서 A타입의 행동 중, 특히 적대적인 태도와 조급증, 서두르는 경향이 발견된다면 다음 방법으로 극복할 수 있다.

첫 번째 단계는 자신이 A타입의 성격임을 스스로 인정하는 것이다. 많은 A타입이 자신이 일을 통제하는 것이 아니라 일이 자신을 통제한다는 것을 인정하지 않는다. A타입이라고 이야기해주면 바로 공격성을 드러내면서 자신은 그렇지 않다고 강하게 부인한다. 배우자가 일을 줄이도록 권유하면 격분한다. 그들이 어떤 행동을 하고 있는지 알려주면 방어적이 되고 화를 낸다.

치명적인 결과를 초래하는 A타입 행동을 극복하려면, 먼저 외적인 성과로는 진정한 마음의 평화와 행복을 찾을 수 없다는 것을 알아야 한다. 평화는 오직 내부에 자리 잡고 있다. 아버지가 무조건적인 사랑과 인정을 주지 않았다 해도 앞장에서 배웠듯이 그것이 당시에 아버지가 우리에게 줄 수 있는 최선이었음을 받아들여야 한다. 아버지에게서 받지 못한 사랑과 인정을 상사에게 받으려고 끝도 없이 노력하는 것은 다 부질없는 짓이고 수명을 단축하기만 할 뿐이다.

A타입 행동을 극복하려고 밟아야 할 두 번째 단계는 변하겠다고 결심하는 것이다. 더 이상 이렇게 살지 않겠다고 결심하라. 여유 있고 생산적이며 인생을 즐길 줄 아는 사람이 되겠다고 약속하라. 요즘은 자신이 A타입이라는 것을 인정하면서도 그것을 오히려 자랑스럽게 여기는 어리석은 사람이 많다. 이 함정에 빠져서는 안 된다. 과도하게 일만 하다가 20년이나 빨리 죽는 것은 자랑스러운 일이 아니라 바보 같은 짓이다.

A타입 행동을 극복하는 세 번째 단계는 긴장을 풀고 여유 있게 지내는 방법을 배우는 것이다. 가장 좋은 방법은 그저 잠시 멈추는 것이다. 매일 20분씩 두 번 이상 휴식과 명상, 침묵하는 시간을 갖자. 점심시간에 가까운 공원을 산책하는 것도 좋은 방법이다. 도저히 바빠서 쉴 수 없다고 생각되는 그때가 가장 휴식이 필요할 때이다. 또 시간이 없어서 도저히 자신을 돌볼 수 없다고 생각되는 그때가 바로 쓰러지기 직전이다.

A타입과 일 중독증 사이에는 근본적인 차이가 있는데, 그 둘은 확연히 구분된다. 심각한 A타입은 언제 어디에서나 일을 생각하고 말하며 일을 떠날 수 없다. 몇 년 동안 휴가를 간 적이 없다고 자랑한다. 주말에 퇴근할 때도 가방에 서류를 잔뜩 넣어 간다. 가족과 여행갈 때도 서류를 가져 가서 틈날 때마다 사무실에 전화를 한다. 느긋하게 휴식시간을 갖지 못한다는 것은 심각한 A타입이라는 확실한 증거이다.

심각한 A타입의 또 다른 증거는 통제의 중심이 외부에 있다는 것이다. 주의 깊게 살펴보면 그들은 계속해서 "나는 해야 해! 나는 해야 해! 나는 해야 해!"라는 말을 한다. 자기가 하는 일에 통제력이 있다고 느끼지 못하는 것이다. 스스로가 원해서 하는 것이 아니고 다른 사람이 원하거나 다른 사람이 기대하기 때문에 하는 것이다.

하지만 일 중독증은 완전히 다르다. 그들은 통제의 중심이 내부에 있다. 일 중독증인 사람은 자신이 정한 목표를 달성하려고 일을 한다. 자신의 일에서 엄청난 만족감과 즐거움을 느낀다. 매일 10시간, 12시간, 14시간씩 일주일 내내 휴일도 없이 일을 하지만 A타입과 다르게 하루든 일주일이든 휴식을 취하기도 하고, 오랫동안 휴가를 가서 일을 완전히 잊고 지내기도 한다.

일 중독증인 사람은 긍정적인 태도로 자신에게 중요한 일을 하며, 잠재력을 최대한 발휘하는 경향이 있다. 그들은 적개심, 분노, 원한 등이 없다. 자신의 일에 열정과 흥분을 느끼며 보통 자신이 하고 싶은 일, 진심으로 즐기는 일을 한다.

일 중독증과 A타입 성격의 핵심적인 차이는 무엇일까? 바로 '자신의 일을 얼마나 즐거워하는가'이다. 자, 이제 정직하게 스스로를 들여다보자. 여러분은 일 중독증인가 아니면 A타입인가? 인생의 성공은 이 질문에 얼마큼 정직하고 정확하게 대답하는가에 따라 질이 달라진다.

현실 거부와 부정

잃어버린 마음의 평화와 스트레스, 부정적 감정의 여섯 번째 중요한 원인은 현실 거부나 부정이다. 대부분의 스트레스, 불행, 심신질환의 핵심에는 현실 거부가 자리 잡고 있다.

현실 거부는 불쾌한 현실과 직면하는 것을 회피하는 사람이 하는 행동이다. 삶의 한 부분에 분명히 문제가 있는데도 이를 인정하지 않으려고 한다. 현실을 직시하는 것을 거부하고 마치 자신에게 아무 문제가 없는 체한다. 그러나 마음이 품고 있는 것은 몸으로 나타난다. 오랫동안 현실을 거부하면 불면증, 두통, 소화불량, 우울증, 감정폭발 등 신체적인 증상이 나타나기 시작한다. 종종 일탈행위가 나타나기도 한다.

현실 거부는 우리 삶이 제대로 돌아가고 있지 않는데도 그것을 인정하지 않을 때 발생한다. 입장이 곤란해진다든지 체면을 깎이는 것에는 두려움이 뒤따르기 마련이다. 이것은 외부로 표현되는 모습과 자신이 동일하다는 것을 인정하지 않으려고 할 때 생긴다. 현실을 거부하는 마음은 자신이 실수를 했다는 것을 인정하지 않을 때 발생한다.

성격에는 건강한 성격과 건강하지 못한 성격이 있다. 첫 번째는 '대결성 성격'이고, 두 번째는 '회피성 성격'이다. 이 둘은 스트레스와 거부에 보이는 반응이 다르다.

한 대학교에서 회피성 성격 그룹과 대결성 성격 그룹에 관한 실험을 했다. 학생들을 이 두 그룹으로 분류한 뒤 회피성 성격 그룹을 한 방에 모아놓고 손가락 끝에 전극을 대어 60초마다 약한 전류를 흘려보냈다. 학생들이 볼 수 있는 벽에 시계를 걸어두고 초침이 숫자 12를 지날 때마다 학생들의 손가락 끝에 전기충격을 가한 것이다.

회피성 성격의 학생들은 초침이 12를 향해 가면 거기에 신경을 쓰지 않으려고 온갖 노력을 다했다. 연구자들은 시계에 비디오카메라를 장착해서 학생들의 표정과 눈의 움직임을 관찰했다. 초침이 12에 거의 다가가서 전기충격이 곧 가해질 것이라고 느낄 때 회피성 성격을 지닌 학생들은 아예 시계를 쳐다보지 않았다. 자신에게 스트레스와 불편을 가하는 대상을 피한 것이다. 실험이 끝난 뒤 회피성 성격의 학생들을 진찰했다. 심장박동수, 호흡 수, 혈압 등 스트레스 수준을 진단하는데 중요한 수치들이 실험 진보나 30~40퍼센트 가량 높아졌다.

다음에는 대결성 성격 그룹을 방 안에 들여보냈다. 역시 학생들의 손가락 끝에 전극을 대고 초침이 12를 지날 때마다 전기충격을 받을 것이라고 말했다. 그리고 숨겨둔 카메라로 관찰했다. 이 학생들도 다가오는 전기충격을 잊어버리려고 여러 가지 행동을 했지만 초침이 12시를 가리키는 순간 모든 학생이 시계를 똑바로 쳐다보면서 전기충격에 정신적으로 미리 대비를 했다. 실험이 끝난 뒤 대결성 성격의 학생들도 혈압과 심장박동 수를 진찰했는데, 실험 전과 거의 동일했다.

자신의 문제와 어려움에 당당하게 대결해가는 사람들이 회피하는 사람들보다 훨씬 더 건강하다. 또 그들은 문제나 어려움이 없어지거나 저절로 해결되기를 그냥 기다리는 사람들보다 훨씬 더 행복하다. 자신이 직면하고 있는 어려움과 도전에 정직하게 맞서 해결방법을 찾으려 할수록 그만큼 더 정신적으로 건강하고 행복해질 것이다.

자신의 문제에 계속 정직하게 직면하다 보면 점점 자신감이 생기고 유능한 사람이 되어가고 더 강해지며 독립적이 된다. 그리고 직업이나 개인 생활에서 불쾌한 일이 일어나는 것을 두려워하지 않게 된다. 세상이 이렇게 되어야 한다고 생각하지 않고, 세상을 있는 그대로 받아들이면서 살아간다.

자신의 심리치료사가 되고 내적인 평화와 외적인 효과성을 달성하려면, 불행하고 언짢은 느낌이 들 때마다 다음과 같은 간단한 질문을 스스로에게 던져보자. 우선 모든 불만은 내부에서 비롯된다고 가정한다. 그리고 자신을 들여다보면서 핵심질문을 던진다. '삶에서 내가 직면하지 못하는 것은 무엇인가?' 질문은 간단해도 대답하기는 어려워서 자신에게 100퍼센트 정직하지 않으면 안 된다. 이 질문은 모든 것이 잘되고 있다며 스스로를 기만할 수 없도록 만든다.

당신은 어쩌면 직업을 잘못 선택했을지도 모르고, 인간관계를 잘못 맺었을지도 모르며, 자신이 선택한 분야에서 다른 사람이 자신보다 더 유능하다고 생각하고 있을 수도 있다. 남자의 현실 거부는 대체로 일과 관련이 있고 여자는 인간관계와 관련 있다. 자신의 자존심과 관련이 있는 분야에서 사람들은 특히 더 예민하다. 현실 거부는 흔히 변화가 불가피하고 위협적이라고 느끼는 영역에서 나타난다. 자신이 불행하다고 생각하는 이유가 무엇이든 기꺼이 이 질문을 던져야 한다. '삶에서 내가 직면하지 못하는 것은 무엇인가?' 그러고 나서는 이런 질문을 던진다. '일어날 수 있는 최악의 사태는 무엇인가?'

처음에 내가 생각해낸 이 방법을 사용하기 시작하면서, 내 인생에서 생길 수 있는 최악의 사태는 결혼생활에 문제가 생기는 것이었다. 결혼생활에 문제가 생긴다면 엄청나게 곤란한 상황에 빠질 것이고 마음의 혼란도 엄청날 것이었다. 그래서 나는 자신에게 이렇게 물어보았다. '지금 결혼생활이 행복한가?' 진정으로 정직하게 이 질문에 대답해보았다. 대답은 '행복하다'였다. 그 걱정이 사라지자 다음에는 하고 있는 일이 어떤지 생각해보았다. 만일 일에도 아무런 문제가 없다면 어떤 부분이 문제일까? 이렇게 찾아가다 보면 결국은 본인의 스트레스 원인을 찾아낼 수 있다. 원인을 찾아낸 다음에는 필요한 조치를 취하면 된다.

솔직하게 문제에 직면하는 것은 무척 고통스럽기 때문에 대부분의 사람들은 자신을 속이려고 한다. 기분이 좋지 못한 이유를 계속 외부에서 찾으며 진짜 핵심이 되는 문제를 회피하는 것이다.

신체적·정신적 고통은 보통 자신의 자아와 관계되는 것을 회피할 때 발생한다. 우리는 수사관처럼 그것을 찾아내 당당하게 직면해야 한다. 마치 손전등을 켜고 캄캄한 방을 수색하는 것처럼 마음속에 있는 방을 찾아가 문제 하나하나에 '정직한 직면'이라는 밝은 등불을 밝혀야 한다.

불행에서 벗어나려면 무언가 새로운 것을 시작하거나 지금까지 해오던 것을 중지하는 등 항상 그에 상응하는 비용을 지불해야 한다. 우리는 자신

348

이 지불해야 할 대가가 무엇인지 안다. 자신에게 해야 할 질문은 이것이다. '나는 대가를 지불할 준비가 되어 있는가?' 그리고 정답은 이것이다. '대가가 무엇이든 간에 지불하라.' 삶의 대가는 어차피 지불해야 한다. 단지 시간문제일 뿐이다. 가능한 한 빨리 지불할수록 자신을 괴롭히는 문제에서 더 빨리 자유로워진다.

무엇과도 마음의 평화를 바꿔서는 안 된다. 자신의 삶에 있어 마음의 평화를 최고의 목표로 두고 그것을 중심으로 조직하라. 무언가를 얻으려고 마음의 평화를 희생하면 결국엔 둘 모두를 잃게 된다. 직장을 구하려고 마음의 평화를 희생하면 언젠가는 마음의 평화는 물론 직장까지도 잃는다. 잘못된 인간관계 때문에 마음의 평화를 희생하면 언젠가는 인간관계도 잃고 마음의 평화도 잃을 것이다.

마음의 평화는 인생의 목표 중 가장 상위의 목표이다. 내적인 기준을 지키지 않으면 언제나 그 결과 때문에 고통받는다. 언젠가는 반드시 그 대가를 지불하게 되어 있으며, 그 대가는 상상을 초월할 것이다.

분노

스트레스와 부정적인 감정의 일곱 번째 원인은 분노이다. 분노는 모든 부정적인 감정 중에서도 가장 파괴적이다. 분노는 심장발작, 뇌졸중, 심 혈관 파열, 궤양, 편두통, 천식 등 모든 질환의 원인이다. 통제되지 못한 분노는 결혼생활과 인간관계를 망치며 자라나는 아이들의 성격도 망치고, 또 직장을 잃게 만들며 다른 어떤 부정적인 감정보다도 행복을 심각하게 파괴한다.

꼭 알아야 할 것은 분노는 대부분 불필요한 감정이라 아무런 유익도 없다는 점이다. 대부분은 우리가 마음만 먹으면 없앨 수 있는 오직 파괴적이기만 한 감정이다. 분노는 외부에서 오는 것이 아니라 내부에서 생겨난다. 누구도 우리를 분노하게 만들지 않으며, 어떤 것도 우리의 분노를 일으키지 않는다. 분노는 특정한 상황에서 스스로 선택한 반응이다. 어려운 문제가 생길 때 우리는 차분하고 긍정적인 방식으로 반응할지 아니면 분노로 반응할지를 결정할 수 있다. 항상 우리에게는 선택할 자유가 있다.

분노는 다른 사람이 우리를 공격하고 있다거나 우리가 이용당하고 있다는 인식에서 생긴다. 종종 기대가 충족되지 않을 때도 생긴다. 일이 잘 풀리지 않거나 다른 사람들이 우리가 원하는 대로 행동하지 않을 때 생기는 반응이다. 분노는 상실에 대한 두려움 때문에 생길 수 있는데, 종종 자신이 희생당하고 부당한 대우를 받는다고 느낄 때 사람들은 분노한다.

어떤 경우든 분노를 불러일으키는 것은 우리의 인식이다. 인식이란 자신에게 일어나는 사건을 해석하는 방식이다. 자신을 희생자로 본다면 분노는 자연스러운 반응일 것이다. 그리고 자신을 보호하고 상대방에게 보복하려고 언어적·신체적으로 반격하게 된다.

자신을 외부 공격의 희생자라고 인식하면 자율신경계가 위험에 치해 있다는 신호를 보낸다. 그러면 자율신경계는 즉시 부신피질에 메시지를 보내 혈액 속에서 아드레날린이 분비되게 한다. 아드레날린은 심장박동과 호흡 수를 급격하게 증가시킨다. 혈압은 높아지고 신체시스템 전체에 주의경보가 울려 시스템을 방어하고 반격할 준비, 즉 몸 전체가 싸우거나 도망칠 준비를 한다.

반복해서 분노를 느끼면 분노에 대한 저항력은 갈수록 약해지고, 분노

350

를 느끼는 속도는 갈수록 빨라져 결국은 저항력이 소멸된다. 그렇게 되면 외부환경에서 문제가 인식될 때마다 우리는 자동으로 분노라는 반응을 선택하게 된다. 그래서 항상 화를 내는 것이다. 자신들이 희생자이며 적대적인 외부세계에서 공격받고 있다는 인식 때문에 모든 것, 모든 사람에게 분노를 표출하는 것이다.

고혈압의 일차적인 원인은 분노이다. 화를 내면 혈압이 올라가서 몸은 싸우거나 도망칠 준비를 한다. 그러나 잠시 뒤에 문제가 되었던 상황이 끝나면 혈압은 다시 내려간다. 화를 낼 때마다 혈압은 올라갔다 내려갔다를 반복한다. 이윽고 혈압은 그냥 올라간 상태에서 머물게 된다. 고혈압의 해결방법은 약을 바꾸는 것이 아니라 불가피하게 겪는 여러 가지 일을 대하는 자신의 태도를 바꾸는 것이다.

화를 내는 것은 자기 자신이 약하다는 표시이다. 그리고 화를 내는 것은 미성숙과 통제력의 결여를 나타낸다. 항상 화를 낸다는 것은 자기규율과 자기절제가 없는 어린아이 같은 반응이다. 두 가지 결심을 하자. 하나는 분노를 통제하는 것이고, 다른 하나는 불쾌한 일에 반응하는 수단으로 분노를 사용하지 않는 것이다. 지금보다 더 참을성을 발휘하자. 또 상황을 충분하게 검토하기 전까지는 일단 판단을 보류하자.

분노는 왜 쌓이는가?

일단 화가 나면 몸은 상대방에게 보복할 준비를 한다. 그러나 문명사회에서는 대체로 보복을 할 수가 없는데, 그것은 다음 세 가지 때문이다. 첫째, 보복이나 반격은 불가능하다. 운전하고 있을 때 누군가가 갑자기 끼어들거나 쇼핑하는 동안 차가 긁혀 있으면 화가 나겠지만 우리가 할 수 있는 일은 별로 없다. 상대방은 이미 사라졌으며, 화는 우리 내부에서 커지는데 스트레스 배출구는 없다.

둘째, 보복은 보통 적절하지 않다. 어떤 사람이 무례하게 굴거나 상사가 심하게 야단친다고 고함을 지르거나 신체적인 공격을 하는 것은 적절하지 못하다. 그것의 결과는 보통 더 큰 문제로 이어지기 때문이다. 화는 나지만 표현하지 못하고 내부에 담아두면 화는 우리 몸 내부에 축적된다.

셋째, 보복은 지혜롭지 못하다. 술집에서 150킬로그램이나 되는 프로 미식축구선수와 부딪치면 속으로 화는 나겠지만 그렇다고 상대방에게 화를 내는 것은 권할 만한 일이 아니다. 한술 더떠 밖으로 나와 차로 돌아가니 차 위에 불량배들이 앉아 있다. 그들에게 왜 남의 차 위에 앉아 있냐고 화를 내는 것도 지혜로운 일은 아니다. 우리는 대부분 화를 억누를 수밖에 없다.

화가 나는데 밖으로 분출시키지 않으면 그것은 우리 내부에 축적되어 결국 몸을 병들게 한다. 화를 지속적으로 내면 실제로 혈액 속의 화학적인 구성이 달라져 피부질환, 궤양, 편두통을 유발하며, 때때로 훨씬 더 고약한 형태로 외부로 표출된다. 내부에 축적된 분노를 자신을 보호할 힘이 없는 가족이나 회사 직원에게 쏟아낸다. 분노에 대처하는 가장 최선의 방법은 처음부터 화를 내지 않는 것이다. 앞으로는 화를 내지 않겠다고 스스로 결심하며, 마음을 가다듬고 '내 책임이다! 내 책임이다! 내 책임이다!'를 반복함으로써 다른 사람을 비난하고 화를 내는 자신의 경향을 통제한다.

운전하고 있을 때 누군가 갑자기 끼어드는 것은 내 책임이 아니지만 그 자극에 대응하는 방식을 선택하는 것은 분명히 내 책임이다. 차분하고 건설적으로 대응하면 훨씬 더 좋은 결과가 나온다는 것은 확실하다. 동시에 기분도 훨씬 좋아진다.

격렬한 신체활동으로 분노 해소

이미 분노의 감정이 생겼다면 접촉으로 분노를 해소할 수 있다. 한스 셀리 박사는 이것을 '거친 신체접촉활동 Gross Physical Impact Activity'이라고 부른다. 그는 스트레스를 연구하면서 일정한 신체적 접촉이 분노를 경감시킨다는 것을 발견했다. 분노는 몸을 이용해 접촉하는 대상으로 빠져나간다. 셀리 박사는 우리 몸의 네 개의 배출구인 손, 발, 이, 목소리로 분노를 해소할 수 있다는 것을 알아냈다. 우리는 손으로 치거나 발로 차거나 이로 물거나 소리를 지르면서 분노를 스스로 제거할 수 있다.

손으로 뭔가를 치는 모든 스포츠는 분노를 없앤다. 라켓볼, 핸드볼, 배구, 야구, 농구는 모두 분노를 공에 쏟아부을 수 있는 좋은 방법이다. 골프 연습장에 가서 골프공을 한 박스 치는 것은 머릿속을 맑게 해주어 대단히 좋다. 스트레스를 심하게 받는 직장에서 근무하는 사람들은 이런 스포츠에 끌리는 경우가 많은데, 그것은 1시간 동안 실컷 휘두르고 나면 기분이 훨씬 좋아지기 때문이다. 모든 분노가 공 속으로 흩어져서 들어가버리는 것이다.

청소년기 여드름과 성인의 피부 발진의 원인도 분노 때문인 경우가 많은데, 그것도 거친 신체접촉활동으로 치료할 수 있다. 아들이 여드름 때문에 고민하는 것을 본 한 아버지는 아들에게 큰 통나무와 대못 한 박스를 사줬다. 그리고 망치를 주면서 매일 하루에 10~20분간 대못을 통나무에 박으라고 했다. 신기하게도 2주도 안 되어 아들의 여드름은 싹 사라졌다. 또 다른 아버지는 아들에게 통나무와 도끼를 사주면서 매일 저녁 도끼질을 하게 했다. 통나무에 도끼질을 하는 거친 신체접촉활동으로 아들의 여드름은 몇 주 뒤에 사라져버렸다.

미식축구나 축구처럼 차는 것이 포함된 모든 스포츠는 분노를 해소하는 데 탁월한 효과가 있다. 무엇인가를 차는 행동이 일종의 스트레스 배출구가 되는 셈이다. 우리는 종종 화가 난 사람이 격분해서 발을 쾅쾅 구르는 것을 본다. 그것이 바로 억압된 분노를 제거하려는 무의식적인 시도이다. 그러나 달리기, 수영, 사이클링 등 유산소 운동은 분노를 해소해주지 못하는데, 그것은 신체적 접촉이 거의 없는 운동이기 때문이다. 스트레스나 몸무게를 줄이는데는 도움이 될지 모르지만 화를 줄여주지는 못한다.

많이 씹어야 하는 질긴 음식을 먹으면서도 화를 해소할 수 있다. 종종 무언가를 씹고 싶을 때가 있는데, 그것은 마음속에 불만이나 분노가 쌓였기 때문이다. 씹는 활동 역시 분노를 우리 몸 밖으로 배출시킨다. 많이 씹어야 하는 음식을 먹고 나면 더 편안함을 느끼는데, 그것은 몸속에서 대부분의 분노가 사라졌기 때문이다.

고함지르기도 분노를 제거해주는 하나의 방법이다. 어린아이들은 자신이 왜소해 보이거나 벌어진 일에 아무것도 할 수 없다는 생각이 들 때 분노를 느낀다. 이때, 소리를 지르면 마음속에 있던 답답함이 배출된다. 이것은 어른도 마찬가지이다.

심리치료 방법 중에 프라이멀Primal 요법이 있다. 이것은 환자에게 심리치료사 앞에서 고함을 지르도록 하는 방법이다. 그렇게 하여 어린 시절부터 억압된 분노를 분출하는 방법을 가르치는 것이다. 이 방법은 감정을 조절하는 데 대단히 효과가 크다. 화를 마음 한편에 담아두거나 사랑하는 사람에게 고함을 지르는 것보다는 이 방법이 훨씬 나을 것이다.

354

두 사람이 심하게 싸우는 모습을 보면 손으로 치고 발로 차고 고함을 지르고 입으로 문다. 알고 보면 이런 반응은 모두 분노를 몰아내려는 것이다. 종종 심하게 소리 지르면서 말로 다투거나 치고받으면서 싸우고 나면 관계가 다시 회복되는 경우가 있다. 모든 분노가 사라지고 좋은 느낌만 남아 있기 때문이다.

인지조절법으로 / 스트레스 / 해소

우리의 목표는 스트레스를 해소하고 성과를 높이는 것이다. 그렇게 하는 데 가장 좋은 방법은 인지조절법the cognitive control method을 사용하는 것이다. 최고의 성과를 내려면 생각하는 능력과 감정적인 반응을 조절하는 방법을 사용해야 한다. 이때는 대체의 법칙을 활용하여 의식적으로 긍정적이고 낙관적이며 건설적인 생각을 하자. 긍정적인 생각을 하면서 동시에 부정적이거나 스트레스를 주는 생각을 하는 것은 불가능하다. 이 방법은 부정적인 것을 긍정적인 생각으로 대체하는 것이다.

"나는 내가 좋다.", "내 책임이다."라고 반복해서 말하라. 마음을 계속해서 목표에 고정시켜라. 목표란 본질적으로 긍정적이기 때문에 계속해서 목표를 생각하면 마음은 긍정적이고 낙관적인 상태가 된다.

다른 사람에게 화가 날 경우에는 용서의 법칙을 사용하자. 분노나 원망의 감정은 마음속에서 흘려보내자. 용서는 100퍼센트 이기적인 행동이라는 것을 기억하자. 화를 내고 불쾌하게 느끼지 말고 차분하고 긍정적인 상태를 유지하는 것이 관건이다. 다른 사람에 대한 부정적인 감정을 버려야 한다면 과감히 버리자. 그렇게 하는 것이 자신의 행복, 마음의 평화, 장수의 열쇠이다.

마음의 평화를 최고의 목표로 삼으면 스스로 내면의 주인이 될 수 있다. 이 목표를 중심으로 삶을 조직하자. 심리를 다루는 개인 탐정이 되어 스트레스를 주는 모든 생각, 의견, 태도, 반응을 주의 깊게 살펴보자. 의식적으로 마음의 평화를 중심 원칙으로 받아들이면 보다 긍정적이고 여유 있고 호감 가는 사람이 될 수 있다. 또한 몸과 마음이 더 건강해지고 그 어떤 사람보다 더 많은 것을 성취할 수 있다.

8. 성공시스템의 실천방법

자신의 삶을 검토해보고 스트레스나 불안을 느끼는 한 가지 영역을 찾아내어 그 상황을 명확하게 정의하여 기록한다. 그 다음 스트레스가 느껴지는 상황을 줄이려고 지금 당장 할 수 있는 일을 목록으로 만든다. 당당하게 직면하여 문제를 해결할 수 있는 긍정적인 조치를 생각해본다. 수동적이 되지 말고 능동적이 되어라.

우리가 직면하지 않은 영역은 무엇인가? 최악의 사태는 무엇인가? 영역 하나하나를 체계적으로 검토해보고 명확히 정리한다. 스트레스와 걱정이 아니라 즐거움과 만족을 줄 수 있도록 모든 습관을 스스로 관리한다. 마음의 평화를 최고의 목표로 삼으면 자신의 삶에 주인의식이 생기며, 실수를 줄여 더 많은 것을 성취한다.

CHAPTER 09

Mastering
Human Relationships

친화력을 높여주는
인간관계 마스터

대부분의 즐거움은 행복한 인간관계에서 생겨나고,
대부분의 문제는 불행한 인간관계 때문에 발생한다.

대부분의 즐거움은 행복한 인간관계에서 생겨나고,

대부분의 문제는 불행한 인간관계 때문에 발생한다.

'사회 지능^{social intelligence}'이란 다른
사람과 잘 지내는 능력을 말하는 것으로, 미국사회에서는 이것을 가장 중
요하게 생각하며 돈을 많이 벌게 해주는 하나의 수단으로 여긴다. 성공의
85퍼센트는 사교 기술, 즉 다른 사람과 긍정적이고 효과적으로 교류하여
그들의 협력을 얻어내는 능력에 달려 있다.

좋은 인간관계를 만들고 유지하는 방법을 배우는 것은 다른 어떤 것보
다 경력과 개인생활에 도움을 준다. 안타까운 것은 사회생활이나 개인생
활에서 실패, 불만, 불행을 겪는 일차적인 원인이 다른 사람과 잘 지내는
능력이 부족하기 때문이다. 한 연구에 따르면 10년 동안 직장을 떠난 사람
의 95퍼센트 이상이 업무능력이나 전문기술이 부족해서가 아니라 사회
지능이 부족해서 해고되었다.

심리학자인 시드니 쥬라드^{Sydney Jourard}는 "대부분의 즐거움은 행복한 인
간관계에서 생겨난다. 반면 대부분의 문제는 불행한 인간관계에서 오는

것이다. 따라서 대부분의 인생 문제는 '사람 문제'이다."라고 말했다.

다행스럽게도 우리는 다른 사람과 조화롭고 평화롭게 지내는 방법을 배울 수 있다. 지금부터 그 방법을 살펴보자. 상대방이 누구든 어떤 상황이든 즉시 관계를 향상시킬 수 있는 여러 가지 검증된 방법이 여기에 있다.

건강한 / 성격을 / 만들자

대부분은 자신이 '건강한 성격'이라고 생각하거나 건강한 성격이기를 원한다. '건강한 성격'은 여러 가지로 정의할 수 있는데, 가장 대표적인 세 가지 정의는 다음과 같다.

첫째, 성격이 건강한 사람은 주변 사람에게서 또는 어떤 상황 속에서든 좋은 점만 의도적으로 찾는다. 따라서 주로 나쁜 점만 찾는 사람은 그만큼 성격이 건강하지 못하다고 볼 수 있다. 당신은 주변 사람들에게서 좋은 점을 찾는가 아니면 나쁜 점만을 찾아 비판하고 불평하는가? 이것이 첫 번째 측정 기준이다.

둘째, 성격이 건강한 사람은 어떤 식으로든 자신에게 상처를 준 이들을 쉽게 용서할 줄 안다. 대부분의 불행과 심신질환은 용서하는 능력의 결핍, 즉 사건이 이미 끝난 다음에도 오랫동안 원한을 품기 때문에 생긴다. 용서하는 행위는 감정을 해방시키는 데 효과가 있다. 성격이 건강한 사람은 다른 이들을 미워하지도 않고 과거에 일어났던 일에 분노와 원한을 품고 살지도 않는다. 자신의 마음에서 예전 문제를 지워버려 그 일을 흘려보낸다.

이것이 두 번째 측정 기준이다.

셋째, 성격이 건강한 사람은 여러 부류의 사람과 잘 어울린다. 누구든지 몇 사람과는 잘 지낸다. 또 부정적이든 긍정적이든 자신과 비슷한 사람과는 항상 잘 지낼 수 있다. 그러나 건강한 성격의 사람은 다른 기질, 성격, 태도, 가치관, 의견을 가진 사람과도 잘 어울린다. 이것이 진정한 기준이다.

자기존중감과 건강한 성격 사이에는 직접적인 관계가 있다. 자신을 좋아하고 존중하는 만큼 다른 사람도 좋아하고 존중한다. 자신이 가치 있고 훌륭하다고 생각할수록 다른 사람도 가치 있고 훌륭하다고 생각한다. 자신을 있는 그대로 받아들일수록 다른 사람도 있는 그대로 받아들인다.

자부심이 높아지면 다른 사람과 오랫동안 잘 지낼 수 있다. 삶은 더 행복하고 충만해진다. 자부심이 높은 사람은 누구하고든 어디에서든 어떤 상황에서든 잘 지낼 수 있다.

자부심이 낮은 사람은 몇몇 사람하고만 잘 지낼 수 있고 그 관계도 오래가지 못한다. 그들의 낮은 자아개념은 분노, 조급성, 비판, 욕하기, 주위 사람들과의 논쟁으로 밖으로 드러난다. 그들은 자신을 좋아하지 않을 뿐 아니라 다른 사람들도 좋아하지 않는다. 그 결과 사람들은 그다지 그를 좋아하지 않게 된다.

우회／노력의／법칙을／활용하라

'우회 노력의 법칙'은 사람들에게 직접 접근하는 것보다는 간접적으로 접근할 때 자신이 원하는 것을 더 쉽게 얻을 수 있다는 법칙이다.

예를 들어, 다른 사람에게 깊은 인상을 주고 싶을 경우 직접적인 방법을 사용하여 자신의 뛰어난 점과 자신이 성취한 것을 말해줄 수 있다. 그러나 이런 방법은 보통 유치하거나 궁색하다는 느낌을 준다. 다른 사람에게 깊은 인상을 주는 간접적인 방법은 먼저 상대방에게 깊은 인상을 받는 것이다. 상대방의 인품과 성과에 자신이 먼저 더 많이 감명 받을수록 상대방도 우리에게 깊은 인상을 받는다. 다른 사람이 우리에게 관심을 갖게 하고 싶을 때는 자신을 상대방에게 열심히 이야기하는 직접적인 방법보다는 상대방에게 먼저 관심을 갖는 간접적인 방법이 더 효과적이다. 상대방에게 관심을 보일수록 상대방도 우리에게 더 관심을 갖게 된다.

행복을 얻는 직접적인 방법은 자신을 행복하게 할 수 있다고 생각되는 모든 일을 하는 것이다. 그러나 가장 기분 좋고 지속적인 행복은 다른 사람을 행복하게 하는 데서 온다. 우회 노력의 법칙에 따르면 다른 사람을 행복하게 해주는 말과 행동을 할 때마다 우리는 행복을 느낀다. 우리의 영혼이 살찌고 자부심이 높아진다.

어떻게 하면 다른 사람이 나를 존중하게 할 수 있을까? 가장 좋은 방법은 내가 그 사람을 존중해주는 것이다. 우리가 다른 사람에게 존경과 동경을 보이면 그 사람도 내게 똑같은 감정을 느낀다. 이것을 '보상의 원칙'이라고 부른다. 다른 사람에게 무엇인가 좋은 일을 해주면 그 사람도 내게 뭔가 좋은 일을 하여 보답하고 싶어 한다. 대부분의 사랑과 우정은 이 원칙에 기초한다.

우회 노력의 법칙에서 볼 때 다른 사람이 나를 신뢰하도록 하려면 어떻게 해야 할까? 상대방을 먼저 신뢰하면 된다. 상대방을 신뢰하면 상대방도 나를 신뢰한다. 주는 대로 받고 보내는 대로 돌아온다.

건강한 성격을 계발하려면 우회 노력의 법칙을 적용해야 한다. 인간은 어떤 일을 하면 그와 동등한 효과가 자신에게 되돌아오게 되어 있다. 다른 사람의 자부심을 높여주는 행동을 할 때마다 자신의 자부심도 높아진다. 자부심은 건강한 성격을 보증하기 때문에 다른 사람의 성격이 건강해지도록 돕는 것은 자신의 성격도 건강하게 만드는 방법이다. 다른 사람의 삶에 성공의 씨앗을 뿌리면 그것을 자신의 삶에서도 수확할 수 있다는 것이다.

모든 사람은 삶에 무거운 짐을 지고 있다. 자부심과 자신감 영역에서는 특히 그렇다. 누구나 한번쯤은 열등감을 느껴봤을 것이다. 그러다 보니 칭찬과 인정에 예민해진다. 아무리 성공하고 사회적으로 높은 지위에 올라가더라도 마찬가지다. 자부심을 더욱 높이고 자신이 가치 있고 소중한 사람이라는 것을 확인하려고 여전히 다른 사람에게 칭찬과 인정을 바라는 것이다.

'나는 당신과 함께 있으면 나 자신에게 좋은 느낌이 들기 때문에 당신이 좋다'는 말이 있다. 이 속에는 뛰어난 인간관계를 만드는 데 필요한 열쇠가 담겨 있다. 성공하고 행복한 사람은 함께 있는 다른 사람이 스스로가 좋은 사람이라고 느끼도록 해주는 사람들이다. 다른 사람의 자부심을 높여주면서 세상을 살아간다면 우리 앞에는 기회가 기다리고 있을 것이고, 예측할 수 없는 방식으로 그들이 우리를 도울 것이다.

우회 노력의 법칙을 적극 활용하자. 기회가 있을 때마다 사람들이 스스로를 가치 있는 존재라고 생각하도록 말하고 행동하자. 다른 사람에게 친절하게 대할 때마다 우리의 자부심은 높아진다. 우리의 성격은 더욱 긍정적이고 건강해진다. 다른 사람에게 표현하는 것은 우리의 마음속에도 모두 각인된다.

인간관계를 / 향상시키는 / 열쇠 / 일곱 / 가지

우회 노력의 법칙을 사용하여 다른 사람들의 자부심을 높여주는 방법은 의외로 단순하다. 다른 사람이 스스로를 중요한 존재라고 생각하도록 도와주는 것이다. 행동이나 말로 그들을 얼마큼 중요하게 생각하는지 보여주면 된다.

상대방이 자부심을 느낄 만한 방법을 찾으면서 하루하루를 보내다 보면 자기도 모르게 사람들에게 인기 있는 사람이 되고 어디에서든 환영받게 된다. 결국 다른 사람들보다 건강하고 행복하고 진정한 만족을 얻게 되어 스트레스는 줄어들고 에너지는 높아진다. 무엇보다도 자신을 더 좋아하고 존중하게 되며 더욱 커다란 마음의 평화를 누릴 수 있다.

다른 사람들의 자부심을 높이는 출발점은 비난을 중지하는 것이다. 즉시 다른 사람들의 자부심을 떨어뜨리는 행동과 말을 중지하자. 최소한 중립을 유지하며 침묵을 지키고 말을 하지 말자.

모든 파괴적인 비판은 어떤 행동보다도 더 빨리 자부심을 떨어뜨린다. 파괴적인 비판 한 가지가 인간관계와 성격에 끼친 피해가 다른 모든 부정적인 영향이 끼친 피해보다 더 크다.

파괴적인 비판은 인간 성격의 핵심을 공격하고, 죄책감, 열등감, 자격지심을 불러일으킨다. 비판을 받으면 그것이 소위 말하는 건설적인 비판일지라도 화가 나고 방어적이 되며 상대를 반격하고 싶어진다. 보상의 법칙에 따르면 우리가 다른 사람들에게 상처를 주는 행동과 말을 할 때마다 상대방도 우리를 공격하며 보복하고 싶은 마음이 생긴다. 우리의 말과 행동이 상대방의 자부심을 건드릴 때는 더욱 그렇다.

우리는 어린 시절부터 상대방이 누구든 이유가 무엇이든 비난과 비판에 민감하게 반응하도록 조건화되어 있다. 그래서 비판을 받는 즉시 반사작용을 되돌린다. 자부심은 급격하게 떨어지며 비판하는 사람에 대한 느낌과 태도는 즉시 부정적이 된다.

우리가 내릴 수 있는 최선의 결정은 즉시 다른 사람들을 비판하는 것을 중지하는 것이다. 우리가 사용하는 어휘와 대화에서 파괴적인 비판을 즉시 제거하자. 긍정적인 사람이 되어 다른 사람들을 일으켜 세우는 말만 하자.

대부분의 사람들은 주어진 조건에서 나름대로 최선을 다하고 있다. 의도적으로 실수를 하거나 일을 그르치는 사람은 거의 없다. 사실 인간의 뇌는 올바른 방법을 알고 있으면 의도적으로 일을 그르치는 것이 거의 불가능하도록 설계되어 있다. 실수는 자신이 무능력하다는 느낌을 주고 자부심을 떨어뜨린다. 그 때문에 자아상은 나빠지고 그만큼 자신을 덜 좋아하고 존경하게 된다. 고의로 자신에게 이런 짓을 할 사람은 아무도 없다.

다른 사람에게 하는 대부분의 비판은 자기 자신을 상대방보다 우위에 놓고 상대방을 판단하고 비난하는 데서 비롯된다. 다른 사람을 판단하는 것은 수확의 법칙을 작동시켜 그들이 나를 더 부정적으로 비판하게 만든다. 상대방에게 던진 비판은 내게도 똑같은 부정적인 결과를 가져온다. 다른 사람들을 비판하는 것은 그들도 나를 비판하게 만드는 것이다.

대부분의 부정적인 감정은 다른 사람들을 판단하고 재단하는 것에서 시작된다. 그러므로 다른 사람들을 비판하지 않는 것은 100퍼센트 이기적인 행동이다. 다른 사람들을 긍정적으로 지지해주거나 최소한 침묵으로 중립을 지키면, 자신이 긍정적이고 유쾌해질 수 있다. 비판하기를 거부하면 감정적으로 휩쓸리지 않고 객관적인 사람이 될 수 있다.

우리는 남을 비판하고 결점을 찾는 습관에 빠지기 쉽다. 많은 사람이 대화의 많은 부분을 험담과 비판에 할애한다. 그러나 정말 최고가 되고 싶고 그에 필요한 성격을 계발하고 싶다면 즉시 이 습관을 버려야 한다. 다른 사람을 폄하하고 부정적으로 이야기하는 것을 당장 중지해야 한다. 다른 사람이 어떤 일을 했든 그 일이 얼마나 나쁜 일이든 그것을 이야기하는 것은 옳지 않다. 다른 사람을 비판하거나 비난해서는 안 되는 이유를 찾는 게임을 만들어보자. 이것은 혼자서 해야 하는 게임이다. 상대방을 위해서 변명해주고 잘되라고 빌어주며 용서해주자.

말을 하는 사람과 듣는 사람 모두의 자부심을 해치는 또 다른 행동은 불평하는 습관이다. "어쩌면 그럴 수가 있느냐?"고 하면서 습관적으로 불평을 하는 사람이 많다. "누가 어쨌다는데 어쩌면 그럴 수가 있느냐?", "값이 너무 비싸다. 어떻게 저럴 수가 있느냐?", "사업이 너무 안 되는데 어쩌면 이럴 수가 있느냐?" 같은 것이다. 사람들은 더 나쁜 것을 하나씩 추가해가면서 이것을 즐긴다.

헨리 포드는 이렇게 말했다. "불평도 하지 말고 변명도 하지 마라." 불평하는 습관을 갖게 되면 주위에 불평하는 사람만 모인다. '무엇이든 자꾸 생각하면 현실에서 자라난다'는 집중의 법칙에 따라 불평할수록 불평할 대상이 많아지고 주변에 함께 불평하는 사람도 많아진다.

유능하고 성공하는 사람들은 결코 불평하지 않는다. 그들은 문제가 있고 자기가 할 수 있는 일이 있으면 즉시 행동에 들어간다. 자신이 할 수 있는 일이 없으면 그들은 간단하게 "고칠 수 없는 것은 견뎌내야 한다."라고 말한다. 할 수 있는 일에만 집중하고 결코 불평하지 않는다.

사실 우리가 하는 불평에 관심 있는 사람은 아무도 없다. 사람들은 모두 자신만의 문제가 있고, 그것은 타인의 어떤 문제보다도 훨씬 더 심각하다. 아마도 우리가 불평을 털어놓는 사람 중에서 80퍼센트는 우리 불평에 별 관심이 없으며, 나머지 20퍼센트는 우리에게 그런 골치 아픈 문제가 있다는 사실에 위안을 받을 것이다. 앰브로스 비어스Ambrose Bierce는 행복을 '친구의 불행을 볼 때 느끼는 감정'이라고 독특하게 정의했다. 대단히 공감가는 정의이다.

모든 비판, 비난, 불평을 중지하겠다고 다시 한 번 결심하자. 노래 가사에 나오는 것처럼 '좋은 말을 할 수 없다면 아예 말을 하지 마라'는 것이 내가 할 수 있는 충고이다. 대화에서 모든 부정적인 말을 완전히 제거해버리면 그것만으로도 인간관계에 강력하고도 긍정적인 효과가 나타난다. 자신을 더 좋게 느끼고 다른 사람들도 우리를 더 좋게 느낄 것이다.

인간관계를 개선하고자 사용할 수 있는 일곱 가지의 긍정적이고 건설적이며 심리적으로 건강한 주도적인 행동이 있다. 이 일곱 가지 방법은 마음속 깊은 곳에 자리 잡은 잠재 욕구, 즉 자신의 가치를 인정받고 싶어 하는 욕구와 존경받고 싶은 욕구에 호소한다. 잠재 욕구는 아주 어린 시절에 형성되는데 그 욕구를 충족시켜주면 사람들은 우리를 훨씬 더 좋아하게 되고 우회 노력의 법칙에 따라 스스로도 자신을 훨씬 더 좋아하게 될 것이다.

순순히 동의하라

인간관계를 개선하는 첫 번째 행동은 그냥 동의해주는 것이다. 사람들은 다양한 주제로 자유롭고 부담 없이 이야기할 수 있는 편안한 사람과 함께 있고 싶어한다. 이야기하는 사람에게 고개를 끄덕이며 미소를 짓고 동의해주면 상대방은 높이 평가받고 존경받는다고 느낀다. 동시에 자신이 말하는 것이 중요하기 때문에 상대방도 중요하다고 느낀다.

동의해주는 행동은 상대방의 자부심을 높여주고, 반대하는 행동은 자부심을 떨어뜨린다. 다른 사람과 의견을 달리하고 논쟁하는 것은 곧 상대방의 지식과 능력에 도전하는 것이다. 상대방이 틀렸고, 판단과 경험은 그다지 중요하지 않다고 말하는 것이다. 다시 말해, 상대방이 인간적으로 그다지 중요하지 않다고 말하는 것과 같다.

인간은 본능적으로 틀리는 것을 싫어한다. 이는 틀림없는 사실이다. 틀렸다는 것이 분명할 때도 마찬가지다. 어떤 문제를 틀린다는 것은 마치 자기 자신에게 뭔가 잘못이 있는 것 같은 느낌을 주고 자부심에 상처를 입히며 스스로를 작고 부족하며 결함이 많고 무능하게 느끼도록 한다.

상대방에게 틀렸다고 말하면 상대방은 그 즉시 방어적인 반응을 보이면서 기존 입장을 더욱 강화한다. 사람들에게 있는 자부심은 대단히 약하기 때문에 누가 잘못했다고 말하면 재빨리 무슨 수를 써서라도 자신을 방어하고 보호해야겠다는 반응을 보인다.

다른 사람들의 의견에 순순히 동의해주는 사람이 되자. '반대하는 사람에게는 재빨리 동의해주라'는 말을 기억하자. 함께 지내기에 기분 좋고 편안한 사람이 되면 상대방에게 도움을 요청할 때 훨씬 저항이 덜하다. 상대방이 분명히 틀렸을 때도 스스로에게 '이 일은 얼마나 중요한가?'라고 반문해보아야 한다. 중요한 일이 아니라면 틀렸다고 말하는 대신에 그냥 듣고 흘려보내자.

젊을 때 나는 토론을 굉장히 잘하는 사람이었다. 누구하고 어떤 주제로든 논쟁할 준비가 되어 있었다. 상대방보다 논쟁 주제를 더 많이 알아두려고 시간을 내어 공부하기도 했다. 우월한 지식을 바탕으로 거의 대부분의 논쟁에서 이길 수 있었고, 상대방이 어떤 말을 하더라도 그것을 압도했다.

그러나 얼마 지나지 않아 내 주위에 사람이 없다는 것을 발견했다. 사람들은 의식적으로 나를 피하기 시작했다. 직장에서 나와 시간을 보내는 것을 피할 뿐 아니라 퇴근 뒤에도 같이 지내려고 하지 않았다. 나는 논쟁에서는 항상 이겼지만 주변 친구들을 계속 잃어버리고 있었다.

'설득을 당해 자신의 뜻과 다른 결정을 한 사람은 그 뒤에도 자신의 의견을 고수한다'는 말이 있다. 나는 우월한 지식으로 다른 사람들을 압도하고 설득하고 있었지만 더 중요한 것을 잃어버리고 있었다. 나 자신에게 '정말 중요한 것이 무엇인가?'라는 질문을 던지는 것을 잊어버렸던 것이다.

그 질문의 답은 '나는 다른 사람들과 잘 지내는 것이 중요하다'는 것이었다. 중요한 것은 인간관계이지 옳고 그름을 따지거나 논쟁에서 이기는 것이 아니었다. 같은 질문을 자신에게 던져보자. '나는 논쟁에서 이기는 사람이 될 것인가, 행복한 사람이 될 것인가?' 분명 '행복을 선택하자!'일 것이다.

누군가가 정확하지 않은 이야기를 할 때 최선의 방법은 그냥 흘려보내는 것이다. 그러나 너무 중요한 문제라서 반드시 다른 견해를 제시해야 할 경우 '제3자 활용법'을 쓰면 부작용을 줄일 수 있다.

제3자 활용법은 우리가 하고 싶은 이야기를 그 자리에 없는 사람이나 가상의 제3자의 입을 빌어서 하는 것이다. 예를 들어, "빌, 대단히 재미있는 이야기인데 누군가가 이렇게 질문한다면 어떻게 대답하겠어요?"라고 말한 다음에 자신이 하고 싶은 질문을 하는 것이다.

"우리가 이렇게 하는 것을 고객들이 안다면 그들이 어떤 반응을 보일 것 같아요?"라고 물을 수도 있다. 혹은 "이 조치를 취하면 거래은행은 어떻게 나올까요?"라고 물을 수 있다. 중요한 것은 마음속에 있는 문제를 제기할 때는 편안하고 긍정적인 태도를 유지해야 한다는 것이다.

이 방법의 장점은 상대방이 우리가 원하는 답변을 하지 않거나 틀린 의견을 내세울 때 체면이 깎이지 않는 선에서 그의 견해를 바꿀 수 있다는 것이다. 질문을 하는 사람이 그 자리에 없어서 상대방의 자존심을 다치게 할 우려도 없다.

상대방의 말에 동의해주는 기분 좋고 편안한 사람이 되겠다는 결정은 스트레스를 줄여주고 다른 사람들의 협조를 얻는 능력을 키워줄 것이다. 다른 사람들의 자부심을 높여주고 동시에 그런 자기 자신을 더 좋아하게 될 것이다.

있는 그대로 수용하라

인간관계를 개선하는 두 번째 방법은 인정하는 것acceptance이다. 인간은 누구나 다른 사람들의 인정을 받고 싶어한다. 갓난아이는 자신이 사랑받고 존중받으며 중요한 사람으로 대접받고 있는지를 판단하려고 부모의 얼굴을 쳐다본다. 자라면서 우리는 잘하고 있는지 알려고 수시로 다른 사람들의 얼굴을 쳐다본다. 다른 사람, 심지어 모르는 사람들에게도 인정받기를 바라는 깊은 욕구가 있다.

한 가지 예를 더 들어보자. 모르는 두 사람이 처음 만나면 서로를 어느 정도 인정할지 먼저 판단한다. 상대방의 눈, 미소, 얼굴, 몸짓을 보면서 나를 어느 정도 인정하는지, 나와 함께 있는 것을 얼마나 좋아하는지 판단한다. 이때, 상대방이 자신을 인정하고 있다는 판단이 서면 그제서야 편안함을 느낀다.

자신의 조건을 수용해달라고 소리치는 사람이나 단체 때문에 많은 사회문제가 일어난다. 이때, 진심으로 아무런 조건 없이 수용한다는 것을 알리면 상대방은 자부심과 자아상이 높아지고 우리와 함께 있을 때 편안하고 안전하다는 느낌을 갖는다.

상대방을 받아들인다는 것을 알리려면 어떻게 해야 할까? 의외로 간단하다. 그냥 미소를 지으면 된다. 웃을 때는 근육이 13개 필요하지만 얼굴을 찌푸리려면 112개가 필요하다. 다른 사람을 향한 맑은 미소에는 커다란 의미가 담겨 있다. '나는 지금 있는 그대로의 당신을 무조건 인정한다'는 의미이다. 다른 사람에게 미소를 보내면 그 사람은 자신이 가치 있고 중요하며 소중하다고 느낀다. 그리고 자신이 더 좋아진다. 그것을 위해 우리가 지불하는 대가는 단지 진실하고 따뜻함을 나타내는 미소뿐이다. 중국 속담에 '얼굴에 미소가 없는 사람은 가게를 열어서는 안 된다'는 말이 있다. 세일즈맨, 직장인 등 자신의 생계가 사람들의 후원과 지원에 달려 있는 사람들은 수용의 원칙을 실행에 옮기는 방법을 배워야 한다.

보상의 법칙에 따르면 우리가 미소를 짓고 따뜻하게 대접하여 상대방을 기분 좋게 만들면 상대방도 우리를 같은 방식으로 대한다. 『세일즈맨의 죽음Death of Salesman』에서 주인공 윌리 로만Willy Loman은 "가장 중요한 일은 다른 사람들이 나를 좋아하는 것"이라고 말한다. 우리를 좋아하면 다른 사람들은 우리에게 협력한다. 다른 사람들이 우리를 좋아하게 만드는 출발점은 우리가 먼저 다른 사람들을 좋아하는 것이다. 그리고 그들을 좋아한다는 것을 표시하는 방법은 그 사람을 만났을 때 따뜻하고 진실한 미소를 보내는 것이다.

물론 기분이 그다지 좋지 않는데 미소를 짓기란 무척 어렵다. 그러나 행동은 감정을 만들어낸다. 기분이 좋지 않을 때도 먼저 미소를 보내면 기분이 좋아지기 시작하고, 부정적인 감정의 구름은 흩어져 버린다. 우리의 미소는 점점 더 진실되게 변해간다. 상대방의 자부심을 높여주려고 노력하는 과정에서 우리의 자부심도 높아지며 그것은 미소를 지을 때 가능해진다.

고맙다고 말하라

인간관계를 개선하는 세 번째 방법은 감사를 표현하는 것이다. 인간의 본성에서 가장 뿌리 깊은 욕구는 감사를 받고자 하는 욕구이다. 다른 사람이 한 어떤 일에 감사와 고마움을 표현할 때마다 우리는 상대방이 스스로를 더 가치 있고 유능하고 소중하다고 느끼도록 도와주는 셈이다.

감사의 표시를 하는 것은 간단하다. "고맙습니다."라고 말하면 된다. "고맙습니다."라는 말은 영어에서는 물론이고 전 세계 모든 언어에서 가장 힘이 센 말이다. 나는 지금까지 80개국 이상을 여행했다. 그 과정에서 내가 배운 것은 세계 어느 나라를 가더라도 "부탁합니다."와 "고맙습니다."라는 말만 배우고 사용하면 생활하는데 별문제가 없다는 것이었다.

'고맙습니다'는 엄청난 힘이 있다. 우리가 이 말을 할 때마다 상대방의 자부심은 높아진다. 고맙다는 말은 상대방의 행동을 보상하고 또 그의 행동을 더 강화한다. '고맙습니다'고 말하는 것은 상대방이 같은 일을 반복할 가능성을 높인다. 작은 일에도 '고맙습니다'고 말하면 상대방은 우리를 위해 더 큰 일을 해줄 것이다.

누구에게나 어떤 일에나 '고맙습니다'고 말하는 습관을 기르자. 배우자가 우리에게 무엇인가를 해줄 때마다 '고맙다'고 표현하고 아이들이 집안일을 하나씩 할 때마다 '고맙다'고 말하자. 배우자나 아이들에게 고맙다는 말을 할수록 상대방은 그만큼 더 긍정적으로 바뀌어 행복해진다. 우리가 고마워했던 일을 더욱 열심히 하게 된다.

온종일 자신에게 무엇인가를 해준 사람들에게 "고맙습니다."라고 말하자. 시간을 내서 자신을 만나준 사람들에게 고마움을 표현하자. 그들의 아량과 도움에 감사하자. 우리가 생각해낼 수 있는 모든 것에서 상대방에게 감사하자.

그리고 '감사 편지'를 보내자. 감사 편지란 자부심과 인간관계를 강화하려고 만든 도구 중에서 가장 강력하다. 몇 단어밖에 적혀 있지 않은 아무리 짧은 글이라도 누군가에게 감사 편지를 보내면 상대방은 몇 달 동안 심지어 몇 년 동안 우리를 긍정적으로 기억한다. 우리는 색다르게 감사를 표현하여 다른 사람과 우리를 차별화할 수 있다.

또 '감사하는 태도'를 계발하자. 세상에서 가장 행복하고 또 가장 인기 있는 사람은 자신에게 일어나는 일과 만나는 모든 사람에게 진심으로 감사하며 살아가는 사람이다. 감사하는 태도를 보이면 앞날이 활짝 열린다. 감사하는 태도는 건강한 성격과 높은 자부심의 보증서이다. 지금 갖고 있는 것에 감사하면 할수록 감사할 것은 점점 더 많아질 것이다.

인정하고 칭찬하라

인간관계를 개선하는 네 번째 방법은 기회있을 때마다 인정한다고 표시하는 것이다. 인정하고 칭찬하는 것은 다른 사람을 행복하게 하고 자부심을 높여주는 가장 빠르고 효과적인 방법 중 하나이다. 칭찬과 인정을 해주면 상대방은 우리에게 더욱 열성적으로 협조해준다.

자부심의 정의 중 한 가지는 '자신이 얼마나 칭찬받을 자격이 있다고 생각하는가?'이다. 칭찬받을 때마다 자부심은 올라간다. 『1분 매니저The One Minute Manager』의 저자인 켄 블랜차드Ken Blanchard는 하루 종일 '1분 칭찬'을 많이 할 것을 권유한다. 그러려면 잘못한 것이 아니라 잘하는 것을 찾으려고 노력해야 한다고 말한다. '1분 칭찬'을 많이 할수록 사람들은 자신이 더 유능하다고 느끼며, 칭찬받은 행동을 반복해서 한다.

피곤에 지친 아이들은 부모나 교사에게 칭찬과 인정을 받으면 실제로 원기를 회복한다. 자신이 존경하는 사람이 진실한 칭찬을 해주면 사람들은 열정과 의욕이 증가하고 자신을 더 좋아하게 된다. 사람들의 자부심을 높여주고 자신을 더 좋게 느끼게 하는데 진심으로 감사하고 인정해주는 것보다 더 강력한 힘은 없다.

칭찬은 기술이다. 위대한 리더, 성공적인 사업가, 훌륭한 부모는 모두 칭찬하는 데 능숙하다. 칭찬에서 최대의 효과를 얻으려면 다음 세 가지가 중요하다.

첫째, 즉시 해야 한다. 칭찬은 빨리하면 할수록 효과가 크다. 어떤 기업에서는 3개월이나 6개월, 심지어 1년마다 인사고과를 하는 잘못을 저지른다. 문제는 어떤 일이 발생하고 시간이 많이 지난 뒤에 칭찬하면 자신에 대한 느낌과 미래의 행동에 효과가 크지 않다는 점이다. 따라서 칭찬은 즉시 하자. 사정상 바로 하지 못하면 가능한 한 빨리 하도록 하자.

둘째, 구체적으로 해야 한다. 구체적인 행동을 칭찬하면 그들은 그 행동을 반복한다. 그러나 막연한 칭찬은 효과가 거의 없다. 예를 들어, 비서에게 "정말 잘하고 있어."라고 말하면 효과는 제한적이다. 대신 "보고서를 타이핑해서 목요일에 보낸 것은 정말 대단했어."라고 칭찬하면 다음 보고서도 정시에 완성해서 보낼 가능성이 훨씬 높아진다.

아이를 칭찬할 때도 같은 원칙이 적용된다. "너는 정말 대단한 애야."라고 말하는 대신에 "아침에 일어나서 침대를 정리하고 방 청소한 것은 정말 잘했어."라고 말하자. 잘한 일을 구체적으로 칭찬하면 아이가 그 일을 반복할 가능성이 훨씬 커진다. 방법은 이것이다. 다시 반복되기를 바라는 일을 즉시, 구체적으로 칭찬하는 것이다.

셋째, 가능하면 사람들 앞에서 칭찬한다. 꾸중은 둘이 있을 때 하되 칭찬은 여러 사람이 있는 데서 한다. 사람이 많을수록 자부심은 더 높아진다. 수많은 동료 앞에서 상을 주고 인정해주는 것이 다음 행동에 커다란 영향을 미친다.

사람은 돈을 더 많이 벌려고 일을 열심히 하지만 칭찬과 인정을 받을 수만 있다면 깨진 유리조각 위라도 기어갈 것이다. 위대한 리더는 모두 이런 칭찬의 힘을 알고 자신의 지위를 활용해서 아낌없이 칭찬을 한다. 나폴레옹은 이런 말을 했다. "나는 놀라운 사실을 발견했다. 사람은 훈장을 받을 수 있다면 목숨까지도 건다." 적절하게 사용한다면 칭찬은 대단히 강력한 동기부여 수단인 셈이다.

누군가가 자기 방을 청소하거나 직장에 정시에 출근하게 만들려면 그가 특정 행동을 할 때마다 빠지지 않고 칭찬을 하면 된다. 이렇게 칭찬하는 것을 '연속적 강화continuous reinforcement'라고 부른다. 상대방이 반복하기를 원하는 행동을 계속해서 칭찬하면 그 행동은 반복되고 결국 습관이 된다. 상대방이 일단 그 행동을 습관화하고 난 다음에는 '단속적 강화intermittent reinforcement'로 변경한다. 단속적 강화란 매번 칭찬하는 것이 아니고 세 번째나 네 번째마다 칭찬하는 것이다.

습관으로 굳어진 다음에 연속적 강화를 하면 진실하지 못한 칭찬으로 들리기 때문에 오히려 의욕을 떨어뜨릴 수가 있다. 반복적으로 칭찬을 지속하면 우리가 원하는 행동을 오히려 중지해버릴 수도 있다. 그러나 습관이 된 상태에서 단속적인 강화를 하면 그 행동은 무한정 반복된다.

예를 들어, 아이들이 자기 방을 직접 청소하게 하려면 우선 아이들이 작은 것이라도 치우면 그때마다 빠뜨리지 않고 칭찬을 해라. 아이들은 자신이 대단히 큰 일을 해낸 것처럼 생각한다. 아이들이 방을 자발적으로 또는 힌트만 주어도 치울 때까지 칭찬을 계속한다. 일단 자기 방을 치우는 것이 습관으로 굳어지면, 세 번이나 네 번에 한번씩만 칭찬하면 된다. 그 정도만으로도 습관이 완전히 뿌리를 내리는데 충분할 것이다.

찬사를 보내라

인간관계를 개선하는 다섯 번째 행동은 찬사를 보내는 것이다. 상대방이 성취한 것, 성격적인 특성, 소유물에 찬사를 보낼 때마다 상대방의 자부심은 높아진다. 찬사를 보내는 것은 인간관계에서 대단히 강력한 도구이다. 에이브러햄 링컨Abraham Lincoln도 "모든 사람은 찬사를 받고자 한다."라고 말했다. 찬사는 어디에서나 어떤 상황에서든 할 수 있다. 찬사를 보내면 틀림없이 상대방은 스스로를 더 중요하다고 느끼게 된다.

먼저 상대방의 성격적 특성에 찬사를 보낼 수 있다. 상대방이 시간을 잘 지키는 것, 관대한 것, 끈기가 있는 것, 확고한 것 등에 찬사를 보내면 상대방은 자신이 더 가치 있고 중요하다고 느낀다. 누구나 자신이 갖고 있는 강점을 자랑스럽게 생각한다. 그래서 다른 사람들이 우리의 강점을 인정해주고 찬사를 보내면 스스로에게 더 좋은 감정이 생긴다.

또 상대방의 소유물에 찬사를 보낼 수도 있다. 사람들은 종종 자신이 구입한 물건에 애착을 크게 느낀다. 예를 들어, 사람들은 대부분 집에 들여놓을 가구나 비품을 선택할 때 생각을 많이 한다. 상대방의 집이나 거실이 대단히 멋있다는 찬사는 잘못될 가능성이 거의 없다. 또 사람들은 대부분 옷에 신경을 많이 쓴다. 그래서 여성들의 옷이나 액세서리에 찬사를 보내면 상대방은 틀림없이 기분이 좋아질 것이다. 남자들에게도 옷, 특히 넥타이나 구두에 찬사를 보내면 같은 효과를 얻을 수 있다. 남자들은 보통 넥타이를 고를 때나 구두를 살 때 신중해진다. 넥타이 또는 구두에 찬사를 보내면 매우 놀라면서 좋은 기분을 느낄 것이다.

또 상대방이 성취한 것에 찬사를 보낼 수 있다. 상대방이 받은 교육이나 상대방의 직위, 구축한 사업 등 상대방이 성취한 것에 찬사를 보내자. 그러면 상대방의 자부심이 높아지고 덩달아 우리에게 호감까지 보인다. 진실로 상대방에게 찬사를 보내고 싶다는 마음만 있으면 그럴 기회는 얼마든지 생긴다. 찬사를 보낼 만한 것이 하나도 없는 사람은 없다. 우리가 할 일은 마음의 눈을 뜨고 그것을 찾아서 알려주는 것이다.

그러나 한 가지 주의할 점이 있다. 우리가 진심으로 그렇게 느끼는 것에만 찬사를 보내야 한다. 상대방의 자부심을 높여주겠다는 의도에서 진실하지 못한 찬사를 해서는 안 된다. 사람들은 일종의 살아 있는 거짓말 탐지기이다. 저 멀리 떨어져 있는 곳에 있는 진실하지 못한 것까지 알아차릴 수 있는 것이 사람이다. 그러니 어리석은 짓은 하지 말자.

그러나 한 가지 예외가 있다. 진실하지 못한 미소가 진실을 담은 불쾌한 표정보다는 낫다는 것이다. 그것을 제외하고 찬사는 진실해야 한다. 진심을 담아서 말을 해야 한다. 그렇지 않으면 사람들은 우리가 그들을 이용하고 조종하려 한다고 느껴 우리가 바라는 정반대의 반응을 보일 것이다. 상대방의 자부심은 떨어지고 우리를 불신하여 방어적으로 대응할 것이다.

지금까지 설명한 다섯 가지 방법은 모두 A로 시작한다. 첫 번째는 동의Agreement해주는 것이다. 두 번째는 수용Acceptance해주는 것, 즉 만나는 사람에게 미소를 지어주는 것이다. 세 번째는 감사Appreciation를 표시하는 것, 즉 기회가 있을 때마다 "고맙습니다."라고 말하는 것이다. 네 번째는 인정Approval해주는 것, 즉 상대방이 하는 긍정적인 일을 인정하고 칭찬해주는 것이다. 다섯 번째는 찬사Admiration를 보내는 것인데, 즉 상대방이 성취한 것이나 소유하고 있는 것에 진심으로 감탄하고 있음을 알리는 것이다. 이 다섯 가지 행동이 다른 사람과 좋은 인간관계를 맺는 가장 기본적인 요소이다. 이런 행동을 할 때마다 상대방은 자신을 더 좋아하게 되고 우리도 스스로를 더 좋아하게 된다.

관심을 보여라

인간관계를 개선하는 여섯 번째 방법도 역시 A로 시작한다. 관심Attention을 갖는 것, 즉 주의를 기울이는 것이 그것이다. 인생은 무엇에 관심을 가질 것인가와 무엇에 주의를 기울일 것인가를 연구하는 것이다. 우리는 항상 가장 소중하게 생각하는 것, 가장 흥미를 느끼는 것, 가장 중요한 것에 관심을 갖는다. 우리가 관심을 갖는 것이 곧 인생이다. 관심을 갖고 주의를 기울이는 곳에 생각과 느낌, 마음이 함께 가기 때문이다.

우리가 다른 사람에게 얼마나 관심을 갖고 주의를 기울이는지로 우리에게 상대방이 얼마나 중요한 사람인지 알 수 있다. 가장 중요한 사람이나 물건에 가장 많은 관심을 쏟는다. 관심의 반대는 무관심이다. 소중하게 생각하지 않고 높이 평가하지 않는 사람이나 사물에는 관심을 갖지 않는 법이다.

어떤 사람에게 관심을 쏟는다는 것은 '나는 당신을 소중하게 생각하고 당신이 중요하다고 생각한다'고 말하는 것과 마찬가지다. 반대로 어떤 사람에게 관심을 보이지 않는다는 것은 '나에게는 당신이 중요하지 않고 가치가 없다'고 말하는 것과 같다. 어떤 사람에게 관심을 보이는 행위 자체가 그 사람의 자부심을 높여준다. 반대로 관심을 보이지 않는다는 행위는 상대방의 자부심을 떨어뜨린다. 무관심은 종종 상대방을 화나게 하고 방어적으로 만든다.

부정적인 감정의 주된 원인 중 하나는 우리가 다른 사람들에게 무시당하고 있다는 느낌이다. 누군가에게 무시당하는 것은 상대방이 배우자든 직장상사든 심지어 레스토랑의 웨이터이든 관계없이 무가치하다는 느낌과 체면이 손상됐다는 느낌을 준다. 그래서 인간관계에 능숙한 사람은 다른 사람들에게 적절한 주의를 기울이려고 노력한다.

그러면 어떻게 해야 다른 사람들에게 적절한 관심을 보일 수 있을까?

그것은 듣는 것이다. 듣는 것은 마술과 같다. 상대방의 말을 듣는 정도가 곧 상대방에게 진정으로 관심을 갖는 정도를 나타낸다. 듣는 것은 우리가 상대방과 상대방이 말하고 있는 것을 얼마나 소중하게 생각하고 있는지를 보여주는 하나의 방법이다. 상대방의 이야기를 잘 들어주어야만 그가 소중하고 중요하다는 느낌을 전달할 수 있다. 훌륭한 리더, 세일즈맨, 경영자, 친구는 모두 대단히 잘 듣는 사람이다.

상대방의 이야기를 잘 들으면 세 가지 커다란 이점이 있다. 첫째, 듣는 것은 신뢰를 높인다. 누구든지 우리 말을 주의 깊게 잘 들으면, 우리는 그 사람을 더욱 신뢰하게 된다. 두 사람이 상호 신뢰를 쌓는 가장 빠른 방법은 상대방의 이야기를 주의 깊게 이해하면서 듣는 것이다. 상대방은 우리를 훨씬 더 좋아하고 신뢰한다. 우리에게 훨씬 더 열린 자세를 보이는 것이다.

둘째, 듣는 것은 자부심을 높인다. 우리가 사람들의 이야기를 주의 깊게 들으면 상대방의 자부심은 높아진다. 누군가가 우리 이야기를 주의 깊게 들을 때마다 자부심도 높아진다. 자신이 중요하고 가치 있는 사람이라고 느낀다.

셋째, 듣는 것은 자기통제력을 높인다. 다른 사람의 이야기를 주의 깊게 듣는 일에는 엄청난 수양과 자기통제력이 요구된다. 사람은 1분에 약 150단어를 말할 수 있고 600단어를 들을 수 있다. 적극적으로 상대방 말을 경청하려면 말하는 사람에게 집중해야 한다. 정신을 다른 데 빼앗기지 않고 상대방의 말을 듣도록 스스로를 통제할수록 삶의 다른 영역에서도 더욱 효과를 볼 수 있다.

적극적 경청의 다섯 가지 요소

적극적 경청의 첫 번째 요소는 주의 깊게 듣는 것이다. 말하는 사람의 옆이 아니라 정면에 앉아 말하는 사람을 향해서 몸을 약간 앞으로 기울인다. 서 있다면 무게 중심을 발의 앞쪽에 두어서 에너지가 앞을 향하도록 한다. 상대방의 입과 눈을 자세히 본다. 상대방은 자신이 말하는 것에 우리가 주의를 100퍼센트 기울이고 있음을 알게 된다.

적극적 경청의 두 번째 요소는 방해하지 않고 듣는 것이다. 대부분의 사람들이 상대방의 이야기를 정말로 귀기울여 듣지 않는다. 상대방이 말을 그치면 어떤 말을 할까를 생각하고 있기 때문에 상대방이 하고 있는 말을 잘 듣지 못한다. 끼어들 기회만 엿보거나 대답할 말만 생각하는 것처럼 보이면 말하는 사람은 화가 나고 불편하고 모욕감을 느낀다. 그러나 상대방이 자신과 말하는 것에 완전히 집중하는 것처럼 보이면 그들은 스스로를 중요한 사람이라고 느낀다. 그러니 상대방이 이야기를 마칠 때까지는 참을성 있게, 차분하게 듣도록 하자. 마치 상대방이 하는 이야기보다 더 듣고 싶은 이야기는 이 세상에 없는 것처럼 경청하자.

적극적 경청의 세 번째 요소는 대답하기 전에 잠시 멈추는 것이다. 말하는 사람이 말하기를 마치면 대답하기 전에 3초에서 5초 동안 침묵한다. 그 사이 세 가지 일이 일어난다.

첫째, 상대방의 말을 실제로 더 잘 들을 수 있다. 상대방의 말이 우리 뇌에 완전히 자리 잡을 때까지 몇 초 동안 기다리면 상대방을 더 잘 이해할 수 있다.

둘째, 상대방이 말을 마친 것이 아니라 잠시 생각을 정리하고 있었다면 말을 중간에 막지 않게 된다. 3~5초 동안 기다리면 상대방은 말을 계속할 수 있는 기회를 얻는다. 생각을 하거나 말을 하고 있을 때 누군가가 끼어드는 것만큼 화나고 모욕적인 일은 없다.

셋째, 우리가 상대방이 한 말을 중요하게 여긴다는 것을 명확하게 알릴수 있다. 침묵으로 상대방의 말을 깊이 생각하고 있다는 메시지가 전달되는 것이다. 말하는 사람의 입장에서 보면 이야기를 듣는 사람이 조용히 앉아 대답하기 전에 자신의 말을 깊이 생각해본다는 것은 커다란 찬사이다.

적극적 경청의 네 번째 요소는 명확하게 이해하려고 질문하는 것이다. 상대방이 말한 것을 정확하게 이해하고 있는지 확인하려면 질문을 하자. '모든 실패의 뿌리에는 잘못된 가정이 있다'는 격언이 있다. 확인해보지도 않고 이해했다고 가정해버리는 것은 대단히 위험하다. 나중에 전혀 이해하지 못했다는 것이 드러나는 경우가 종종 있다. 특히, 남자와 여자의 대화에서 이런 일이 자주 일어난다. 자신이 들은 것과 상대방이 말한 것이 일치하는지 확인하는 좋은 질문 중 하나는 "그게 무슨 의미입니까?" 또는 "그게 정확히 무슨 뜻이지요?"라고 되묻는 것이다.

판매업, 마케팅, 컨설팅, 교육 분야에서 겪은 내 경험에 비추어볼 때 상대방이 말하려는 것이 무엇인지 아주 조금이라도 의문이 든다면 그것은 상대방을 정확하게 이해하지 못했다는 의미일 수 있다. 의사소통과 경청을 잘하려면 명확하게 질문을 던져야 한다. "그게 무슨 의미입니까?"라는 질문을 던지면 상대방이 말하려는 의미를 더 명확하게 이해할 수 있다.

대화의 범위를 확장하고 상대방의 이야기를 더 많이 듣고 더 잘 이해하려면 열린 질문을 해야 한다. 열린 질문이란 '예', '아니오'로 답할 수 없는 질문을 말한다. 열린 질문은 루디야드 키플링Rudyard Kipling의 시에 나오는 말로 하면 바로 그 '정직한 시종 여섯 명'으로 시작한다. "……정직한 시종

384

여섯 명/(그들이 내가 알고 있는 모든 것을 가르쳐주었다)/그들의 이름은 '무엇What', '왜Why', '언제When', '어떻게How', '어디Where', '누구Who'이다." 열린 질문을 하면 더 잘 들을 수 있고 신뢰를 높일 수 있고 상대방이 무엇을 생각하며 느끼고 있는지 더 많이 이해할 수 있다. 우리의 입이 열려 있는 동안에는 아무것도 배울 수 없다는 것을 기억하자. 말할 때는 우리가 이미 알고 있는 것만 말할 수 있다. 그러나 들을 때는 무엇인가 새로운 것을 배울 수 있다.

적극적 경청의 다섯 번째 요소는 상대방이 한 말에 피드백해주는 것이다. 상대방이 한 말을 소화해서 내 말로 바꾸어 표현하는 것이다. 상대방은 이것을 자신을 존중한다는 의미로 받아들인다. 우리가 상대방의 말에 집중하고 있음을 말해주기 때문이다. 상대방이 말한 것을 정확하게 피드백해줄 수 있어야만 상대방을 정확하게 이해했다고 할 수 있다.

앞으로 누군가와 대화할 때는 이렇게 해보자. 상대방이 말을 마치면 3초에서 5초 동안 침묵한 뒤, "지금 이야기하신 내용을 제가 정확하게 이해했는지 확인하고 싶습니다. 지금 말씀하신 것은 이런 거죠?"라고 말한 다음에 이해한 것을 자신의 말로 피드백해주자.

상대방의 말을 피드백해줄 수 있을 만큼 주의 깊게 들으려고 노력할 때마다 의사소통 능력은 향상된다. 둘 사이에는 더 큰 신뢰가 쌓이며 상대방의 자부심은 높여주고 자신의 자기통제력은 커진다.

공감적 경청

공감적 경청은 상대방의 문제를 대신 해결해주는 것이 아니라 악기의 공명판과 같은 역할을 해주는 것이다. 심리치료사들이 공감적 경청을 주로 사용하는데, 그들은 상대방의 말을 들은 다음에 다른 형태로 바꾸어서 피드백해준다. 예를 들어, 상대방이 "나는 지금 하는 일이 정말 마음에 들지 않아요."라고 말한다면 "지금 회사에서 일이 진행되는 방식 때문에 힘들어 하시는 것으로 들리는군요."라고 피드백해준다. 상대방이 한 말을 되짚어 주면 상대방이 자신의 문제를 보다 잘 이해할 수 있도록 해줄 뿐 아니라 해결방법에도 통찰력을 갖게 도와준다.

공감적 경청에는 두 가지가 있다. 하나는 단순한 반영이고, 다른 하나는 해석적 반영이다. 단순한 반영이란 상대방이 명시적으로 말한 것을 아무것도 더하지 않고 숨겨진 의미나 함축된 메시지를 찾지도 않고 그냥 그대로 반복해서 말하는 것이다. 들은 것을 자신의 말로 바꿀 뿐이다. 예를 들어, 상대방이 "정말 걱정이 됩니다."라고 말하면 "정말 걱정하고 계시는 것 같습니다."라고 말하는 것이다. 해석적 반영은 단순히 상대방의 말을 바꾸어서 말하는 것을 넘어 말 속에 숨은 메시지를 말하는 것이다. 예를 들면 이렇다. "지금 하는 일이 많이 힘들어 보입니다. 혹시 상사가 스트레스를 많이 주나요?"

해석적 반영에는 두 가지 방법이 있다. 첫 번째 방법은 상대방이 하는 말을 요약한 다음 거기에서 분노와 좌절 같은 중요한 감정을 찾아내는 것이다. 예를 들어, "현재 상황에 대단히 화가 나 있고 불만족스러운 것 같군요."처럼 말하는 것이다. 이때, 상대방의 말에 주관적으로 느낀 깊은 의미나 숨겨진 의미를 추가해서는 안 된다. 두 번째 방법은 상대방이 말을 하지는 않았지만 듣기에 진짜 메시지로 생각되는 사고나 느낌을 말해주는 것이다. 단순히 외부에 나타나는 증상이 아니라 핵심 주제를 다루는 것이다.

어느 날 다섯 살짜리 첫째 딸 크리스티나가 울면서 부엌에 들어오더니,

"나는 마이클이 싫어요."라고 말했다. 당시 마이클은 태어난 지 8개월밖에 되지 않아 우리 부부의 특별한 관심을 받고 있었다. 해석적 반영 기법을 배우기 전이었다면 아마 "아니야, 너는 마이클을 싫어하는 것이 아니야. 너는 동생을 사랑해. 너도 그것을 알고 있지?"라고 말했을 것이다. 나는 아이들 사이에 부모의 사랑을 받으려는 경쟁심이 있다는 것을 알고 있었다. 그래서 크리스티나가 말하지 않은 메시지에 반응하여 이렇게 말했다. "크리스티나, 아빠가 어린 마이클에게만 너무 관심을 쏟고 네게는 무관심하다고 느끼고 있구나. 그렇지 않니?" 이 말을 듣자 크리스티나는 울음을 터뜨리더니 이렇게 말했다. "그래요. 아빠는 나보다 마이클을 더 사랑하는 것 같아요." 크리스티나는 마이클을 실제로 미워한 것이 아니었다. 단지 우리가 크리스티나를 아직도 많이 사랑하고 있다는 사실을 확인받고 싶었을 뿐이다.

해석적 반영이나 공감적 경청을 하려면 상대방의 말 속에 숨어 있는 감정이나 메시지를 찾아보아야 한다. 사려 깊은 경청은 가족뿐만 아니라 친구, 직장 동료에게도 큰 도움을 줄 수 있다. 살아가면서 부딪치는 복잡한 문제를 해결하는 데는 통찰력이 필요하다. 진실한 친구가 해주는 피드백은 문제를 제대로 이해하고 적절한 해결방법을 찾는 데 필요한 통찰력을 제시해준다. 우리는 섬세하면서도 능숙하게 경청함으로써 상대방에게 필요한 통찰력을 제공해줄 수 있다.

부메랑의 원칙을 활용하라

인간관계를 개선하는 일곱 번째 방법은 부메랑의 원칙을 사용하는 것이다. 부메랑의 원칙은 '우리가 진심으로 상대방을 대하면 그들도 우리를 진심으로 대한다'는 것이다.

셰익스피어는 "장미의 향기는 장미를 던진 손에 오랫동안 남아 있다."라고 말했다. 우리가 다른 사람에게 좋은 마음을 표현하면 그것은 부메랑처럼 되돌아온다. 마찬가지로 부정적인 마음을 표현하면 그것 역시 되돌아온다. 우리가 다른 사람들에게 말하는 것이 그대로 내게 돌아오는 것이다. 그러므로 자신에게 되돌아오기를 원하는 것만 말하자.

비판하고 비난하고 불평하고 싶은 충동을 억제하자. 상대방의 말에 동의하고 수용하는 사람이 되자. 감사, 인정, 찬사를 보내자. 다른 사람이 하는 말을 주의 깊게 듣고 부메랑의 원칙을 기억하자. 이렇게 하면 우리와 이야기하는 상대방은 스스로를 대단히 좋게 느끼고, 당신은 어디서든 환영받는 사람이 될 것이다.

대화를 / 잘하는 / 방법

지금까지 이야기했던 모든 것은 대화의 기술에서 빛을 발하게 된다. 아이디어, 정보, 의견을 주고받는 가장 빈번한 교류의 장인 대화에서 우리의 인품이 드러난다. 직장생활과 사회생활에서 더 좋은 대화를 하는 데 필요한 몇 가지 아이디어를 정리해보았다.

규칙에 따라 대화하라

대화를 잘하는 첫 번째 법칙은 상대방에게 맞는 대화 주제를 던지는 것이다. 상대방이 흥미를 느끼는 주제에 관해서 이야기하자. 보통 대화에서 금기시하는 주제라도 상대방이 흥미를 느낀다면 이야기하자. 상대방이 원한다면 정치나 종교도 상관없다. 그러나 특정 주제에서 상대방이 별 반응을 보이지 않는다면 즉시 다른 주제로 전환해야 한다.

대화를 시작하는 가장 좋은 방법 중 하나는 상대방에게 "어떤 일을 하고 계십니까?"라고 물어보는 것이다. 이미 상대방의 직위나 업종 등 대강 무슨 일을 하는지 알고 있다면 "정확하게 어떤 일을 하고 계십니까?" 또는 "요즈음 돌아가는 상황은 어떻습니까?" 등의 질문을 한다. 상대방 직업이 무엇이고 어떤 활동을 하는지에 관계없이 상대방이 가장 큰 흥미를 느낄 수 있는 질문 중 하나는 "어떻게 그 일을 시작하게 됐습니까?"이다.

자신이 지금까지 어떻게 살아왔는지를 이야기하는 것은 대부분의 사람들이 가장 흥미를 느끼는 주제 중 하나이다. 상대방이 이야기를 중지할 때마다 대화를 지속하고 추진력을 잃지 않도록 "그래서 어떻게 하셨습니까?"라고 질문을 한다. 상대방에게 "어떻게 그 일을 시작하시게 됐습니까?" 그리고 "그래서 어떻게 하셨습니까?"라는 질문을 던지면 대화는 무한정 계속될 수 있다.

상대방에게 대화 주제를 제시할 때 가장 중요한 것은 그들이 이 주제에 얼마나 흥미를 보이는지 주의 깊게 파악하는 것이다. 상대방이 무엇인가를 만지작거린다거나 주위를 둘러본다거나 먼 곳을 바라본다면 흥미를 끌 수 있는 주제로 바꾸라는 신호이다. 대화 중에 이런 일이 생기면 잠시 동안 말을 멈춘 다음에 누가, 언제, 어디서, 무엇을, 어떻게, 왜로 시작하는 질문을 한다. "여기에서 얼마나 오랫동안 사셨습니까?", "어디에서 학교를 다니셨습니까?", "그 회사를 언제부터 다니셨습니까?"와 같은 질문 말이다.

대화를 잘하는 두 번째 법칙은 순서를 지키는 것이다. 이것은 대화가 독백이 되어서는 안 된다는 의미이다. 대화 중에 상대방의 질문이나 의견 제시 없이 혼자 계속해서 3분 동안 이야기하고 있다면 거의 틀림없이 그 주제는 자신에게만 흥미롭고 상대방에게는 그렇지 않다는 증거이다. 누구나 이런 실수를 하기 쉽다. 상대방이 대화에 참여하고 있지 않다면 그것은 연설이지 대화가 아니다.

순서를 지킨다는 것은 상대방이 말하고 있을 때 방해하지 않는 것을 말한다. 제3자가 대화에 끼어들어 방해 받았을 때 가장 예의 바른 방법은 입을 다무는 것이다. 사실 입을 다무는 것은 대단히 어렵다. 이때, 자기가 하던 이야기를 끝까지 하려고 해서는 안 된다. 물론 상대방이 마저 이야기를 해달라고 부탁하는 경우에는 예외이다.

좋은 대화에는 흐름이 있다. 마치 파도가 밀려왔다가 밀려나가는 것처럼 모두가 말하고 들을 기회를 갖는 것이다. 어느 한쪽이라도 말할 수 있는 기회를 뺏기면 대화는 일방적이 되고 말을 하는 사람은 지루한 사람이라는 평가를 받는다.

대화를 잘하는 세 번째 법칙은 말하기 전에 생각하는 것이다. 상대방을 불편하게 하거나 불행하게 하거나 죄의식이 생기게 하는 이야기는 절대 피하도록 하자. 지혜롭게 대처하고 상대방의 생각과 느낌이 변화하는 것을 섬세하게 관찰하자.

세심의 반대는 생각이 부족한 것이다. 생각이 부족한 말을 하지 않으려

390

면 너무 단정적인 태도를 보이지 않아야 한다. 벤저민 프랭클린Benjamin Franklin은 자서전에서 어떻게 성격과 대인관계능력을 혁신적으로 개선할 수 있었는지 소개한다. 그것은 자신의 의견을 말할 때 "내가 보기에는" 혹은 "사람들이 이야기하는 것을 들어보면" 같은 말로 시작하는 것이다. 자기의 의견을 제시할 때 자신이 틀릴 수도 있다는 가능성을 열어둔 상태로 단정적인 표현을 피하면 상대방이 훨씬 편안한 상태로 우리가 제시하는 아이디어를 듣는다는 것을 발견하게 될 것이다.

상대방의 견해와 취향을 소중하게 생각한다는 것을 알려주자. 개인 취향과 관계가 있는 영역에서는 명확하게 흑백을 가릴 수 없다. 정치, 종교, 성, 음식물 등의 주제에 관해서는 옳고 그른 것이 없다. 우리가 옳다고 확신하는 것도 주관적인 견해일 뿐이다. 다른 의견이나 해석에 우리가 열린 자세를 취하고 있음을 느끼면 상대방 역시 우리 견해에 훨씬 열린 자세를 보인다.

대화를 잘하려면 상대방의 프라이버시를 존중해야 한다. 어떤 사람들은 대화가 아닌 자신과 아무 관계도 없는 문제를 질문해서 마치 인터뷰를 하는 것처럼 상황을 만든다. 그래서는 안 된다. 너무 구체적이고 개인적인 질문은 피해 어느 정도까지 개방할지 상대방이 결정할 수 있도록 하자.

잘 알지도 못하는 사람에게 개인적인 문제를 털어놓아 부담을 주는 일이 없도록 하자. 모임이나 파티에 가서 분위기에 휩쓸리다 보면 자신도 모르게 개인적인 문제를 길게 이야기할 때가 있는데, 자신의 문제로 남을 비판하거나 비난하거나 불평하지 말자. 긍정적이고 즐거운 분위기를 계속 유지하자. 개인적인 문제를 쓸데없이 이야기하지 말자.

우리가 하는 모든 말은 우리에게 해가 될 수도 있음을 기억하자. 버넘의 법칙Burnham's Law에 따르면 '누구나 모든 것을 안다.' 언제 어디에서 누구에게 말을 하든지 그것은 모두에게 알려진다. 특히, 알려지지 말았으면 좋겠다는 사람에게는 더 빨리 알려진다. 입놀림을 조심해야 한다. 세상에 비밀은 없다. '비밀이란 한번에 한 사람에게만 말하는 것'이라는 정의가 있다. 일리가 있는 말이다. 비밀이란 다른 사람과 나누지 않으면 가치가 없다.

마지막으로 훌륭하게 대화를 하고 싶으면 자연스럽고 꾸밈없이 말해야 한다. 자신의 성품이 정직하게 그대로 드러나야 한다. 자신의 생각과 느낌을 있는 그대로 표현해야 한다. 어떤 이유에서건 그 말을 해서는 안 된다고 하는 내면의 목소리가 들릴 때는 그것을 따라야 한다. 강한 인상을 주려고 하지 말고 편안하고 자연스럽게 마음에 떠오르는 것을 말하자. 대화하고 싶은 사람, 함께 있고 싶은 사람은 편안하고 긍정적이며 100퍼센트 자연스러운 사람이다.

9. 성공시스템의 실천방법

대화와 사교 모임을 잘 활용하면 대인관계능력을 개발하는 데 커다란 도움이 된다. 앞에서 배운 인간관계를 개선하는 방법들을 하나하나 실천해볼 수도 있다. 다른 사람들과 대화할 때 비판, 비난, 불평을 하지 말자. 의견이 다를 때도 반대하기보다 일단 동의해주자. 일종의 자기계발 훈련이라고 생각하자.

만나는 사람에게 미소를 지어주고 상대방의 얼굴과 눈을 보며 그들을 수용하는 연습을 할 수 있다. 우리를 위해서 무엇인가를 해주는 사람들의 모든 행동에 "고맙습니다."라고 감사를 표현하자. 상대방이 이룬 성취를 인정하고 칭찬해주자. 상대방의 근황을 묻고 그들의 품품, 자질, 특성, 성취에 찬사를 보내자.

무엇보다도 마술 같은 효과를 보여주는 적극적 경청으로 주의를 집중하자. 이것은 우리 자신을 함께 있고 싶은 사람으로 만들어주는 가장 강력한 방법이다. 데일 카네기(Dale Carnegie)에 얽힌 유명한 일화가 있다. 한번은 카네기가 아프리카 여행에서 막 돌아온 부유한 여성을 축하하는 파티에 초대되었다. 카네기가 파티 장소에 도착하자 그 여성은 즉시 "카네기 선생님. 선생님이 뉴욕에서 가장 말을 잘하는 분이라고 하던데 사실인가요?"라고 물었다. 카네기는 "부인 고맙습니다. 최근 아프리카 여행을 다녀오셨다고 들었습니다. 아프리카로 여행을 떠나신 이유가 궁금합니다."라고 말했다. 그 여성이 아프리카로 떠난 이유를 설명하자 카네기는 또 물었다. "아프리카에는 누구와 함께 가셨습니까?", "언제 떠나셨습니까?", "언제 돌아오셨습니까?", "아프리카에서는 어디를 다니셨습니까?", "어떻게 가셨습니까?", "아프리카에서는 구체적으로 어떤 일을 하셨습니까?"라고 말이다.

두 사람은 20여 분 동안 이야기를 나눴다. 그동안 그 여성이 대답한 시간이 95퍼센트였고, 나머지 5퍼센트만이 카네기가 질문한 시간이었다. 다음 날 한 명사 동정란에는 다음과 같이 그 부인의 말이 인용되어 실려 있었다. "카네기 씨는 역시 뉴욕에서 가장 말을 잘하는 분이다."

우리도 말하는 법, 특히 잘 듣는 법을 배우면 말을 아주 잘하는 사람이 될 수 있다. 다른 사람들과 잘 지내는 방법은 우리가 배워야 할 것 중에서 가장 중요하다.

나는 어린 시절 정말 인기가 없었다. 친구도 거의 없었고 그나마 몇 명 있던 친구도 대부분 나처럼 사회에 적응하지 못하는 아이들이었다. 나는 사람들이 늘 함께 있고 싶어하는 사람이 되는 방법을 몰랐고, 이것은 어린 시절 내내 그림자를 드리웠다. 그리고 인간관계의 커다란 비밀을 발견할 때까지 내 삶에 장애가 되었다.

인간관계의 비밀은 무엇일까? 호감 가는 사람이 될 수 있는 방법은 두 가지다. 첫째, '자기'라는 울타리를 깨고 나와서 다른 사람들의 삶과 관심사 안으로 들어가는 것이다. 다른 사람들에게 진심으로 관심을 갖고 질문을 하고 그들의 이야기를 들어야 한다. 항상 다른 사람들을 도울 방법을 생각해야 한다. 수확의 법칙을 실천하여 다른 사람들이 우리에게 해주었으면 하는 것을 그들에게 해주어야 한다.

둘째, 자기계발과 목표를 달성하려고 열심히 노력하는 것이다. 자신만의 독특한 소질과 능력을 계발하면 자신이 하고 있는 일에 전문가가 된다. 자신에게 중요한 일을 잘하면 잘할수록 자신을 그만큼 더 좋아하게 된다. 자신을 더 좋아하고 존중할수록 다른 사람들과 더욱더 편안하고 효과적으로 지낼 수 있다. 성공은 계속해서 또 다른 성공을 낳는다.

시각화하고 확신을 갖고 말하고 행동하자. 우리의 미래가 거기에 달려 있는 것처럼 자기를 계발해나가자. 실제로 우리의 미래가 거기에 달려 있기 때문이다. 이것을 자신의 모든 인간관계에서 실천하면 이 세상에서 가장 긍정적이고 효과적인 사람 중 한 사람이 될 것이다.

CHAPTER 10

Mastering
Personal Relationships

친밀한 부부관계를 위한
조언

인생에서 가장 중요한 것은 사랑이다.
사랑의 관계가 주는 안정감과 즐거움은 인간이
경험할 수 있는 가장 멋진 것이다.
다른 사람과 사랑의 관계를 맺고 유지하려면
할 수 있는 모든 것을 다 해야 한다.

인생에서 가장 중요한 것은 사랑이다.
사랑의 관계가 주는 안정감과 즐거움은 인간이
경험할 수 있는 가장 멋진 것이다.
다른 사람과 사랑의 관계를 맺고 유지하려면
할 수 있는 모든 것을 다 해야 한다.

인품이 뛰어나고 지속적으로 자기 실현을 하는 사람들의 특징 중 하나는 장기적이고 친밀한 인간관계를 맺으며 그 관계를 오랫동안 유지한다는 점이다. 성격이 건강하고 조화롭게 살아가는 사람들은 인간관계를 맺는 능력이 뛰어나다.

좋은 배우자를 선택하고 행복한 가정을 꾸려 친밀한 가족관계를 만드는 것은 인간으로서의 성공 여부를 결정한다. 인간관계는 자신이 실제로 어떤 사람인지 그대로 보여준다. 상응의 법칙에 따르면 외부세계의 인간관계는 내부세계의 생각이나 감정과 정확하게 일치한다. 우리의 내부세계가 긍정적이고 따뜻하면 외부세계의 인간관계도 행복하고 만족스럽다.

19세기 영국 수상이었던 벤자민 디즈레일리Benjamin Disraeli는 언젠가 "공적인 생활에서 이룬 그 어떤 성공도 가정에서 맛본 실패를 보상해주지 못한다."라고 말했다. 개인적인 인간관계가 무엇보다도 중요하다는 의미이다. 훌륭한 사람으로 성장하면 인간관계도 같은 수준으로 성장하고 향상된다.

인력의 법칙에 따라 우리는 자신과 비슷한 사람, 즉 생각하고 행동하는 방식, 지배적인 생각이나 느낌이 비슷한 사람을 끌어들인다. 우리가 긍정적이고 낙관적이고 따뜻해지면 우리 주위에는 자연히 긍정적이고 낙관적이고 따뜻한 사람이 모인다.

수확의 법칙에 따라 우리는 뿌린 대로 거둔다. 인간관계에서 이 법칙은 특히 더 강력하게 작용한다. 우리는 주변, 즉 자신의 모든 인간관계에서 이 점을 확인할 수 있다.

우리는 결혼생활이나 이성교제에서 뿌린 대로 거둔다. 우리가 인간관계에 정성을 쏟을수록 그 관계에서 사랑과 만족, 기쁨을 얻게 된다. 사람은 누구나 불완전하게 태어나기 때문에 완전해지려면 다른 사람이 필요하다. 사람은 상호보완적인 자질과 특성을 지닌 채 태어나며 누구나 자신의 운명을 완성시킬 수 있는 다른 사람이 필요하다. 행복한 인간관계에는 마음의 평화, 장수, 건강, 행복, 풍요로움이 함께 따라온다. 인간관계가 나쁘거나 없는 사람은 그렇지 않은 사람보다 건강하지 못하며, 일찍 죽을 확률이 높다고 한다.

로널드 애들러Ronald Adler와 닐 타우니Neil Towne는 저서 『인간관계와 자기표현Looking Out, Looking In』에서 사회적으로 고립된 사람은 강한 사회적 연대를 맺은 사람에 비해서 조기 사망할 확률이 2~3배 높다고 말했다. 이혼한 사람은 결혼한 사람에 비해서 심장질환, 암, 뇌졸중에 걸려서 사망할 확률이 2배나 높다. 특히, 암에 걸릴 확률은 이혼한 사람이 독신에 비해 무려 5배나 높다. 다른 이유를 모두 제쳐두고라도 오래 살고 싶다면 자신의 인생에서 중요한 사람과 좋은 관계를 맺고 유지할 필요가 있다.

자부심 / 높이기

자부심은 스스로를 좋아하고 존중하는 것으로 자신의 성격과 행복 수준을 결정한다. 높은 자부심은 좋은 성과와 성공을 낳고, 낮은 자부심은 대부분 실패와 좌절을 초래한다.

자부심의 첫 번째 요소는 순전히 감정적인 부분으로 주변 사람과 다른 존재인 자신을 어떻게 느끼는가 하는 것이다. 두 번째 요소는 자신이 얼마나 능력 있다고 인식하는가, 즉 인생의 중요한 분야에서 자신이 얼마나 잘하고 있는지를 말한다. 이것은 성과에 기초한 자부심이며 성격의 필수 요소이다. 자신이 유능하거나 뛰어난 성과를 내고 있다고 느끼면 자부심은 높아진다. 그것은 자부심의 다른 요소, 즉 자신의 가치에 대한 느낌을 강화한다. 잘하면 느낌이 좋아지고, 또 느낌이 좋으면 잘하게 마련이다.

인간관계는 삶에서 중심 역할을 하기 때문에 자부심을 계속해서 유지하려면, 자신이 긍정적이고 건강하고 따뜻한 관계를 맺고 유지할 수 있는 능력이 있음을 마음 깊이 확신해야 한다. 인간관계에서 열등감이나 무능감은 자부심과 자신감을 파괴한다. 반대로 자신에게 중요한 사람과 더 잘 지낼 수 있도록 하는 모든 일은 자부심을 높여준다. 좋은 인간관계는 자신이 더 유능하고 완벽하다는 느낌을 주고, 자신을 자유롭게 하여 다른 것도 잘해낼 수 있도록 돕는다.

인간관계의 질과 자부심, 자기수용의 수준 사이에는 직접적인 관계가 있다. 우리는 자신을 수용하는 수준까지만 스스로를 좋아할 수 있고, 자신을 얼마나 좋아하는가는 대부분 남들에게 얼마나 인정받는다고 느끼는가에 따라 결정된다.

대부분 부모에게 거절과 비난을 받으며 조건부 수용의 틀 속에서 자란다. 어른이 되어서 어린 시절 부족하다고 느꼈던 사랑을 보상받으려고 다른 사람, 특히 특별한 한 사람의 무조건적 사랑과 수용을 찾아 헤맨다. 우리의 정신적 건강은 거기에 달려 있다.

자기수용

우리가 스스로를 완전히 수용하기 전까지, 즉 우리의 강점과 약점을 모두 받아들이기 전까지는 스스로를 진정으로 좋아할 수 없다. 그리고 자기 자신을 수용하는 가장 좋은 방법은 최소한 자신이 존경하고 사랑하는 한 명 이상의 사람이 무조건 우리를 수용해주는 것이다. 스스로 자신을 가치 있고 소중한 사람으로 온전히 수용하는 것은 오직 다른 사람이 있는 그대로의 자신을 받아들일 때만 가능하다.

자아의식

자기수용을 하려면 먼저 자아의식을 계발해야 한다. 왜 지금처럼 생각하고 느끼며 행동하는지 이해해야 한다. 또 성격형성기에 겪은 경험이 미치는 영향을 인식할 필요가 있다. 자신이 왜, 어떻게 지금과 같은 사람이 되었는지 이해해야 한다.

자아의식이 보다 높은 수준에 도달한 다음에야 자기수용 수준도 높아진다. 자신을 완전히 수용하려면 자신이 진정으로 어떤 사람인지부터 먼저 인식해야 한다. 행복하고 건강한 성격의 열쇠인 자부심은 먼저 높은 수준의 자기수용이 전제되어야 가질 수 있다.

자기개방

자아의식을 계발하려면 자기개방이 필요하다. 우리는 자신을 개방하는 만큼 또는 최소한 한 사람과는 이야기를 나누어야 자신을 진정으로 이해할 수 있다. 자기개방이란 우리가 100퍼센트 신뢰할 수 있는 사람에게 자신이 생각하고 느끼는 것을 있는 그대로 말할 수 있는, 즉 비난이나 거절 당하면 어쩌나 하는 걱정 없이 말하는 것을 말한다.

심리치료는 자기개방에 기초한다. 심리치료사들의 성공 여부는 환자의 마음을 열어 무엇이 자신을 불행하게 만드는지 털어놓게 만드는 능력에 달려 있다. 최근 만난 심리치료사는 "사람들이 다른 사람들의 이야기를 진심으로 듣는 것을 배운다면 미국에 있는 심리치료사의 75퍼센트는 다음 주 수요일까지 직장을 잃게 될 것이다."라고 말했다. 다른 사람에게 자신을 정직하게 개방하려면 상대방을 신뢰할 수 있어야 한다. 상대방이 우리를 진심으로 아끼고 우리가 과거에 말하고 행동한 것으로 재단하거나 비난하지 않을 것을 확신할 수 있어야 한다.

21세기의 커다란 정서적인 문제는 죄책감이다. 죄책감은 파괴적인 비판과 우리가 과거에 범했다고 느끼는 실수에서 비롯되는 무가치하다는 느낌에서 생긴다. 우리 대부분은 후회할 만한 행동과 말을 한 적이 있다. 우리는 다른 사람들의 마음에 상처를 줬고 그 때문에 후회한다. 다른 사람들에게 우리가 과거에 했던 말과 행동을 털어놓으면 이런 부정적인 감정에서 자유로워지기 시작한다. 카타르시스 혹은 감정의 정화는 우리를 자유롭게 하고 앞으로의 삶을 새롭게 시작할 수 있도록 해준다. 회개나 참회는 그냥 하면 좋다는 수준이 아니라 장기적이고 지속적인 행복의 필수 요소이다.

정직한 자기개방은 종종 두려움을 느끼게 만든다. 상처를 입을지도 모르는 위험을 감수해야만 한다. 그럼에도 자기개방은 건강한 정신의 전제조건이다. 공개적으로 우리 생각과 느낌을 정직하게 다른 사람에게 개방하면 스스로를 보다 잘 이해할 수 있다. 진정한 자신을 더 잘 인식하게 되며, 자신과 자신의 삶을 보다 더 잘 알게 된다.

자아의식이 높아지면 자기수용도 높아진다. 자신을 아무런 조건 없이 수용할 때 높은 수준의 자부심과 자아의식이 생긴다. 모든 일에서 자신을 더 좋아하게 되고, 내리누르고 잡아당겼던 부정적인 감정에서 자유로워진다. 자아개방으로 무거운 짐을 내려놓고 행복한 삶을 살아갈 수 있다.

배우자와 / 성공적인 / 관계 / 맺는 / 법

결혼을 하고 친밀한 관계를 맺는 이유 중 하나는 그것이 자기능력을 충분히 발휘하고 성장할 수 있도록 기회를 주기 때문이다. 완전히 신뢰하는 관계 속에서는 과거에 한 일, 현재 생각하고 느끼는 것을 자유롭게 이야기할 수 있다. 정직하게 개방하면 자신을 더 잘 이해할 수 있다. 인내력이 강해지고 수용적이 되며 다른 사람의 결점에도 더 관대해진다. 휴면 상태에 있던 성격의 한 부분이 완전한 성장에 힘입어 계발되기 시작한다.

우리가 하는 대부분의 일은 사랑을 얻거나 부족한 사랑을 보충하기 위해서이다. 누구나 최소한 한 사람에게는 사랑을 받아야 하고, 무조건 수용되어야 한다. 이런 내적이고 정서적인 안정이 충족되어야만 관심을 외부로 돌려서 원하는 것을 성취할 수 있다. 사랑은 경제적 자유와 같다. 충분하면 그것을 크게 생각하지 않는다. 그러나 일정 기간 동안 공급이 중지되면 그것 말고 다른 일은 생각할 여유가 없다. 죄수에게 가장 가혹한 벌은 독방에 감금되어 다른 사람과 격리되는 것이다. 다른 사람과의 접촉과 교류를 박탈해버리는 것은 인간에게 가장 지독한 벌이다.

우리의 가장 커다란 꿈은 이상적이고 따뜻한 관계를 맺을 수 있는 사람으로 성장해가는 것이다. 이 관계로 우리의 권리이자 의무인 행복과 기쁨을 즐길 수 있게 된다.

9장에서 배운 모든 것이 배우자와의 따뜻한 관계에도 그대로 적용된다. 그 밖에도 뭔가를 실천하거나 중단함으로써 인생에서 중요한 사람들과의 관계를 극적으로 개선할 수 있는 여러 가지 방법이 있다. 먼저 배우자와 성공적인 관계를 맺는 여섯 가지 법칙부터 시작해보자.

서로의 비슷한 면에 끌린다

배우자와 성공적인 관계를 맺는 첫 번째 법칙은 비슷한 점에 끌린다는 것이다. 흥미, 취미, 가치관이 비슷한 사람과 함께 있을 때 우리는 가장 행복하고 편안하다. 인력의 법칙에 따르면 우리는 태도와 믿음이 자신과 조화되는 사람에게 이끌린다.

배우자와의 관계에서 서로 비슷해야 할 필요가 있는 첫 번째 영역은 돈에 보이는 태도이다. 어떻게 벌고 저축하고 쓸 것인지 태도가 비슷해야 한다. 두 번째 영역은 자녀에게 보이는 태도이다. 아이를 낳을 것인지, 몇 명을 낳고 어떻게 양육할 것인지에 대해서 태도가 비슷해야 한다. 세 번째는 성에 관한 태도이다. 네 번째는 종교, 다섯 번째는 정치적·사회적 문제에 관한 태도가 비슷해야 한다. 사회활동과 여가활동에 대한 태도 역시 둘의 조화를 측정하는 중요한 지표가 된다. 비슷한 점에 끌리는 것은 영적인 영역에도 해당된다. 경우에 따라서는 이 영역이 다른 어떤 영역보다 더 중요할 수가 있다.

우리는 자신과 근본적인 믿음, 가치관이 비슷한 사람과 함께 있을 때 가장 행복하고 편안함을 느낀다. 결혼생활과 인간관계에서 대부분의 불행과 의견 충돌은 결국 기본적인 주제에서 비롯된 본질적인 차이 때문에 발생한다.

서로의 정반대되는 면에 끌린다

배우자와 성공적인 관계를 맺는 두 번째 법칙은 반대되는 면에 끌린다는 것이다. 하지만 반대되는 면에 끌리는 것은 오직 기질에 국한된다. 자연은 항상 균형과 조화가 필요하고, 균형은 두 사람의 기질이 합쳐져 하나가 되는 관계에서 가장 필요하다.

가까운 사이의 양립성을 간단하게 측정할 수 있는 방법이 있다. 이 방법은 '대화 테스트'라고 불린다. 서로 기질적으로 양립할 수 있는 관계에서는 대화가 물 흐르듯이 이루어진다. 쌍방은 서로 자신이 말하고 싶은 만큼 말할 수 있고 필요한 만큼 들을 수 있다. 이런 균형은 대단히 중요하며, 건강하고 온전하다는 느낌을 가지려면 서로가 필요한 만큼 말을 해야 한다. 상대방에게 자신이 필요한 만큼 말을 충분히 하지 못할 경우 사람들은 다른 곳에서 대화할 사람을 찾게 된다. 기혼자의 외도는 거의 대부분 배우자보다 다른 사람과 좀 더 충분히 대화하고 싶다는 욕구에서 비롯된다.

사람이 기질적으로 균형을 이루면 함께 있는 시간의 90퍼센트는 서로 편안하게 대화를 주고받는 데 사용되고 나머지 10퍼센트는 부담 없는 침묵이 차지한다. 그러나 서로 70퍼센트를 말하고 20퍼센트를 듣고자 한다면 두 사람 사이에는 소위 '방송시간'에 관한 충돌이 발생한다. 두 사람은 상대의 말하는 시간을 줄여 자신이 더 많이 말하려고 다투는 것이다.

이런 관계에서는 항상 더 사랑하는 사람과 덜 사랑하는 사람이 있다. 더 사랑하는 사람이 말하고 싶은 욕구를 참고 덜 사랑하는 사람이 하고 싶은 말을 다 하도록 양보한다. 덜 사랑하는 사람이 관계를 주도하는 것이다. 하지만 이것은 한시적인 해결방법에 지나지 않는다. 자신을 충분하게 표현할 기회가 없는 사람은 결국 좌절과 불행을 느끼게 된다. 이 억제된 느낌은 시간이 흐르면서 건강의 악화나 해로운 행동으로 분출된다.

비양립성은 두 사람이 모두 30퍼센트만 말하고 60~70퍼센트는 듣고자 할 때도 발생한다. 이 경우 두 사람이 함께 있으면 40퍼센트의 시간은 어색한 침묵으로 채워진다. 이 어색한 침묵을 어떻게 깨야 하는지는 알지 못한다. 두 사람은 함께 있지만 별로 이야기할 것이 없어 이것 역시 기질이 양립하지 못하는 한 예이다.

대화 테스트는 남녀노소 관계없이 친구와의 모든 관계에 적용할 수 있다. 절친한 친구란 침묵의 시간도 함께 편안하게 보낼 수 있는 친구를 말한다. 이런 친구와 있을 때 우리는 가장 조화로움을 느낀다. 그러나 인간관계에서 진정으로 행복을 느낄 때는 자신의 배우자와 어떤 대화를 나누든 매끄럽게 흘러갈 때다.

상대방을 믿고 자신을 온전히 맡긴다

배우자와 성공적인 관계를 맺는 세 번째 법칙은 두 사람이 서로의 관계에 자신의 모두를 온전히 맡기는 것이다. 모든 것을 맡기려면 무슨 일이 있더라도 그 관계를 성공시키겠다는 진심에서 우러난 결단이 필요하다. 두 사람의 기본적인 가치관과 태도가 비슷하고 기질이 균형을 이루고 있으면 일생 동안 서로에게 충실하는 것이 훨씬 쉽다. 자신을 모두 건다는 것은 두 사람 중 어느 쪽도 결코 헤어지거나 이혼하는 것은 절대 생각하지 않는다는 것을 뜻하며, 이 관계를 성공시키는 것 외에 다른 대안은 생각하지 않는다는 것이다. 아예 다른 대안으로 가는 다리를 태워 없애버리는 셈이다.

많은 사람이 예전의 인간관계에서 상처를 받은 경험이 있기 때문에 새로운 인간관계에 자신을 모두 맡기는 것을 피한다. 사람들은 다른 대안을 마련해두면 정신적인 상처를 줄일 수 있다고 생각한다. 바로 그것이 문제다. 자신의 모든 것을 배우자와의 관계에 걸지 못하기 때문에 예외 없이 자신이 두려워하는 상황이 벌어지는 것이다. 두 사람 사이에는 필연적으로 문제가 발생하는데, 그때 어떻게 해서든지 문제를 해결하겠다고 생각하지 않고 헤어질 수도 있다고 생각한다면 관계는 점점 악화된다.

스콧 펙W. Scott Peck은 『아직도 가야 할 길The Road Les Traveled』에서 사랑을 멋지게 정의내렸다. 그는 "사랑이란 상대방에게 있는 잠재력을 100퍼센트 발휘할 수 있도록 나의 모든 것을 거는 것"이라고 말한다. 상대방을 진심으로 사랑하면 그가 잠재력을 100퍼센트 발휘해서 최고의 모습이 되기를 바라게 된다. 상대방이 성장하고 발전할 수 있는 기회를 만들고 지원하는 데 아주 조그마한 망설임이라도 있다면 진정한 사랑이라고 보기 어렵다.

인간의 멋진 점은 다른 대안을 모두 버리고 진심으로 자신의 모든 것을 상대방에게 걸 때만 정서적으로 자유로워질 수 있다. 오직 그때만 인간으로서 발전하는 데 필요한 높은 수준의 인간관계를 맺을 수 있다.

절친한 친구처럼 대한다

배우자와 성공적인 관계를 맺는 네 번째 법칙은 좋아하는 것이다. 사랑에 빠지는 것보다 진심으로 파트너를 좋아하는 것이 더 중요하고 만족감을 준다. 장기간 지속되는 관계에서 사랑에 빠지기도 하고 사랑을 잃기도 한다. 상대방에게 느끼는 감정의 종류와 강도는 시간이 흐르면서 변하기 마련이다. 그러나 두 사람이 서로를 좋아하고 존경하면 그 관계는 무한정 지속될 수 있다.

어떤 이유에서건 한 사람이 상대방을 좋아하는 것을 멈추면 그 관계는 보통 끝나고 만다. 많은 커플이 사랑에 빠졌다가 헤어지고 나면 서로 다시는 대화하지 않는다. 그것은 상대방을 낭만적인 사랑의 파트너가 아닌 한 인간으로 진심으로 좋아하고 존중하는 방법을 배우지 못했기 때문이다.

배우자와의 관계가 원하는 대로 되지 않을 수도 있다. 하지만 두 사람의 관계가 호감과 존중에 뿌리를 두고 있다면 두 사람은 부정적인 감정 없이 어른스럽게 계속 의사소통하고 교류할 수 있다. 부정적인 감정은 호감과 존중이 전혀 없는 관계가 깨질 때 생기는 것이다.

배우자와의 관계를 테스트할 수 있는 아주 좋은 방법이 있다. 바로 '절친한 친구 테스트'이다. 두 사람의 관계가 이상적이라면 배우자는 자신의 가장 절친한 친구일 것이다. 이 세상에 배우자보다 더 함께 있고 싶고, 나누고 싶고, 말하고 싶고, 함께 시간을 보내고 싶은 사람도 아마 없을 것이다.

그런데 배우자가 자신의 가장 절친한 친구라고 느껴지지 않고 다른 사람과 함께 있고 싶다면, 배우자와의 관계에 문제가 있다는 신호다.

오랜 세월을 함께 보낸 커플을 인터뷰해보면 공통점이 있다. 서로 상대방을 세상에서 가장 좋은 친구로 묘사한다는 점이다. 장기간 지속될 수 있는 애정관계의 출발점은 최고의 친구를 만났다는 느낌이다. 좋은 친구인지 알려면 함께 얼마나 자주 웃는지 살펴보면 된다. 인간관계에서 웃음의 양은 그 관계가 얼마나 건강한지를 재는 척도가 된다. 두 사람이 서로 잘 맞으면 그들은 같은 것에서 자주 함께 웃는다. 두 사람이 잘 맞지 않으면 함께 웃을 일이 많지 않을 뿐만 아니라 유머 감각도 서로 다르다.

닮은꼴 자아개념끼리 서로를 끌어당긴다

배우자와 성공적인 관계를 맺는 다섯 번째 법칙은 닮은꼴 자아개념에 끌린다는 것으로, 그래야 서로 잘 지낼 수 있다. 우리는 항상 자신만큼 행복하고 긍정적인 사람에게 끌리며 그런 사람과 가장 잘 지낸다.

인간관계의 전체적인 모습이 낙관적인가 부정적인가 하는 것은 자아개념이 어울리는지 여부를 측정하는 좋은 수단이다. 재미있는 것은 자아개념이 부정적인 사람은 그런 성향의 사람에게 더 끌리고, 자아개념이 긍정적인 사람은 그런 성향의 사람에게 더 끌린다는 점이다. 자아개념이 부정적인 그들도 결혼하여 자리를 잡으면 혹은 오랫동안 서로에게 만족하면서 잘 지낸다. 그들의 관계는 둘 다 대체로 부정적인 성격이라는 사실에 기초하고 있다. 긍정적이든 부정적이든 자아개념이 비슷한 사람들은 서로에게 끌리는 법이다.

1점부터 100점까지 점수를 나눈 뒤 자신의 배우자는 몇 점인지 점수를 매겨보자. 긍정적이고 낙관적인 시간의 길이와 부정적이고 비관적인 시간의 길이를 비교하여 전자에 해당하는 시간에 따라서 점수를 부여한다. 자신도 같은 방식으로 측정한다. 행복하거나 불행하다고 느끼는 정도가 비슷한 사람과 함께 있을 때 우리는 편안함을 느낀다. 유유상종 또는 동병상련이라는 말도 이 때문에 생긴 것이다. 부부관계에서 한 사람이 다른 사람보다 훨씬 더 행복하다면 그때부터 온갖 갈등과 고난이 생긴다. 인간관계와 결혼이 깨지는 원인은 대부분 자아개념의 불일치 때문이다.

한 연구에 따르면 미국에서 다섯 쌍의 이혼 중 네 쌍은 '미치도록 화가 나서 더 이상은 견딜 수 없다고 느낀' 부인이 먼저 이혼을 제기하는 경우다. 얼마나 많은 남편과 부인이 상대방의 부정적인 태도 때문에 자신이 정상적으로 살아갈 수 없다고 느끼고 있는지를 보여준다. 이것은 인간관계에서 가장 심각한 문제 중 하나로 해결방법을 찾는 것이 쉽지 않다는 것이 문제의 심각성을 더해준다.

말이 잘 통한다

배우자와 성공적인 관계를 맺는 여섯 번째 법칙은 말이 잘 통한다는 것이다. 결혼에 성공하는 부부들의 첫 번째 이유는 두 사람이 서로 의사소통을 잘한다는 것이다. 그들은 주파수가 서로 일치한다. 상대방이 무엇을 느끼고 생각하는지 감지할 수 있다. 서로 독립적으로 생각하지만 같은 결론에 도달한다. 마치 하나의 뇌를 둘이 함께 공유하는 것 같다.

부부관계가 실패하는 일차적인 이유는 의사소통 방법이 좋지 못하기 때문이다. 부부는 서로 상대방을 오해하고 계속해서 크고 작은 문제로 논쟁한다. 각자 자기가 옳으며 상대방이 잘못되었다고 확신하고 있다. 잘 생각해보면 서로가 다 옳을지도 모른다는 사실을 이해하지 못한다.

인간관계에서 수준 높은 의사소통을 시작하고 지속하려면 함께 있는 시간의 양과 질 모두를 높여야 한다. 그렇게 하려면 온전히 부부만의 시간을 가져서 오랜 시간에 걸쳐서 말을 하고 또 들어야 한다. 두 사람이 너무 바빠서 이야기할 시간이 없다면 분명히 문제가 발생할 것이다.

의사소통을 잘하려면 말하는 기술과 듣는 기술이 다 필요한데, 그 기술은 배울 수 있는 것이다. 그러나 남녀 간에 의사소통을 뛰어나게 잘하려면 남성과 여성의 주된 차이가 무엇인지 이해하지 않으면 안 된다.

차이는/아름답다

남성과 여성은 여러 면에서 다르고 또 확연하게 구분되는 의사소통 방식이 있다. 일반적으로 남성은 직접적이고 여성은 간접적이다. 남성은 여성에 비해서 결과, 완성, 종결에 더 초점을 맞춘다. 여성은 남성보다 인간관계와 의사소통 과정에 관심이 더 많다. 이 차이가 종종 엄청난 오해를 가져온다.

남성과 여성이 두세 시간 동안 차를 타고 드라이브를 한다고 생각해보자. 맥도널드를 지나가면서 여성이 남성에게 묻는다. "여보, 목말라요?" 남성은 쳐다보지도 않고 "아니"라고 대답하면서 운전을 계속한다. 여성은 입술을 깨물고 남성의 둔감함에 상처를 받는다. 남성은 자신이 어떤 잘못을 저질렀는지 전혀 알지 못한다. 여성이 진짜로 물어본 것이 무엇인지, 지금 여성의 마음이 불편하다는 것도 전혀 모른다.

사실 여성은 간접적인 방법으로 "나 지금 목이 말라요. 잠시 쉬면서 뭐 좀 마셨으면 좋겠어요."라고 말하고 있는 것이다. 그러나 말하는 방식 때문에 여성의 진심은 남성에게 전혀 전달되지 않았으며, 남성은 여성이 목이 마르다는 것을 전혀 눈치 채지 못한다.

의사소통에서 이런 차이를 보여주는 또 하나의 예는 쇼핑이다. 남성에게 쇼핑이란 결과가 뻔한 단순한 과정이다. 들어가서 물건을 사고 나오면 된다. 남성은 대체로 쇼핑을 좋아하지 않는다. 쇼핑하는 것이 불편하고 따라서 가능한 한 빨리 해치우고 싶어한다. 남성에게 가장 이상적인 쇼핑은 주차장에 엔진을 켠 채로 차를 잠시 정차해두고 뛰어들어가서 물건을 사고 다시 뛰어나오는 것이다.

그러나 많은 여성에게 쇼핑은 과정이며 경우에 따라서는 레크리에이션 활동이다. 꼭 무엇인가를 사야 하는 것도 아니다. 쇼핑은 여성에게 감각적인 경험이고, 다른 사람과 함께 쇼핑을 한다면 그것은 사회적인 경험도 된다. 무엇을 사는 것 못지않게 중요한 것이 쇼핑을 하는 동안 나누는 대화이다. 남성은 이것을 잘 이해하지 못한다.

남성과 여성의 의사소통 방식의 차이를 보여주는 또 하나의 예가 있다. 남성은 종결과 완성을 지향한다. 그래서 여성이 남성과 어떤 문제를 협의하기 시작하면 남성은 즉시 자신이 생각하는 논리적인 해결방법을 제시한다. "이렇게 하지 그래. 아니면 이렇게 하고."라고 말한다. 그러고는 읽고 있던 신문을 계속 읽거나 다른 일로 신경을 돌려버린다. 남성은 자신이 여성에게 도움을 주었고 문제를 효과적으로 처리했다고 느낀다.

그가 모르고 있는 것은 여성이 보통 원하는 것은 해결방법이나 충고, 제안이 아니라는 것이다. 여성이 원하는 것은 그 문제를 논의할 수 있는 시간, 즉 인생의 동반자인 남성과 함께 대화로 문제를 해결해갈 수 있는 기회다. 여성은 이미 자신이 어떤 일을 할 것인지 하지 않을 것인지 알고 있을지도 모른다. 여성이 추구하는 것은 대화를 이용해 서로 의사소통을 할 수 있는 기회이다.

의사소통을 향상시키려고 남성이 할 수 있는 일 중 하나는 여성이 확실하게 원하는 것이 아니면 충고를 하지 않는 것이다. 대신 주의 깊게 듣고 잠깐 시간을 두었다가 질문을 하고 피드백을 하며 상대방의 말을 자신의 말로 다시 옮겨 자신이 이해하고 있음을 확인시켜 주는 것이다.

오늘 하루 어땠나요?

퇴근해서 집으로 돌아와 아내와 함께 있을 때 할 수 있는 좋은 질문 중 하나는 아내에게 오늘 어떻게 지냈느냐고 물어보는 것이다.

오래 전부터 남자들은 대부분 자신의 직장 일이 가장 흥미진진하다고 여긴다. 그러나 남편이 그날 회사에서 있었던 멋진 일을 이야기하기 전에 아내에게 어떻게 지냈느냐고 물어보면 아내의 하루가 자신의 하루보다 훨씬 더 흥미로워 보인다는 사실에 놀라는 경우가 많다.

남편이 아내에게 그날 어떻게 지냈는지 이야기해달라고 하면 처음에 아내는 깜짝 놀라서 짧게 대답을 할지도 모른다. 아내는 남편이 진심으로 궁금해서 묻는 것이 아니라고 생각하기 때문이다. 아내는 남편이 예의상 물어보는 것이라고 생각할 것이다. 그러나 남편은 포기하지 말고 계속 질문해야 한다. 아내가 "직장 가서 이런저런 사람들 하고 점심 먹고 집에 왔다."고 하면 남편은 마치 형사처럼 "아침에 무엇을 했느냐?", "점심은 어디서 먹었느냐?", "그 다음에는 무엇을 했느냐?", "오늘 오후에는 무엇을 했느냐?", "직장에서 그 사람과는 요즈음 어떻게 지내느냐?" 등 계속 질문해야 한다. 그날 어떤 일을 했는지 파고 들어가다 보면 아내가 보낸 하루도 자신이 보낸 하루에 못지않게 흥미롭다는 것을 발견하게 될 것이다.

이 방법의 장점은 아내가 자신이 어떻게 하루를 보냈는지를 이야기하고 나면 남편이 자신에게 있었던 이야기를 하는데 시간을 덜 써도 된다는 점이다. 중요한 것은 대화의 내용보다는 과정임을 기억하자. 배우자에게 진실한 관심을 보이고 상대의 말을 주의 깊게 듣는 것은 서로 이해를 깊게 하고 의사소통을 향상시킨다. 그것이 부부관계를 활력있게 유지하고 계속 성장시키는 유일한 방법이다.

배우자와 성공적인 관계를 맺으려고 스스로에게 던지고 대답해야 할 가장 중요한 질문은 '지금 이 순간 가장 중요한 것은 무엇인가?'이다.

중요한 것은 논쟁에 이기는 것도 아니고 옳고 그름을 따지는 것도 아니다. 중요한 것은 인간관계의 질을 유지하는 것이다. 서로 상대방을 계속 사랑하고 존중하고 함께 평화와 조화 속에서 사는 것이다. 우리가 계속해서 '지금 이 순간 가장 중요한 것은 무엇인가?'라는 질문을 스스로에게 던지면 우리는 상황을 더욱 명확하게 보고 가장 올바르게 행동하며 말할 수 있을 것이다.

인간관계의 황금률을 실천하자. 자신에게 '나와 결혼생활을 하면 어떤 느낌이 들까?' 혹은 '내가 배우자를 대하는 것처럼 배우자가 나를 대하면 나는 어떤 느낌을 갖게 될까?'를 물어보자. 배우자가 내게 해주기를 바라는 것처럼 배우자를 대해주려고 노력하거나 배우자가 내게 하지 않았으면 좋겠다고 생각하는 말이나 행동을 하지 않으려고 노력하다 보면 자신이 하는 말과 행동이 미치는 영향을 훨씬 잘 알 수 있을 것이다.

여기에서 의식한다는 것이 핵심이다. 인생이란 어디에 관심을 쏟고 주의를 기울일 것인가를 연구하는 것이다. 우리가 인간관계의 작은 부분에 관심을 갖고 주의를 기울이면 큰 일은 저절로 해결될 것이다.

부부 / 간에 / 문제가 / 발생하는 / 원인 / 여섯 / 가지

배우자와 관계가 잘 풀리지 않는 데는 수천 가지의 이유가 있지만 크게 여섯 가지 핵심문제로 압축할 수 있다. 논쟁, 의견 차이, 이혼 등의 뿌리에는 이 여섯 가지 문제가 자리 잡고 있다. 이 여섯 가지 모두 일방 혹은 쌍방의 자부심, 자아상과 관계가 있다.

자신의 전부가 아닌 일부만 건다

배우자와의 관계에서 첫 번째 중요한 문제는 자신의 전부가 아닌 일부만 건다는 데 있다. 이 문제는 요즈음 흔한 어정쩡한 인간관계나 결혼에서 잘 드러난다. 그들은 자신의 모든 것을 거는 대신에 부분적으로 혹은 절반만 건다. 서로 '절반씩 가서 중간에서 만나자'고 하는 말이 있다. 그런데 어느 한쪽이 절반이 아니라 49퍼센트만 가면 인간관계에 틈이 벌어진다. 이런 틈은 좁아지기보다는 넓어지는 경향이 있다. 각자 자기 입장을 고수하면, 이번에는 어느 한쪽이 48퍼센트만 간다. 그리고 다시 40퍼센트로, 다음에는 30퍼센트로 계속 내려가다가 결국은 노력을 아예 포기해버린다.

두 사람이 결혼한 다음에도 각자 자기 돈을 따로 관리하는 것이 여기에 해당한다. 관리비는 절반씩 부담한다. 비용이 발생할 때마다 누가 부담할 것인지 하나하나 챙긴다. 심지어 서로에게 돈을 빌려주고 각자 얼마를 빌리고 얼마를 갚았는지 철저하게 기록한다. 나는 관리비를 1페니 단위까지 나누고 심지어 공과금도 절반씩 나누는 부부를 본 적이 있다.

내가 친하게 지내는 커플이 있는데 이름을 메리와 조라고 부르기로 하자. 둘은 11년간 함께 살았다. 둘은 결혼에 대해서 오랫동안 서로 이야기를 하면서도 분명하게 결정을 내리지는 못하고 있다. 둘은 동거를 시작한 다음부터 가구와 장식품을 각각 따로 구입했다. 가구와 장식품 뒤에는 '누구의 것'이라고 적힌 스티커를 붙여두었다. 돈이나 다른 재산을 합치는 일은 결코 없었다. 11년 뒤에 두 사람이 헤어지기로 결심하자 집안 물건을 둘이 나누는 데 채 2시간도 걸리지 않았다. 그들은 자신의 모든 것을 걸지 않으면서 11년 동안 무의식적으로 서로 헤어지기로 계획하고 있었던 것이다.

배우자와의 관계에 자신의 일부만을 거는 것의 또 하나의 예가 바로 결혼계약 혹은 혼전계약이다. 이 계약서들을 읽어보면 참 재미있는데, 첫째 절에는 다음과 같이 적혀 있다. '쌍방은 서로 사랑하고 평생 동안 함께 살기로 약속하면서 이 계약을 체결한다.' 혼전계약의 나머지 부분에는 길고 자세하게 서로 헤어질 때 재산을 어떻게 나눌 것인지 적혀 있다. 그들은 결혼을 시작하기도 전에 이미 헤어질 것을 계획하고 있는 것이다. 어느 한쪽이 그 관계에 자신의 모든 것을 다 걸지 않고 일부를 보류할 때 그것은 상대방에게 거절당한다는 느낌, 자신이 가치가 없다는 느낌을 불러일으킨다. 상대방에게 자신이 부족하다는 느낌을 갖게 한다. 그것 때문에 상대방이 완전히 자신에게 모든 것을 걸지 않는다고 느낀다.

바버라와 내가 결혼할 때 목사님이 여러 가지 결혼서약을 보여주셨다. 우리는 그중에서 원하는 것을 선택할 수 있었다. 여러 가지 결혼서약을 살펴보다가 내가 목사님에게 "죽음이 우리를 갈라놓을 때까지'라는 말은 어디에 있지요?"라고 물었다. 목사님은 대단히 좋은 분이셨는데, 요즘 대부분의 결혼서약에는 그 말이 빠져 있다고 대답했다. 젊은 사람들은 그렇게 분명하고 명쾌한 말을 좋아하지 않는다는 것이다. 보다 융통성이 있고 다른 대안을 허용하는 말을 선호한다고 했다.

나는 목사님에게 그 말을 넣어서 서약할 수 있는지 물었다. 그는 우리가 원하는 대로 할 수 있다고 했다. 우리는 '죽음이 우리를 갈라놓을 때까지'라는 말을 넣어서 서약했다. 그가 보여주었던 '우리가 서로 사랑하는 한' 같은 미적지근한 서약은 결혼이 오랫동안 지속될 것임을 확신하지 못한다는 것을 의미한다고 생각한다.

자신의 모든 것을 걸지 않고 일부를 보류하는 것을 극복하려면 그 관계에 자신의 모든 것을 던져야 한다. 그러려면 두 발을 다 집어넣어야 하며, 관계가 실패한다는 생각은 절대 하지 말아야 한다. 그러면 나중에 자신의 잘못이 아닌 이유로 그 관계가 실패한다 해도 그것이 적어도 자신의 무성의함 때문은 아니라는 위로를 스스로에게 할 수 있다.

상대방이 바뀌리라 기대한다

배우자와의 관계에서 두 번째 중요한 문제는 상대방을 변화시키려고 노력하거나 상대가 바뀔 거라고 기대하는 것이다. 그것도 결국은 거절의 다른 모습이다. '지금의 너는 내게 부족하다'고 말하는 것과 같다. 다른 사람을 변화시키려고 하는 것은 상대방이 가치가 없음을 암시하며 상대방에게 분노와 원한의 감정을 불러일으킬 수 있다.

사람은 그다지 변하지 않는다. 그것은 사실이다. 코미디언 플립 윌슨Flip Wilson이 말한 바와 같이 '보이는 것이 얻는 것이다.' 결혼을 생각하고 있는 상대방이 내가 바라는 사람이라고 생각되지 않으면, 조치를 취해야 할 때는 결혼 전이지 결혼한 뒤가 아니다.

살을 빼거나 담배를 끊거나 운동을 하거나 그 밖에 무엇이든 상대방을 더 긍정적으로 바꾸려고 하는 노력은 문제를 해결하는 방법이 아니다. 가장 최선의 방법은 상대방을 있는 그대로 받아들이는 것이다. 상대방의 행동이나 성격을 받아들일 수 없다면 이것은 우리에게 무언가 문제가 생겼다고 말해주는 것이다. 수용은 주로 양립성으로 결정된다. 수용 여부는 그 관계가 우리에게 옳은 관계인지를 알려주는 좋은 척도다. 결혼하기 전에 수용의 어려움을 아는 것이 결혼 한 뒤에 그 문제를 다루는 것보다 훨씬 낫다.

가끔 상대방을 변화시키려는 노력을 그만두고 그냥 무조건 수용하면 상대방은 자신이 결정하여 스스로 변화하기 시작한다. 인간은 참 별난 동물이다. 우리가 그들을 계속 변화시키려고 해서 우리를 짜증나게 하는 행위를 계속한다. 그런데 우리가 그들을 변화시키는 행동을 중지하면 상대방은 스스로 자신의 행동을 변화시킨다.

질투한다

배우자와의 관계에서 세 번째 중요한 문제는 질투이다. 질투는 사람의 머리와 가슴 속에서 항상 떠나지 않는다. 셰익스피어는 질투를 눈동자가 초록색(green이 시기심, 질투를 의미—편집자 주)인 괴물이라고 불렀다. 질투는 낮은 자부심과 스스로가 부족하다는 느낌에서 생기는 대단히 좋지 못한 부정적 감정이다.

질투를 느끼는 사람은 인간으로서 자신의 가치에 의문을 품고 '누구도 현재의 나 같은 사람을 사랑하지는 않을 거야'라고 느낀다. 이런 유형의 사람은 어릴 때 받은 파괴적인 비판과 성인이 되어 이성에게서 받은 부정적인 경험 때문에 고통받았을 가능성이 크다. 어린 시절에 부모에게서 무조건적인 사랑을 받지 못했거나 심한 경우 부모에게 거부당하고 비난받으면, 어른이 되어서 다른 사람의 완전한 사랑과 수용을 받는 것에 대단히 예민해진다.

질투의 해독제는 질투가 다른 사람과는 아무 관계가 없다는 것을 깨달는 것이다. 질투는 오직 질투로 고통받는 사람의 낮은 자아개념과 관계가 있을 뿐이다. 질투를 극복하는 방법은 "나는 내가 좋다, 나는 내가 좋다, 나는 내가 좋다."라는 말을 반복하여 자신의 자아개념을 높이는 것이다.

자아개념이 높아져서 자신을 충분히 좋아하고 존중하게 되면 다른 사람이 하거나 하지 않은 어떤 일 때문에 스스로의 가치에 의문을 품는 일은 결코 없을 것이다. 우리는 정서적으로 홀로서기를 하고 다른 사람들의 행동에서 독립하게 된다.

의식적으로 다른 사람이 우리를 질투하게 만드는 것은 결코 지혜로운 행동이 아니다. 질투는 고통스럽고 파괴적인 감정이다. 결코 배우자가 그것을 경험하도록 할 일이 아니다. 우리는 누구나 중요한 관계에서 안전과 안정을 느껴야 하는데, 의식적으로 질투를 일으키면 마음의 안정이 흔들린다. 질투는 우리를 비참하고 불행하게 만들 뿐이다.

자기연민에 빠진다

배우자와의 관계에서 네 번째 중요한 문제는 자기연민이다. 자기연민은 배우자가 우리에게 한 일 또는 하지 않은 일 때문에 자기 자신을 불쌍하게 여길 때 생긴다. 보통 자기연민을 느끼는 사람은 가정에서 감정을 주고 받는 방법으로 자기연민을 사용했던 부모 밑에서 자란 경우가 많다.

사람들은 배우자가 일 때문에 너무 바쁘거나 일에만 빠져서 소외감을 느낄 때 자기가 비참하다는 느낌, 즉 자기연민에 빠진다. 자기연민의 해결 방법은 배우자의 행동을 제한하는 것이 아니라 목표를 달성하느라 너무 바빠서 자기연민을 할 시간이 없도록 해야 한다.

자신의 감정에 책임을 져야 할 사람은 자신이다. 자기 자신이 행복과 불행의 원인이다. 누구도 우리에게 어떤 느낌을 갖도록 만드는 사람은 없다. 자기연민을 느낀다면 그것은 스스로가 자기연민을 느끼기로 선택했기 때문이다. 원한다면 다른 선택을 할 수 있다. 자기연민의 원인은 자기를 행복하게 할 책임이 다른 사람에게 있다는 잘못된 생각 때문이다.

자기연민은 100퍼센트 충만한 인간이 되는 것을 방해하는 나약함과 불성실함의 한 형태이다. 인간관계에서 상대방이 자기연민에 빠져 있다면 최대한 따뜻한 마음과 이해심을 갖고 상대방이 좋아하는 일에 몰두하도록 격려해주자.

부정적인 기대를 한다

배우자와의 관계에서 다섯 번째 중요한 문제는 부정적인 기대이다. 이것은 상대방이 무엇인가 우리를 실망시킬 일을 할 것이라고 계속해서 기대하는 것이다. 문제는 우리가 기대하면 그대로 이루어진다는 것이다. 좋은 일이 일어난다고 기대하면 실망할 일은 거의 없을 것이다. 파트너가 우리를 실망시킬 것이라고 기대하면 그 기대 또한 우리를 '실망'시키지 않고 거의 이루어진다.

원칙은 항상 파트너에게서 최선을 기대한다는 것이다. 우리가 다른 사람에게 할 수 있는 가장 멋진 말은 "나는 너를 사랑한다. 나는 너를 믿는다."이다. 항상 상대방에게 그가 마음만 먹으면 무엇이든 할 수 있는 능력이 있다는 것을 100퍼센트 믿는다고 말해주자.

인생에서 가장 중요하다고 생각하는 사람에게서 자신을 100퍼센트 신뢰한다는 확신을 얻은 채 아침에 일하러 가는 것은 정말 멋진 일이다. 또 우리가 어떤 장애가 있어도 반드시 이겨내고 성공할 수 있다고 100퍼센트 믿는 사람이 있는 집으로 밤에 돌아온다는 것 또한 얼마나 기분이 좋은 가? 큰 성공을 거둔 사람의 대부분은 자신이 성공한 이유로 자신에게 흔 들리지 않는 믿음과 강한 긍정적 기대를 보여준 파트너를 꼽는다.

관심과 성향이 달라진다

배우자와의 관계에서 여섯 번째 문제는 비양립성이다. 비양립성이란 대단 히 민감한 주제이기 때문에 이야기하는 것 자체를 좋아하지 않는 사람도 많다. 그러나 이것은 인간관계에서 가장 흔한 문제이고, 아마도 행복한 결 혼생활을 하지 못하는 공통된 이유일 것이다.

보통 두 사람이 만나서 사랑에 빠지면 서로의 공통점에 끌린다. 그러나 세월이 흐르고 그들도 변하면서 서로 다른 방향으로 나아가기 시작한다. 새로운 것에 흥미를 느끼고, 새로운 취향이 생기며 새로운 의견이 생긴다. 두 사람이 처음에 만났을 때 중요하게 여겼던 부분은 더 이상 큰 의미가 없고 그들을 묶어주었던 힘도 사라진다.

결혼생활에서 비양립성이 자주 일어나는 시기는 28~32세 사이이다. 사람들은 보통 인생에서 20대에 가장 빠른 속도로 성장하고 변화한다. 만 일 20대 초반에 결혼을 하면 20대 말에는 두 사람의 공통점이 거의 없음 을 발견할 수도 있다. 그리고 이제는 서로 마음이 맞지 않는다는 것을 깨 닫게 될지도 모른다.

부부 / 사이의 / 문제 / 해결방법

두 사람의 마음이 맞지 않는다는 첫 번째 신호는 웃음이 없어지는 것이다. 함께 농담하지도 않고, 함께 재미있어 하는 일도 없어진다. 두 번째 신호는 대화가 없어지는 것이다. 서로 이야기할 거리가 없다. 집은 따뜻함과 조화를 나누는 장소이기보다 주거의 기능만 담당하는 곳으로 변해간다.

각자 회사일이나 양육문제, 그 밖의 자기 일에 바쁘다. 마음이 담기지 않은 일상의 행위만 반복한다. 이웃과 친구들 때문에 밖에서는 보통의 부부처럼 행동하지만, 결혼생활이 원만하지 않은 부부는 일에 몰두하는 경우가 많다. 집에 일찍 가지 않으려고 하루에 12시간씩 일한다. 함께 보내는 시간이 적을수록 관계는 악화되며 공통점은 갈수록 줄어든다.

배우자와의 관계에서 웃음과 대화가 없어진다면 즉시 조치가 필요하다는 신호이다. 배우자와의 사이에 남아 있는 공통점이 거의 없다면 관계를 회복하는 모든 노력을 아끼지 말아야 한다. 인생 전체가 흔들릴 수 있는 심각한 문제가 있음을 인식하고 함께 앉아서 이야기해야 한다. 웃음과 대화를 되찾으려는 가능한 모든 노력을 기울여야 한다.

어쩌면 잠시 여행을 떠나야 할 수도 있다. 서로 상대방이 하는 활동에 관심을 갖거나 아니면 새로운 공동관심사를 개발해야 할지도 모른다. 여러 해를 함께 보냈고 많은 추억이 있으며, 특히 아이들이 있다면 관계를 회복하는 데 최선을 다해야 한다.

사랑을 행동으로 표현한다

배우자와의 관계에 다시 사랑을 불어넣는 가장 강력한 방법 중 하나는 사랑이 곧 행동임을 깨닫는 것이다. 사랑을 하려면, 즉 사랑에 빠진 사람이 느끼는 바로 그 감정을 느끼고 싶다면 사랑하는 사람이 하는 행동을 해야 한다. 그러면 이제는 사랑하지 않는 상대방을 다시금 사랑할 수 있을 것이다.

우리는 상대방에게 사랑을 표현함으로써 상대방을 사랑하는 방법을 배운다. 작은 관심과 호의, 친절, 선물, 그 외 상대방을 행복하게 하는 일들이 실제로 마음속에 사랑의 깊이를 키워준다. 이런 작은 일들을 하지 않으면 우리는 사랑에서 멀어지게 된다. 정서적인 유대가 약해지고 불꽃이 꺼지기 시작한다.

행동으로 사랑에 다시 불을 붙이는 과정을 그리스어로 '프락시스praxis'라고 한다. 프락시스 원칙이란 '자신이 원하는 감정과 일치하는 행동을 그것이 불꽃으로 피어오를 때까지 반복하면 내면에서 그 감정을 다시금 불러일으킬 수 있다'는 것이다. 3장에서 이야기한 것처럼 우리는 행동을 실행함으로써 감정을 불러일으킬 수 있다.

연애할 때 배우자에게 해주었던 행동을 다시 한 번 실행하면 사랑을 불어넣을 수 있다. 지금부터 더 아끼고 관심을 쏟고 주의를 기울이면서 상대방을 보살피자. 사랑하는 배우자가 해야 할 역할을 하면, 마음속에서도 배우자에 대한 감정이 더 좋아지기 시작한다. 행동을 함으로써 사랑의 감정을 불어넣을 수 있다.

상대방을 사랑한다고 생각하고 따뜻하고 친절하게 이야기하다 보면 두 사람을 묶어주었던 옛날의 감정을 되살릴 수 있다. 자신이 좋아했던 상대방의 장점을 찾아보고, 잘못은 용서하고 잊자. 사랑하는 행동으로 사랑의 감정을 되살리고 싶다면 무엇보다 무슨 일이 있어도 이 사람과 함께할 것이며 관계를 다시 일으켜 세우고 유지하겠다는 굳은 결심이 필요하다.

우선 서로 잘 맞지 않음을 인정한다

종종 둘 사이의 사랑이 완전히 식어버릴 때가 있다. 관계를 회복하려면 감정적인 희생이 필요한데, 더 이상 그렇게 하고 싶은 욕구가 생기지 않는 것이 문제다. 양쪽이 서로 맞지 않아서 아무래도 함께 지낼 수 없는 상태가 되어버린 것이다.

비양립성, 즉 서로 맞지 않는 것은 모든 관계가 깨지는 가장 일반적인 이유이다. 보통 성인은 자신에게 맞는 한 사람을 찾으려는 목적에서 많은 이성과 교제한다. 그렇다면 두 사람이 서로 전혀 다른 사람으로 변해가는 것이 과연 놀랄 일일까? 두 사람이 전혀 맞지 않아서 함께 지내기 어렵게 되는 것에 놀랄 필요가 있는가?

종종 식당에서 아무 말도 하지 않은 채 묵묵히 식사만 하고 있는 부부를 본다. 어떤 부부는 둘이서 차를 타고 가면서 대화를 전혀 하지 않기도 한다. 이것은 두 사람이 도저히 맞지 않아서 함께 지내기 어려운 상태라는 것을 알려주는 신호이다.

두 사람이 함께 지내기 어려운 사이가 되었을 경우 최선의 방법은 우선 그것을 받아들이는 것이다. 하버드 대학교의 윌리엄 제임스William James 교수는 "모든 어려움을 처리하는 첫 번째 단계는 진실을 받아들이는 것이다."라고 말했다.

많은 불행과 심신질환이 인간관계에 문제가 있다는 사실을 직면하지 않는 부정 때문에 발생한다. 부정 또는 내부 저항은 스트레스와 긴장을 유발한다. 실패한 인간관계처럼 자아개념에 위협을 주는 어떤 요소와 직접적으로 대면하기 싫어 하는 마음이 질병, 불면증, 두통, 짜증, 분노, 우울증 등 부정적 감정을 일으키는 주요 원인이다. 이것은 모두 잠재된 하나의 원인 때문에 생기는 증상인데, 인간관계의 비양립성이 그 원인일 수 있다.

인생의 여러 가지 어려움을 다루는 가장 효과적인 방법 중 하나는 자신에게 '이것은 입증할 수 있는 사실인가 아니면 다루기 힘든 문제인가?'라는 질문을 던지는 것이다. 문제라면 해결책이 있다. 그것을 해결하는 데 자신의 지적능력을 활용하는 것이다.

그러나 그것이 사실이라면 가장 지혜로운 방법은 그것을 수용하는 것이다. 사실이란 날씨와 같다. 그것을 자신의 세계에 포함시키고 그에 대비하는 것 외에 할 수 있는 일은 없다. 많은 사람이 사실인 비양립성과 문제인 비양립성을 혼동하여 불필요한 불행을 스스로 불러들인다. 부부관계에서 열정이 식어 차가운 재만 남긴 채 비양립성이 자리 잡으면, 그 사실을 정면으로 돌파하여 필요한 조치를 취해야 한다.

우리가 다른 사람과 인간관계를 맺는 관계는 외부보다는 내면에 더 행복을 줄 수 있다. 그런데 많은 사람이 더 행복하고 충만감을 느끼려고 관계를 맺음에도 정반대의 결과를 얻게 된다. 그러면 사람들은 처음 관계를 맺게 된 이유는 잊어버리고 관계에 집착하는 실수를 범한다.

혼자 있기보다 다른 사람과 함께 있기로 선택한 이유는 자신의 삶을 더 풍요롭고 즐겁게 만들기 위해서이지, 고통받고 비참해지기 위해서가 아니다. 불행한 관계는 행복을 빼앗아가고 다른 어떤 것보다 더 많이 우리의 잠재력을 갉아먹는다.

많은 사람이 다른 사람이 어떻게 생각할까 하는 걱정 때문에 불행한 관계를 청산하지 못한다. 부모, 친구, 동료에게 체면을 잃는 것을 두려워한다. 그래서 안으로 엄청난 불행을 겪으면서도 밖으로는 원만한 관계인 것처럼 가장하는 것이다. 엄청나게 난처한 일을 겪지 않고는 그 관계에서 벗어날 수 없기 때문에 이러지도 저러지도 못한다.

그런데 사실은 그렇지 않다. 자신만큼 관계에 관심을 갖는 사람은 없다. 결혼생활이 파탄에 처했다는 것을 알면 크게 마음 아파하지 않을까 하고 걱정했던 사람들이 되레 그 상황을 쉽게 받아들인다. 사람들은 대부분 자신의 문제만으로도 충분히 복잡하기 때문에 다른 사람의 문제까지 걱정할 시간과 에너지가 별로 없다. 사실 사람들은 대부분의 시간을 자기 자신을 생각하면서 보낸다. 아들, 딸, 절친한 친구 등 아무리 관계가 가깝다고 하더라도 그들이 하루 중에 우리를 생각하면서 보내는 시간은 극히 적다.

내 인생이 무너져내리는 기막힌 순간에도 대부분의 사람에게는 점심에 무엇을 먹을까가 더 중요하다. 우리는 오랜 고민 끝에 불행한 관계를 청산하겠다는 어려운 결단을 내렸지만, 주변 사람들에게 그것은 그냥 하나의 결론일 뿐 어떤 영향도 미치지 않는다. 다른 사람들은 우리 문제에 관심이 별로 없다. 약간의 동정을 표시하기도 하고 몇 가지 질문도 하겠지만 대부분은 호기심 차원이고 그 다음에는 저녁을 먹으러 집에 가거나 자기 일을 하려고 떠난다.

자신부터 행복해진다

수없이 많은 사람과 함께 세미나와 워크숍을 한 경험에 비추어볼 때 핵심은 이것이다. 누군가 상처를 받고 마음이 아플까봐 불행한 관계를 그대로 유지하는 것은 이 세상에서 가장 어리석은 일이라는 점이다.

가장 지혜로운 일은 정서적으로 100퍼센트 이기적이 되는 것이다. 우리가 행복하지 않고, 도저히 관계를 회복할 수 있는 방법이 없다면 최소한 자기 자신만이라도 기쁘게 하자. 우선 자신이 행복해지는 일을 하자. 스스로를 비참하게 만드는 것으로는 결코 다른 사람을 행복하게 할 수 없다. 행복한 사람만이 다른 사람을 행복하게 한다. 상대방의 행복을 위해서 자신을 희생하지 마라. 그래 봤자 자신도 불행하고 상대방도 불행한 결과만 가져올 뿐이다.

인생에서 가장 중요한 것은 사랑이다. 사랑의 관계가 주는 안정감과 즐거움은 아마도 인간이 경험할 수 있는 가장 멋진 일일 것이다. 사람은 다른 사람과 사랑하는 관계를 맺고 유지하는 데 할 수 있는 모든 것을 해야 한다. 상대방의 이야기를 진지하게 듣고 감사하다는 표현을 하고 친절, 예의, 부드러움, 인내, 따뜻한 이해로 대해야 한다. 언제까지라도 지속될 수 있는 사랑하는 관계를 위해 최선의 노력을 기울여야 한다.

그것이 불가능하다면 인생에서 그 무엇도 완전하거나 영원하지 않다는 것을 받아들일 용기와 인품을 갖도록 하자. 다른 사람에게 줄 수 있는 최고의 친절은 자신이 행복해지는 것임을 정직하게 받아들이자. 자신이 바라는 인생이 아니라 있는 그대로의 인생을 받아들이면 우리는 자신에게도, 가장 중요한 사람들에게도 진실할 수 있을 것이다.

10. 성공시스템의 실천방법

배우자와의 행복한 관계는 자부심과 행복의 중심이다. 그러므로 가장 중요한 일차적인 인간관계인 배우자와의 관계를 제자리로 돌려놓겠다는 결심을 하자. 상대방과 마주 앉아서 '정말 멋진 관계로 만들려면 무엇을 더해야 하고 무엇을 덜해야 할까?'를 결정하자.

배우자와의 관계가 최우선이 될 수 있도록 필요하다면 우선순위와 가치관을 바꾸자. 가정생활의 질과 안정, 자신이 가장 아끼는 사람의 정신건강을 위해서 필요하다면 기꺼이 희생하고, 자신을 먼저 바꾸자.

단단하고 서로 지지해주는 완전한 사랑의 관계는 멋진 인생을 구축할 기초가 된다. 사랑의 관계에서 우리가 지향하는 훌륭한 사람이 되었다는 증거를 발견할 수 있다. 사랑의 관계는 건강과 행복의 열쇠이자 진실한 자기 모습과 위대한 미래에 대한 확신을 보여준다.

CHAPTER 11

Mastering
the Art of Rarenting

아이를 영재로
키우는 방법

부모의 역할 중에서 가장 중요한 것은 아이를 사랑하고 양육하는 것과
아이에게 높은 자부심과 자신감을 심어주는 것이다.

부모의 역할 중에서 가장 중요한 것은 아이를 사랑하고 양육하는 것과 아이에게 높은 자부심과 자신감을 심어주는 것이다.

우리에게 가장 중요하고 또 오랫동안 지속되는 관계는 아이를 낳으면서 시작된다. 수입, 직업, 우정, 건강, 심지어 결혼생활도 있다가 없을 수는 있지만 부모라는 역할은 우리가 살아 있는 한 계속된다. 부모 역할을 어떻게 했느냐에 따라 자신의 아이들은 물론 손자와 손녀에게 미치는 영향이 달라진다. 부모의 역할은 아마도 우리가 성인으로서 지는 책임 중 가장 크고 무거울 것이다.

좋은 부모가 되는 기술을 갖고 태어나는 사람은 아무도 없다. 누구나 다 아마추어로 시작한다. 다행스럽게도 책을 읽거나 친구, 친척, 의사, 전문가의 조언을 들으면 좋은 부모, 유능한 부모가 되는 방법을 많이 배울 수 있다는 것이다. 주변을 돌아보면 우리가 원하는 모습의 부모가 되는데 커다란 도움을 주는 책과 잡지, 자료가 많이 있다.

부모의/소임

부모의 역할 중에서 가장 중요한 것은 아이를 사랑하고 양육하는 것, 아이에게 높은 자부심과 자신감을 심어주는 것이다. 아이들이 스스로를 좋아하도록 하고, 세상으로 나가 무언가에 도전해보고 싶도록 길렀다면 부모로서 책임을 다했다고 할 수 있다. 반대로 아이에게 물질적인 모든 것을 해줬지만 자신감과 자부심이 부족하도록 길렀다면 부모로서 실패한 것이다.

사람은 태어나서 처음 보냈던 5년간을 극복하는데 50년을 보낸다. 에이브러햄 매슬로 Abarham Maslow 는 사람은 두 가지 타입의 주된 욕구를 충족시키려고 한다고 했다. 자신의 가능성을 실현하고자 하는 욕구, 즉 존재욕구와 부족하다고 생각되는 것을 채우고자 하는 욕구이다. 충분한 사랑을 받지 못하고 자라난 아이는 자신의 가능성을 실현하기보다는 평생 동안 사랑을 찾아다니는 경향이 있다. 부모가 아이에게 베풀 수 있는 최고의 친절은 아이가 삶에서 가장 중요하게 여기는 사람에게서 완전한 사랑을 받고 있다고 느끼는 환경을 만들어줌으로써 성장하고 성공하는 데 필요한 사랑과 정서적인 지원을 제공하는 것이다.

성장하는 아이들은 자신이 받는 사랑의 양과 질에 비례해서 건강한 성격을 계발해간다. 식물이 성장하려면 햇빛과 비가 필요하듯이 아이에게는 사랑과 양육이 필요하다.

부모는 아이에게 최선의 결과를 바라며 아이가 행복하고 건강하게 자라기를 원한다. 그런데도 수많은 아이가 사랑이 부족하다고 느끼면서 성장하는 이유는 무엇일까? 부모는 왜 자신의 생각과는 반대로 아이가 건강하게 성장하는 데 필요한 사랑을 베풀지 않는 것일까?

부모가 아이에게 충분한 사랑을 주지 못하는 데는 크게 두 가지 이유가 있다. 첫째, 부모가 자신을 사랑하지 않기 때문이다. 자부심이 낮은 부모는 자기 자신에게 느끼는 감정 이상은 아이에게 주기 어렵다.

둘째, 아이는 부모의 기대를 충족시키려고 존재한다는 잘못된 생각을 하고 있기 때문이다. 부모와 아이 사이에 발생하는 갈등의 중요한 원인 중 하나는 아이가 부모의 기대에 미치지 못하는 것이다.

많은 부모가 아이를 자신의 소유물로 생각한다. 그들은 아이가 자신들이 원하는 대로 말하고 따라줄 때야 제대로 행동하고 있다고 느낀다. 아이의 행동이 부모의 기대와 다르면 부모는 아이를 꾸짖는데, 비록 의도하진 않았다 해도 이것은 아이에게서 사랑과 인정을 거두어들이는 것이다. 이것은 마치 아이의 정서적인 생명선을 차단시키는 것과 같다. 아이는 사랑받지 못한다는 느낌을 받는데, 이런 아이가 살아가면서 겪는 여러 가지 문제는 결국 거기에서 비롯된다. 모든 부정적이고 반사회적인 행동은 사실 도움을 청하는 울부짖음, 즉 어린 시절 부모의 비판에서 시작된 죄책감, 분노, 원한에서 탈출하려는 시도이다.

아이를 훌륭하게 키우는 출발점은 아이가 자신의 소유물이 아님을 깨닫는 것이다. 아이는 그 누구의 것도 아닌 바로 자신의 것이다. 저 높은 곳에서 우리에게 내려진 선물이며, 그것도 영구적인 것이 아니라 일시적인 선물이다.

나는 우리 아이들에게 신이 너희들을 아빠에게 보냈고, 내가 할 일은 너희가 성인이 될 때까지 사랑하고 돌보는 것이라고 이야기한다. 나는 아이들이 내게 잠시 동안 맡겨진 귀한 선물이라고 생각하고 그들을 사랑으로 대한다. 내가 할 일은 아이들을 내 기준에 맞도록 만드는 것이 아니라 아이들이 자신의 개성과 독특함을 계발해가도록 격려하는 것이다.

아이들은 모두 다르며 자신만의 계획, 특별한 재능, 흥미, 능력을 지닌 채 이 세상에 태어났다. 우리 아이들은 무엇이든 될 수 있고, 또 실제로 무엇이 될지는 아무도 모른다. 아이들이 할 일은 부모의 기대를 충족시키는 것이 아니라 성장하고 꽃피우며 자신의 가능성을 실현하는 것이다.

칼릴 지브란Kahlil Gibran은 명저인 『예언자The Prophet』에서 이런 생각을 아름다운 언어로 이렇게 표현했다.

"여러분의 아이들은 여러분의 소유물이 아닙니다.
아이들은 생명의 아들과 딸입니다.
아이들은 여러분을 거쳐 이 세상에 태어났지만,
그렇다고 여러분에게서 온 것은 아닙니다.
아이들은 여러분과 함께 있지만, 여러분의 것이 아닙니다.
아이들에게 사랑을 줄 수는 있지만, 생각을 줄 수는 없습니다.
아이들에게는 이미 자신의 생각이 있기 때문입니다.
여러분은 아이들에게 육신의 집은 줄 수 있으나,
영혼의 집을 줄 수는 없습니다.
아이들의 영혼은 내일의 집에 살고 있기 때문입니다.
여러분은 내일의 집을 찾아갈 수 없습니다.
꿈에서도 찾아갈 수 없습니다.
여러분이 그들을 닮으려고 노력할 수는 있지만,
그들이 여러분을 닮도록 하지는 마십시오.
인생은 뒤로 돌아가지도 않고,

어제에 머무르지도 않기 때문입니다.

여러분은 활이고, 아이들은 살아 있는 화살이라

아이들은 여러분을 떠나 앞으로 나아가야 합니다.

소중한 보물이라는 인식을 심어준다

아이들을 잠시 동안만 함께 할 수 있는 소중한 선물로 생각한다면 부모 역할을 대하는 인식도 달라진다. 아이들에게 있는 특성과 성격에 찬사를 보내고 격려해주게 된다. 그러면 아이들은 마치 햇빛을 충분히 받은 꽃처럼 잘 자라난다. 그러나 아이들을 그들의 개성과 다르게 바꾸려고 하면, 아이들의 영혼은 메말라가고 행복과 기쁨을 누릴 수 있는 가능성은 낙엽처럼 시들어버린다.

상응의 법칙에 따르면 인간관계라는 외부세계는 생각이라는 내부세계와 진정한 성격을 비추는 거울이다. 아이들의 현재 모습을 보면 우리가 인간으로서 현재 어떤 모습인지를 알 수 있다. 아이와 문제가 있을 때는 언제나 스스로를 들여다보고 '내 안에 어떤 것이 문제를 일으키고 있는가?'라고 물어보자.

대부분의 부모는 아이가 자신이 좋아하지 않는 일을 하면 비난한다. 그렇지만 훌륭한 부모는 아이가 현재 보이는 행동의 일차 원인이 자신에게 있음을 잘 안다. 그들은 사과가 사과나무에서 멀리 떨어진 곳에 떨어지는 일은 결코 없다는 것을 이해한다.

어린 시절에는 거의 100퍼센트 대응적이다. 아이들의 행동은 좋은 행동이든 나쁜 행동이든 부모와 주위 사람들이 그들을 대하는 방식에 보이는 반응이다. 부모가 자녀의 행동에서 책임을 수용하기 시작하면 아이가 겪고 있는 어려움을 진정으로 해결할 수 있게 된다.

아낌없는 사랑을 베푼다

아이를 훌륭하게 기르는데 가장 크게 고려해야 할 점은 아이가 받는 사랑의 양이다. 꽃에 물이 필요한 것처럼 아이는 사랑이 필요하다. 아이에게 과도한 사랑이란 없다. 부모가 아이에게 계속해서 사랑을 주고 인정을 해주는 것은 아이의 정서적 · 신체적 건강에서 생명선과 같다. 아이와 관련된 거의 모든 문제는 부모에게서 충분히 사랑을 받지 않았다는 아이의 인식에서 출발한다.

사실이든 상상이든 사랑의 결핍은 심각한 결과를 초래한다. 또 사랑의 부족은 신체적 · 정신적 질병, 심지어 죽음까지도 초래한다. 사랑을 주지 않거나 부족하게 주어서 발생하는 상처는 장기간에 걸쳐 아이 성격에 파괴적인 영향을 끼칠 수 있다. 정서적인 문제가 있는 성인은 예외 없이 어릴 때 부모에게서 충분한 사랑을 받지 못한 사람이다.

20세기 초에 발표된 아이를 양육하는 이론 중에 태어나서 몇 달 동안 어른들과 접촉을 덜한 아이일수록 더 건강해진다는 이론이 있었다. 아이들이 어른들과 접촉을 많이 하면 여러 가지 질병에 노출된다는 것이 이유였다.

그 이론에 기초해서 신생아에 대한 접근이 엄격하게 제한되었다. 갓난아이를 만지는 행위는 가능한 제한하였고, 심지어 부모의 방문도 통제되었다. 기저귀를 갈고 젖병을 물릴 때 외에는 아이를 침대에 혼자 두었다.

그런데 무서운 일이 벌어지기 시작했다. 어른과의 접촉이 극히 제한된 육아실에서 돌본 아이들은 음식을 먹지 않으려고 했고 점차 활기를 잃었다. 그리고 곧 건강이 나빠지면서 몇몇 아이는 사망했다.

미아즈마miasma라는 이 질병은 '성장 정지' 증상으로도 불렸다. 출생 직후 몇 주에서 몇 달간 사랑과 신체접촉을 박탈당한 아이들은 살고 싶다는 모든 의욕을 실제로 잃어버린 것이다. 그 이후에도 놀랄 만큼 많은 아이가 죽기 시작했다.

뉴욕 주에 있는 한 고아원에서 6개월 동안 갓난아이 50명 중 48명이 죽는 일이 발생했다. 결국 의사들과 간호사들은 아이에게는 따뜻함과 어른과의 접촉이 필요하다는 것을 깨달았다. 간호사들이 안아주기 시작하자 미아즈마는 사라지고 아이들은 정상적으로 자라나기 시작했다.

심리학 저널에 실린 유명한 사례가 있다. 부모가 저녁식사를 하러 나간 사이에 세 살 된 남자아이가 보모와 함께 집에 있었다. 그런데 비극적인 일이 생겼다. 레스토랑에서 집으로 돌아오던 아이의 부모가 교통사고로 둘 다 사망한 것이다. 그 뒤 아이는 결국 집을 떠나 위탁가정에 맡겨졌다. 아이는 사랑하는 부모를 다시 볼 수 없었고, 자신에게 어떤 일이 일어났는지 이해하기에는 너무 어렸다.

아이는 위탁가정에서 성장하면서 난폭하게 행동하기 시작했다. 자다가 오줌을 싸고 자주 울고 다른 아이들과 싸웠으며 심각한 문제아가 되었다. 결국 아이는 여러 위탁 가정을 전전하게 되었다. 그러자 기가 막힌 일이 생겼다. 아이가 성장을 멈춘 것이다. 부모의 사고 뒤 4년 동안 아이는 이 집저집에서 온갖 문제를 겪었다. 일곱 살이 되었지만 몸은 아직 세 살 때와 같았다.

그때 정말 멋진 일이 일어났다. 어느 마음 따뜻한 부부가 위탁가정에서 그 아이를 보고 입양하기로 결정한 것이다. 그리고 아이를 집으로 데려가서 사랑을 듬뿍 주었다. 그들은 아이를 안아주고 이야기를 해주며 데리고 산보를 나가는 등 무조건적인 사랑과 수용을 보여주었다. 아이를 안아주고 입 맞추며 손을 잡아주었다.

신기하게도 아이는 몇 주가 지나지 않아서 다시 성장하기 시작했다. 성장 속도도 놀랄 만큼 빨랐다. 이후 9개월 동안 지난 4년간 자랐어야 할 키와 몸무게가 한꺼번에 자란 것이다. 양부모와 살기 시작한 지 채 1년이 되기도 전에 아이는 그 나이 또래의 키와 몸무게가 되었다. 이것은 사랑이 아이에게 미치는 엄청난 영향을 보여주는 실제 사례이다.

사랑의 결핍으로 아이들이 신체적인 성장을 멈추는 예는 수없이 많다. 그리고 건강하게 성장하는데 필요한 사랑이 충분하지 않거나 완전히 박탈되어 정서적·정신적으로 성장하지 못하는 경우는 더욱 많다.

정서적·정신적 문제는 행동장애, 성격장애, 우울증, 정신병, 적응장애로 나타난다. 사랑의 결핍은 확실히 아이들이 성장기에 겪을 수 있는 가장 큰 문제이다.

사랑받는다는 확신을 준다

아이를 훌륭하게 키우는 열쇠는 무조건적인 사랑과 수용을 끊임없이 보여주는 것이다. 어떤 일이 있어도 아이들을 100퍼센트 완전하게 사랑할 것이라고 분명하게 알려주자. 우리가 줄 수 있는 최고의 선물은 아이들이 어떤 일을 하든, 아이에게 어떤 일이 생기든 100퍼센트 사랑한다는 확신을 주는 것이다.

아이를 훈육하고 바로잡아야 할 경우 항상 나는 먼저 이렇게 이야기해 준다. "나는 너를 정말 사랑한다. 그렇지만 이 일을 해서는 안 된다." 또는 "나는 너를 사랑한다. 하지만 이런 행동은 그만둬야 한다." 내가 좋아하지 않는 것은 행동이지 아이 자체가 아니라는 것을 분명히 한다. 나는 그렇게 아이들을 지도해왔기 때문에 아이들은 내 말을 100퍼센트 이해한다.

나는 크리스티나에게 이렇게 말하곤 했다. "아빠가 얼마나 너를 사랑하지?" 그러면 크리스티나는 팔을 넓게 벌리면서 "이만큼"이라고 대답한다. 그러면 내가 다시 묻는다. "아빠가 너를 네 방으로 보낼 때는 어때?" 그러면 크리스티나는 팔을 역시 넓게 벌리면서 "그래도 아빠는 나를 이만큼 사랑해."라고 대답한다.

그러면 내가 다시 물어본다. "내가 네 손을 때리거나 네 장난감을 뺏고 너를 방으로 보낼 때는 어때?" 그러면 크리스티나는 "그래도 아빠는 나를 이만큼 사랑해요."라고 말하면서 팔을 넓게 벌린다. 그러면 깜짝 놀라는 척하면서 내가 다시 물어본다. "어떻게 그럴 수가 있어?" 그러면 크리스티나는 "내가 어떤 일을 해도 아빠는 나를 100퍼센트 사랑해요."라고 대답한다.

로스 캠벨Ross Campbell 박사는 『아이를 어떻게 진정으로 사랑할 것인가?How to Really Love Your Child』에서 아이들은 항상 이런저런 방법으로 '나를 사랑하세요?'라고 묻고 있다고 말한다. 그 똑같은 질문에서 바뀌는 것은 우리가 하는 대답이다.

우리가 아이를 진정으로 사랑하는지 확인하려고 아이는 가끔 잘못된 행동을 한다. 아이들이 나이가 들고 성숙해갈수록 '나를 사랑하세요?'라는 질문을 하는 방법은 간접적으로 바뀌어 알아채기가 더 어려워진다. 그러나 질문은 항상 동일하다. 훌륭한 부모는 이 질문에 가능한 모든 방법을 사용해서 "그래, 나는 너를 진심으로 사랑한단다."라고 항상 대답해준다.

사랑이 / 넘치는 / 아이로 / 키우는 / 방법

아이를 훌륭하게 키우고 싶다면 매일 하루도 빠짐없이 사랑한다고 말해주자. '너를 사랑한다'는 말은 아무리 많이 해도 지나치지 않는다. 그 말을 듣고 싶지 않은 체 해도 믿으면 안 된다. 부모에게 '너를 사랑한다'는 말을 들을 때마다 아이의 안정감과 자신감은 높아지고 자부심은 커진다. 사랑한다는 것을 알면 알수록 아이는 그만큼 자신을 더 사랑하게 된다.

항상 사랑한다는 것을 아이들에게 알려주는 방법은 크게 세 가지가 있다. 첫째, 눈 맞추기다. 아이들에게는 '감정의 탱크'가 있어서 눈을 통해 부모의 사랑을 받아 마시면서 탱크를 채운다. 우리가 사랑이 가득한 눈으로 아이와 눈 맞추기를 할 때마다 아이는 자신이 정말 멋지다고 생각한다. 태어나서 6수가 되는 때부터 아이는 따뜻함, 사랑, 애정이 가득한 눈으로 자신에게 미소 짓는 사람의 눈에 매혹당한다.

부모에게서 사랑이 깃든 눈 맞추기를 받지 못하면 아이는 사랑받고 있음을 마음으로 느끼지 못한다. 부모와의 관계에 문제가 있다고 느끼면 아이는 불안하다는 느낌을 받는다. 자신이 무언가 부모가 좋아하지 않는 일을 했다고 느끼지만 그것이 무엇인지 아이는 잘 모른다.

442

우리 사회에서 눈 맞추기 다음에는 보통 비판이나 불평이 뒤따른다. 화가 날 때는 아이에게 눈을 딱 고정시키지만 사랑의 표시로 강하게 눈을 맞추는 경우는 거의 없다. 많은 아이가 어떤 식으로든 직접 눈을 맞추는 것을 대단히 불편해하면서 성장한다. 아이들은 눈을 맞추는 것을 적의가 담긴 행동으로 느끼고 그것을 피하려고 시선을 돌린다.

처음 사랑에 빠진 연인들은 오랫동안 서로 눈을 맞춘다. 이것은 성인들이 상대방에게 '나는 당신을 사랑한다'는 것을 표현하는 방법이다. 이 방법을 아이에게도 적용할 수 있다. 우리가 사랑이 가득한 눈으로 오랫동안 아이를 쳐다보는 것은 아이에게 커다란 영향을 끼친다. 아이들이 오랫동안 그런 일을 경험해보지 못한 경우에는 더욱 그렇다.

둘째, 신체적 접촉이다. 안아주는 것, 입을 맞추는 것은 아이들을 정말 사랑하고 소중하게 생각한다는 것을 신체 접촉으로 알려줄 수 있는 대단히 멋진 방법이다. 가족치료사인 버지니아 사티르Virginia Satir는 아이들은 생존을 위해 하루에 네 번, 건강하게 살기 위해 하루에 여덟 번, 올바르게 성장하기 위해 하루에 열두 번 포옹이 필요하다고 말한다. 성장할 때는 아무리 많이 안아주고 입을 맞춰주어도 지나치지 않다.

부모가 자주 안아주거나 입을 맞춰주지 않은 아이는 자신이 그런 대접을 받을 가치가 없는 사람이라고 믿게 된다. 그런 아이는 안정감을 느끼지 못하며 자부심이 손상되고 성격에도 부정적인 영향을 미친다. 결국 파괴적인 행동으로 반응한다.

한 연구 결과에 따르면 태어나 생후 1년 동안은 여자아이와 남자아이가 동일한 양만큼 포옹과 입맞춤을 받는다. 그 이후에도 여자아이는 같은 양의 신체적인 애정표현을 받는다. 그러나 남자아이가 받는 포옹의 양은 급격하게 떨어져서 다섯 살이 되면 여자아이가 받는 양의 약 20퍼센트 수준밖에 되지 않는다.

어떤 부모들은 남자아이에게 과도한 스킨십과 사랑을 주면 여성의 성향이 강한 아이가 된다고 믿는다. 그러나 사실은 정반대이다. 부모가 많이 안아주고 신체접촉을 많이 해준 남자아이는 자라면서 강하고 남자답고 자신감을 갖게 된다. 반대로 부모의 신체적인 접촉을 많이 받지 못하고 자란 아이는 불안해하고 자신감이 없어진다.

자라면서 남자아이가 공격성을 보이는 것이 성장과정에서 여자아이에 비해 덜 안아주고 신체적 접촉을 적게 받았기 때문이라고 주장하는 학자들도 있다. 이 주장은 남자아이를 공격적으로 만드는데 남성 호르몬의 역할을 전혀 고려하지 않고 있다는 문제가 있지만, 남자아이에게 어릴 때 신체적 접촉을 많이 한다고 신체적·정서적·정신적 발달에 해가 되는 일은 결코 없다.

셋째, 아이에게 사랑한다는 것을 알려주는 가장 강력한 방법은 집중된 관심 보이기다. 집중된 관심 보이기란 아이들과 일정 시간 동안 방해받지 않고 함께 시간을 보내는 것을 말한다. 아이들은 부모와 함께 있어야 한다. 성장하면서 부모와 이야기하고 관계를 확인하며 아이 옆에 있어야 한다. 건강하게 자라는 데 음식이 필요한 것처럼 아이들에게는 부모와 함께 지내는 이런 시간이 반드시 필요하다.

질적인 시간과 양적인 시간에 대한 논쟁은 핵심을 벗어난 것이다. 사실 질적인 시간은 양적인 시간의 함수이다. 질적인 시간, 즉 아이들과 함께 하는 귀중한 순간과 경험은 아이들과 많은 시간을 함께 보낼 때 자연스럽게 얻게 된다. 무엇도 그것을 대신할 수는 없다. '자, 이제부터 질적인 시간을 보내도록 하자'고 말할 수는 없다. 부모와 아이의 관계에서 아주 중요한 요소인 질적인 시간을 보내려면 아이들에게 오랜 시간을 기꺼이 투자해야 한다.

아이와 아주 좋은 관계를 맺고 싶다면 아무런 방해도 받지 않고 오랫동안 함께 시간을 보내는 것보다 좋은 방법은 없다. 아이들은 자신에게 중요한 누군가에게 자기의 생각과 느낌을 전달할 필요가 있는데, 부모는 아이의 삶에서 가장 중요한 사람이다.

부모가 함께 지내면서 아이들의 이야기를 들어주지 않으면 아이들은 또래 집단과 점점 더 많은 시간을 보내기 시작한다. 그러면 또래 아이들에게서 인정과 수용을 구하고 또래 아이들의 행동과 가치관을 따르게 될 것이다.

10대 아이의 삶에 가장 큰 긍정적인 영향을 미치는 방법은 어린 시절에 사랑, 지원, 존중을 아끼지 않는 것이다. 아이가 부모에게서 사랑과 지원을 받지 못하면, 아이의 행동에 미치는 부모의 영향력은 급격하게 감소하기 시작한다. 그러면 아이와의 사이에 엄청나게 큰 장벽이 생겨서 결국 아이는 부모의 충고, 가치관, 세계관 모두를 거부하게 된다.

칭찬과 격려를 아끼지 마라

아이가 비록 아주 작은 것이라도 긍정적인 일을 할 경우 칭찬과 격려를 아끼지 말자. 아이가 다시 했으면 하고 바라는 일을 칭찬하고 격려하자. 아이가 자부심과 자신감을 갖도록 매번 칭찬하자. 아이가 학교에서 A에서 D까지 성적을 받아왔다면 좋은 점수를 받아온 과목은 칭찬하고, 점수가 낮은 과목은 더 잘하도록 격려해주자. 칭찬은 아이의 정신건강에 기가 막히게 좋은 약이다. 아이의 성격은 우리에게 받은 사랑과 칭찬에 정비례하여 형성되고 발전한다. 아이의 행동에 칭찬과 격려를 보내는 것은 다음에 더 큰 성공을 하도록 동기를 부여하는 것과 마찬가지다.

칭찬은 아이의 자부심을 높이고 자신감을 향상시킨다. 칭찬은 아이의 자아상을 높이고 스스로를 믿게 하며 더 크고 훌륭한 일을 할 수 있는 자신감을 준다.

상처 주는 말을 하지 마라

아이에게는 결코 파괴적인 비판을 하지 마라. 아이는 부모의 작은 비판에도 대단히 쉽게 상처받으며, 파괴적인 비판은 아이의 마음을 갈기갈기 찢어놓는다. 밖으로 드러나게 반응을 보이지 않을지 모르지만 자기 삶에서 중요한 어른들에게 비판을 받을 때마다 안에서는 극심한 고통을 받는다.

파괴적인 비판이 인격에 끼친 피해는 역사상 모든 전쟁의 피해를 합친 것보다도 더 크다. 성격 때문에 발생하는 성인의 문제 대부분은 부모에게 받은 파괴적 비판에서 비롯된다. 부모가 번갈아 아이를 비판하면 아이는 사랑받지 못하며 자격이 없고 불안하다는 느낌을 가져 용기를 잃고 우울해한다.

부모는 종종 아이의 능력을 키우겠다고 비판을 한다. 그러나 파괴적인 비판을 하면 스스로 자신의 능력과 자아개념에 관한 평가를 떨어뜨린다. 자아개념이 낮아지면 그만큼 아이의 능력도 낮아진다. 모든 비판은 성과를 떨어뜨린다. 종종 아이들은 비판받을 행위 자체를 회피해버리는데, 그러면 더 나빠질 뿐이다.

도로시 놀티Dorothy Noltie가 "아이들은 생활에서 배운다"에서 한 멋진 충고를 들어보자. 모든 부모가 반드시 기억해야 할 충고이다.

비판 속에서 자란 아이는 비난하는 것을 배운다.
적대감 속에서 자란 아이는 싸우는 것을 배운다.
조롱 속에서 자란 아이는 부끄러움을 배운다.
수치심 속에서 자란 아이는 죄책감을 배운다.
관용 속에서 자란 아이는 인내심을 배운다.
격려 속에서 자란 아이는 자신감을 배운다.
칭찬 속에서 자란 아이는 감사하는 것을 배운다.
공정함 속에서 자란 아이는 정의를 배운다.
안정감 속에서 자란 아이는 믿음을 배운다.
인정을 받으면서 자란 아이는 자신을 좋아하는 방법을 배운다.
수용과 우정 속에서 자란 아이는 세상에서 사랑을 찾는 방법을 배운다.

아이에게 중요한 것이 무엇인지 자신에게 물어라

아이 문제를 포함해서 중요한 문제에 부딪칠 때는 다른 어느 때보다도 '지금 이 순간 중요한 것은 무엇인가?'라는 질문을 던질 필요가 있다. 정답은 항상 자부심과 자신감이 높은 아이로 키우는 것이 우리의 진정한 목적이자 역할이라는 것이다. 잘잘못을 판단하는 것은 우리의 목적과 역할이 아니다. 물론 아이를 우리의 기대에 맞추는 것도 아니다. 아이를 행복하고 건강하고 자신감 있게 키우는 것이 진정한 목표이다.

　직관이 말하는 것을 듣자. 구할 수 있는 책을 모두 찾아 읽고 조언을 모두 듣고 나면 아이를 사랑하는 부모의 직관은 다른 어떤 것보다 더 우수해진다. 부모는 마음 깊은 곳에서 항상 아이에게 무엇이 도움이 되는지를 찾는다. 우리의 모든 결정과 행동이 사랑의 인도를 받는다면, 우리는 항상 아이의 행복, 건강, 자신감에 도움을 줄 수 있을 것이다.

아이의 / 수행능력을 / 높이는 / 방법

『성취 사회The Achieving Society』를 쓴 하버드 대학교의 데이비드 맥클러랜드 박사는 아이 양육과 부모의 양육 스타일이 아이의 성취욕구에 미치는 영향을 여러 해 동안 연구했다. 그는 높은 성취자가 나오는 가정에는 두 가지 특성이 있다는 것을 발견했다. 높은 성취자란 10대와 20대 초반부터 두드러진 성과를 보이기 시작하는 사람을 말한다.

민주적인 가정이 되라

높은 성취자가 나오는 가정과 양육방법의 첫 번째 공통된 특징은 민주적이라는 것이다. 이런 가정에서는 아이들의 의견을 요청하고 의견을 존중해주었다. 아이들은 어릴 때부터 가정의 의사결정에 참여하였고, 어떻게 생각하고 느끼는지 질문을 받았다. 아이들의 의견이 항상 채택되는 것은 아니었지만 생각과 느낌은 존중받았다. 가족 전체가 토의와 의사결정에 참여하였다.

부모에게 지적이고 사려 깊은 사람으로 대접받는 것보다 아이들을 기분 좋게 하는 일은 없다. 우리가 아이들을 중요한 사람, 지적인 사람으로 대접하면 아이들은 자신이 얼마나 지혜롭고 통찰력 있는 사람인지 우리에게 보여줄 것이다.

종종 나는 저녁식사 자리에서 업무와 관련된 문제로 씨름하다가 열 두 살 된 크리스티나에게 쉬운 말로 설명하고 조언을 구하곤 했다. 크리스티나는 종종 기막히게 통찰력이 있는 아이디어를 제시한다. '갓난아이의 입에서from the mouths of babes'라는 격언은 진실이다. 아이들은 가끔 부모에게는 없는 객관성과 명료성으로 문제를 본다. 어떤 상황에서든 아이들에게 조언을 구해보라. 그들이 이야기하는 훌륭한 대답에 아마 깜짝 놀랄 것이다. 그러나 가장 중요한 것은 아이에게 조언을 구하는 행위 그 자체이다. 이것은 아이들에게 자부심을 심어주고 자신이 가치 있는 존재라는 느낌을 준다. 아이에게 의견이나 조언을 구하는 것은 아이들을 존경한다는 표시로 인식되어 아이들의 자부심을 증가시킨다.

'긍정적인 기대'를 보여라

높은 성취자를 키워내는 부모의 두 번째 특징은 '긍정적인 기대'를 갖는 것이다. 높은 성취를 이루는 젊은이들이 자라난 가정을 보면, 부모는 아이에게 무한한 신뢰와 앞으로 반드시 훌륭한 일을 해낼 것임을 확신한다는 믿음을 준다.

아이에게 "너는 할 수 있어." 혹은 "너를 믿는다."라고 말해주면 아이는 자신을 믿는다. 격려의 말이 없을 때보다 더 많은 노력을 하게 된다. 긍정적인 기대를 받으면서 성장한 아이는 자신이 시도하는 일에서 항상 더 좋은 결과를 만들어낸다.

중요한 포인트는 이것이다. 긍정적인 기대와 요구는 전혀 다른 것이라는 점이다. 많은 부모가 사실은 아이들에게 어느 특정한 수준까지 성과를 내라고 요구하고 있으면서도 자신은 긍정적인 기대를 하고 있다고 생각한다. 요구는 항상 조건적인 사랑, 즉 아이가 기대에 미치지 못하면 부모의 사랑과 지원을 철회하겠다는 것을 의미한다.

아이가 잘하든 못하든 우리가 100퍼센트, 무조건으로 사랑하고 있음을 알리는 것은 대단히 중요하다. 성과가 좋지 않아서 부모의 사랑이 없어진다고 느끼면 아이는 불안해진다. 잘한다고 하더라도 자신의 성공에서 즐거움과 오래 지속되는 만족감을 느끼지 못할 것이다.

아이 숙제에 관여하라

높은 성취를 이루는 젊은이를 키워내는 부모는 숙제에서 나름대로 명확한 태도를 견지한다. 그들은 학교에서 잘해내는 것이 얼마나 중요한지 명확하게 알고 있다. 그들은 아이들에게 제때 숙제를 해두라고 강조한다. 모든 연구 결과에서 알 수 있듯이 아이들의 높은 학업성취도에서 가장 중요한 요소는 학습과 교육에 부모가 얼마나 관여할 것인지를 결정하는 부모의 태도이다.

450

또 한 가지 요소는 언제 어디에서 숙제를 하느냐이다. 학업성취도가 높은 아이의 가정에서는 식사 전후에 식사 테이블에서 숙제를 한다. 숙제를 할 때 주위에는 부모가 있었고 텔레비전은 꺼져 있었다. 부모는 자청해서 아이들이 숙제하는 것을 도와주고 숙제에 익숙해지려고 노력했다.

반면에 부모가 성취감이 낮은 가정을 보면, 아이들에게 각자 방에 가서 숙제를 하든지 말든지 알아서 하라는 식이었다. 열 살이 될 때까지 숙제를 제대로 끝내는 방법을 배우지 못한 아이가 공부를 잘하기란 대단히 어렵다.

아이가 학교에서 좋은 성과를 내기 바란다면 부모가 교육 전반에 참여해야 한다. 앞서 이야기했듯이, 인생이란 무엇에 관심을 갖고 주의를 기울일 것인가를 연구하는 것이다. 우리는 항상 자신이 가장 소중하게 생각하는 것에 더 많은 관심을 갖고 주의를 기울인다. 우리가 아이의 공부와 학교활동에 관심을 갖고 주의를 기울이면 아이는 그것에 훨씬 더 높은 가치와 중요성을 부여한다. 반대로 관심을 보이지 않으면 아이는 그것이 중요하지 않다는 메시지로 받아들이고 무시해버린다.

자부심을 길러주어라

자부심을 길러주는 좋은 방법이 있다. 아이들이 어릴 때부터 "나는 내가 좋다."라는 말을 하도록 가르치는 것이다. 나는 우리 아이들에게 거울 앞에 서서 "나는 내가 좋다. 나는 내가 좋다. 나는 내가 좋다."라는 말을 반복해서 말하도록 한다. 자부심이 있는 아이들은 그렇지 않은 아이들에 비해서 자아개념이 훨씬 높다.

높고 긍정적인 자아개념이 있는 아이들은 학교 공부를 잘한다. 그런 아이들은 파괴적인 행동을 하거나 문제를 일으키지 않으며, 몸에 해로운 일도 하지 않는다. 또래 집단의 부정적인 영향에도 강한 저항력을 보이고 가치관도 명확하다.

높은 자아개념과 자부심이 있는 아이는 독립적으로 생각한다. 스스로 생각하고 성공, 성취, 자기만족을 지향한다. 그들은 자신에게 결핍된 것을 보충하려고 하기보다는 자신의 가능성을 실현하는 데 더 집중한다.

자신이 아주 훌륭한 사람이라고 느끼면 아이는 장기적인 관점에서 자신에게 좋은 결과를 가져올 수 있는 결정을 내리는 판단력을 기르게 된다. 미래에 더 큰 보상을 받으려고 단기간의 욕구충족을 유보하는 능력을 성장시킨다.

모범을 보여라

진정으로 행복하고 건강하며 자신감이 있는 아이로 기르고 싶다면 먼저 부모가 모범을 보이며 아이들이 되었으면 하는 그런 사람의 역할 모델이 되어야 한다. 아이들은 성격형성기에 주로 모방을 통해서 배운다. 부모를 보고, 그들의 이야기를 듣고, 그들의 말과 행동을 모방한다. 아이의 역할 모델이 되면 우리는 더 이상 자신이 하고 싶은 대로 말하고 행동하는 사치를 부릴 수가 없으며, 자신의 행동이 아이에게 미치는 영향에 더욱 주의를 기울어야 하기 때문이다.

아이가 좋은 건강습관을 기르기 원한다면 부모가 먼저 올바른 음식을 제때에 먹고, 집에 올바른 음식을 사다 두는 모습을 보여야 한다. 아이들이 술, 담배, 그 밖의 중독성 습관을 갖지 않기를 바란다면 그 또한 부모가 먼저 행동으로 모범을 보여야 한다. 아이가 텔레비전을 보는 대신 책을 읽기 바란다면 부모가 먼저 시간이 날 때마다 책을 읽어야 한다. 아이가 인내심, 침착성, 균형감각, 자기통제력을 갖기 원한다면 아무리 어려운 상황에서도 부모가 먼저 이런 특성을 보여주어야 한다.

아이는 항상 어떻게 행동해야 하는지 그 단서를 부모에게서 구한다. 따라서 부모가 좋은 역할 모델이 되는 것이 아이에게 가장 중요하다.

부부가 서로 사랑하라

아버지가 아이들에게 해줄 수 있는 가장 친절한 행동은 아내를 사랑하는 것이다. 어머니가 아이들에게 해줄 수 있는 가장 친절한 행동 역시도 남편을 사랑하는 것이다. 아이들은 사랑을 자유롭게 표현하고 나누는 가정에서 자랄 때 사랑을 배운다. 부모 사이의 사랑을 관찰하면서 사랑할 줄 아는 성인이 되는 것이다.

이런 것을 모르는 부모 밑에서 자라온 사람이 있을지도 모른다. 그런 부모는 아이를 기르면서 여러 가지 잘못을 했을 것이다. 특히, 파괴적인 비판을 했으며, 그들은 아이에게 필요한 사랑과 애정을 전혀 준 적이 없을지도 모른다.

우리는 습관의 산물이다. 부모가 우리에게 했던 대로 아이에게 하는 경향이 있다. 자신의 부모와 똑같은 실수를 하는 것이다. 아이들에게 똑같이 상처를 주는 말과 행동을 하고는 마음속으로 불편해한다. 그러나 너무 늦어버린 것은 아니다. 아이에게 파괴적인 비판을 하는 습관이 있다면 당장 고쳐야 한다. 지금 당장 문제를 고쳐 아이의 자아존중감과 자부심을 회복시킬 수 있는 방법이 여기에 있다.

아이에게 사과하라

먼저 아이와 마주보고 앉는다. 심호흡을 하고 나서 자신이 지금까지 했던 모든 파괴적인 비판과 체벌을 진심으로 사과한다. 아이에게 상처 주고, 아이가 스스로를 싫어하도록 만들었던 자신의 모든 말과 행동을 용서하라고 말한다.

모든 아이가 부모에게 품고 있는 가장 큰 불만 중 하나는 부모가 잘못을 하거나 마음을 아프게 하는 말이나 행동을 하고도 "미안하다." 또는 "잘못했다."라는 말을 하지 않는 것이다. 아이들은 공평성과 공정성에 무척 예민하다. 자신이 불공평한 대우를 받고 있거나 부당하게 비난받고 있다고 인식하면 분노를 느끼고 상처를 받는다. 문제가 제대로 해결되지 않으면 이 분노는 여러 해 동안 지속될 수도 있다.

사과하는 목적은 과거에 우리가 아이들에게 죄책감을 불러일으켰던 모든 말과 행동에 100퍼센트 책임을 지기 위해서다. 사과를 한다는 것은 아이에게 우리도 인간이라는 것을 인식시켜주는 행위이다. 우리는 신이 아니다. 따라서 완벽하지 않다. 사과를 함으로써 우리도 스스로의 잘못을 인정할 수 있는 성품과 용기의 소유자라는 것을 아이들에게 보여줄 수 있다.

많은 부모가 아이에게 사과를 하면 더 이상 부모를 존경하지 않을 거라고 걱정한다. 그들은 항상 부모는 완벽한 이미지를 아이에게 보여주어야 하고, 그렇지 않으면 아이들이 부모의 실수를 악용할 것이라고 생각한다. 사과를 약하다는 증거로 인식하기 때문에 사과하는 것을 두려워한다. 자

454

기 자신에 대한 믿음이 너무 약하기 때문에 사과하는 것은 생각하지도 못한다.

그러나 사실은 정반대이다. 아이에게 사과를 하면 우리에 대한 아이의 사랑과 존경이 커지고, 앞으로 우리를 도와줄 가능성도 높아진다. 부모가 잘못을 해놓고도 사과하지 않으면 아이는 화가 나고 원망을 품게 되어 부모의 권위가 실추된다.

아이에게 사과하면 과거에 했던 파괴적인 비판에서 비롯된 죄책감, 부정적 감정, 무가치하다는 느낌의 짐을 아이에게서 덜어줄 수 있다. 우리는 아이에게 사과하고 자신의 행동이 옳지 않았다는 것을 인정함으로써 아이를 자유롭게 해줄 수 있다. 아이에게 "내가 했던 행동과 말에 상처를 받았다면 미안하게 생각한다."라고 말하는 간단한 행동은 즉각적이고 놀라운 결과로 나타난다.

많은 부모가 아이들을 자리에 앉히고 "아빠가 네 마음을 아프게 했던 모든 것을 사과한다."라고 말하고 나서 아이들이 하룻밤 사이에 완전히 다른 사람으로 변하는 것을 경험했다. 부모가 자신의 책임을 인정하고 사과하자 지난 몇 달 혹은 몇 년 동안 부모와 대화 없이 거리를 두고 멀어졌던 아이들이 부모와 즉시 화해하고 관계를 회복했다.

사과를 한 다음에는 다시는 파괴적인 비판을 하지 않겠다고 약속하자. 혹시 옛날 버릇이 나와 실수로 파괴적인 비판을 다시 할 경우에는 이야기를 해달라고 아이들에게 부탁하자. 또 다시 아이에게 화를 내면서 이야기를 했을 경우에는 즉시 그 말을 취소하고 "미안하다."라고 말하자. 아이들은 대단히 유연하다. 부모의 사랑과 존중을 너무나 원하기 때문에 항상 우리를 용서해줄 것이다. 잘못에 용서를 구하고 아이가 그것을 용서하면 과거에 한 잘못은 깨끗이 청산된다. 아이는 마치 감옥에서 풀려난 죄수처럼 해방감을 느끼고, 그것은 부모도 마찬가지다.

아이에게 미안하다고 말하는 것은 아이가 스스로 자신의 실수를 인정할 수 있게 해주는 것과 같다. 그러면 아이들은 더 이상 많은 어른들처럼 자신의 잘못을 덮고 방어하는 데 엄청난 정신적인 에너지를 투자하지 않아도 된다. 잘못을 인정하는 용기와 인품을 갖추고 있다는 것을 보여주는 것은 아이들에게도 용기와 인품을 키워주는 좋은 모범이 된다. 아이들은 부모에게 인정받으려고 완벽할 필요가 없음을 알게 된다. 아이들은 현재의 모습 그대로 소중하고 가치 있는 존재이다.

우리에게 가장 오랫동안 지속되는 관계는 아이와의 관계이다. 이 관계는 생명이 남아 있는 한 계속된다. 그들을 사랑과 인내, 이해로 대하면 우리는 평생 그 보상을 받을 것이다.

간략한 / 핵심 / 정리

첫째, 부모의 일차적인 역할은 아이들이 자부심과 자신감을 갖도록 양육하는 것이다. 그러면 성인이 되어서 행복하고 목표를 성취하는 삶을 살 수 있다.

둘째, 아이들은 부모의 무조건적인 사랑, 인정, 수용을 계속 받아야 한다. 이것은 아이들이 건강하게 성장하는데 핵심조건이다. 그것을 받지 못한 아이는 평생 동안 그것을 찾아다니게 된다.

셋째, 아이들에게 말과 행동으로 매일 사랑한다는 것을 알려주자. 사랑이 담긴 눈 맞추기를 하고 안아주고 관심과 주의를 기울여주자. 그리고 아이들과 함께 많은 시간을 보내자. 산보를 가고 영화를 보고 여행을 가고 저녁을 먹으러 나가는 등 많은 시간을 함께 보내자. 아이들과 많은 시간을 함께 보내는 것보다 사랑한다는 것을 더 분명하게 알려주는 방법은 없다.

넷째, 아이들의 숙제와 교육에 참여해 아이들이 높은 성취를 올릴 수 있는 환경을 만들어준다. 아이들이 잘해낼 것이라는 긍정적인 기대를 하고 그들을 믿고 있다는 것을 알려준다. 의견을 존중하고 가정생활에 대해서 아이들의 생각과 느낌을 이야기하도록 격려한다. 부모가 아이들을 존중하면 아이들도 자기 자신을 존중할 것이다.

다섯째, 우리가 아이의 일차적인 역할 모델이라는 것을 기억하자. 아이는 평생 의식적·무의식적으로 우리를 닮고자 노력한다. 그리고 우리가 아이를 대했던 것과 같은 방식으로 아이들도 다른 사람들을 대한다. 아이를 인정해주고, 친절, 인내, 사랑, 존중으로 대하면 아이는 자기의 역할을 충분히 해내고, 자기실현을 하는 사람으로 성장할 것이다. 아이에게는 그 이상 바라서는 안되고, 동시에 그보다 못한 상태에 만족해서도 안 된다.

11. 성공시스템의 실천방법

내가 '아이의 입장이라면 어떨까?' 스스로에게 물어본다. 아이의 입장에서 부모로서의 자신을 평가해본다. 강점은 무엇이고 약점은 무엇인가? 무엇을 잘하고 무엇을 못하는가? 자신의 말과 행동 중 아이의 자부심을 떨어뜨리고 있는 것은 무엇인가? 보다 좋은, 보다 사랑하는 부모가 되려면 오늘부터 무엇을 해야 하는가?

아이에게 우리가 더 좋은 부모가 되려면 어떤 것을 했으면 좋겠는지 물어보자. 우리가 하는 것 중에서 아이가 좋아하는 것은 무엇이고, 싫어하는 것은 무엇인지 물어보자. 아이의 대답과 의견을 주의 깊게 들어야 한다. 아이가 말을 할 때 방해하거나 설명하거나 변호해서는 안 된다. 대답하기 전에는 잠시 시간을 두어야 한다. "무슨 말이지?" 또는 "예를 들어줄래?" 등의 질문을 한다. 아이가 명확하게 이해할 수 있도록 자신의 말로 바꾸어 말하며 피드백해준다. 마지막으로 아이가 우리에게 말해준 것을 행동으로 옮기는 데 온 힘을 다해야 한다. 행동이 따르지 않는 말에는 믿음이 가지 않는다.

훌륭한 부모가 되겠다는 결심을 하고 11장과 이 책에서 배운 것을 실천에 옮기면 훌륭한 부모가 될 수 있다. 훌륭한 부모가 되겠다는 결정은 아마 우리가 하는 모든 결정 중에서 가장 중요하고 멋진 보상을 가져올 것이다.

CHAPTER 12

Mastery :
The Power of Love

인생은 곧 지나가나
사랑은 영원하다

우리가 다른 사람에게 사랑을 표현할 때마다
그들에게 그것이 필요하든 필요하지 않든 간에 삶의 질은 높아진다.

우리가 다른 사람에게 사랑을 표현할 때마다
그들에게 그것이 필요하든 필요하지 않든 간에 삶의 질은 높아진다.

10대 때 세상을 탐험하러 집을 떠나기 전부터 나는 인생의 의미가 무엇인지 생각하며 많은 시간을 보냈다. '나는 왜 여기에 있는가? 인생의 목적은 무엇인가? 존재하는 이유는 무엇인가? 나는 누구인가? 나는 어디에서 왔는가? 나는 어디로 가는가?' 살아가면서 이런 의문을 수없이 가졌을 것이다.

비록 어렸을 때였지만 나는 이 세상에서 사랑보다 더 중요한 것은 없다는 결론에 도달했다. 이후 8년 동안 8개국 이상을 여행하며 갖가지 직업과 상황을 경험했다. 그 과정에서도 사랑이 가장 중요하다는 결론에는 변화가 없었다.

나는 종종 사람들에게 이 세상에서 가장 중요하게 생각하는 것이 무엇인지 물어본다. 대답에 따라 상대방의 정신적 성숙도를 알 수 있다. 정답은 바로 '사랑'이다. 나는 같은 질문을 여러 산업분야의 리더, 정치인, 전문가 등 모든 사람에게 던져보았다. 그리고 내가 얻은 결론은 아무리 세속적이고 물질적인 사람이라도 마음속 깊은 곳에서는 '사랑'이 무엇보다도 중요함을 인정한다는 것이다.

1장에서 나는 성공이란 일곱 가지 다른 요소가 결합한 것이라고 정의했다. 이 일곱 가지 요소는 그 사람이 자신과 외부세계에 보이는 사랑의 양에 영향을 받는다.

우리는 자신과 다른 사람을 사랑하는 정도만큼 마음의 평화를 누린다. 자신과 다른 사람을 사랑하고 수용하는 만큼 건강한 에너지를 발산한다. 자신을 사랑하고 다른 사람들에게 사랑을 표현하는 정도만큼 사랑의 관계를 맺는 것이다. 많은 경우 경제적 성취의 중심에는 사랑이 있다. 자수성가한 백만장자는 거의 모두가 자기가 좋아하는 일을 하고 있다. 자신을 좋아하고 자신이 하는 일을 사랑하는 만큼 도전적이고 가치 있는 목표와 이상을 설정하여 그것을 달성하려고 노력한다. 자신에 대한 사랑과 수용은 스스로를 더 잘 알고 이해하게 만든다. 마지막으로 우리는 자신과 다른 사람을 무조건적으로 사랑하고 존중하는 꼭 그만큼만 지속적인 성취와 자기표현, 자기실현을 할 수 있다.

마음의/법칙과/사랑의/상관관계

우리는 정신적인 창조물이다. 우리에게 일어나는 거의 모든 일은 우리가 생각하는 방식의 결과라고 할 수 있다. 우리가 생각의 질을 바꾸거나 개선하면 삶의 질도 자동으로 바뀌거나 개선된다. 이 책에 나온 몇 가지 마음의 법칙은 사랑의 중요성, 건강한 성격의 계발과 관계가 있다. 사랑과 건강한 성격은 우리가 달성하려는 가치 있는 목표와 이상의 한 부분이다.

신념의 법칙은 '우리가 느끼고 믿으면 현실이 된다'는 법칙이다. 자신을 사랑하고 존중하며, 위대한 일을 성취할 수 있는 능력이 있다고 믿어라. 그러면 스스로를 의심하거나 가능성이 없다고 생각할 때보다 더 큰 성취를 이룰 수 있다.

기대의 법칙은 '무엇이든지 우리가 자신감을 갖고 기대하면 자성적 예언(미래에 관한 개인의 기대가 그 미래에 영향을 주는 경향성을 말한다.)이 된다'는 법칙이다. 사랑의 태도에서 자연스럽게 우러나오는 대로 자신과 다른 사람에게서 최선을 기대하면 실망하는 일은 거의 없다. 좋은 일이 있을 것이라고 자신감을 갖고 믿으면 원하는 것을 훨씬 더 많이 갖게 된다.

인력의 법칙은 '자신의 지배적인 생각과 일치하는 사람과 상황을 예외 없이 우리 삶 속으로 끌어들인다'는 법칙이다. 자신과 다른 사람들을 친절하고 따뜻하게 대하면 친절하고 따뜻한 사람들이 다가온다. 이런 사람들은 우리 삶에 기쁨과 행복을 준다. 그들은 우리의 일에 성취감을 주며 인간관계에 만족감을 준다.

상응의 법칙은 '외부세계는 자신의 내부세계의 거울이다'는 법칙이다. 친절하고 부드럽고 따뜻한 마음이 있다면 외부세계인 인간관계에서도 건강, 행복, 풍요로움을 얻을 것이다.

집중의 법칙은 '무엇이든지 생각하면 할수록 자라난다'는 법칙이다. 자신과 다른 사람들에 대해 계속해서 좋은 생각만 하기로 선택하면 삶의 모든 영역에서 좋은 인간관계를 얻게 된다.

대체의 법칙은 '부정적인 생각은 긍정적인 생각으로 대체할 수 있다'는 법칙이다. 의식적으로 정신세계에 담을 내용을 선택하고 사랑, 인내, 관용, 용서에 집중하면 마음의 평화, 건강과 에너지, 인관관계를 해치는 부정적인 생각을 몰아낼 수 있다.

사랑은 우리에게 무저항의 원칙을 가르쳐준다. 성경은 '판단받지 않으려면 판단하지 말고, 악의적으로 우리를 이용하는 사람을 위해서 기도하라'고 가르친다. 분노와 부정적인 행동에 사랑과 친절로 대응하면 우리는 따뜻한 마음과 긍정적인 태도를 유지할 수 있을 뿐만 아니라 동시에 상대방을 도울 수 있다.

함부로 대했는데도 상대방이 부드럽고, 예의바르고, 친절하게 반응하는 것처럼 놀라운 일은 없다. 그러면 그것을 본 사람은 부정적인 감정에서 해방되어 비판적인 행동을 멈추고 더 좋은 사람으로 성장할 수 있다.

슈퍼의식 운동법칙은 '우리가 의식에 지속적으로 담고 있는 생각, 계획, 목표, 아이디어는 그것이 긍정적이든 부정적이든 슈퍼의식으로 반드시 현실화된다'는 법칙이다. 항상 바라는 것을 생각하고 바라지 않는 것은 마음에서 몰아내면, 건강과 에너지, 기쁨이 가득한 행복하고 사랑이 넘치는 인간관계 속에서 멋진 인생을 살 수 있다.

사랑은/모든/것을/치유한다

항상 사랑이 답이다. 아무리 많이 가져도 지나치지 않은 것이 사랑이다. 자신을 아무리 많이 사랑하고 타인에게 아무리 많은 사랑을 주어도 결코 지나치지 않다. 대부분의 개인적인 문제의 뿌리에는 사랑의 부족이나 억제된 사랑이 있다. 사랑은 답일 뿐만 아니라 동시에 대부분의 삶에서 문제의 해결책이기도 하다.

공포는 행복을 가로막는 마음의 좀도둑

자신의 종교가 무엇이든지 성경에 나오는 여러 가르침의 보편적인 진실성을 부인하기는 어려울 것이다. 신약에 나와 있는 가르침 중에서 가장 아름다운 것은 바로 '신은 사랑이다. 신 안에 거하는 자는 사랑 안에 거하고 신은 그의 안에 거한다'와 '사랑에는 두려움이 없고 완전한 사랑은 두려움을 몰아낸다'이다.

이 말은 우리에게 중요하다. 왜냐하면 인간의 행복을 빼앗아가는 가장 큰 좀도둑은 공포라는 감정이기 때문이다. 실패에 대한 공포, 거절에 대한 공포, 비판에 대한 공포, 누군가의 사랑과 존경을 잃는데 대한 공포, 나쁜 건강에 대한 공포, 남들이 우리에게 바라는 기대를 충족시키지 못하는데 대한 공포, 자신이 무엇인가 부족하다고 느끼는 막연한 공포 등이 우리에게서 행복을 빼앗아간다.

인간으로서 자신의 가능성을 실현하는 유일한 방법은 삶과 의사결정에서 공포가 차지하는 역할을 점차적으로 줄여가는 것이다. 궁극적인 목표는 그 무엇도 두려워하지 않는 것이다. 공포를 완전히 제거하면 우리의 가능성은 무한정 열린다. 삶에서 공포를 줄이고 결국 그것을 제거하는 것이 바로 사랑이다.

자기애를 최고로 발휘하라

자부심과 자기존중은 건강한 성격의 가장 기본적인 특성이다. 자신의 자부심을 높이려고 하는 모든 행동은 우리를 더 행복하게 한다. 자부심이 아무리 낮아도 이 책에서 이야기한 것들을 실행하면 마치 자동차 잭으로 차를 들어올릴 때처럼 단계적으로 자부심을 높일 수 있다.

항상 스스로에게 긍정적으로 이야기하자. 자신의 모습을 자기가 생각할 수 있는 최고의 사람으로 시각화하자. 희망과 영감의 긍정적인 메시지로 마음을 채우자. 행복하고 낙관적이고 목표 지향적인 사람들과 어울리자. 자신의 긍정적인 느낌을 계속해서 강화하도록 삶을 조직하자.

자신을 더 좋아하고 사랑할수록 다른 사람을 좋아하고 사랑하게 될 것이다. 우리가 다른 사람에게 보이는 사랑과 존경은 다른 사람이 우리에게 보이는 사랑과 존경에 비례한다. 우리가 자신을 더 많이 사랑할수록 그 양은 늘어난다.

전환의 법칙에 따르면 감정이 행동을 만드는 것처럼 행동도 감정을 만들어낸다. 자신을 사랑하는 감정과 일치하는 말과 행동을 하면 실제로 자신에게 긍정적이고 따뜻한 느낌을 갖게 될 것이다. 자신이 바라는 결과와 일치하도록 말하고 행동하면 실제로 이루어질 것이다. 사랑은 우리 자신 속에 있는 최선의 것, 우리 주위의 사람과 상황 안에 있는 최선의 것이 활동을 시작하도록 하는 촉매제이다.

믿음을 측정하는 기준은 행동이다. 우리가 말하는 것이나 바라고 희망하는 것이 아니라 실제로 우리가 무엇을 하는가가 더 중요하다. 실행에 옮길 수 있는 몇 가지 구체적인 일들이 있다. 그 일들은 서로 합쳐져서 우리 내부에 자부심과 자기존중의 느낌을 키워준다. 자부심과 자기존중은 다른 모든 것을 가능하게 해준다.

자신을 사랑하는 다섯 가지 방법

첫째, 과거에 어떤 일을 했건 하지 않았건 자기 자신을 아무 조건 없이 받아들인다. 뒤로 물러서서 자신의 특별한 자질과 특성을 찾아본다. 그리고 장점은 부각시키고 부족한 점은 무시한다. 미래에 되고 싶은 사람이 아니라 지금 이대로의 모습을 좋아하고 사랑한다. 자부심의 기초는 자기수용이다.

둘째, 자신의 삶과 행동에 따르는 모든 결과에 100퍼센트 책임을 져서 자부심과 자기존중을 회복시킨다. 독립적이고 스스로 책임지는 사람은 자신의 삶에서 좋아하지 않는 부분 때문에 다른 사람을 원망하거나 비판하거나 변명하지 않는다. 자신이 만족하지 않는 영역이 있다면 그 부분을 개선하려고 노력하지 변명할 거리를 찾거나 다른 사람을 탓하며 에너지를 낭비하지 않는다. 자기책임성이 높은 태도는 높은 자부심, 자신에 대한 사랑, 자기효율성의 본질이다. 이들은 서로 상호작용을 하면서 서로를 강화한다.

셋째, 가치 있는 목표를 세운다. 자신을 위해 큰 목표를 세우는 자체가 자부심을 높이고, 동시에 자아개념도 높여준다. 자신을 좋아하고 신뢰하는 사람만이 처음부터 도전적인 목표를 세운다. 목표를 세우는 행위 자체가 바로 자신이 원하는 사람이 되어가는 출발점이다. 목표를 세우는 것은 자기책임을 다하는 태도가 있다는 증거다. 목표를 세움으로써 자신의 삶을 통제하고, 자신에게 좋은 감정을 갖게 할 수 있다.

넷째, 자신의 몸을 잘 돌보는 것이다. 건강에 좋고 영양분이 많은 음식을 먹고 충분히 잠을 자고 규칙적으로 운동하면 자신을 좋아하지 않을 수 없다. 자기관리를 잘할수록 자신을 더 존중하고 좋아하게 된다. 이 느낌은 인간관계로 확대되어간다. 자기 자신에게 잘 대할 때 다른 사람에게도 잘 대하는 법이다.

다섯째, 잠재의식 깊은 곳에 자리를 잡을 때까지 하루에 50~100번씩 반복해서 "나는 내가 좋다, 나는 내가 좋다, 나는 내가 좋다."를 소리 내어 말한다. 아마도 이것이 자부심을 가장 빨리 높일 수 있는 방법일 것이다. 잠재의식은 결국 이 명령을 우리 자신에 대한 운영시스템으로 완전히 받아들인다. 그러고 나면 차이를 느낄 수 있을 것이다. 우리의 몸짓, 태도, 표정, 목소리의 톤이 더 좋게 바뀐다. 자신이 하는 모든 일에 더 긍정적이고 열성적이 되며, 자신을 좋아하도록 프로그램되는 것이다.

사랑의 종류 세 가지

고대 그리스인들은 사랑을 세 가지 종류로 구분했다. 첫 번째 유형의 사랑은 에로스eros이다. 이것은 자기애, 즉 자기 자신을 사랑하는 것이다. 사람들은 대부분 자기 자신을 사랑하는 감정에 몰두하여 거기서 벗어나지 못한다. 인생에서 실패하고 불행해지는 일차적인 이유는 낮은 자부심 때문이다. 낮은 자부심 때문에 사람들은 다른 사람의 감정까지 생각할 여유가 없어 100퍼센트 자신의 감정에 관심을 빼앗긴다. 그들은 에로스 단계에 고착되어 있는 것이다. 노이로제와 정신이상이 극에 달하면 사람들은 타인의 감정을 전혀 생각하지 못하게 된다.

두 번째 유형의 사랑은 필리아^{filia}이다. 이것은 다른 사람을 사랑하는 것을 말한다. 사람은 자기를 사랑하고 나면 자연스럽게 밖으로 에너지가 흘러서 다른 사람을 사랑하고 아끼게 된다. 이것이 건강하고 행복한 사람이라는 증거다. 우리가 자신에게 만족할 때는 다른 사람, 심지어 모르는 사람에게도 친절, 인내, 우정의 느낌을 갖는다. 자신이 축복을 받았다고 느낄 때는 본능적으로 운이 덜 좋은 사람들을 돕고 싶어진다. 자신에 대한 사랑$^{self-love}$은 우리가 하는 모든 일에서 후하고 관용적이 되도록 한다.

고대 그리스인에 따르면 세 번째이자 가장 고차원적인 유형의 사랑은 카리스^{charis}이다. 카리스마라는 말의 어원이 바로 카리스이다. 카리스는 우주적인 사랑, 즉 인류 전체에 대한 사랑을 말한다. 이 사랑은 대단히 드물게 나타난다. 극소수만이 이 수준까지 성장한다. 예수, 석가모니, 아시시의 성 프란체스코와 같은 위인은 인류 전체를 사랑할 수 있는 놀라운 능력이 있었다. 인류를 사랑했던 이런 성인들이 역사에 끼친 긍정적인 영향은 지금까지 살았던 모든 왕과 지배자보다 위대하고 크다.

사랑은 세상을 변화시킨다

나사렛 예수는 '사랑의 사도'라고 불린다. 그리스도 교인들은 예수를 극도로 힘들고 고통스러운 상황에서도 모든 사람에게 완전하면서 무조건적인 사랑을 베푼 완벽한 사람으로 여긴다. 이것이 바로 대부분의 사람이 일생 동안 추구하는 완벽한 사랑의 이상적인 모습이다.

기원전 6세기에 불교를 탄생시킨 싯다르타 왕자 고타마 부다는 완전한 자비를 보여주는 성품과 두려움을 극복하고 열반에 이르는 가르침으로 수많은 사람에게 계속 영감을 주고 있다.

아시시의 성 프란체스코는 새와 동물, 꽃, 심지어 하찮은 벌레와 곤충에까지 미치는 끝없는 사랑으로 유명하다. 살아 있는 모든 것에 베푸는 이 무조건적인 사랑이 오랜 세월에 걸쳐 성 프란체스코를 수백만 사람들의 역할 모델이자 영웅으로 만들었다.

내가 1965년에 만나 함께 일했던 아프리카의 슈바이처 박사는 20세기의 가장 위대한 인도주의자로 알려져 있다. 그의 철학은 '삶에 대한 경외'다. 그는 50년 이상을 중앙아프리카 사람들을 돌보며 자신의 철학을 생활에서 몸소 실천했다. 그의 삶은 전 세계 수많은 사람에게 영감을 주었다.

근래에는 캘커타의 테레사 수녀가 세계에서 가장 존경받는 사람이 되었다. 그녀는 인도 캘커타의 가난하고 죽어가는 사람들을 향한 아무 조건 없는 사랑 때문에 전 세계 수백만 명의 마음속에 엄청난 영향을 미쳤다. 언젠가 그녀는 이런 질문을 받았다. "사랑의 선교회 사람들은 불쌍한 사람들의 마지막 임종을 지키고 그들에게 위안을 주는 등 힘든 일을 하는데 어쩌면 그렇게 행복해 보이나요?" 테레사 수녀는 선교회에서 일하는 모든 일꾼이 마태복음의 이 말씀을 믿기 때문이라고 대답했다. "너희들이 어려운 형제들에게 하는 것은 곧 내게 하는 것과 같다."

사랑은 느끼는 것이 아닌 행동하는 것

'사랑'이라는 단어는 동사, 그중에서도 행동동사이다. 사랑은 단순히 우리가 느끼는 것이 아니라 행하는 것이다. 사실 전환의 법칙 때문에 다른 사람에게 사랑의 행동을 할 때마다 그 사람에게 품은 사랑의 느낌 또한 깊어지고 강해진다. 사랑과 친절한 행동은 사랑과 친절한 느낌을 불러일으킨다.

우리가 행동으로 사랑의 느낌을 가질 수 있는 것처럼 예전에 경험했던 사랑의 느낌이 줄었거나 사라졌다면 다시 행동으로 사랑의 감정을 불러일으킬 수 있다.

여기에 해당하는 그리스어가 '프락시스praxis'이다. 프락시스란 어떤 감정에 수반되는 행동을 실천하는 것이 그 감정을 만들어낸다는 의미이다. 우리는 상대방과 사랑에 빠졌을 때나 할 법한 그런 행동들을 함으로써 사랑의 느낌을 다시 불러올 수 있다. 배우자와 연애하던 시절이나 배우자와 가장 깊이 사랑에 빠졌던 시절에 그랬던 것처럼 배우자를 대하면 계속 사랑을 유지할 수 있다. 결혼생활 내내 배우자를 이렇게 대하면 함께했던 사랑의 감정을 계속 유지할 수 있다. 그러나 관계를 당연하게 생각한 채 사랑을 상징하고 표현하는 행동을 그만두면 사랑의 감정은 줄어들고 문제가 발생하기 시작한다.

사랑은／표현할수록／자라난다

가장 행복한 사람은 자기 주위에 있는 사람들에게 사랑, 친절, 애정을 보여주는 방법을 계속 찾는 사람이다. 그들은 가장 사랑받고 존경받을 뿐 아니라 가장 건강하고 축복받은 사람들이다.

레이 헌트Leigh Hunt는 "아부 벤 아뎀Abou Ben Adhem"이라는 멋진 시에서 이렇게 노래한다.

아부 벤 아뎀(그의 종족이 번성하기를!)이
어느 날 밤 평화로운 깊은 잠에서 깨어나,
방에 가득한 달빛 속에서,
풍성하고 활짝 핀 장미와 같은 천사가
황금 책에 글을 쓰고 있는 것을 보았다.
마음속 가득한 평화가 벤 아뎀을 용기있게 만들어,
방에 있는 천사에게 그가 말했다.
"무엇을 쓰시는지요?" 천사가 고개를 들고
부드러움이 가득한 표정으로 대답했다.
"주님을 사랑한 사람들의 이름이요."
"내 이름도 들어 있나요?" 아부가 말했다.
"아니. 그렇지 않아요." 천사가 대답했다.
그러자 아부가 더 작은 목소리로,
그러나 아직은 자신 있게 말했다.
"그러면 그대에게 부탁드리니,
다른 사람들을 사랑한 사람으로 나를 기록해주기를."
천사는 뭔가를 적고 사라졌다.
다음 날 저녁 천사는 다시 와서 엄청나게 밝은 빛으로,
주님의 사랑이 축복한 이름을 보여주었다.
그리고 오 주님! 벤 아뎀의 이름이 맨 위에 있었다.

우리가 다른 사람에게 표현하는 사랑만큼만 우리는 자신을 사랑할 수 있다. 사랑은 나눌수록 커진다. 자신에 대한 사랑을 키우는 유일한 방법은 사랑을 주는 것이다. 더 많이 줄수록 더 많이 생긴다.

같은 이유로 사랑을 덜 표현하면 자신에 대한 사랑도 더 적어진다. 다른 사람에게 사랑을 전혀 표현하지 않으면 자신의 내부로 방향을 돌려서 화를 내게 되며 비판적이고 불행한 사람이 된다.

두려움과 의심, 낮은 자부심의 해독제는 우리가 도울 수 있는 사람, 사랑을 표현할 수 있는 사람을 찾는 것이다. 불행을 치료하는 최고의 방법은 다른 사람을 행복하게 해주는 것이다.

사람들은 대부분 그것을 반대로 생각한다. 자신이 불행하고 사랑을 받지 못한다고 느끼면 누군가 다른 사람이 자신을 행복하게 해주고, 그들을 사랑해주며 문제를 해결해주어야 한다고 느낀다. 그러나 사랑은 자신이 해야 하는 것이다. 사랑은 다른 사람들에게 하는 긍정적이고 건설적인 행동으로만 표현된다. 사랑의 표현을 실천하면 우리는 사랑을 되돌려 받고 결국은 사랑으로 삶을 채울 수 있다. 우리가 자신에게 주는 사랑의 양은 다른 사람에게 주는 사랑의 양으로 결정된다. 그러므로 다른 사람에게 사랑을 줄 때는 후하게 주어라!

엘리자베스 브라우닝Elizabeth Barett Browning은 사랑을 묘사한 아름다운 시 한 편을 썼다. 이 시는 내가 가장 좋아하는 시 중 하나로, 제목은 "당신을 얼마큼 사랑하느냐고요?How Do I Love Thee?"이다.

당신을 얼마큼 사랑하느냐고요? 음, 한번 헤아려볼께요.
내 영혼이 눈에 보이지 않는 곳에서,

473

저 멀리 존재의 끝과 이상적인 아름다움의 흔적을 더듬으며,

도달할 수 있는 범위만큼 깊고 넓고 높게,

당신을 사랑해요.

태양과 촛불 아래에서,

일상의 조용한 얇은 경계까지도,

당신을 사랑해요.

정당한 권리를 누리려고 싸우는 사람들처럼,

자유롭게 당신을 사랑해요.

칭찬 앞에서 돌아서듯 순수하게,

당신을 사랑해요.

옛 슬픔에 쏟았던 정열로, 내 어린 시절의 믿음으로,

당신을 사랑해요.

성인들과 함께 사라져버렸다고 생각했던 사랑으로,

당신을 사랑해요.

내 한평생 숨결과 미소와 눈물로,

설령 신의 부름을 받아 죽더라도,

죽은 뒤에도 더욱 당신을 사랑할 거예요.

지금까지 살았던 가장 지혜로운 사람들은 사랑보다 더 중요한 것은 아무것도 없다는 결론에 도달했다. 우리는 모두 자신을 책임지는 사람이므로 다른 사람에게 보이는 사랑과 친절의 표현을 향상시켜 삶의 질을 높이는 것은 모두 자신에게 달려 있다.

부정적인／감정은／오히려／사랑을／방해한다

사랑을 경험하고 표현하는데 가장 큰 장애물은 부정적인 감정이다. 공포, 분노, 죄책감, 원한은 특히 더 그러하다. 거의 모든 사람이 아직도 과거에 자신에게 상처를 주었던 사람에 대한 부정적 감정을 품고 있다. 많은 사람이 부모에 대한 분노와 원한을 40~50년 동안, 또는 죽는 순간까지 지닌 채 살아간다. 옛날에 사귀었던 사람이나 헤어진 배우자에게 여전히 분노와 원한을 품은 경우도 아주 흔하다. 실패했던 직장생활이나 사업도 부정적인 감정을 불러일으킨다. 그런 것들을 계속 생각하면서 부정적인 감정에 매달리면 일이 모두 해결되었음에도 계속 현재진행형으로 남는다.

단호한 행동 하나로 오랜 시간에 걸쳐서 쌓여온 부정적인 감정을 마음과 가슴에서 제거할 수 있다. 그것은 지금까지 어떤 식으로든지 우리에게 상처를 준 모든 사람의 행위에 일괄적인 사면을 해버리는 것이다.

사랑과 기쁨의 삶으로 통하는 출입구는 용서뿐이다. 다른 사람을 아무런 거리낌 없이 용서하고, 아픔을 흘려보내는 것은 고결함과 용기, 높은 인격을 보여주는 진정한 표식이다.

많은 사람이 자신이 그 일에 치른 대가가 너무 많아 포기할 수 없다는 이유로 원한에 집착한다. 삶 전체가 과거의 상처와 고통을 중심으로 구축되는 경우도 가끔 있다. 그들은 상처와 고통만 이야기하고 계속해서 과거의 부정적인 경험만 생각한다.

결국 그들은 신체적·정신적으로 병이 든다. 그들의 억압된 분노와 부정적 감정은 빠르든 늦든 언젠가는 밖으로 분출되어 자신이 가꾸고자 하는 새로운 관계까지도 망쳐버린다. 그리고 자신의 미래를 스스로 파괴해버린다. 이 모든 상황에서 답은 오직 하나다. 과거를 용서하고 흘려보내는 것이다.

다른 사람을 용서하는 것은 100퍼센트 이기적인 행동이다. 용서는 결국 우리가 자유로워지려고 하는 것이자 태어난 목적인 행복과 기쁨을 경험하려고 하는 것이다. 우리가 다른 사람을 진정으로 용서했다면 그 사람에게 호의를 베풀고 선물을 보내 그 사람을 용서했다는 것을 스스로에게 증명할 수 있어야 한다. 오직 이렇게 할 경우에만 그 사람과 관계된 모든 부정적 감정에서 드디어 자유롭다는 것을 단호하게 스스로에게 증명할 수 있다(5장에서 설명한 '용서의 편지 쓰기' 참조).

아직 상대방에게 친절까지는 베풀기 어렵다면 아직 온전히 상대방을 용서한 것은 아니다. 용서할 수 있는 능력이 부족하기 때문에 우리는 자신과 다른 사람을 사랑하지 못하는지도 모른다. 이것은 미래의 행복을 스스로 가로막고 있는 셈이다.

가장 / 으뜸은 / 사랑

성경에서 사랑을 묘사한 가장 아름다운 말씀 중 하나는 '고린도전서 13장'에 나온다. 우리 부부는 결혼식에서 이 구절 전부를 낭독했다.

내가 사람의 방언과 천사의 말을 할지라도
사랑이 없으면 소리나는 구리와 울리는 꽹과리가 되고

내가 예언하는 능력이 있어 모든 비밀과 모든 지식을 알고

또 산을 옮길 만한 모든 믿음이 있을지라도

사랑이 없으면 내가 아무 것도 아니요

내가 내게 있는 모든 것으로 구제하고

또 내 몸을 불사르게 내줄지라도

사랑이 없으면 내게 아무 유익이 없느니라

사랑은 오래 참고 사랑은 온유하며 시기하지 아니하며

사랑은 자랑하지 아니하며 교만하지 아니하며

무례히 행하지 아니하며 자기의 유익을 구하지 아니하며

성내지 아니하며 악한 것을 생각지 아니하며

불의를 기뻐하지 아니하며 진리와 함께 기뻐하고

모든 것을 참으며 모든 것을 믿으며

모든 것을 바라며 모든 것을 견디느니라

사랑은 언제까지나 떨어지지 아니하되

예언도 폐하고 방언도 그치고 지식도 폐하리라

우리가 부분적으로 알고 부분적으로 예언하니

온전한 것이 올 때에는 부분적으로 하던 것이 폐하리라

내가 어렸을 때에는 말하는 것이 어린아이와 같고

깨닫는 것이 어린아이와 같고

생각하는 것이 어린아이와 같다가

장성한 사람이 되어서는 어린아이의 일을 버렸노라

우리가 지금은 거울로 보는 것 같이 희미하나

그때에는 얼굴과 얼굴을 대하여 볼 것이요

지금은 내가 부분적으로 아나 그때에는 주께서

나를 아신 것 같이 내가 온전히 알리라

그런즉 믿음, 소망, 사랑, 이 세 가지는 항상 있을 것인데

그중의 제일은 사랑이라

많은 지혜로운 사람이 이 '고린도전서 13장'의 숨겨진 의미를 두고 의견을 달리했는데, 이 구절에서 이야기하고 있는 주제만은 확실하다. 우리가 온전하게 사랑하는 사람이 되면 모든 것을 이해하고 용서하며 삶의 모든 부분에서 진정한 기쁨을 경험한다는 것이다.

더/이상/사랑하고/싶지/않을/때

가장 사랑하고 싶지 않을 때가 사랑을 베풀어야 할 시기다. 우리에게 남아 있는 인내력과 친절, 따뜻한 마음은 다른 사람에게 가장 불쾌함을 느낄 때 사용해야 한다. 무례한 말과 불쾌한 행동은 보통 도움과 이해를 구하는 비명소리이다. 그것은 진정으로 사랑과 수용을 받지 못하고 있다는 불만을 표현하는 한 방법이다. '부드러운 대답은 분노를 돌려 세운다'는 말에 지혜가 들어 있다.

까다로운 사람에게 차분하고 따뜻하게 대하면 종종 기적을 보게 된다. 상대방의 태도와 행동이 한순간에 변하는 것이다. 까다롭게 굴던 사람이 어느새 부드러워지고, 성격까지 밝아진다. 그러나 무엇보다 중요한 것은

이렇게 사랑을 보여주는 식으로 행동할 때 자신의 고결함을 잃지 않는다는 것이다. 스스로가 자신의 내부와 외부 삶의 주인이라는 느낌이 생기면 자신이 점점 좋아진다.

옳은 길로 인도하는 가장 단순한 질문

몇 년 전『그의 발자국을 따라서In His Steps』라는 베스트셀러가 있었는데, 미국의 어느 작은 마을에 관한 이야기였다. 그 마을에서는 모든 사람이 자신이 아는 최고의 가치에 따라서 생활한다. 어떤 말이나 행동을 하기 전에 마을 사람들은 항상 스스로에게 이런 질문을 던졌다. '예수님이라면 어떻게 할까?' 다른 말로 표현해보면 이렇다. 진실로 정직하고, 친절하고, 따뜻하고, 완전하게 인내하고, 모든 것을 다 이해하며 지혜를 다 갖춘 사람이라면 이 상황에서 어떻게 할까?

정말 멋진 이야기였다. 오해에서 비롯된 애초의 문제를 해결하고 나니, 마을에 사는 모든 사람이 더 큰 평화와 행복을 경험하게 되었다. 모든 오해가 해결되어 마을 전체에 기쁨과 행복과 평화가 가득했다.

자신이 변하면 세상도 바뀐다는 불변의 진리

우리가 세상을 바꿀 수는 없다. 그러나 세상에 지금보다 더 훌륭한 한 사람 우리 자신을 선물할 수는 있다. 우리는 자신이 좋아하고 존경하는 그런 유형의 사람으로 자신을 만들어갈 수 있다. 또한 다른 사람의 역할 모델이 되고, 표준이 될 수도 있다. 어떤 이유에서건 다른 사람에게 부정적으로 말하거나 행동하지 않도록 스스로를 통제하고 절제할 수 있다. 다른 사람에게 상처주는 방법 대신 따뜻하고 친절한 방법으로 일할 수 있다.

인지조절법을 사용해 다른 사람을 친절하고 따뜻하게 생각함으로써 마음을 차분하고 긍정적으로 유지할 수 있다. 단, 우리에게 상처를 주는 사람들을 긍정적으로 생각해서 분노를 차단해야 한다. 상대방이 짜증나게 한다고 생각하는 대신에 "저 사람에게 축복을 주십시오."라고 말하면 부정적인 감정을 없애고 침착성을 되찾으며 마음을 더욱 명쾌하게 할 수 있다. 이렇게 함으로써 훌륭한 사람이 되려는 목표에 한 걸음 더 앞으로 내딛게 되는 것이다.

모든／것은／결국／사랑으로／귀착된다

'자신이 택할 수 있는 모든 것 중에서 사랑을 택하라.' 인생의 의미와 목적에 관해서 우리가 읽은 모든 것은 결국 사랑의 의미와 중요성으로 귀결된다. 우리 자신을 더 많이 사랑하고 존중하게 해주는 것은 모두 다른 사람에게 사랑을 표현하는 능력을 키워준다. 다른 사람에게 친절하고 따뜻한 말과 행동을 할 때마다 자기애도 증가한다. 두 행동은 서로 돕는 상부상조의 관계이다. 하나의 행동은 다른 행동을 불러일으킨다.

사랑이 깃든 행동을 할 때마다 우리가 살아가는 세상을 더 좋은 곳으로 만든다. 우리가 다른 사람에게 사랑을 표현할 때마다 상대방이 원하든 원하지 않든 간에 그의 삶의 질은 높아진다. 동시에 우리 삶의 질도 높아진다. 우리는 스스로를 천사의 편에 세우게 된다. 자신의 삶이 다른 사람들에게는 축복이, 자신에게는 멋진 경험이 되게 하라.

사랑에 관한 가장 멋진 시 중 하나는 에멧 폭스^{Emmet Fox}의 "황금의 문^{Golden Gate}"이다. 이 글은 오랫동안 내게 많은 영감을 주었다.

사랑은 공포를 몰아낸다.

사랑은 온갖 죄를 덮어준다.

사랑은 그 누구에게도 지지 않는 무적이다.

충분한 사랑이 정복할 수 없는 어려움이란 없다.

충분한 사랑이 이겨낼 수 없는 질병은 없다.

충분한 사랑이 열 수 없는 문은 없다.

충분한 사랑이 건널 수 없는 바다는 없다.

충분한 사랑이 무너뜨릴 수 없는 벽은 없다.

충분한 사랑이 구제할 수 없는 죄는 없다.

문제가 아무리 깊이 자리 잡고 있더라도 상관없다.

아무리 전망이 어둡더라도,

아무리 심하게 얽혀 있고, 아무리 실수가 크더라도,

충분한 사랑은 그 모두를 녹여버린다.

우리가 충분한 사랑을 할 수만 있다면,

세상에서 가장 행복하고 강력한 힘을 지닌 사람이 될 것이다.

삶의 모든 영역에서, 행하는 모든 것에서 성공하고 행복하기를 진심으로 바란다면 기회가 있을 때마다 사랑을 배우고 실천해야 한다. 사랑의 표현과 친절한 행동은 숨을 쉬는 것처럼 자연스러워야 한다.

몇 년 전에 어떤 할머니를 만났는데, 그분이 내게 들려준 이야기는 정말 감동적이었다. 그분은 사랑이 가득한 부모님과 함께 살았는데, 부모님은 그분과 형제자매에게 다른 사람이 어떤 행동을 하는가에 관계없이 모든 사람을 사랑하고, 사랑을 표현하는 것이 얼마나 중요한 일인지 가르쳐주었다.

그분의 어머니가 돌아가셨을 때 형제자매는 부모님의 재산을 분배하였다. 그분은 부유한 사업가와 결혼했기 때문에 재산에는 별로 관심이 없었다. 그분이 부모님 집에서 원한 것은 단 하나였다. 거실 벽난로 위에 걸려 있던 액자로, 부모님은 다른 사람과 문제가 생길 때마다 종종 그 액자를 가리키고는 했다. 액자에 쓰여진 글은 평생 동안 그분의 안내자가 되었다. 액자에는 이렇게 적혀 있었다.

우리 인생은 곧 지나가지만,

only one life, that soon is passed,

사랑이 깃든 일은 영원하다.

only what's done with love will last.

지금까지의 모든 지혜가 함축된 이 말을 따라서 삶을 살아간다면 우리는 절대 실수하지 않을 것이다.

지나온 삶을 되돌아보면 가장 귀한 자산은 사랑했고 사랑했던 사람들에 대한 생각과 기억이라는 것을 발견할 것이다. 우리가 저질렀던 가장 큰 실수와 후회는 모두 사랑과 관련되어 있다. 충분한 사랑을 주지 않았거나 충분한 사랑을 받지 못했거나 둘 중 하나다.

사랑은 시작이자 끝이다. 인생의 목적은 온전히 사랑하는 사람이 되는 것이다. 인생은 무엇에 관심을 쏟고 주의를 기울일 것인가를 연구하는 것이다. 그것은 우선순위의 문제이고 선택의 문제이다. 인생이란 우리가 설정한 우선순위와 주의를 기울이기로 선택한 것으로 만들어나간다. 우리가 할 일은 그저 하루하루를 즐겁게 살아가는 것이다. 그리고 그것은 우리의 마음을 사랑과 동정, 용서로 채울 때만 가능하다.

우리 인생은 곧 지나가지만,
사랑이 깃든 일은 영원하다.

이것이 바로 인간의 역사에서 가장 위대한 비밀이자 진리이다. 이것은 핵심가치이자 뛰어난 사람들이 공통으로 가진 중요 원칙이다. 정말로 멋진 일은 결정만 내리면 삶을 사랑으로 가득 채울 수 있다는 것이다. 언제나 그래왔듯 선택은 우리의 몫이다.

행운을 빈다. 여러분의 성공과 행복을 기원하며, 무엇보다도 사랑이 가득하기를 바란다.

감사의 말

책을 쓴다는 것은 상상 이상으로 정말 힘든 작업이다. 특히, 직접 집필해본 적이 없는 사람에겐 더욱 고통스러운 경험이다. 나는 오랫동안 고심하며 지금까지 연구한 결과와 경험을 일목요연하게 정리해야 했기에 글로 풀어내는 데만 몇 달이 걸렸다. 나는 오랫동안 열정으로 가득한 세미나와 컨설팅을 하면서 수많은 사람을 만났고, 그들에게서 훌륭하고 값진 선물을 되돌려 받았다. 그리고 그 성과를 담은 책이 바로 『Maximum Achievement』이다.

여러 사람을 만나고 그들에게 직업적으로 컨설팅을 하면서 나 자신도 계속 성장해왔다. 수천 권 이상의 책에서 여러 유익한 글을 읽고, 좋은 내용으로 가득한 오디오를 수없이 들었으며, 여러 교육프로그램과 세미나에 참석해 많은 것을 배워왔다. 『율리시스Ulysses』를 쓴 테니슨Tennyson은 이렇게 말했다. "이제껏 만난 모든 존재에서 조금씩 일부분을 떼어내어 그것을 하나로 구성한 전체가 바로 '나'다." 나 역시 지금까지 셀 수 없이 많은 사

484

람에게서 큰 도움을 받았다. 이 기회에 지면을 빌어 기억나는 몇몇 분에게는 더욱 특별한 감사의 마음을 전하고 싶다.

그들에 앞서 고마움을 표현하고 싶은 사람들은 오래전 내 강의와 세미나에 참석하여 자리를 빛내준 이름 모를 참가자분들이다. 그분들의 열성적인 참석과 응답, 체험의 공유가 없었다면 이 책은 아예 태어나지조차 못했을 것이다. 또 현재 이 책을 읽고 있는 독자 중 '피닉스 세미나'에 참석했던 적이 있는 분께도 다시 한 번 진심으로 감사의 마음을 전한다.

그리고 이미 고인이 된 존 보일John Boyle에게도 감사하고 싶다. 그는 우리에게 일어나는 모든 일을 결정하는 핵심포인트는 '생각의 힘'이며, 그 힘이 얼마큼 강력한 영향력을 미치는지 깨닫게 해주었다. 얼 나이팅게일Earl Nightingale은 평범한 사람에게도 놀라운 잠재력이 숨겨져 있다는 깊은 통찰력을 주었으며, 데니스 웨이틀리Denis Waitley는 〈승자의 심리학〉 프로그램으로 성공의 법칙을 쉽게 설명해 주었다. 또 스티븐 코비Stephen Covey, 켄 블랜차드Ken Blanchard, 톰 피터스Tom Peters, 지그 지글러Zig Ziglar, 짐 론Jim Rohn, 웨인 다이어Wayne Dyer, 앤서니 라빈스Anthony Robbins 등 많은 대중연설가, 작가, 사상가에게서 말의 힘과 글쓰기의 중요성, 여러 가지 삶의 경험과 다양성을 배울 수 있었다. 그들에게 가슴 가득히 감사의 마음을 전한다.

여러 해 동안 비즈니스 파트너로 함께 일한 나이팅게일 코난사Nightingale-Conant Corporation의 빅 코난Vic Conant 회장, 케빈 맥닐리Kevin McEneeley, 마이크 윌본드Mike Willbond, 질 샤흐터Jill Schachter에게도 정말 감사한다. 이 책에 수록된 많은 아이디어와 정보를 오디오 프로그램에 담아 세상의 많은 사람에게 소개해준 것에 감사를 표하고 싶다. 그리고 내 세미나의 메인 스폰서인 존 해몬드John Hammond와 댄 브래트랜드Dan Bratland, 짐 카우프만Jim

Kaufman, 수앤 샌디지Suanne Sandage에게도 감사한다. 이들이 있었기에 십여 년 이상을 미국 전역을 다니며 대도시에서 공개 세미나를 개최할 수 있었으며, 수많은 사람에게 이 책에 담긴 성공의 원칙들을 직접 전달할 수 있어 행복했었다.

회사에서 함께 근무하며 많은 도움을 준 분들도 잊지 않았다. 아침 일찍 출근해서 밤늦게까지 함께 일하며 처음으로 집필하면서 겪는 어려움을 이겨낼 수 있도록 도와준 빅터 리슬링Victor Risling에게 감사한다. 절친이자 공동경영자인 마이클 월프Michael Wolff, 마케팅 담당 임원인 도나 빌러릴리 Donna Villerilli, 비서인 메이비스 핸콕Mavis Hancock과 셜리 웨트스톤Shirley Whetstone의 도움이 없었다면 이 책을 이렇게 빨리 완성하기 어려웠을 것이다. 이들에게도 꼭 감사의 말을 전하고 싶다.

사이몬앤슈스터 출판사Simon & Schuster 임직원분들에게도 감사의 마음을 전한다. 특히, 내 책의 책임 편집을 맡은 밥 벤더Bob Bender는 원고를 준비하는 과정에서 많은 직원과 함께 고생해주었으며, 격려와 도움을 아끼지 않았다. 그의 이런 현실적인 도움이 없었다면 이 책은 아마 세상의 빛을 보기 어려웠을지도 모른다. 또 이 책이 나오기까지 내 출판 에이전트인 마가렛 맥브라이드Margaret McBride도 중요한 역할을 했는데, 그녀는 책에 담길 내용들이 가치가 있음을 절대적으로 신뢰함으로써 내가 확신을 갖고 글을 쓸 수 있도록 계속 자극하고 격려해주었다. "마가렛 정말 고맙습니다."

내가 세상을 살아오면서 얻은 중요한 교훈 중 하나는 그 어떤 일도 나 혼자서는 절대 이룰 수 없다는 것이다. 상호 의존관계가 있어야 삶에서 모든 일을 처리할 수 있다. 앞에서 열거한 분들 외에도 사실 감사드리고 싶은 분이 너무 많은데, 지면이 한정되어 그들을 일일이 표현할 수 없는 것이 너무 안타깝고 죄송할 따름이다.

끝으로 내 삶의 원동력이자 바탕인 가족에게 정말 사랑한다는 말을 전하면서 감사의 표현을 마치고 싶다. 아내 바버라^{Barbara}는 이 책을 쓰는 몇 개월 동안 사랑이 가득한 시선으로 묵묵히 지켜보면서 힘들어 할 때마다 진심어린 격려를 아끼지 않았다. 내 사랑하는 아이들 크리스티나^{Christina}, 마이클^{Michael}, 데이비드^{David}, 캐서린^{Catherine}도 함께 시간을 보내주지 못한 나를 따뜻한 말로 위로해주었다. 이제 기나긴 대단원을 마치면서 지금까지 가족과 함께하지 못한 시간을 앞으로 충실히 보상하겠다는 것을 약속한다.

Maximum Achievement
잠들어 있는 성공시스템을 깨워라

2010년 9월 6일 초판 1쇄 발행
2016년 8월 24일 개정판 1쇄 발행
2024년 1월 4일 개정판 9쇄 발행

지은이 | 브라이언 트레이시
옮긴이 | 홍성화
감   수 | 김동수
펴낸이 | 이종춘
펴낸곳 | (주)첨단

주소 | 서울시 마포구 양화로 127 (서교동) 첨단빌딩 3층
전화 | 02-338-9151
팩스 | 02-338-9155
인터넷 홈페이지 | www.goldenowl.co.kr
출판등록 | 2000년 2월 15일 제 2000-000035호

전략마케팅 | 구본철, 차정욱, 오영일, 나진호, 강호묵
제작 | 김유석
경영지원 | 이금선, 최미숙

ISBN 978-89-6030-467-3 03320

BM 황금부엉이는 (주)첨단의 단행본 출판 브랜드입니다.

황금부엉이에서 출간하고 싶은 원고가 있으신가요? 생각해보신 책의 제목(가제), 내용에 대한 소개, 간단한 자기소개, 연락처를 book@goldenowl.co.kr 메일로 보내주세요. 집필하신 원고가 있다면 원고의 일부 또는 전체를 함께 보내주시면 더욱 좋습니다. 책의 집필이 아닌 기획안을 제안해 주셔도 좋습니다. 보내주신 분이 저 자신이라는 마음으로 정성을 다해 검토하겠습니다.

브라이언 트레이시 코리아 (리더십 & 세일즈)

브라이언 트레이시 코리아는 동기부여, 리더십, 세일즈 등의 분야에서 세계적으로
인정받고 있는 브라이언 트레이시 인터내셔널의 한국 독점 파트너로서
고객의 성공과 행복을 돕기 위해 현실적이고 성과지향적인
리더십과 세일즈 교육프로그램을 제공하고 있습니다.

정규과정	1. BT Strategic Leadership (리더십, 22H) 2. BT Perform at Your Best (성과향상, 23H) 3. BT Goals (목표/동기부여, 14H) 4. BT Managing Your Time (CEO 시간관리, 14H) 5. BT Eat that frog! (시간관리 / 동기부여, 13H)
특강	1. BT Strategic Leadership (리더십, 1.5H) 2. BT Perform at Your Best (성과향상, 1.5H) 3. BT Managing Your Time (CEO 시간관리, 1.5H)
BT 리더십 과정 추천	· 직장 및 개인생활에서 리더십이 필요하신 분 · 성취 동기부여와 명확한 목표달성을 원하시는 분 · 인생의 진정한 행복을 찾고 원하시는 분 · 긍정적인 사고와 혁신을 통해 자기변화를 추구하시는 분 · 각 분야의 CEO 및 임원 · 각계 전문분야의 대표(의사, 변호사, 회계사 등) · 지역 단체장 및 기관장 · 임직원의 동기부여를 통해 회사의 성과 극대화를 추구하는 기업

(주)비즈비 | 서울시 서초구 서초대로 78길 42, 현대기림 오피스텔 1002호 T. 02)538-7702 F. 070-4205-2928

 **CHRISTOPHER** 한국크리스토퍼리더십센터 — # 한국 크리스토퍼 리더십센터

정규과정	■ **리더로서 개인의 잠재 능력 개발** 　세상에서 유일무이한 존재로서 남과의 경쟁을 중시하기보다 자기와의 경쟁을 통해 　용기와 자신감을 스스로 개발하고 회복시킴 ■ **사람과 조직을 움직이는 전문가로서 의사소통 능력 향상** 　조직의 성과를 극대화하기 위해 적극적 경청을 중요시하고 나아가 조직의 원활한 　의사소통의 중요성을 인식하며 대중 앞에서 발표력을 향상시킴 ■ **더불어 사는 삶과 지혜의 공유** 　타인을 배려하고 사랑과 나눔의 기쁨을 누리며 공동체 의식을 함양시킴
교육방법	■ 사전 준비 프로그램 학습과 적극적인 참여식 방법으로 진행됨 ■ 강사가 팀(4~5명)으로 구성되며 전원 자원봉사로 활동함 ■ 1주일에 3시간씩 11주간 진행되며 단계적이고 점진적으로 구성됨 ■ 이론과 주입식 교육을 탈피하고 참여식 교육으로 진행하여 개인이 갖고 　있는 잠재 능력을 최대한 이끌어냄 ■ 재충전의 기회를 통해 교육 후 삶에 있어 용기와 자신감을 회복하고 자신의 　일과 주변 상황에 열정적으로 대처함

한국 크리스토퍼 리더십센터 www.christopher.co.kr
서울시 서초구 서초동 1626-3 제일빌딩 1층 B02호 T.02) 598-5114 / F.02) 598-5330